TÜRKÇE-ARNAVUTÇA / ARNAVUTÇA-TÜRKÇE
SÖZLÜKLÜ KONUŞMA KILAVUZU

BASHKEBISEDUES ME FJALOR
TURQISHT-SHQIP / SHQIP-TURQISHT

FONO YAYINLARI : 202
KONUŞMA KILAVUZLARI DİZİSİ

© FONO ÖZEL EĞİTİM KURUMLARI VE YAYIN DAĞITIM
SAN. VE TİC. LTD. ŞTİ. İSTANBUL - TÜRKİYE

Kapak tasarımı: Hüseyin BİLİŞİK
Kapak baskı: Begüm Ofset
Baskı: Eko Ofset
Basım tarihi: Ocak 2010

ISBN: 978 975-471-176-9
Y.S.NO: 11627

**FONO ÖZEL EĞİTİM KURUMLARI VE YAYIN DAĞITIM
SAN. VE TİC. LTD. ŞTİ.**
Ambarlı Beysan Sitesi Birlik Cad. No:32 Avcılar-İstanbul
Tel: 0212 422 77 60 Faks: 0212 422 29 01
fono@fono.com.tr
www.fono.com.tr

**FONO
AÇIKÖĞRETİM KURUMU**

kendi kendine

sözlüklü, pratik

arnavutça
konuşma kılavuzu

Hazırlayan

Prof. Dr. Rian DİŞÇİ

ÖNSÖZ
(İkinci basım için)

1994 yılında "Türkçe - Arnavutça - İngilizce Sözlük" ve 1995 yılında "Türkçe-Arnavutça, Arnavutça-Türkçe Sözlüklü Pratik Konuşma Kılavuzu" kitaplarının yayımlanmasından sonra okuyuculardan gelen yoğun ilgi üzerine hazırlanan "Sözlüklü Pratik Konuşma Kılavuzu" kitabının ikinci baskısını okuyucularıma armağan ediyorum. Kitabın "Biraz Gramer" ve "Konuşmalar" bölümünde, Türkçe ve Arnavutça Dillerinin öğrenimini daha pratik hale getirmek amacıyla bazı eklemeler ve düzeltmeler yapıldı.

Geçmişte olduğu gibi günümüzde de kuvvetli bir dostluk bağı içerisinde olan Türk ve Arnavut ulusları arasındaki ticari, kültürel ve diğer tüm alanlardaki ilişkiler giderek gelişmektedir. Bu yeni basımın Türk- Arnavut dostluğunun temellerindeki önemli yerini alacağını ümit ediyorum.

İkinci basımla ilgili kıymetli düşüncelerini ve eleştirilerini esirgemeyen Dr. Laurant Bica'ya samimi teşekkürlerimi sunuyorum.

Haziran;1997

Prof Dr.Rian DİŞÇİ
İstanbul Tıp Fakültesi
Öğretim Üyesi

PARATHENIE E BOTIMIT TE DYTE

Pas botimit të "Fjalorit Turqisht - Shqip - Anglisht" më 1994 dhe "Bashkëbiseduesit me fjalor Turqisht - Shqip, Shqip - Turqisht" më 1995, vjen i mirëseardhur në sajë të kërkesave të lexuesve ky botim i ri i librit të dytë. Kjo shtroi para nesh nevojën e përmirësimit të mëtejshëm të tij. Për këtë arësye e gjetëm me vend të bëjmë disa shtesa në pjesën e titulluar "Pak Gramatikë" ndërsa në pjesën e bisedave u bëmë disa ndreqje, të nxjerra nga përdorimi praktik i tij për mësimin respektiv të dy gjuhëve turke dhe shqipe.

Një miqësi sa e vjetër aq edhe e re lidh dy popujt tanë turk edhe shqiptar. Marëdhëniet tregëtare, kulturore e në gjithë fushat e tjera vazhdimisht po njohin rritje. Le të shpresojmë se edhe ky botim i tanishëm i librit në fjalë do të jetë një gur më shumë në themelet e godinës së miqësisë turko - shqiptare.

Me këtë rast falenderoj doktorin e shkencave filozofike, Z. Laurant Bica për vërejtjet e bëra dhe mendimet e dhëna lidhur me ribotimin e librit.

Qershor, 1997

Prof.Dr. Rian Dişçi
Pedagog në Fakultetin e Mjekësisë
të Universitetit të Stambollit

İÇİNDEKİLER
PERMBAJTJA

TÜRK ALFABESİ VE ARNAVUTÇA TELAFFUZU:............11
ALFABETI TURK DHE SHQIPTIMI NE SHQIP :

ARNAVUT ALFABESI VE TÜRKÇE TELAFFUZU:............13
ALFABETI SHQIP DHE SHQIPTIMI TURQISHT :

BİRAZ GRAMER:............15
PAK GRAMATIKE :

KONUŞMALAR:............23
BISEDAT :

Genel konular :............25
Temat e përgjithshme :

Sık kullanılan bazı ifadeler :............25
Disa shprehje që përdoren më shpesh :

Dil bilme ile ilgili ifadeler :............29
Shprehjet lidhur me zotërimin e gjuhës :

Selamlaşma :............33
Përshëndetja :

Kendiniz hakkında :............35
Për veten :

Tanışma, tanıştırma :............40
Njohja ; prezantimi :

Rica , istek, özür dileme :............41
Lutja, kërkesa, shfajsimi :

Vedalaşma : 43
Ndarja ; lamtumira :

Bilgi edinme, yer sorma : 45
Marrje informate, pyetje vendi :

Zaman sorma : 47
Pyetjet për kohën :

Genel ifadeler : 52
Shprehjet e përgjithshme :

Sayılar : 55
Numrat themelorë :

Yolculuk : 56
Udhëtimi :

Trenle yolculuk : 56
Udhëtimi me tren :

Otomobille yolculuk : 61
Udhëtimi me automobil :

Uçakla yolculuk : 67
Udhëtimi me aeroplan :

Sınırda : 70
Në kufi :

Otelde : 73
Në hotel :

Şehirde : 79
Në qytet :

Yol sorma :..79
Pyetja e rrugës :

Dolaşma, gezme :..82
Shëtitja :

Sinema, tiyatro, konser :...87
Kinemaja, teatri, koncerti :

Postanede :..90
Në postë :

Poliste :..93
Në polici :

Bankada :...95
Në bankë :

Lokantada :..97
Në restorant :

İş :...99
Puna :

Alışveriş, ticaret :...103
Shitblerja, tregëtia :

Mağazada :..103
Në magazinë :

Saatçide :...108
Te orëndreqësi :

Fotoğrafçıda :...110
Te fotografi :

Sağlık :..112
Shëndeti :

Eczanede :..112
Në farmaci :

Doktorda :...114
Te mjeku :

Diş kliniğinde :...119
Në klinikën dentare :

Yüzme :..122
Notimi:

ARNAVUTÇA-TÜRKÇE SÖZLÜK :...125
FJALOR SHQIP-TURQISHT :

TÜRKÇE- ARNAVUTÇA SÖZLÜK :...227
FJALOR TURQISHT- SHQIP :

Türk alfabesi ve Arnavutça telaffuzu :
Alfabeti turk dhe shqiptimi në shqip :

Türk Alfabesi	Arnavutça Telafuzu
a , A	a , A
b , B	b , B
c , C	xh , XH
[cam]	[xham]
ç , Ç	ç , Ç
d , D	d , D
e , E	e , E
f , F	f , F
g , G	g , G
ğ , Ğ	g , G (e butë)
[eğik]	[e:ik]
h , H	h , H
ı , I	ë , E
[kıta]	[këta]
i , İ	i , İ
j , J	zh , ZH
k , K	k , K
l , L	l , L ose ll , LL
[limon]	[limon]
[lamba]	[llamba]
m , M	m , M
n , N	n , N
o , O	o , O
ö , Ö	ë , E (ndërmjet "o" dhe "e" të forta)
[ördek]	[ërdek]
p , P	p , P
r , R	r , R
s , S	s , S
ş , Ş	sh , SH
[şahıs]	[shahës]

t , T   t , T
u , U   u , U
ü , Ü   y , Y
 [üzüm]   [yzym]
v , V   v . V
y , Y   j , J
 [yetim]   [jetim]
z , Z   z , Z

Arnavut alfabesi ve Türkçe telaffuzu :
Alfabeti shqip dhe shqiptimi turqisht :

Arnavut Alfabesi	Türkçe Telaffuzu
a , A	a , A
b , B	b , B
c , C	ts (yumaşıtılmış)
[ca]	[tsa]
ç , Ç	ç , Ç
d , D	d , D
dh , DH	(dil ucu dişlerin arasına getirilir ve İngilizcedeki "th" sesi çıkarılır)
	[the] / [dhı]
e , E	e , E
ë , E	ı , I (sözcüğün sonundaki "ı" yumuşatılarak okunur)
[i butë]	[i butı]
[gëzim]	[gızim]
f , F	f , F
g , G	g , G
gj , GJ	gy , GY
[gju]	[gyu]
h , H	h , H
i , I	i , İ
j , J	y , Y
[jap]	[yap]
k , K	k , K
l , L	l , L
ll , LL	l , L (kalın)
[lloj]	[loy]
m , M	m , M
n , N	n , N
nj , NJ	ny , NY

o , O	o , O
p , P	p , P
q , Q	k (yumuşatılmış)
[qen]	[kyen]
r , R	r . R
rr , RR	r , R (kuvvetli)
[rresht]	[reşt]
s . S	s . S
sh , SH	ş . Ş
t , T	t . T
th , TH	(dil ucu dişlerin arasına getirilir ve İngilizcedeki "th" sesi çıkarılır)
	[thin] / [thin]
u , U	u , U
v , V	v , V
x . X	dz (kuvvetli)
[xixë]	[dzidzı]
xh , XH	c , C
[xhami]	[cami]
y , Y	ü , Ü
[ylber]	[ülber]
z , Z	z , Z
zh , ZH	j , J
[zhduk]	[jduk]

Biraz gramer :
Pak gramatikë :

Shkurtimet   Kısaltmalar
--------------   --------------------

[m]   mashkullor   [e]   eril
[f]   femëror   [d]   dişil
[n]   njejës]   [t]   tekil
[sh] humës   [ç]   çoğul

--------------   --------------------

Përemra vetorë :
Şahıs zamirleri :

Yalın hal :
Rasa emërore :

	unë	;		ben
	ti	;		sen
[m]	ai	:	[e]	o
[f]	ajo	;	[d]	o
	ne	:		biz
	ju	;		siz
[m]	ata	:	[e]	onlar
[f]	ato	:	[d]	onlar

E hali :
Rasa dhanore :

	mua, më	;		bana
	ty, të	;		sana
[m]	atij, i	:	[e]	ona
[f]	asaj, i	:	[d]	ona
	neve, na	;		bize
	juve, ju	:		size

[m]	atyre, u	:	[e]	onlara
[f]	atyre, u	:	[d]	onlara

İ hali :
Rasa kallëzore :

	mua, më	:		beni
	ty, të	:		seni
[m	atë, e	:	[e]	onu
[f]	atë, e	:	[d]	onu
	ne, na	:		bizi
	ju, ju	:		sizi
[m]	ata, i	:	[e]	onları
[f]	ato, i	:	[d]	onları

Den hali :
Rasa rrjedhore :

	prej meje	:		benden
	prej teje	:		senden
[m]	prej atij	:		ondan
[f]	prej asaj	:		ondan
	prej nesh	:		bizden
	prej jush	:		sizden
[m]	prej atyre	:	[e]	onlardan
[f]	prej atyre	:	[d]	onlardan

İşaret zamirleri :
Përemra dëftorë :

[n,m]	ky	;	[t,e]	bu (şu)
[n,f]	kjo	:	[t,d]	bu (şu)
[sh,m]	këta	;	[ç,e]	bunlar (şunlar)
[sh,f]	këto	:	[ç,d]	bunlar (şunlar)

(forma me "şu" përdoret qenja ose sendi është disi larg)

İyelik zamirleri :
Përemrat pronorë :

[n,m]	shoku		im	:	[t,e]	benim arkadaşım
[n,f]	shoqja		ime	:	[t,d]	benim arkadaşım
[sh,m]	shokët	e	mi	:	[ç,e]	benim arkadaşlarım
[sh,f]	shoqet	e	mia	:	[ç,d]	benim arkadaşlarım

[n,m]	shoku		yt	:	[t,e]	senin arkadaşın
[n,f]	shoqja		jote	:	[t,d]	senin arkadaşın
[sh,m]	shokët	e	tu	:	[ç,e]	seninarkadaşların
[sh,f]	shoqet	e	tua	:	[ç,d]	senin arkadaşların

			[m]		[e]	
[n,m]	shoku	i	tij	:	[t,e]	onun arkadaşı
[n,f]	shoqja	e	tij	:	[t,d]	onun arkadaşı
[sh,m]	shokët	e	tij	:	[ç,e]	onun arkadaşları
[sh,f]	shoqet	e	tija	:	[ç,d]	onun arkadaşları

			[f]		[d]	
[n,m]	shoku	i	saj	:	[t,e]	onun arkadaşı
[n,f]	shoqja	e	saj	:	[t,d]	onun arkadaşı
[sh,m]	shokët	e	saj	:	[ç,e]	onun arkadaşları
[sh,f]	shoqet	e	saja	:	[ç,d]	onun arkadaşları

[n,m]	shoku		ynë	:	[t,e]	bizim arkadaşımız
[n,f]	shoqja		jonë	:	[t,d]	bizim arkadaşımız
[sh,m]	shokët		tanë	:	[ç,e]	bizim arkadaşlarımız
[sh,f]	shoqet		tona	:	[ç,d]	bizim arkadaşlarımız

[n,m]	shoku		juaj	:	[t,e]	sizin arkadaşınız
[n,f]	shoqja		juaj	:	[t,d]	sizin arkadaşınız
[sh,m]	shokët		tuaj	:	[ç,e]	sizin arkadaşlarınız
[sh,f]	shoqet		tuaja	:	[ç,d]	sizin arkadaşlarınız

[n,m]	shoku	i	tyre	[t,e]	onların arkadaşı
[n,f]	shoqja	e	tyre	[t,d]	onların arkadaşı
[sh,m]	shokët	e	tyre	[ç,e]	onların arkadaşları
[sh,f]	shoqet	e	tyre	[ç,d]	onların arkadaşları

İsimlendirilmiş iyelik zamirleri :
Përemrat pronorë të emërzuar :

[n,m]		imi	[t,e]	benimki
[n,f]		imja	[t,d]	benimki
[sh,m]	të	mitë	[ç,e]	benimkiler
[sh,f]	të	miat	[ç,d]	benimkiler

[n,m]		yti	[t,e]	seninki
[n,f]		jotja	[t,d]	seninki
[sh,m]	të	tutë	[ç,e]	seninkiler
[sh,f]	të	tuat	[ç,d]	seninkiler

		[m]		[e]
[n,m]	i	tiji	[t,e]	onunki
[n,f]	e	tija	[t,d]	onunki
[sh,m]	të	tijtë	[ç,e]	onunkiler
[sh,f]	të	tijat	[ç,d]	onunkiler

		[f]		[d]
[n,m]	i	saji	[t,e]	onunki
[n,f]	e	saja	[t,d]	onunki
[sh,m]	të	sajtë	[ç,e]	onunkiler
[sh,f]	të	sajat	[ç,d]	onunkiler

[n,m]		yni	[t,e]	bizimki
[n,f]		jona	[t,d]	bizimki
[sh,m]		tanët	[ç,e]	bizimkiler
[sh,f]		tonat	[ç,d]	bizimkiler

[n,m]			juaji ;	[t,e]	sizinki
[n,f]			juaja ;	[t,d]	sizinki
[sh,m]			tuajt ;	[ç,e]	sizinkiler
[sh,f]			tuajat ;	[ç,d]	sizinkiler
[n,m]	i	tyri	;	[t,e]	onlarınki
[n,f]	e	tyrja	;	[t,d]	onlarınki
[sh,m]	të	tyret	;	[ç,e]	onlarınkiler
[sh,f]	të	tyret	;	[ç,d]	onlarınkiler

Soru zamirleri :
Përemra pyetës :

        kush ? ; kim ?
        sa ? ; kaç ? (ne kadar ?)

[n,m]	i	sati ?	;	[t,e]	kaçıncı sırada ?
[n,f]	e	sata ?	;	[t,d]	kaçıncı sırada ?
[sh,m]	të	satët ?	;	[ç,e]	kaçıncı sıradalar ?
[sh,f]	të	satat ?	;	[ç,d]	kaçıncı sıradalar ?
[n,m]		cili?	;	[t,e]	kim ? (hangi ?)
[n,f]		cila?	;	[t,d]	kim ? (hangi ?)
[sh,m]		cilët?	;	[ç,e]	kimler ? (hangiler ?)
[sh,f]		cilat?	;	[ç,d]	kimler ? (hangiler ?)

        i kujt? ; kimin ?
        i save? ; kaçının ? (ne kadarının ?)

Belirsizlik gösteren zamirler :
Përemrat e pakufishëm :

[m]		njëri	;	[e]	biri
[f]		njëra	;	[d]	biri
[m]	të	gjithë	;	[e]	herkes (hepsi)
[f]	të	gjitha	;	[d]	herkes (hepsi)

Fiil çekimi :
Zgjedhimi i foljeve :

kam / sahip olmak

Koha e tashme Şimdiki ve geniş zaman				Koha e pakryer Şimdiki zaman öyküsü	
(unë)	kam	(benim)	var	kisha	vardı
(ti)	ke	(senin)	var	kishe	vardı
(ai,ajo)	ka	(onun)	var	kishte (kish)	vardı
(ne)	kemi	(bizim)	var	kishim	vardı
(ju)	keni	(sizin)	var	kishit	vardı
(ata,ato)	kanë	(onların)	var	kishin	vardı

Koha e kryer e thjeshtë Di'li geçmiş zaman		Koha e ardhme Gelecek zaman	
pata	vardı	do të kem	olacak
pate	vardı	do të kesh	olacak
pati	vardı	do të ketë	olacak
patëm	vardı	do të kemi	olacak
patët	vardı	do të keni	olacak
patën	vardı	do të kenë	olacak

Mënyra urdhërore, koha e tashme
Emir kipi, şimdiki zaman

ki   sahip ol
kini   sahip olun

jam / olmak

Koha e tashme			Koha e pakryer	
Şimdiki ve geniş zaman			Şimdiki zaman öyküsü	
(unë)	jam	(ben)....im	isha	....idim
(ti)	je	(sen)....sin	ishe	....idin
(ai,ajo)	është	(o)....(dır)	ishte (ish)	....idi
(ne)	jemi	(biz)....iz	ishim	....idik
(ju)	jeni	(siz)....sinizon	ishit	....idiniz
(ata,ato)	janë	(onlar)....(dir)	ishin	....idiler

Koha e kryer e thjeshtë		Koha e ardhme	
Di'li geçmiş zaman		Gelecek zaman	
qeshë	....idim	do të jem	olacağım
qe	....idin	do të jesh	olacaksın
qe	....idi	do të jetë	olacak
qemë	....idik	do të jemi	olacağız
qetë	....idiniz	do të jeni	olacaksınız
qenë	....idiler	do të jenë	olacaklar

Mënyra urdhërore, koha e tashme
Emir kipi, şimdiki zaman

ji   ol
jini   olun

punoj / çalışmak

Koha e tashme
Şimdiki ve geniş zaman
punoj	çalışıyorum (çalışırım)
punon	çalışıyorsun (çalışırsın)
punon	çalışıyor (çalışır)
punojmë	çalışıyoruz (çalışırız)
punoni	çalışıyorsunuz (çalışırsınız)
punojnë	çalışıyorlar (çalışırlar)

Koha e pakryer
Şimdiki zaman öyküsü
punoja	çalışıyordum
punoje	çalışıyordun
punonte	çalışıyordu
punonim	çalışıyorduk
punonit	çalışıyordunuz
punonin	çalışıyordular

Koha e kryer e thjeshtë
Di'li geçmiş zaman
punova	çalıştım
punove	çalıştın
punoi	çalıştı
punuam	çalıştık
punuat	çalıştınız
punuan	çalıştılar

Koha e ardhme
Gelecek zaman
do të punoj	çalışacağım
do të punosh	çalışacaksın
do të punojë	çalışacak
do të punojmë	çalışacağız
do të punoni	çalışacaksınız
do të punojnë	çalışacaklar

Mënyra urdhërore, koha e tashme
Emir kipi, şimdiki zaman
puno	çalış
punoni	çalışın

KONUŞMALAR
BISEDAT

Genel konular :
Temat e përgjithshme :

Sık kullanılan bazı ifadeler :
Disa shprehje që përdoren më shpesh :

Evet !
 [evet]
Po !
 [po]

Hayır !
 [hajër]
Jo !
 [yo]

Teşekkür ederim !
 [teshekkyr ederim]
Faleminderit !
 [faleminderit]

Çok teşekkür ederim !
 [çok teshekkyr ederim]
Shumë faleminderit !
 [şumı faleminderit]

Bir şey değil !
 [bir shej de:il]
S'ka përse !
 [ska pır se]

Rica ederim !
 [rixha ederim]
Ju lutem !
 [yu lutem]

Çok rica ederim !
 [çok rixha ederim]
Ju lutem shumë !
 [yu lutem şumı]

Affedersiniz !
[affedersiniz]
Më falni !
[mı falni]

Lütfen !
[lytfen]
Ju lutem !
[yu lutem]

Peki !
[peki]
Mirë !
[mırı]

Bay ...
[baj]
Zotëri ...
[zotıri]

Beyefendi !
[bejefendi]
Zotëri !
[zotıri]

Bayan ...
[bajan]
Zonjë ...
[zonyı]

Bayan .... (evlenmemiş)
[bajan]
Zonjushe
[zonyuşe]

Hoş geldiniz !
[hosh geldiniz]
Mirë se erdhët !
[mırı se erdhıt]

Allahaısmarladık!
[allahaësmarlladëk]
Mirë u pafshim!
[mırı u pafşim]

Hoşça kalın!
[hoshça kallën]
Mirë mbetshi!
[mırı mbetşi]

Elveda!
[elveda]
Lamtumirë!
[lamtumırı]

Güle güle!
[gyle gyle]
Mirë u pafshim!
[mırı u pafşim]

Bu nedir?
[bu nedir]
Çfarë është kjo?
[çfarı ıştı kyo]

.... nerede (dir)?
[.... nerededir]
Ku është ....?
[ku ıştı ...]

Lütfen buraya geliniz!
[lytfen buraja geliniz]
Ju lutem ejani këtu!
[yu lutem eyani kıtu]

Lütfen oturun!
[lytfen oturun]
Ju lutem uluni!
[yu lutem uluni]

(Bu) doğru mu ?
[bu do:ru mu]
A është e drejtë (kjo) ?
[a ıştı e dreytı kyo]

Hayır doğru değil .
[hajër do:ru de:il]
Jo nuk është e drejtë .
[yo nuk ıştı e dreytı]

(Bu) yanlıştır .
[bu janllështër]
(Kjo) është gabim .
[kyo ıştı gabim]

Evet, doğrudur .
[evet, do:rudur]
Po, është e drejtë .
[po, ıştı e dreytı]

Dil bilme ile ilgili ifadeler :
Shprehjet lidhur me zotërimin e gjuhës :

Arnavutça (Türkçe) biliyor musunuz ?
[arnavutça (tyrkçe) bilijor musunuz]
A dini shqip (turqisht) ?
[a dini shkip (turkisht)]

Evet, biliyorum.
[evet, bilijorum]
Po, di.
[po, di]

Hayır, bilmiyorum.
[hajër, bilmijorum]
Jo, nuk di.
[yo, nuk di]

Biraz Arnavutça biliyorum.
[biraz arnavutça bilijorum]
Di pak shqip.
[di pak shkip]

Arnavutça anlıyorum, fakat konuşamam.
[arnavutça anllëjorum, fakat konushamam]
Kuptoj shqip, por nuk mund të flas.
[kuptoy shkip , por nuk mund tı flas]

Anlıyor musunuz ?
[anllëjor musunuz]
A kuptoni ?
[a kuptoni]

Beni anlıyor musunuz ?
[beni anllëjor musunuz]
A më kuptoni ?
[a mı kuptoni]

Sizi anlıyorum.
[sizi anllëjorum]
Ju kuptoj.
[yu kuptoy]

Her şeyi anlıyorum.
[her sheji anllëjorum]
E kuptoj krejt.
[e kuptoy kreyt]

Lütfen, daha yavaş konuşunuz.
[lytfen, daha javash konushunuz]
Ju lutem, flisni më ngadalë.
[yu lutem flisni mı ngadalı]

Daha yavaş konuşur musunuz lütfen ?
[daha javash konushur musunuz lytfen]
Ju lutem, a mund të flisni më ngadalë ?
[yu lutem, a mund tı flisni mı ngadalı]

Tekrarlar mısınız, lütfen ?
[tekrarllar mësënëz, lytfen]
Ju lutem, a mund ta përsërisni ?
[yu lutem, a mund ta pırsırisni]

Yavaş konuşursanız anlayabilirim.
[javash konushursanız anllajabilirim]
Po qe se flisni me ngadalë, mund tu kuptoj.
[po ke se flisni me ngadalı, mund tu kuptoy]

Anlamadım.
[anllamadëm]
Nuk ju kuptova.
[nuk yu kuptova]

Bu ne demektir.
[bu ne demektir]
Kjo ç'do të thotë.
[kyo çdo tı thotı]

Bu sözcüğün anlamı nedir ?
[bu sëzxhy:yn anllamë nedir]
Çfarë kuptim ka kjo fjalë ?
[çfarı kuptim ka kyo fyalı]

Bu sözcük nasıl telaffuz edilir ?
[bu sëzxhyk nasëll telaffuz edilir]
Kjo fjalë si shqiptohet ?
[kyo fyalı si şkiptohet]

Lütfen onu yazınız !
[lytfen onu yazënëz]
Ju lutem, shkruajeni atë !
[yu lutem, şkruayeni atı]

Lütfen yanlışlarımı düzeltiniz !
[lytfen yanllëshllarëmë dyzeltiniz]
Ju lutem, ndreqni gabimet e mia !
[yu lutem, ndrekni gabimet e mia]

Hiç bir şey anlamadım .
[hiç bir shej anllamadëm]
Nuk kuptova asgjë .
[nuk kuptova asgyı]

Arnavutça öğrenmek istiyorum .
[arnavutça ë:renmek istijorum]
Dua të mësoj shqip .
[dua tı mısoj şkip]

Sözcükleri unutuyorum .
[sëzxhykleri unutujorum]
I harroj fjalët .
[i haroy fyalıt]

Sizi anlıyorum .
[sizi anllëyorum]
Ju kuptoj juve .
[yu kuptoy yuve]

Bir yıldır Arnavutça öğreniyorum .
[bir jëlldër arnavutça ë:renijorum]
Ka një vit, që mësoj shqip .
[ka nyı vit kı mısoy şkip]

Arnavutçayı iyi konuşuyorsunuz .
[arnavutçajë iji konushujorsunuz]
E flisni mirë shqipen .
[e flisni mırı şkipen]

Okuduğumu anlayabilirim .
[okudu:umu anllajabilirim]
Mund të kuptoj atë çka lexoj .
[mund tı kuptoj atı çka ledzoj]

Okulda biraz arnavutça öğrendim .
[okullda biraz arnavutça ë:rendim]
Në shkollë kam mësuar pak shqip .
[nı şkolı kam mısuar pak şkip]

Biraz pratiğe ihtiyacım var .
[biraz prati:e ihtijaxhëm var]
Kam nevojë për pak praktikë .
[kam nevojı pır pak praktikı]

Arnavutçam hakkında ne düşünüyorsunuz .
[arnavutçam hakkënda ne dyshynyjorsunuz]
Çfarë mendoni për shqipen time .
[çfarı mendoni pır şkipen time]

Bana ne tavsiye edersiniz ?
[bana ne tavsije edersiniz]
Çfarë mund të më këshilloni ?
[çfarı mund tı mı kışiloni]

.... sözcüğünün Arnavutçası nedir ?
[.... sëzcy:ynyn arnavutçasë nedir]
Si thuhet ...... në shqip ?
[si thuhet ... nı şkip]

Selamlaşma :
Përshëndetja :

Günaydın !
[gynajdën]
Mirëmëngjesi !
[mirımıngyesi]

İyi günler !
[iji gynler]
Mirëdita !
[mirıdita]

Merhaba !
[merhaba]
Tungjatjeta !
[tungyatyeta]

İyi akşamlar !
[iji akshamllar]
Mirëmbrëma !
[mirımbrıma]

İyi geceler !
[iji gexheler]
Natën e mirë !
[natın e mırı]

Nasılsınız ?
[nasëllsënëz]
Si jeni ?
[si yeni]

Teşekkür ederim, iyiyim. Siz nasılsınız ?
[teshekkyr ederim, ijijim. siz nasëllsënëz]
Mirë, faleminderit. Po ju si jeni ?
[mırı, faleminderit. po yu si yeni]

Ailece nasılsınız ?
[ailexhe nasëllsënëz]
Familjarisht si jeni ?
[familyarişt si yeni]

Teşekkür ederim. İyiyiz .
[teshekkyr ederim. ijijiz]
Faleminderit, jemi mirë .
[faleminderit, yemi mırı]

Kendiniz hakkında :
Për veten :

Adım .... 'dır .
[adëm ...'dër]
Unë quhem ....
[unı kyuhem ....]

Arnavudum .
[arnavudum]
(Unë) jam Shqiptar .
[unı yam şkiptar]

İstanbullu'yum .
[istanbullujum]
(Unë) jam nga Stambolli .
[unı yam nga stamboli]

.... yaşındayım .
[.... jashëndajëm]
(Unë) jam .... vjeç .
[unı yam .... vyeç]

Ben öğrenciyim .
[ben ë:renxhijim]
(Unë) jam student (nxënës).
[unı yam student (ndzınıs)]

Ankara'da oturuyorum .
[ankarada oturujorum]
Banoj në Ankara .
[banoy nı ankara]

Bu otelde kalıyorum .
[bu otelde kallëjorum]
Qendroj në këtë otel .
[kendroy nı kıtı otel]

İznimi hep burada geçiririm .
[iznimi hep burada geçiririm]
Pushimin e kaloj gjithmonë këtu .
[puşimin e kaloy gyithmonı kıtu]

Ailem başka bir şehirde oturur .
[ailem bashka bir shehirde oturur]
Familja ime banon në një qytet tjetër .
[familya ime banon nı nyı kütet tyetır]

Babam işçidir .
[babam ishçidir]
Babai im është punëtor .
[baba im ıştı punıtor]

Adınız nedir ?
[adënëz nedir]
Si quheni ?
[si kyuheni]

Arnavut yoksa Türk müsünüz ?
[arnavut yoksa tyrk mysynyz]
Shqiptar apo Turk jeni ?
[şkiptar apo turk yeni]

Kaç yaşındasınız ?
[kaç jashëndasënëz]
Sa vjeç jeni ?
[sa vyeç yeni]

Mesleğiniz nedir ?
[mesle:iniz nedir]
Çfarë profesion keni ?
[çfarı profesion keni]

Evliyim ve üç çocuğum var .
[evlijim ve yç çuxhu:um var]
Jam i martuar dhe kam tre fëmijë .
[yam i martuar dhe kam tre fımiyı]

İki kızım ve bir oğlum var.
[iki këzëm ve bir o:lum var]
Kam dy vajza dhe një djalë.
[kam dü vayza dhe nyı dyalı]

Karım öğretmendir.
[karëm ë:retmendir]
Gruan e kam mësuese.
[gruan e kam mısuese]

İki erkek ve bir kızkardeşim var.
[iki erkek ve bir këzkardeshim var]
Kam dy vëllezër dhe një motër.
[kam dü vılezır dhe njı motır]

Boyum bir metre altmışbeş santimdir.
[bojum bir metre alltmëshbesh santimdir]
Jam i gjatë një metër dhe gjashtëdhjetepesë centimetër.
[yam i gyatı nyı metır dhe gyaştıdhyetepesı tsentimetır]

Almanya'da bir hanım mektup arkadaşım var.
[almanjada bir hanëm mektup arkadashëm var]
Në Gjermani kam një shoqe letërkëmbimi.
[nı gyermani kam nyı şoke letırkımbimi]

Turistlere yardım etmeyi severim.
[turistlere yardëm etmeji severim]
Dëshiroj të ndihmoj turistët.
[dışiroj tı ndihmoy turistıt]

Yolculuk yapmayı çok severim.
[jolxhuluk yapmajë çok severim]
Kam shumë dëshirë të udhëtoj.
[kam şumı dışirı tı udhıtoy]

.... ister misiniz ?
[.... ister misiniz]
A doni ?
[a doni]

Hiç bir şey istemiyorum.
[hiç bir shej istemijorum]
Nuk dua asgjë.
[nuk dua asgyı]

Türkçe öğrenmek istiyorum.
[tyrkçe ë:renmek istijorum]
Dua të mësoj turqisht.
[dua tı mısoy turkisht]

Gömlek satın almak istiyorum.
[gëmlek satën allmak istijorum]
Dua të blej këmishë.
[dua tı bley kımishı]

Nerede ekmek bulabilirim ?.
[nerede ekmek bullabilirim]
Ku mund të blej bukë.
[ku mund tı bley bukı]

Bir ekmek istiyorum ?
[bir ekmek istijorum]
Dua një bukë.
[dua nyı bukı]

Bu işaret nedir ?
[bu isharet nedir]
Çfarë është kjo shenjë ?
[çfarı ıshtı kyo shenyı]

Size yardım edebilir miyim ?
[size jardëm edebilir mijim]
A mund t'ju ndihmoj ?
[a mund tı yu ndihmoy]

Bu bina nedir ?
[bu bina nedir]
Çfarë është kjo ndërtesë ?
[çfarı ıshtı kyo ndırtesı]

Dükkanlar ne zaman açılır ?
[dykkanlar ne zaman açëllër]
Kur hapen dyqanet ?
[kur hapen dükyanet]

Şehir turu için bilgi istiyorum ?
[shehir turu için bilgi istijorum]
Dua informata për shetitjen e qytetit ?
[dua informata pır şetityen e kyütetit]

Otobüs durağı nerededir ?
[otobys dura:ë nerededir]
Ku është stacioni i autobusave ?
[ku ıştı statsioni i autobusave]

Nerede bekleyebilirim ?
[nerede beklejebilirim]
Ku mund të pres ?
[ku mund tı pres]

Nerede bir taksi bulabilirim ?
[nerede bir taksi bullabilirim]
Ku mund ta gjej një taksi ?
[ku mund ta gyey nyı taksi]

En yakın banka nerededir ?
[en jakën banka nerededir]
Ku është banka më e afërt ?
[ku ıştı banka mı e afırt]

Otomobilimi nerede park edebilirim ?
[otomobilimi nerede park edebilirim]
Ku mund ta parkoj makinën time ?
[ku mund ta parkoy makinın time]

Tanışma, tanıştırma :
Njohja :

Sizi Bay ..... ile tanıştırabilir miyim ?
[sizi baj ... ile tanështërabilir mijim]
A mund t'ju njoh me Zotërinë ...... ?
[a mund t'yu nyoh me zotırını ...]

Müsadenizle kendimi size takdim edeyim .
[mysadenizle kendimi size takdim edejim]
Më lejoni, t'ju paraqitem .
[mı leyoni, t'yu parakitem]

Kiminle müşerref oluyorum .
[kiminle mysherref ollujorum]
Me cilin kam nderin të njihem .
[me tcilın kam nderin tı nyihem]

Memnun oldum .
[memnun olldum]
Ju faleminderit .
[yu faleminderit]

Adınız, lütfen ?
[adënëz, lytfen]
Ju lutem, si quheni ?
[yu lytem, si kyuheni]

Sizi gördüğüme sevindim .
[sizi gërdy:yme sevindim]
Gëzohem që ju pashë .
[gızohem kı yu paşı]

Adım .... dır .
[adëm ... dër]
Quhem ..... .
[kyuhem ...]

Rica, istek, özür dileme :
Lutja, kërkesa, shfajsimi :

Lütfen, bana ..... verir misiniz ?
[lytfen, bana .... verir misiniz]
Ju lutem, më jepni .... ?
[yu lutem, mı yepni ...]

Bana bir iyilikte bulunur musunuz ?
[bana bir ijilikte bulunur musunuz]
A mund ta më bëni një të mirë ?
[a mund ta mı bıni nyı tı mirı]

Müsaade eder misiniz ?
[mysaade eder misiniz]
A më lejoni ?
[a mı leyoni]

Ne arzu edersiniz ?
[ne arzu edersiniz]
Çfarë dëshironi ?
[çfarı dışironi]

Nerede olabilir ?
[nerede ollabilir]
Ku mund të jetë ?
[ku mund tı yetı]

Rica etsem .... nin yerini söyler misin ?
[rixha etsem ... nin jerini sëjler misin]
Ju lutem, mund të më tregoni vendin e .... ?
[yu lutem, mund tı mı tregoni vendin e...]

Nasıl istersiniz ?
[nasëll istersiniz]
Si dëshironi ?
[si dışironi]

Çok teşekkür ederim .
[çok teshekkyr ederim]
Shumë faleminderit .
[şumı faleminderit]

Bir şey değil .
[bir shej de:il]
S'ka përse .
[ska pırse]

Pardon (affedersiniz, özür dilerim) .
[pardon (affedersiniz, ëzyr dilerim)]
Më falni .
[mı falni]

Sizi kırmak istememiştim .
[sizi kërmak istememishtim]
Nuk desha t'ju fyej .
[nuk deşa t'yu füey]

Affınızı rica ederim .
[affënëzë rixha ederim]
Më falni, ju lutem .
[mı falni, yu lutem]

Üzgünüm, size yardım edemeyeceğim .
[yzgynym, size jardëm edemejexhe:im]
Më vjen keq, s'mund t'ju ndihmoj .
[mı vyen kek, smund t'yu ndihmoy]

Vedalaşma :
Ndarja ; lamtumira :

Hoşça kal(ın) (Allahaısmarladık) .
[hoshça kallën (allahaësmarlladëk)]
Mirupafshim .
[mirupafşim]

Yakında görüşürüz .
[jakënda gëryshyryz]
Shihemi së shpejti .
[şihemi sı şpeyti]

Yarın görüşmek üzere !
[jarën gëryshmek yzere]
Mirupafshim nesër !
[mirupafşim nesır]

Sonra görüşürüz .
[sonra gëryshyryz]
Takohemi pastaj.
[takohemi pastay]

İyi şanslar .
[iji shansllar]
Paçi fat të bardhë .
[paçi fat tı bardhı]

Ne zaman görüşeceğiz .
[ne zaman gëryshexhe:iz]
Kur do të shihemi ?
[kur do tı şihemi]

Yarın görüşebilir miyiz ?
[yarën gëryshebilir mijiz]
A mund të shihemi nesër ?
[a mund tı şihemi nesır]

İyi yolculuklar.
 [iji jollxhullukllar]
Udhembarë .
 [udhembarı]

.... 'e selam söyleyin .
 [... 'e selam sëjlejin]
Bëjini të fala .... .
 [bıyini tı fala]

Davetiniz için teşekkürler .
 [davetiniz için teshekkyrler]
Ju faleminderit për ftesën .
 [yu faleminderit pır ftesın]

Bilgi edinme, yer sorma :
Marrje informate, pyetje vendi :

Müze nerededir ?
[myze nerededir]
Ku është muzeu ?
[ku ıştı muzeu]

Giriş biletleri nerede satılıyor ?
[girish biletleri nerede satëllëjor]
Ku shiten biletat për të hyrë ?
[ku şiten biletat pır tı hyrı]

Şehri nasıl buluyorsunuz ?
[shehri nasëll bullujorsunuz]
Si ju duket qyteti ?
[si yu duket kyteti]

Bu istasyonun adı nedir ?
[bu istasjonun adë nedir]
Si e ka ky stacion emrin ?
[si e ka kü statsion emrin]

Nereden geliyorsunuz ?
[nereden gelijorsunuz]
Prej nga vini ?
[prey nga vini]

Ne istiyorsunuz ?
[ne istijorsunuz]
Çfarë dëshironi ?
[çfarı dışironi]

Nereye gidiyorsunuz ?
[nereje gidijorsunuz]
Ku shkoni ?
[ku şkoni]

Burada Türkçe konuşan biri var mı ?
[burada tyrkçe konushan biri var më]
A ka njeri këtu që din turqisht ?
[a ka nyeri kıtu kı din turkişt]

Beni anlıyormusunuz ?
[beni anllëjormusunuz]
A më kuptoni ?
[a mı kuptoni]

Hiç bir şey anlamıyorum .
[hiç bir shej anllamëjorun]
Nuk kuptoj asgjë .
[nuk kuptoy asgyı]

Zaman sorma :
Pyetjet për kohën :

Saat kaç ?
[saat kaç]
Sa është ora ?
[sa ıştı ora]

Saat iki (dir).
[saat iki]
Ora është dy.
[ora ıştı dü]

Saat üçe beş var.
[saat yçe besh var]
Ora është tre pa pesë.
[ora ıştı tre pa pesı]

Saat üçe çeyrek var.
[saat yçe çejrek var]
Ora është tre pa një çerek.
[ora ıştı tre pa nyı çerek]

Saat iki buçuk.
[saat iki buçuk]
Ora është dy e gjysmë.
[ora ıştı dü e gyüsmı]

Saat on iki (gündüz).
[saat on iki (gyndyz)]
Ora është dymbëdhjetë e ditës.
[ora ıştı dümbıdhyetı e ditıs]

Saat on iki (gece yarısı).
[saat on iki (gexhe jarësë)]
Ora është dymbëdhjetë e natës (mesnatë).
[ora ıştı dümbdhyetı e natıs (mesnatı)]

Sinema saat kaçta başlıyor.
[sinema saat kaçta bashllëjor]
Kur fillon kinemaja.
[kur filon kinemaya]

Saat onda dükkanlar kapanır.
[saat onda dykkanllar kapanër]
Dyqanet mbyllen në orën dhjetë.
[dükyanet mbylen nı orın dhyetı]

Dörtten beşe kadar evde yokum.
[dërtten beshe kadar evde jokum]
Prej katër deri në pesë nuk jam në shtëpi.
[prey katır deri nı pesı nuk yam nı ştıpi]

Henüz çok erken.
[henyz çok erken]
Ende është shumë herët.
[ende ıştı şumı herıt]

Benim saatim ileri.
[benim saatim ileri]
Ora ime është para.
[ora ime ıştı para]

Dün öğleden sonra neredeydiniz?
[dyn ë:leden sonra neredejdiniz]
Ku ishit dje pas dite?
[ku işit dye pas dite]

Sabah hava çok kötüydü.
[sabah hava çok këtyjdy]
Në mëngjes koha ishte shumë e keqe.
[nı mıngyes koha işte şumı e keke]

Bu akşam sinemaya gideceğiz.
[bu aksham sinemaja gidexhe:iz]
Sonte do të shkojmë në kinema.
[sonte do tı şkoymı nı kinema]

Yarın öğleden sonra sizi çaya davet ediyorum .
[yarën ë:leden sonra sizi çaja davet edijorum]
Ju ftoj për çaj nesër pas dite .
[yu ftoy pır çay nesır pas dite]

Bugün hava ne kadar güzel .
[bugyn hava ne kadar gyzel]
Sa e bukur është dita sot .
[sa e bukur ıştı dita sot]

Bugün günlerden ne ?
[bugyn gynlerden ne]
Çfarë dite është sot ?
[çfarı dite ıştı sot]

Bugün pazartesi.
[bugyn pazartesi]
Sot është e hënë .
[sot ıştı e hını]

Bugün tarih kaç ?
[bugyn tarih kaç]
Sa është data sot ?
[sa ıştı data sot]

Bugün 25 Mayıs 1995 (tir) .
[bugyn jirmibesh majës bin dokuzjyz doksan besh]
Sot është 25 Maj 1995 .
[sot ıştı nyızetepesı may nyı miyı e nıntıkind e pesı]

Bugün 25 Mayıs 1995'teyiz .
[bugyn jirmibesh majës bin dokuzjyz doksan besh'tejiz]
Sot jemi në 25 Maj 1995.
[sot yemi nı nyızetepesı may nyı miyı e nıntıkind e pesı]

Şimdi hangi aydayız ?
[shimdi hangi ajdajëz]
Në ç'muaj jemi tani ?
[nı ç'muay yemi tani]

Mayıs ayındayız .
[majës ajëndajëz]
Jemi në muajin maj .
[yemi ni muayin may]

İlkbaharda havalar nasıldır .
[jlkbaharda havallar nasëlldër]
Si është koha në pranverë .
[si ıştı koha ni pranverı]

Dışarıda hava nasıl ?
[dësharëda hava nasëll]
Si është koha jashtë ?
[si ıştı koha yaştı]

Biraz serin ve hafif rüzgar esiyor .
[biraz serin ve hafif ryzgar esijor]
Eshtë pak freskët dhe fryn erë e lehtë .
[ıştı pak freskıt dhe fryn erı e lehtı]

Günler [gynler]	/	Ditët [ditıt]
Pazartesi [pazartesi]	/	E hënë [e hını]
Salı [sallë]	/	E martë [e martı]
Çarşamba [çershamba]	/	E mërkurë [e mırkurı]
Perşembe [pershembe]	/	E enjte [e enyte]
Cuma [xhuma]	/	E premte [e premte]
Cumartesi [xhumartesi]	/	E shtunë [e ştunı]
Pazar [pazar]	/	E djelë [e dyelı]

Aylar [ajllar]	/	Muajt [muayt]
Ocak [oxhak]	/	Janar [yanar]
Şubat [shubat]	/	Shkurt [şkurt]
Mart [mart	/	Mars [mars]
Nisan [nisan]	/	Prill [prił]
Mayıs [majës]	/	Maj [may]
Haziran [haziran]	/	Qershor [kyerşor]
Temmuz [temmuz]	/	Korrik [korik]
Ağustos [a:ustos]	/	Gusht [guşt]
Eylül [eylyl]	/	Shtator [ştator]
Ekim [ekim]	/	Tetor [tetor]
Kasım [kasëm]	/	Nëntor [nıntor]
Aralık [arallëk]	/	Dhjetor [dhyetor]

Mevsimler [mevsimler]	/	Stinët [stinıt]
İlkbahar [ilkbahar]	/	Pranverë [pranverı]
Yaz [jaz]	/	Verë [verı]
Sonbahar [sonbahar]	/	Vjeshtë [vyeştı]
Kış [kësh]/	/	Dimër [dimır]

Genel ifadeler :
Shprehjet e përgjithshme :

Emin değilim .
[amin de:ilim]
Nuk jam i sigurt .
[nuk yam i sigurt]

Bilmiyorum .
[bilmijorum]
Nuk e di .
[nuk e di]

Sanmıyorum .
[sanmëjorum]
Nuk mendoj ashtu .
[nuk mendoy aştu]

Bunu demek istemiyorum .
[bunu demek istemijorum]
Nuk dua te them këtë .
[nuk dua te them kıtı]

Bakalım (göreceğiz) .
[bakallëm (gërexhe:iz)]
Ta shohim .
[ta şohim]

Benim için farketmez .
[benim için farketmez]
Për mua s'ka gjë .
[pır mua ska gyı]

Sadece sormak istemiştim .
[sadexhe sormak istemishtim]
Desha vetëm t'u pyes .
[deşa vetım tu pyes]

Yanlış olacağını sanmıyorum .
[janllësh ollaxha:ënë sanmëjorum]
Nuk e mendoj që do të jetë gabim .
[nuk e mendoy kı do tı yetı gabim]

Olur böyle şeyler .
[ollur bëjle shejler]
Ndodhin dhe gjëra të tilla .
[ndodhin dhe gyıra tı tila]

Olabilir.
[ollabilir]
Mund të jetë .
[mund tı yetı]

Saçma .
[saçma]
Gjepura .
[gyepura]

Hiç bir anlamı yok .
[hiç bir anllamë jok]
S'ka asnjë kuptim .
[ska asnyı kuptim]

Çok basit .
[çok basit]
Shumë e thjeshtë .
[şumı e thyeştı]

Şartlara bağlı .
[shartllara ba:llë]
Varet nga kushtet .
[varet nga kuştet]

Bunun hakkında ne düşünüyorsunuz ?
[bunun hakkënda ne dyshynyjorsunuz?]
Çfarë mendoni për këtë .
[çfarı mendoni pır kıtı]

Sahi mi ?
[sahi mi]
A është e vërtetë ?
[a ıştı e vırtetı]

İnanılacak gibi değil.
[inanëllaxhak gibi de:il]
Eshtë e pa besueshme.
[ıştı e pa besueşme]

Fena değil.
[fena de:il]
Nuk është keq.
[nuk ıştı kek]

Sizinle aynı düşüncedeyim.
[sizinle ajnë dyshynxhedejim]
Jam në të njëjten mendim me ju.
[yam nı tı nyıyten mendim me yu]

Haklısınız.
[hakllësënëz]
Keni të drejtë.
[keni tı dreytı]

Asla (hiç bir suretle).
[aslla (hiç bir suretle)]
asnjë herë (kurrë).
[asnyı herı (kurı)]

Sayılar :
Numrat themelorë :

1	bir [bir]	/	një [nyı]
2	iki [iki]	/	dy [dü]
3	üç [yç]	/	tre [tre]
4	dört [dërt]	/	katër [katır]
5	beş [besh]	/	pesë [pesı]
6	altı [alltë]	/	gjashtë [gyaştı]
7	yedi [jedi]	/	shtatë [ştatı]
8	sekiz [sekiz]	/	tetë [teti]
9	dokuz [dokuz]	/	nëntë [nıntı]
10	on [on]	/	dhjetë [dhyetı]
11	on bir [on bir]	/	njëmbëdhjetë [nyımbıdhyetı]
12	on iki [on iki]	/	dymbëdhjetë [dümbıdhjetı]
20	yirmi [jirmi]	/	njëzet [nyızet]
21	yirmi bir [jirmi bir]	/	njëzetenjë [nyızetenyı]
30	otuz [otuz]	/	tridhjetë [tridhjetı]
40	kırk [kërk]	/	dyzet [düzet]
50	elli [elli]	/	pesëdhjetë [pesıdhyetı]
60	altmış [alltmësh]	/	gjashtëdhjetë [gyaştıdhyetı]
70	yetmiş [jetmish]	/	shtatëdhjetë [ştatıdhyetı]
80	seksen [seksen]	/	tetëdhjetë [tetıdhyetı]
90	doksan [doksan]	/	nëntëdhjetë [nıntıdhyetı]
100	yüz [jyz]	/	njëqind [nyıkind]
101	yüz bir [jyz bir]	/	njëqind e një [nyıkind e nyı]
1000	bin [bin]	/	njëmijë [nyımiyı]
1001	bin bir [bin bir]	/	njëmijë e një [nyımiyı e nyı]
	bir milyon [bir miljon]	/	një milion [nyı milion]
	bir milyar [bir miljar]	/	një miliard [nyı miliard]
	bir trilyon [bir triljon]	/	një trilion [nyı trilion]

Yolculuk :
Udhëtimi :

Trenle yolculuk :
Udhëtimi me tren :

Gara gitmek istiyorum .
[gara gitmek istijorum]
Dua të shkoj në stacion .
[dua tı şkoy nı statsion]

İstanbul'a ne zaman tren var .
[istanbulla ne zaman tren var]
Kur ka tren për në Stamboll .
[kur ka tren pır nı stambol]

Ankara'ya bundan sonraki tren ne zaman hareket edecek ?
[ankaraja bundan sonraki tren ne zaman hareket edexhek]
Kur do të niset treni tjetër për në Ankara ?
[kur do tı niset treni tyetır pır nı ankara]

İstanbul'a gidecek tren hangi perondan kalkıyor ?
[istanbulla gidexhek tren hangi perondan kalkëjor]
Treni që është për në Stamboll prej cilit peron do të niset ?
[treni kı ıştı pır nı stambol prey tsilit peron do tı niset]

Ankara'dan gelecek tren hangi perona girecek ?
[ankaradan gelexhek tren hangi perona girexhek]
Treni që vjen prej Ankaraje në cilin peron do të hyjë ?
[treni kı vyen prey ankaraye nı tsilin peron do tı hüyi]

İstanbul'dan gelecek trenin rötarı var mı ?
[istanbulldan gelexhek trenin rëtarë var më]
A do të vonohet treni që vjen prej Stambollit ?
[a do tı vonohet treni kı vyen prey stambolit]

Burada ne kadar duracağız (kalacağız) ?
[burada ne kadar duraxha:ëz (kallaxha:ëz)]
Sa do të qendrojmë këtu ?
[sa do tı kendroymı kıtu]

Ne zaman kalkıyoruz ?
[ne zaman kallkëjoruz]
Kur do të nisemi ?
[kur do tı nisemi]

Daha ne kadar gideceğiz ?
[daha ne kadar gidexhe:iz]
Edhe sa do të shkojmë ?
[edhe sa do tı şkoymı]

Buradan Tiran'a ne kadar zamanda gidilir ?
[buradan tirana ne kadar zamanda gidilir]
Për sa kohe shkohet prej këtu deri në Tiran ?
[pır sa kohe şkohet prey kıtu deri nı tiran]

Lütfen, Tiran'a sadece bir gidiş bilet veriniz .
[lytfen, tirana sadexhe bir gidish bileti veriniz]
Ju lutem, më jepni një biletë për në Tiranë vetëm vajtje .
[yu lutem, mı yepni nyı bileti pır nı tiranı vetım vaytye]

Lütfen, İstanbul'a bir tane gidiş - dönüş bileti veriniz .
[lytfen, istanbulla bir tane gidish - dënysh bileti veriniz]
Ju lutem, më jepni një biletë për Stamboll vajtje - ardhje .
[yu lutem, mı yepni nyı bileti pır stambol vaytye -ardhye]

Bu bilet ne kadar zaman geçerlidir ?
[bu bilet ne kadar zaman geçerlidir]
Kjo biletë deri kur shkon ?
[kyo bileti deri kur şkon]

Tren istasyona yaklaşmakta (dır) .
[tren istasjona jakllashmaktadër]
Treni po i afrohet stacionit .
[treni po i afrohet statsionit]

İstanbul'a gidiş dönüş bileti kaça ?
[istanbulla gidish dënysh bileti kaça]
Sa kushton një biletë për Stamboll vajtje - ardhje .
[sa kushton nyı bileti pır stambol vaytye - ardhye]

Bu tren İstanbul' a mı gidiyor ?
[bu tren istanbulla më gidijor]
Ky tren a shkon në Stamboll ?
[kü tren a şkon nı stambol]

Bilet gişesi nerede(dir) ?
[bilet gishesi nerededir]
Ku është vendi që shiten biletat ?
[ku ıştı vendi kı şiten biletat]

Affedersiniz, bu yer boş mudur ?
[affedersiniz, bu jer bosh mudur]
Më falni, A është i lirë ky vend ?
[mı falni, a ıştı i lirı kü vend]

Boş yer kalmadı .
[bosh jer kallmadë]
Nuk mbeti vend i lirë .
[nuk mbeti vend i lirı]

Burada bir tane var. Buyrun, lütfen oturun .
[burada bir tane var. bujrun, lytfen oturun]
Këtu ka një vend . Urdhëroni, uluni ju lutem .
[kıtu ka nyı vend. urdhıroni, uluni yu lutem]

Affedersiniz, burası benim yerim.
[affedersiniz, burasë benim jerim]
Më falni, këtu është vendi im .
[mı falni, kıtu ıştı vendi im]

Biletler, lütfen .
[biletler, lytfen]
Ju lutem, biletat .
[yu lutem, biletat]

Ankara'ya ne zaman varacağız .
[ankaraja ne zaman varaxha:ëz]
Kur do të arrijmë në Ankara .
[kur do tı arriymı nı ankara]

Burası hangi istasyon.
[burasë hangi istasjon]
Cili stacion është ky.
[tsili statsion ıştı kü]

Affedersiniz, pencereyi açabilir miyim?
[affedersiniz, penxhereji açabilir mijim]
Më falni, a mund të hapi dritaren?
[mı falni, a mund tı hapi dritaren]

Pencereyi biraz açalım mı?
[penxhereji biraz açallëm më]
A ta hapim pak dritaren?
[a ta hapim pak dritaren]

Benim biletimi daha önce kontrol ettiniz.
[benim biletimi daha ënxhe kontroll ettiniz]
E kontrolluat biletën time më përpara.
[e kontroluat biletın time mı pırpara]

Bu istasyonda ineceğim.
[bu istasjonda inexhe:im]
Në këtë stacion do të zbres.
[nı kıtı statsion do tı zbres]

Yarım saat geciktik.
[jarëm saat gexhiktik]
U vonuam gjysëm ore.
[u vonuam gyüsım ore]

Bavulu alın, lütfen!
[bavullu allën, lytfen]
Ju lutem, mereni baullen!
[yu lutem, mereni baulen]

Bunlar benim eşyalarım değil.
[bunllar benim eshjallarëm de:il]
Këto nuk janë plaçkat e mia.
[kıto nuk yanı plaçkat e mia]

Ne kadar ödemem gerekiyor (borcum ne kadar).
[ne kadar ëdemem gerekijor (borxhum ne kadar)]
Sa duhet të paguaj .
[sa duhet tı paguay]

Otomobille yolculuk :
Udhëtimi me automobil :

En yakın benzincinin nerede olduğunu söyler misiniz ?
[en jakën benzinxhinin nerede olldu:unu sëjler misiniz]
A më tregoni ku është pika më e afërt e karburantit ?
[a mı tregoni ku ıştı pika mı e afırt e karburantit]

Burada benzin nerede bulabilirim ?
[burada benzin nerede bullabilirim]
Ku mund të gjej këtu benzinë ?
[ku mund tı gyey kıtu benzinı]

Hangi yol daha kısadır ?
[hangi joll daha kësadër]
Cila rrugë është më e shkurtë ?
[tsila rugı ıştı mı e şkurtı]

Ankara yolu iyi midir ?
[ankara jollu iji midir]
A është e mirë rruga për në Ankara ?
[a ıştı e mırı ruga pır nı ankara]

Ankara buradan ne kadar uzaktır ?
[ankara buradan ne kadar uzaktër]
Sa larg është Ankaraja prej këtu ?
[sa larg ıştı ankaraya prey kıtu]

Yolu harita üzerinden gösterir misiniz ?
[jollu harita yzerinden gësterir misiniz]
A mund të ma tregoni rrugën në hartë ?
[a mund tı ma tregoni rugın nı hartı]

Bir gümrük numarası verecek misiniz ?
[bir gymryk numarasë verexhek misiniz]
A do më jepni një numër për doganë ?
[a do mı yapni nyı numır pır doganı]

61

Lütfen, depoyu doldurunuz !
[lytfen, depoju dolldurunuz]
Ju lutem, mbusheni depon (tankun e benzinës) !
[yu lutem, mbuşeni depon (tankun e benzinıs)]

Lütfen, on litre normal benzin !
[lytfen, on litre normal benzin]
Ju lutem, dhjetë litra benzinë normale !
[yu lutem, dhyetı litra benzinı normale]

Lütfen yirmi litre süper benzin !
[lytfen, jirmi litre syper benzin]
Ju lutem, njëzet litra benzinë super !
[yu lutem, nyızet litra benzinı super]

Lütfen yağı boşaltınız .
[lytfen, ja:ë boshalltënëz]
Ju lutem, zbrazeni vajin .
[yu lutem, zbrazeni vayin]

Lütfen, yağı kontrol ediniz .
[lytfen, ya:ë kontroll ediniz]
Ju lutem, kontrolloni vajin .
[yu lutem, kontroloni vayin]

Lütfen yağı değiştiriniz ?
[lytfen, ja:ë de:ishtiriniz]
Ju lutem, ndërroni vajin ?
[yu lutem, ndıroni vayin]

Radyatör suyunu kontrol ediniz !
[radjatër sujunu kontroll ediniz]
Kontrolloni ujin e radiatorit !
[kontroloni uyin e radiatorit]

Bir bidon su istiyorum .
[bir bidon su istijorum]
Dua një bidon ujë .
[dua nyı bidon uyı]

Ön camı yıkayın lütfen !
[ën xhamë jëkajën lytfen]
Ju lutem, lani xhamin e përparmë !
[yu lutemi, lani camin e pırparmı]

Lütfen, arabamı yıkayınız !
[lytfen, arabamë jëkajënëz]
Ju lutem, lani automobilin tim !
[yu lutem, lani automobilin tim]

Aküyü doldurunuz !
[akyjy doldurunuz]
Ngarkoni akumulatorin !
[ngarkoni akumulatorin]

Karbüratörü sökün !
[karbyratëry sëkyn]
Zbërtheni karburatorin !
[zbırtheni karburatorin]

Lütfen, karbüratörü çıkarın !
[lytfen, karbyratëry çëkarën]
Ju lutem, nxjerreni karburatorin !
[yu lutem, ndzyereni karburatorin]

Arabamı çeker misiniz ?
[arabamë çeker misiniz]
A mund ta tërhiqni makinën ?
[a mund ta tırhikni makinın]

En yakın tamirhane nerededir ?
[en jakën tamirhane nerededir]
Ku është reparti mekanik i riparimit më i afërt ?
[ku ıştı reparti mekanik i riparimit mı i afırt]

Arabayı nerede bırakabilirim ?
[arabajë nerede bërakabilirim]
Ku mund ta le veturën ?
[ku mund ta le veturın]

Bir gecelik garaj ücreti ne kadar ?
[bir gexhelik garazh yxhreti ne kadar]
Sa kushton garazhi për një natë ?
[sa kuşton garaji pır njı natı]

Arabayı garajdan almak istiyorum .
[arabajë garazhdan almak istijorum]
Dua të marr automobilin prej garazhi .
[dua tı mar automobilin prey garaji]

Oto için yedek parçanız var mı ?
[oto için jedek parçanëz var më]
A keni pjesë ndërrimi për automobil ?
[a keni pyesı ndırimi pır automobil]

Bana yardım eder misiniz ?
[bana jardëm eder misiniz]
A mund të më ndihmoni ?
[a mund tı mı ndihmoni]

Arabayı tamir edebilir misiniz ?
[arabajë tamir edebilir misiniz]
A mund ta riparoni automobilin ?
[a mund ta riparoni automobilin]

Kaça tamir edersiniz ?
[kaça tamir edersiniz]
Sa mund të kushtoje riparimi ?
[sa mund tı kuştoye riparimi]

Tamir ne kadar sürer ?
[tamir ne kadar syrer]
Për sa kohë do të ndreqet ?
[pır sa kohı do tı ndrekyet]

Ne zaman biter ?
[ne zaman biter]
Kur mbaron ?
[kur mbaron]

Benzinim bitti ?
 [benzinim bitti]
Më mbaroi benzina ?
 [mı mbaroi benzina]

Ateşleme kesiliyor ?
 [ateshleme kesilijor]
Ndezja ndërpritet ?
 [ndezya ndırpritet]

Akü boşalmış .
 [aky boshalmësh]
Akumulatori është zbrazur .
 [akumulatori ıştı zbrazur]

Karbüratör boğulmuş .
 [karbyratër bo:ulmush]
Karburatori është bukosur me benzinë .
 [karburatori ıştı bukosur me benzinı]

Arabanın nesi var ?
 [arabanën nesi var]
Çfarë ka vetura ?
 [çfarı ka vetura]

Arabam arızalandı .
 [arabam arëzallandë]
Vetura ka difekt.
 [vetura ka difekt]

Lastik patladı .
 [llastik patlladë]
Plasi goma .
 [plasi goma]

Motor ısınıyor .
 [motor ësënëjor]
Motori nxehet .
 [motori ndzehet]

Sigortalar yanmış.
[sigortallar yanmësh]
Janë djegur siguresat.
[yanı dyegur siguresat]

Kaza geçirdim.
[kaza geçirdim]
Bëra një aksident.
[bıra nyı aksident]

Arabam sigortalıdır.
[arabam sigortallëdër]
Veturën e kam të siguruar.
[veturın e kam tı siguruar]

Bir çarpışma oldu.
[bir çarpëshma olldu]
U bë një përplasje.
[u bı nyı pırplasye]

Bu kazada suçum yok.
[bu kazada suçum jok]
S'kam faj në këtë aksident.
[skam fay nı kıtı aksident]

Araba beni geçmek istedi.
[araba beni geçmek istedi]
Automobili deshi të më kalojë.
[automobili deşi tı mı kaloye]

Otomobili hızlı sürmedim.
[otomobili hëzllë syrmedim]
Makinën nuk e ngava shpejtë.
[makinın nuk e ngava şpeytı]

Uçakla yolculuk :
Udhëtimi me aeroplan :

Bugün İstanbul'a uçak var mı ?
[bugyn istanbulla uçak var më]
A ka aeroplan sot për Stamboll ?
[a ka aeroplan sot pır stambol]

İstanbul'a bundan sonraki ilk uçak ne zaman ?
[istanbulla bundan sonraki ilk uçak ne zaman]
Kur do të ketë më vonë aeroplan për Stamboll ?
[kur do tı ketı mı vonı pır stambol mı vonı]

Tiran'a gidiş - dönüş uçak bileti ne kadar ?
[tirana gidish - dënysh uçak bileti ne kadar]
Sa kushton një biletë për Tiran'ë vajtje - ardhje .
[sa kuşton nyı bilctı pır tiranı vayiye - ardhye]

Havaalanı nerede (dir) ?
[havaallanë neredcdir]
Ku është aeroporti ?
[ku ıştı aeroporti]

Yarın için İstanbul'a iki yer ayırtmak istiyorum .
[jarën için istanbulla iki jer ajërtmak istijorum]
Dua të rezervoj dy vende për Stamboll për nesër.
[dua tı rezervoy dü vende pır stambol pır nesır]

Bagaj kaç kilo ?
[bagazh kaç kilo]
Sa kile është bagazhi ?
[sa kile ıştı bagaji]

Bagaj kaç kiloya kadar ücretsizdir ?
[bagazh kaç kiloja kadar yxhretsizdir]
Bagazhi deri në sa kile është pa pageës ?
[bagaji deri nı sa kile ıştı pa pagesı]

Uçak zamanında gelecek mi ?
[uçak zamanënda gelexhek mi]
A do vije aeroplani në kohë ?
[a do viye aeroplani nı kohı]

Uçak on dakikalık gecikme ile gelecek .
[uçak on dakikallëk gexhikme ile gelexhek]
Aeroplani do të vije dhjetë minuta me vonesë .
[aeroplani do tı viye dhyetı minuta me vonesı]

Bir gazete rica edebilir miyim .
[bir gazete rixha edebilir mijim]
Ju lutem, një gazetë .
[yu lutem, nyı gazetı]

Kendimi iyi hissetmiyorum .
[kendimi iji hissetmijorum]
Nuk e ndiej veten mirë .
[nuk e ndiey veten mirı]

Ne zaman ineceğiz ?
[ne zaman inexhe:iz]
Kur do të zbresim ?
[kur do tı zbresim]

Uçak ne zaman kalkıyor ?
[uçak ne zaman kallkëjor]
Kur do të ngrihet aeroplani ?
[kur do tı ngrihet aeroplani]

Yarın İstanbul'a uçakla yolculuk yapacağım .
[jarën istanbulla uçaklla jollxhulluk japaxha:ëm]
Nesër do të udhëtoj në Stamboll me aeroplan .
[nesır do tı udhıtoy nı stambol me aeroplan]

Uçak kaç dakika gecikti ?
[uçak kaç dakika gexhikti]
Sa minuta u vonua aeroplani ?
[sa minuta u vonua aeroplani]

Sigara içebilir miyim ?
[sigara içebilir mijim]
A mund të pi cigare ?
[a mund tı pi tsigare]

Kemeri çözebilir miyim ?
[kemeri çëzebilir mijim]
A mund ta zbërthej rripin ?
[a mund ta zbırthey ripin]

Sınırda :
Në kufi :

Pasaportlar nerede kontrol ediliyor ?
[pasaportllar nerede kontrol edilijor]
Ku kontrollohen pasaportat ?
[ku kontrolohen pasaportat]

Pasaportumu İstanbul'dan aldım .
[pasapurtumu istanbulldan alldëm]
Pasaportën e mora prej Stambolli
[pasaportın e mora prey stamboli]

Pasaportumun tarihini uzattırmam gerekiyor .
[pasapotrumun tarihini uzattërmam gerekijor]
Duhet të zgjas datën e pasaportës time .
[duhet tı zgyas datın e pasaportıs time]

Gümrük muayenesi nerede (dir) ?
[gymryk muajenesi nerededir]
Ku është kontrolli doganor ?
[ku ıştı kontroli doganor]

Bagaj kontrolu trende yapılacak mı ?
[bagazh kontrollu trende japëllaxhak më]
A do të bëhet kontrolli i bagazhit në tren ?
[a do tı bıhet kontroli i bagajit nı tren]

Gümrüğe tabi hiç bir şeyim yok .
[gymry:e tabi hiç bir shejim jok]
S'kam asgjë për në doganë .
[skam asgyı pır nı doganı]

Bavulunuzu açayım mı ?
[bavullunuzu açajëm më]
A ta hap baullen tuaj ?
[a ta hap baulen tuay]

Sadece özel eşyalarım var .
[sadexhe ëzel eshjallarëm var]
Kam vetëm rrobat e mia personale .
[kam vetım robat e mia personale]

Hepsi kullanılmış eşyadır .
[hepsi kullanëllmësh eshjadër]
Të gjitha rrobat janë të përdorura .
[tı gyitha robat yanı tı pırdorura]

Bu bir hediyedir .
[bu bir hedijedir]
Kjo është një dhuratë .
[kyo ıştı nyı dhuratı]

Bu ise bir yolculuk hatırasıdır .
[bu ise bir jollxhulluk hatërasëdër]
Ndërsa ky është një kujtim i udhëtimit .
[ndırsa kü ıştı nyı kuytim i udhıtimit]

İşte ehliyetim .
[ishte ehlijetim]
Urdhëroni, kjo është patenta .
[urdhıroni, kyo ıştı patenta]

Bunun için gümrük ödeyecek miyim ?
[bunun için gymryk ëdejexhek mijim]
A do të paguaj doganë për këtë ?
[a do tı paguay doganı pır kıtı]

Otomobilin sigorta evrakları burada .
[otomobilin sigorta evrakllarë burada]
Letrat për siguracjonin e makinës janë këtu .
[letrat pır siguratsionin e makinıs yanı kıtu]

Hiç bilmiyordum .
[hiç bilmijordum]
Nuk e dija fare (nuk dija asgjë) .
[nuk diya fare (nuk diya asgyı)]

Kanunları bilmiyorum .
[kanunllarë bilmijorum]
Nuk i di ligjet .
[nuk i di ligyet]

Otelde :
Në hotel :

İyi bir otel biliyor musunuz ?
[iji bir otel bilijor musunuz]
A dini një hotel të mirë ?
[a dini nyı hotel tı mirı]

Bana ucuz bir otel tavsiye edebilir misiniz ?
[bana uxhuz bir otel tavsije edebilir misiniz]
A mund të më rekomandoni një hotel të lirë ?
[a mund tı mı rekomandoni nyı hotel tı lirı]

Fiyatlar biraz yüksek .
[fijatllar biraz jyksek]
Çmimet janë pak të larta .
[çmimet yanı pak tı larta]

Yurt nerede (dir) ?
[jurt nerededir]
Ku është internati (konvikti) ?
[ku ıştı internati (konvikti)]

Boş odanız var mı ?
[bosh odanëz var më]
A keni dhomë të lirë ?
[a keni dhomı tı lirı]

Kaç kişilik ?
[kaç kishilik]
Për sa vetë ?
[pır sa vetı]

Bir kişilik .
[bir kishilik]
Për një person .
[pır nyı person]

Tek yataklı oda istiyorum.
[tek jatakllë oda istijorum]
Dua një dhomë me një shtrat.
[dua nyı dhomı me nyı ştrat]

Banyolu bir odanız var mı?
[banjollu bir odanëz var më]
A keni një dhomë me banjë?
[a keni nyı dhomı me banyı]

Bir oda ayırtmıştım.
[bir oda ajërtmështëm]
Pata rezervuar një dhomë.
[pata rezervuar nyı dhomı]

Çit yataklı bir oda ayırtmıştık.
[çift jatakllë bir oda ajërtmështëk]
Patëm rezevuar një dhomë me dy shtrate.
[patım rezervuar nyı dhomı me dü ştrate]

Odayı görebilir miyim?
[odajë gërebilir mijim]
A mund ta shikoj dhomën?
[a mund ta şikoy dhomın]

Hayır bu oda hoşuma gitmedi. Çok karanlık.
[hajër bu oda hoshuma gitmedi. çok karanllëk]
Jo, kjo dhomë nuk më pëlqeu. Eshtë shumë e errët.
[yo, kyo dhomı nuk mı pılkeu. ıştı şumı e erıt]

Oda çok küçüktür.
[oda çok kyçyktyr]
Dhoma është shumë e vogël.
[dhoma ıştı şumı e vogıl]

Odanın bir günlüğü ne kadar?
[odanën bir gynly:y ne kadar]
Sa kushton dhoma për një ditë?
[sa kuşton dhoma pır nyı ditı]

Lütfen bagajımı istasyondan getirir misiniz ?
[lytfen bagazhëmë istasjondan getirir misiniz]
Ju lutem, a mund të më sillni bagazhin prej stacioni ?
[yu lutem, a mund tı mı silni bagajin prey statsioni]

Eşyalarım arabadadır .
[eshjallarëm arabadadër]
Plaçkat i kam në makinë .
[plaçkat i kam nı makinı]

Eşyalarımı hemen odama getiriniz !
[eshjallarëmë hemen odama getiriniz]
Të më sillni teshat menjëherë në dhomë !
[tı mı silni teşat menyıherı nı dhomı]

Yarın beni lütfen saat sekizde uyandırınız !
[jarën beni lytfen saat sekizde ujandërënëz]
Ju lutem, nesër të më zgjoni në orën tetë !
[yu lutem, nesır tı mı zgyoni nı orın tetı]

Lokantanız var mı ?
[lokantanëz var më]
A keni restorant ?
[a keni restorant]

Nereden telefon edebilirim ?
[nereden telefon edebilirim]
Prej ku mund telefonoj ?
[prey ku mund telefonoy]

Gelinceye kadar eşyalarımı burada bırakabilir miyim ?
[gelinxheje kadar eshjallarëmë burada bërakabilir mijim]
A mund t'i lë plaçkat këtu deri sa të vij përsëri ?
[a mund ti lı plaçkat kıtu deri sa tı vıy pırsıri]

İki numaralı odanın anahtarı, lütfen .
[iki numarallë odanën anahtarë, lytfen]
Ju lutem, më jepni çelësin e dhomës numur dy .
[yu lutem, mı yepni çelısin e dhomıs numur dü]

Yarın sabah hareket ediyorum.
[jarën sabah hareket edijorum]
Nesër në mëngjes do të nisem.
[nesır nı mıngyes do tı nisem]

Hesabımız hazır mı?
[hesabëmëz hazër më]
A është gati fatura?
[a ıştı gati fatura]

Eşyalarımı lütfen aşağıya indirtiniz?
[eshjalarëmë lytfen asha:ëja indirtiniz]
Ju lutem, zbritni plaçkat e mia poshtë?
[yu lutem, zbritni plaçkat e mia poştı]

Lütfen bir taksi çağırınız!
[lytfen bir taksi ça:ërënëz]
Ju lutem, thirreni një taksi!
[yu lutem, thireni nyı taksi]

Burada sadece bir gece kalacağım.
[burada sadexhe bir gexhe kallaxha:ëm]
Këtu do të qëndroj vetëm një natë.
[kıtu do tı kyındroy vetım nyı natı]

Tuvalet nerededir?
[tuvalet nerededir]
Ku është tualeti (ose banjua)?
[ku ıştı tualeti (ose banyua]

Otel kaça kadar açıktır?
[otel kaça kadar açëktër]
Oteli deri sa është i hapur?
[oteli deri sa ıştı i hapur]

Garajanız var mı?
[garazhënëz var më]
A keni garazh?
[a keni garaj]

76

Lütfen arabamı garaja bırakınız !
[lytfen arabamë garazha bërakënëz]
Ju lutem parkojeni automobilin në garazh !
[yu lutem parkoyeni automobilin nı garaj]

Kahvaltı ne zaman yapılır ?
[kahvaltë ne zaman japëllër]
Kur është koha e ngrënjes së mëngjesit ?
[kur ıştı koha e ngrınyes sı mıngyesit]

Öğle yemeği ne zaman yenir ?
[ë:le jeme:i ne zaman jenir]
Kur është koha e ngrënjes së drekës ?
[kur ıştı koha e ngrınyes sı drekıs]

Akşam yemeği ne zaman yenir ?
[aksham jeme:i ne zaman jenir]
Kur është koha e ngrëjes së darkës ?
[kur ıştı koha e ngrınyes sı darkıs]]

Lütfen odayı gösterir misiniz ?
[lytfen odajë gësterir misiniz]
Ju lutem, a mund të më tregoni dhomën ?
[yu lutem, a mund tı mı tregoni dhomın]

Burada üç gün kalacağız .
[burada yç gyn kallaxha:ëz]
Këtu do të qëndrojmë tre ditë .
[kıtu do tı kındroymı tre ditı]

Arabayı nerede bırakabilirim ?
[arabajë nerede bërakabilirim]
Ku mund të lë makinën ?
[ku mund tı lı makinın]

Asansör nerededir ?
[asansër nerededir]
Ku është ashensori ?
[ku ıştı aşensori]

Lütfen bana bir havlu getiriniz !
[lytfen bana bir havllu getiriniz]
A më sillni një pecetë duarsh, ju lutem !
[a mı silni nyı petsetı duarş, yu lutem]

Beni arayan soran oldu mu ?
[beni arajan soran olldu mu]
A më kërkoi dikush ?
[a mı kırkoi dikuş]

Bana şu numarayı bağlar mısınız ?
[bana shu numarajë ba:lar mësënëz]
A më lidhni në këtë numër telefoni ?
[a mı lidhni nı kıtı numır telefoni]

Lütfen yatak çarçafını değiştirin !
[lytfen jatak çarçafënë de:ishtirin]
Ju lutem, ndërroni çarçafët !
[yu lutem, ndıroni çarçafıt]

Üç kez zili çaldım. Neredeydiniz ?
[yç kez zili çalldëm. neredejdiniz]
Tri herë i rashë ziles, Ku ishit .
[tri herı i raşı ziles, ku işit]

Bana bir gazete bullabilir misiniz ?
[bana bir gazete bullabilir misiniz]
A mund të më gjeni një gazetë ?
[a mund tı mı gyeni nyı gazetı]

Bana bir battaniye daha verebilir misiniz ?
[bana bir battanije daha verebilir misiniz]
A mund të më jepni edhe një batanije ?
[a mund tı mı yepni edhe nyı bataniye]

Şehirde :
Në qytet :

Yol sorma :
Pyetja e rrugës :

Affedersiniz, buraları bilir misiniz ?
[affedersiniz, burallarë bilir misiniz]
Më falni, a i njihni këto vende ?
[mı falni, a i nyihni kıto vende]

Sinemaya en kısa yol hangisidir ?
[sinemaja en kësa joll hangisidir]
Cila është rruga më e shkurtër për të shkuar në kinema ?
[tsila ıştı ruga mı e şkurtır pır tı şkuar nı kinema]

.... 'ya nasıl gidebilirim ?
[....'ja nasëll gidebilirim]
Si mund të shkoj në ..... ?
[si mund tı şkoy nı ...]

Şehir merkezi nerededir ?
[shehir merkezi nerededir]
Ku është qendra e qytetit ?
[ku ıştı kendra e kütetit]

Bu cadde nereye gider ?
[bu xhadde nereje gider]
Ku del kjo rrugë ?
[ku del kyo rugı]

Hangi yöne gitmeliyim ?
[hangi jëne gitmelijim]
Në cilin drejtim duhet të shkoj ?
[nı tsilin dreytim duhet tı şkoy]

Uzak mıdır ?
[uzak mëdër]
A është larg ?
[a ıştı larg]

Yürüyerek ne kadar zamanda gidebiliriz ?
[jyryjerek ne kadar zamanda gidebiliriz]
Për sa kohe mund të shkojmë në këmbë ?
[pır sa kohe mund tı şkoymı nı kımbı]

İstasyon ne kadar uzakta(dır) ?
[istasjon ne kadar uzaktadër]
Sa larg është stacioni ?
[sa larg ıştı statsioni]

Yürüyerek gidilebilir mi ?
[jyryjerek gidilebilir mi]
A mund të shkohet në këmbë ?
[a mund tı şkohet nı kımbı]

Yolumu kaybettim .
[jollumu kajbettim]
E humba rrugen .
[e humba rugen]

Hep dosdoğru mu gideceğim ?
[hep dosdo:ru mu gidexhe:im]
A do të shkoj gjithmonë drejtpërdrejtë ?
[a do tı şkoy gyithmonı dreytpırdreytı]

İlk caddeden sola sapıyorum .
[ilk xhaddeden solla sapëjorum]
Do të kthehem majtas mbas rrugës së parë .
[do tı kthehem maytas mbas rugıs sı parı]

Önümüzdeki kavşaktan sağa dönüyorum ..
[ënymyzdeki kavshaktan sa:a dënyjorum]
Prej ktheses së parë do të kthehem djathtas .
[prey ktheses sı parı do tı kthehem dyathtas]

Otobüse bineceğim .
[otobyse binexhe:im]
Do të hipi në autobus .
[do tı hipi nı autobus]

80

Ben burada yabancıyım .
[ben burada jabanxhëjëm]
Jam i huaj këtu .
[yam i huay kıtu]

Dolaşma, gezme :
Shëtitja :

Gezmek için hangi yerler daha güzeldir ?
[gezmek için hangi jerler daha gyzeldir]
Cilat janë vëndet më të bukura për shëtitje ?
[tsilat yanı vındet mı tı bukura pır şıtitye]

Hepsini görmek için ne kadar zaman ister ?
[hepsini gërmek için ne kadar zaman ister]
Sa kohë duhet për t'i shëtitur të gjitha ?
[sa kohı duhet pır ti şıtitur tı gyitha]

Beni .... camisine götürür müsünüz ?
[beni .... xhamisine gëtëryryr mysynyz]
A më çoni në xhaminë e .... ?
[a mı çoni nı camını e ...]

Şehri görebilmemiz için yayan gitmemiz gerekiyor .
[shehri gërebilmemiz için jajan gitmemiz gerekijor]
Duhet të shkojmë në këmbë për të parë qytetin ?
[duhet tı şkoymı nı kımbı pır tı parı kütetin]

Türkiye'yi gezmek istiyoruz .
[tyrkijeji gezmek istijoruz]
Duam të shëtisim Turqinë .
[duam tı şıtisim turkinı]

Önce nereye gidelim ?
[ënxhe nereje gidelim]
Ku të shkojmë më parë ?
[ku tı şkoymı mı parı]

Bize karayolları haritası verir misiniz ?
[bize karajollarë haritasë verir misiniz}
A na jepni një hartë të rrugëve tokësore ?
[a na yepni nyı hartı tı rugıve tokısore]

İstanbul'un özel haritası var mı ?
[istanbullun ëzel haritasë var më]
A ka një hartë të veçantë për Stambollin ?
[a ka nyı hartı tı veçantı pır stambolin]

Çok hızlı yürüyorsunuz .
[çok hëzllë jyryjorsunuz]
Shumë shpejt po ecni .
[şumı şpeyt po etsni]

Çok yoruldum .
[çok jorulldum]
U lodha shumë .
[u lodha şumı]

Bu levhada ne yazılı ?
[bu levhada ne jazëllë]
Çfarë shkruan në këtë tabelë ?
[çfarı şkruan nı kıtı tabelı]

Katedrali gezeceğim. Siz de gelir misiniz ?
[katedrali gezexhe:im. siz de gelir misiniz]
Do të shikoj katedralen . A do të vini edhe ju ?
[do tı şikoy katedralen. a do tı vini edhe yu]

Müzeye gidiyorum .
[myzeje gidijorum]
Po shkoj në muze .
[po şkoy nı muze]

Uzun süredir buradayım .
[uzun syredir buradajëm]
Kam një kohë të gjatë që jam këtu .
[kam nyı kohı tı gyatı kı yam kıtu]

Burası hoşuma gidiyor .
[burasë hoshuma gidijor]
Më pëlqen ky vend .
[mı pılkyen ky vend]

Çok çabuk alıştım .
[çok çabuk allështëm]
U mësova shumë shpejt .
[u mısova şumı şpeyt]

Hiç gitmek istemiyorum .
[hiç gitmek istemijorum]
Nuk dua të shkoj fare .
[nuk dua tı şkoy fare]

Hep burada kalmak istiyorum .
[hep burada kallmak istijorum]
Dua të rri këtu gjithmonë.
[dua tı ri kıtu gyithmonı]

Bu şehir çok kötü görünüyor .
[bu shehir çok këty gërynyjor]
Ky qytet s'më pëlqen fare.
[kü kyütet smı pılkyen fare]

Müzeyi ziyaret etmek istiyoruz .
[myzeji zijaret etmek istijoruz]
Duam të vizitojmë muzeun .
[duam tı vizitoymı muzeun]

Müze, hangi günler açıktır ?
[myze. hangi gynler açëktër]
Në ç'ditë është i hapur muzeu.
[nı çıditı ıştı i hapur muzeu]

Giriş ne kadardır ?
[girish ne kadardër]
Sa është çmimi i hyrjes ?
[sa ıştı çmimi i hüryes]

Giriş nerededir ?
[girish nerededir]
Ku është hyrja ?
[ku ıştı hürya]

Ne zaman kapanır ?
[ne zaman kapanër]
Kur mbyllet ?
[kur mbület]

Bu tablo kimin ?
[bu tabllo kimin]
E kujt është kjo pikturë ?
[e kuyt ıştı kyo pikturı]

Bu tablo hangi yüzyıldan kalma ?
[bu tabllo hangi jyzjëlldan kalma]
Kjo pikturë kujt shekulli i takon ?
[kyo pikturı kuyt şekuli i takon]

Bu heykel kimin eseri ?
[bu hejkel kimin eseri]
E kujt është kjo skulpturë ?
[e kuyt ıştı kyo skulpturı]

Bu orijinal mi yoksa kopya mı ?
[bu orizhinal mi joksa kopja më]
A është ky origjinal apo kopje ?
[a ıştı kü origyinal apo kopye]

Sergi ne zamana kadar açıktır ?
[sergi ne zamana kadar açëktër]
Ekspozita deri kur do të jetë e hapur ?
[ekspozita deri kur do tı yetı e hapur]

Bir kataloğunuz var mı?
[bir katalo:unuz var më]
A keni një katalog ?
[a keni nyı katalog]

Bu kuleye çıkabilir miyiz ?
[bu kuleje çëkabilir mijiz]
A mund të hipim në këtë kullë ?
[a mund tı hipim nı kıtı kulı]

Şehirde en büyük cami hangisidir ?
[shehirde en byjyk xhami hangisidir]
Cila është xhamia më e madhe në qytet ?
[tsila ıştı camia nıı e madhe nı kyütet]

Bütün gün açık mıdır ?
[bytyn gyn açëk mëdër]
A është e hapur tërë ditën ?
[a ıştı e hapur tırı ditın]

İbadet ne zaman ?
[ibadet ne zaman]
Kur bëhet falja ?
[kur bıhet falya]

Sergi ne zaman açılacak ?
[sergi ne zaman açëllaxhak]
Kur do të çelet ekspozita ?
[kur do tı çelet ekspozita]

Sinema, tiyatro, konser :
Kinemaja, teatri, koncerti :

Bu akşam ne yapıyoruz ?
[bu aksham ne japëjoruz]
Çfarë do të bëjmë sonte ?
[çfarı do tı bıymı sonte]

Bu akşam tiyatroya gidelim mi ?
[bu aksham tijatroja gidelim mi]
A të shkojmë sonte në teatër ?
[a tı şkoymı sonte nı teatır]

Bu gün konsere gidelim mi ?
[bu gyn konsere gidelim mi]
A shkojmë sot në koncert ?
[a şkoymı sot nı kontsert]

Sinemayı mı yoksa konseri mi tercih edersiniz ?
[sinemajë më joksa konseri mi terxhih edersiniz]
Çfarë pëlqeni kinemanë apo koncertin ?
[çfarı pılkyeni kinemanı apo kontsertin]

Bu yakınlarda bir sinema var mı ?
[bu jakënllarda bir sinema var më]
A ka këtu afër kinema ?
[a ka kıtu afır kinema]

Bu akşam ..... tiyatrosunda ne oynuyor ?
[bu aksham .... tijatrosunda ne ojnujor]
Çfarë luhet sonte në teatrin e ..... ?
[çfarı luhet sonte nı teatrin e ....]

Konser bu akşam saat kaçta başlayacak ?
[konser bu aksham saat kaçta bashllajaxhak]
Kur do të filloje koncerti sonte ?
[kur do tı filoye kontserti sonte]

Biletler nerede satılıyor ?
[biletler nerede satëllëjor]
Ku shiten biletat ?
[ku shiten biletat]

Bu akşam için bilet var mı acaba ?
[bu aksham için bilet var më axhaba]
A thua ka biletë për sonte ?
[a thua ka biletı pır sonte]

Yarın akşam için bana iki bilet ayırabilir misiniz ?
[jarën aksham için bana iki bilet ajërabilir misiniz]
A mund të më rezervoni dy bileta për nesër në mbrëmje ?
[a mund tı mı rezorvoni dü bileta pır nesır nı mbrımye]

Tüm biletler satılmıştır .
[tym biletler satëllmështër]
Krejt biletat janë shitur .
[kreyt biletat yanı shitur]

En ucuz yerler hangileri ?
[en uxhuz jerler hangileri]
Cilat janë vëndet më të lira ?
[tsilat yanı vındet mı tı lira]

İlk sıradan iki yer lütfen ?
[ilk sëradan iki jer lytfen]
Ju lutem, dy vende prej radhës së parë ?
[yu lutem, dü vende prey radhıs sı parı]

Balkonda yeriniz var mı ?
[ballkonda jeriniz var më]
a keni vend në ballkon ?
[a keni vend nı balkon]

Paltoyu vestiyere bırakalım .
[paltoju vestijere bërakallëm]
Të lemë pallton në gardërobë .
[tı lemı palton nı gardırobı]

Bir dürbün kiralamak istiyorum.
[bir dyrbyn kirallamak istijorum]
Dua të marr me qira një dylbi.
[dua tı mar me kira nyı dülbi]

Postanede :
Në postë :

En yakın postane nerededir ?
[en jakën postane nerededir]
Ku është posta më e afërtë ?
[ku ıştı posta mı e afırtı]

Bir posta kutusu nerede bulabilirim ?
[bir posta kutusu nerede bullabilirim]
Ku mund të gjej një kuti poste ?
[ku mund tı gyey nyı kuti poste]

Postane ne zaman açıktır ?
[postane ne zaman açëktër]
Kur është e hapur posta ?
[kur ıştı e hapur posta]

Bana mektup var mı ?
[bana mektup var më]
A ka letër për mua ?
[a ka letır pır mua]

Lütfen, onar bin liralık iki posta pulu veriniz .
[lytfen, onar bin liralëk iki posta pullu veriniz]
Ju lutem, më jepni dy pulla nga dhjetëmije lira .
[yu lutem, mı yepni dü pula nga dhyetımiye lira]

Bir zarf ve bir pul istiyorum .
[bir zarf ve bir pull istijorum]
Dua një zarf dhe një pullë .
[dua nyı zarf dhe nyı pulı]

Mektubunuz taahütlü mü yoksa normal mi ?
[mektubunuz taahytly my joksa normal mi]
Letren e keni të rekomende apo të thjeshtë ?
[letren e keni tı rekomende apo tı thyeştı]

Normal mektup .
[normal mektup]
Eshtë letër e thjeshtë .
[ıştı letır e thyeşt]

Bir mektup göndermek istiyorum .
[bir mektup göndermek istijorum]
Dua të postoj një letër .
[dua tı postoy nyı letır]

Ankara'ya telefon etmek istiyorum .
[ankaraja telefon etmek istijorum]
Dua të bëj një telefon për Ankara .
[dua tı bıy nyı telefon pır ankara]

Mektubun üzerindeki pul yeterli mi ?
[mektubun yzerindeki pull jeterli mi]
A mjaftojnë pullat që janë në letër ?
[a myaftoynı pulat kı yanı nı letır]

Dışarıya para göndermek istiyorum .
[dësharëja para göndermek istijorum]
Dua të dërgoj para jashtë shtetit .
[dua tı dırgoy para yaştı ştetit]

Bu paketi Türkiye'ye göndermek istiyorum .
[bu paketi tyrkijeje göndermek istijorum]
Dua të dërgoj këtë paketë në Turqi .
[dua tı dırgoy kıtı paketı nı turki]

Bu mektubu taahütlü göndermek istiyorum .
[bu mektubu taahytly göndermek istijorum]
Dua të dërgoj këtë letër rekomande .
[dua tı dırgoy kıtı letır rekomande]

Bir telegraf çekmek istiyorum .
[bir telegraf çekmek istijorum]
Dua të bëj një telegram .
[dua tı bıy nyı telegram]

Dışarıya normal bir telegraf ne kadardır ?
[dësharëja normal bir telegraf ne kadar dır]
Sa kushton një telegram i thjeshtë për jashtë ?
[sa kuşton nyı telegram i thyeştı pır yaştı]

Acele telegraf kaç para ?
[axhele telegraf kaç para]
Sa kushton një telegram urgjent ?
[sa kuşton nyı telegram urgyent]

Nereden telefon edebilirim ?
[nereden telefon edebilirim]
Prej ku mund të bëj telefon ?
[prey ku mund tı bıy telefon]

Bana telefon rehberini verir misiniz ?
[bana telefon rehberini verir misiniz]
A mund të më jepni numuratorin e telefonit ?
[a mund tı mı yepni numuratorin e telefonit]

Alo, kiminle görüşüyorum .
[alo, kiminle gëryshyjorum]
Alo, me cilin flas ?
[alo, me tsilin flas]

Buyrun, ben ... .
[bujrun, ben ...]
Urdhëroni, unë jam ..... .
[urdhıroni, unı yam ..]

.... ile telefonda görüşebilir miyim ?
[... ile telefonda gëryshebilir mijim]
A mund të flas me ..... në telefon ?
[a mund tı flas me .... nı telefon]

Poliste :
Në polici :

En yakın polis karakolu nerededir ?
[en jakën polis karakollu nerededir]
Ku është karakolli (rajoni i policisë) më i afërtë ?
[ku ıştı karakoli (rayoni i politsisı) mı i afırtı]

Pasaport dairesi nerede ?
[pasaport dairesi nerede]
Ku është zyra e pasaportave ?
[ku ıştı züra e pasaportave]

İşte pasaportum .
[ishte pasaportum]
Ja, pasaporta ime .
[ya, pasaporta ime]

Türkiye'den geliyorum.
[tyrkijeden gelijorum]
Unë vij nga Turqia .
[unı yiy nga turkia]

Ben yabancı işçiyim .
[ben jabanxhë ishçijim]
Jam punëtor i huaj .
[yam punıtor i huay]

Turistim .
[turistim]
Jam turist .
[yam turist]

Adım ... dır .
[adëm ... dër]
Quhem .... .
[kyuhem ...]

93

Vizem burada .
[vizem burada]
Këtu e kam vizën .
[kıtu e kam vizın]

Burada iki yıl kalacağım .
[burada iki jëll kallaxha:ım]
Këtu do të ri dy vjet .
[kıtu do tı ri dü vyet]

Oturma iznimi uzatabilir misiniz ?
[oturma iznimi uzatabilir misiniz]
A mund të ma zgjatni lejen e qendrimit ?
[a mund tı ma zgyatni leyen e kendrimit]

Pasaportumu geri alabilir miyim ?
[pasaportumu geri allabilir mijim]
A mund ta marr prapë pasaportën time ?
[a mund ta mar prapı pasaportın time]

Bu adam para cüzdanımı çalmak istedi .
[bu adam para xhyzdanëmë çallmak istedi]
Ky njeri deshi të më vjedhë kuletën e parave .
[kü nyeri deshi tı mı vyedhı kuletın e parave]

Bu adam sebepsiz yere bana küfretti .
[bu adam sebepsiz jere bana kyfretti]
Ky njeri më shau pa asnjë shkak .
[kü nyeri mı shau pa asnyı şkak]

Bankada :
Në bankë :

Burada, nerede banka var ?
[burada, nerede banka var]
Ku ka bankë këtu ?
[ku ka bankı kıtu]

Yabancı para bozdurmak istiyorum . Mümkün mü acaba ?
[jabanxhë para bozdurmak istijorum. mymkyn my axhaba]
Dua të ndërroj valutë të huaj . A është e mundur ?
[dua tı ndıroy valutı tı huay. a ıştı e mundur]

Kaç mark bozduracaksınız ?
[kaç mark bozduraxhaksënëz]
Sa marka do të ndërroni ?
[sa marka do tı ndıroni]

Bir mark kaç liradır ?
[bir mark kaç liradër]
Sa lira është një markë ?
[sa lira ıştı nyı markı]

Bir mark ...... lira dır .
[bir mark .... lira dër]
Një markë është ...... lira .
[nyı markı ıştı ... lira]

Onbin mark bozdurmak istiyorum .
[onbin mark bozdurmak istijorum]
Dua të ndërroj dhjetëmijë marka .
[dua tı mdıroy dhyetımiyı marka]

Hesap açtırmak istiyorum .
[hesap açtërmak istijorum]
Dua të më hapni një llogari .
[dua tı mı hapni nyı logari]

Hesaba para yatırmak istiyorum.
[hesaba para jatërmak istijorum]
Dua të vë të holla në llogarinë time.
[dua tı vı tı hola nı logarinı time]

Para çekmek istiyorum.
[para çekmek istijorum]
Dua të tërheq të holla.
[dua tı tırhek tı hola]

Para göndermek istiyorum.
[para gëndemek istijorum]
Dua të dërgoj të holla.
[dua tı dırgoy tı hola]

Benim için para geldi mi?
[benim için para geldi mi]
A më erdhën të hollat?
[a mı erdhın tı holat]

Lütfen makbuz veriniz.
[lytfen makbuz veriniz]
Ju lutem, më jepni kuitancë.
[yu lutem, mı yepni kuitantsı]

Lokantada :
Në restorant :

Yakınlarda bir lokanta var mıdır ?
[jakënllarda bir llokanta var mëdër]
A ka ndonjë restorant këtu afër ?
[a ka ndonyı restorant kıtu afır]

Temiz bir lokanta biliyor musunuz ?
[temiz bir lokanta bilijor musunuz]
A dini ndonjë restorant të pastër ?
[a dini ndonyı restorant tı pastır]

Garson !
[garson]
Kamarier !
[kamarier]

Affedersiniz, bu masa boş mu ?
[affedersiniz, bu masa bosh mu]
Më falni, a është e lirë kjo tavolinë ?
[mı falni, a ıştı e lirı kyo tavolinı]

Bir tabak bezelye çorbası istiyorum .
[bir tabak bezelje çorbasë istijorum]
Dua një pjatë supë bizele .
[dua nyı pyatı supı bizele]

Soğuk limonatanız var mı ?
[so:uk limonatanëz var më]
A keni limonatë të ftohtë ?
[a keni limonatı tı ftohtı]

Lütfen, iki dondurma ve bir limonata getirin .
[lytfen, iki dondurma ve bir limonata getirin]
Ju lutem, sillni dy akullore dhe një limonatë .
[yu lutem, silni dü akulore dhe nyı limonatı]

Hepsi ne kadar ?
[hepsi ne kadar]
Sa bëjnë të gjitha ?
[sa bıynı tı gyitha]

Buyrun, ne arzu edersiniz ?
[bujrun, ne arzu edersiniz]
Urdhëroni, çfarë dëshironi ?
[urdhıroni, çfarı dışironi]

Ne alırsınız ?
[ne allërsënëz]
Çfarë do të merrni ?
[çfarı do tı merni]

Öğle yemeği için ne arzu edersiniz ?
[ë:le jeme:i için ne arzu edersiniz]
Çfarë dëshironi të hani për drekë ?
[çfarı dışironi tı hani pır drekı]

Ne tür tatlılarınız var ?
[ne tyr tatllëllarënëz var]
Çfarë lloj ëmbëlsirash keni ?
[çfarı loy ımbilsiraş keni]

Rakı mı yoksa şarap mı içersiniz ?
[rakë më joksa sharap më içersiniz]
Çfarë do të pini, raki apo verë ?
[çfarı do tı pini, raki apo verı]

Herkes hesabını kendi ödeyecek .
[herkes hesabënë kendi ëdejexhek]
Secili do të paguajë llogarinë e vet ?
[setsili do tı paguaye logarinı e vet]

İş :
Puna :

Patronla görüşmek istiyorum .
[patronla gëryshmek istijorum]
Dua të bisedoj me pronarin .
[dua tı bisedoy me pronarin]

Lütfen geldiğimi söyler misiniz ?
[lytfen geldi:imi sëjler misiniz]
Ju lutem, a mund t'i thoni se erdha ?
[ÿu lutem, a mund ti thoni se erdha]

İşte tavsiye mektubum .
[ishte tavsije mektubum]
Ja ku është letra rekomande .
[ya ku ıştı letra rekomande]

Çok iyi Türkçe konuşamam .
[çok iji tyrkçe konushamam]
S'mund të flas turqisht shumë mirë .
[smund tı flas turkişt şumı mirı]

Büro ne zaman açıktır ?
[byro ne zaman açëktër]
Kur është e hapur zyra ?
[kur ıştı e hapur züra]

Kime başvurayım ?
[kime bashvurajëm
Kujt t'i drejtohem ?
[kuyt ti dreytohem]

İlkokul mezunuyum .
[ilkokull mezunujum]
Kam mbaruar shkollën fillore .
[kam mbaruar şkolın filore]

İşte diplomam .
[ishte diplomam]
Ja ku është diploma ime .
[ya ku ıştı diploma ime]

Bir yıldır burada çalışıyorum .
[bir jëlldër burada çallëshëjorum]
Ka një vit që punoj këtu .
[ka nyı vit kı punoy kıtu]

Türkiye'de iki yıl çalıştım .
[tyrkijede iki yëll çallështëm]
Punova dy vjet në Turqi .
[punova dü vyet nı turki]

Marangozum .
[marangozum]
Jam zdrukthtar .
[yam zdrukthar]

Elektrikçiyim .
[elektrikçijim]
Jam elektriçist .
[yam elektriçist]

Bu koşullar altında çalışamam .
[bu koshullar alltënda çallëshamam]
S'mund të punoj në këto kushte .
[smund tı punoy nı kıto kuşte]

Makinayı durdur !
[makinajë durdur]
Ndale makinën !
[ndale makinın]

Dikkat !
[dikkat]
Kujdes !
[kuydes]

100

Bu iş bana çok yeni ?
[bu ish bana çok jeni]
Kjo punë është shumë e re për mua .
[kyo punı ıştı şumı e re pır mua]

Lütfen matkabı verir misiniz ?
[lytfen matkabë verir misiniz]
Ju lutem, a mund të më jepni trapanon ?
[yu lutem, a mund tı mı yepni trapanon]

Çekici nerede bıraktın ?
[çekixhi nerede bëraktën]
Ku e le çekanin ?
[ku e le çekanin]

Öğle tatili ne kadar ?
[ë:le tatili ne kadar]
Sa është pushimi i drekës ?
[sa ıştı puşimi i drekıs]

Paydos !
[pajdos]
Pushim !
[puşim]

Bu makina nasıl çalışır ?
[bu makina nasëll çallëshër]
Si punon kjo makinë ?
[si punon kyo makinı]

Bugün fazla mesai yapmak istiyorum .
[bugyn fazlla mesai japmak istijorum]
Sot dua të punoj shumë, jashtë orarit punës .
[sot dua tı punoy şumı, yaştı orarit punıs]

Bu nasıl yapılır ?
[bu nasëll japëllër]
Si bëhet kjo ?
[si bıhet kyo]

101

Bunun nasıl yapılacağını öğretebilir misiniz ?
[bunun nasëll japëllaxha:ënë ë:retebilir misiniz]
A mund të më mësoni si bëhet kjo ?
[a mund tı mı mısoni si bıhet kyo]

Burada Cumartesi günü çalışılır mı ?
[burada xhumartesi gyny çallëshëllër më]
A punohet të shtunën këtu ?
[a punohet tı ştunın kıtu]

Otobüsü kaçırdım.
[otobysy kaçërdëm]
Më iku autobusi.
[mı iku autobusi]

Dün hastaydım.
[dyn hastajdëm]
Dje isha i sëmurë.
[dye işa i sımurı]

Alışveriş, ticaret :
Shitblerja, tregëtia :

Mağazada :
Në magazinë :

Alışverişe çıkıyorum .
[allëshverishe çëkëjorum]
Po dal të blej diçka .
[po dal tı bley diçka]

.... nerede bulabilirim ?
[.... nerede bulabilirim]
Ku mund të gjej .... ?
[ku mund tı gyey ...]

.... almak için iyi bir dükkan biliyor musunuz ?
[.... allmak için iji bir dykkan bilijor musunuz]
A dini ndonjë dyqan të mirë për të blerë .... ?
[a dini ndonyı dükan tı mırı pır tı blerı ...]

Kadın elbiseleri hangi reyonda satılıyor ?
[kadën elbiseleri hangi rejonda satëllëjor]
Në cilin repart shiten kostume grash ?
[nı tsilin repart şiten kostume graş]

Modelli paltolar bu reyonda satılıyor .
[modelli palltollar bu rejonda satëllëjor]
Pallto me modele shiten në këtë repart .
[palto me modele şiten nı kıtı repart]

Hangisini daha çok beğeniyor sunuz ?
[hangisini daha çok be:enijorsunuz]
Cili ju pëlqen më tepër ?
[tsili yu pılkyen mı tepır]

103

Bana hepsi güzel gözüküyor .
[bana hepsi gyzel gëzykyjor]
Mua më duken të gjitha të bukura .
[mua mı duken tı gyitha tı bukura]

Peki, o halde alıyorum .
[paki. o halde allëjorum]
Mirë, po e blej atëherë .
[mırı, po e bley atıhcrı]

Bu bluzuda satın almak istiyorum .
[bu bluzuda satën allmak istijorum]
Dua ta blej edhe këtë bluzë .
[dua ta bley edhe kıtı bluzı]

Bir kez deneyiniz !
[bir kez denejiniz]
Provojeni një herë !
[provoyeni nyı herı]

Bir çift ayakkabı satın almak istiyorum .
[bir çift ajakkabë satën allmak istijorum]
Dua të blej një palë këpucë .
[dua tı bley nyı palı kıputsı]

Kaç numara ?
[kaç numara]
Çfarë numuri ?
[çfarı numuri]

Otuzsekiz numara ve kahverengi olsun .
[otuzsekiz numara ve kahverengi ollsun]
Të jenë numur tridhjetëtetë dhe ngjyrë kafe .
[tı yenı numur tridhjetıtetı dhe ngyürı kafe]

Ben bir çift terlik istiyorum .
[ben bir çift terlik istijorum]
Unë dua një palë pantofla .
[unı dua nyı palı pantofla]

104

Ayakkabıları denemek istiyorum .
[ajakkabëlarë denemek istijorum]
Dua t'i provoj këpucët .
[dua ti provoy kıputset]

Küçük bir defter istiyorum .
[kyçyk bir defter istijorum]
Dua një fletore të vogël .
[dua nyı fletore tı vogıl]

Bunun fiyatı kaça ?
[bunun fijatë kaça]
Sa kushton kjo ?
[sa kuşton kyo]

Gömleğin fiyatı kaça ?
[gëmle:in fijatë kaça]
Sa e ka çmimin këmisha ?
[sa e ka çmimin kımişa]

Ekmek sıcak mı ?
[ekmek sëxhak më]
A është buka e ngrohtë ?
[a ıştı buka e ngrohtı]

Yarım kilo kıyma lütfen !
[jarëm kilo këjma lytfen]
Ju lutem, gjysmë kile mish të grirë !
[yu lutem, gyüsmı kile miş tı grırı]

Bir kilo dana eti kaça ?
[bir kilo dana eti kaça]
Sa është një kilogram mish viçi ?
[sa ıştı njı kilogram miş viçi]

Erkek eşyası bölümü nerede ?
[erkek eshjasë bëlymy nerede]
Ku është reparti për veshje (rroba) burrash ?
[ku ıştı riparti pır veşye (roba) buraş]

105

Çorapları görebilir miyim ?
[çorapllarë gërëbilir mijim]
A mund t'i shoh çorapet ?
[a mund ti shoh çorapet]

Daha büyüğü var mı ?
[daha byjy:y var më]
A ka më të mëdha ?
[a ka mı tı mıdha]

Bu elbise bana uymuyor .
[bu elbise bana ujmujor]
Nuk më rrin mirë ky kostum .
[nuk mı rin mırı kü kostum]

Bana uymazsa değiştirebilir miyim ?
[bana ujmazsa de:ishtirebilir mijim]
Po nuk më ndejti mirë, a mund ta ndërroj ?
[po nuk mı ndeyti mırı, a mund ta ndıroy]

Bunu beğenmedim .
[bunu be:enmedim]
Nuk e pëlqeva këtë .
[nuk e pılkeva kıtı]

Prova edebilir miyim ?
[prova edebilir mijim]
A mund ta provoj ?
[a mund ta provoy]

Bu hoşuma gitti .
[bu hoshuma gitti]
Këtë e pëlqeva .
[kıtı e pılkyeva]

Bu ayakkabılar benim için çok küçük .
[bu ajakkabëllar benim için çok kyçyk]
Këto këpucë janë shumë të vogla për mua .
[kıto kıputsı yanı shumı tı vogla pır mua]

Asansörle yukarı çıkabilir miyiz ?
[asansërle jukarë çëkabilir mijiz]
A mund të hipim lart me ashensor ?
[a mund tı hipim lart me aşensor]

Hangilerinin daha ucuz olduğunu gösterebilir misiniz ?
[hangilerinin daha ucuz oldu:unu gësterebilir misiniz]
A mund të më tregoni cilat janë më të lira ?
[a mund tı mı tregoni tsilat yanı mı tı lira]

Bunun gibi kumaş nerede bulabilirim ?
[bunun gibi kumash nerede bulabilirim]
Ku mund të gjej stof si ky ?
[ku mund tı gyey stof si kü]

Bu olmaz .
[bu ollmaz]
Kjo nuk bën .
[kyo nuk bın]

Bu çok pahalı .
[bu çok pahallë]
Kjo është shumë e shtrenjt .
[kyo ıştı şumı e ştrenyt]

Daha ucuz bir şey istiyorum .
[daha uxhuz bir shej istijorum]
Dua një gjë më të lirë .
[dua nyı gyı mı tı lırı]

Lütfen, onu paketleyin .
[lytfen, onu paketlejin]
Ju lutem, paketojeni atë .
[yu lutem, paketoyeni atı]

Kasa nerede ?
[kasa nerede]
Ku është kasa ?
[ku ıştı kasa]

Saatçide :
Te orëndreqësi :

Bir saat satın almak istiyorum.
[bir saat satën allmak istijorum]
Dua të blej një orë.
[dua tı bley nyı orı]

Bir kol saati satın almak istiyorum.
[bir koll saati satën allmak istijorum]
Dua të blej një orë dore.
[dua tı bley nyı orı dore]

Ucuz duvar saatiniz var mı ?
[uxhuz duvar saatiniz var më]
A keni orë muri të lirë ?
[a keni orı muri tı lırı]

Saatim ileri gidiyor.
[saatim ileri gidijor]
Ora më shkon përpara.
[ora mı şkon pırpara]

Saatim geri kalıyor.
[saatim geri kallëjor]
Ora më mbetet prapa.
[ora mı mbetet prapa]

Saatimi tamir ettirmek istiyorum.
[saatimi tamir ettirmek istijorum]
Dua te rregulloj orën time.
[dua te reguloy orın time]

Saatim bozuk.
[saatim bozuk]
Orën e kam të prishur.
[orın e kam tı prişur]

Onu tamir edebilir misiniz ?
[onu tamir edebilir misiniz]
A mund ta rregulloni atë ?
[a mund ta reguloni atı]

Ne zaman hazır olur ?
[ne zaman hazër ollur]
Kur do të behet gati ?
[kur do tı behet gati]

Fiyatı ne kadar olacak ?
[fijatë ne kadar ollaxhak]
Sa do të kushtojë ?
[sa do tı kuştoyı]

Fotoğrafçıda :
Te fotografi :

Resim çektirmek istiyorum .
[resim çektirmek istijorum]
Dua të dal në fotografi .
[dua tı dal nı fotografi]

Vesikalık fotoğraf çektirmek istiyorum .
[vesikallëk foto:raf çektirmek istijorum]
Dua të dal në fotografi për dokumente .
[dua tı dal nı fotografi pır dokumente]

Lütfen bir kaç poz çekiniz .
[lytfen bir kaç poz çekiniz]
Ju lutem, më fotografoni disa poza .
[yu lutem, mı fotografoni disa poza]

Resimleri ne zaman alabilirim ?
[resimleri ne zaman allabilirim]
Kur mund t'i marr fotografitë ?
[kur mund ti mar fotografitı]

On iki tane istiyorum .
[on iki tane istijorum]
Dua dymbëdhjetë copë fotografi .
[dua dümbıdhyetı tsopı fotografi]

İki kopya istiyorum .
[iki kopja istijorum]
Dua dy kopje .
[dua dü kopye]

Bu filmi banyo ediniz lütfen !
[bu filmi banjo ediniz lytfen]
Ju lutem, lajeni këtë film !
[yu lutem, layeni kıtı film]

Filmi makinaya koyar mısınız ?
[filmi makinaja kojar mësënëz]
A mund të vendosni filmin në aparatin fotografik ?
[a mund tı vendosni filmin nı aparatin fotografik]

Bu resmi büyüttürmek istiyorum .
[bu resmi byjyttyrmek istijorum]
Dua ta zmadhoj këtë fotografi .
[dua ta zmadhoy kıtı fotografi]

Film satın almak istiyorum .
[film satën allmak istijorum]
Dua të blej një film .
[dua tı bley nyı film]

Bir flaş satın almak istiyorum .
[bir flash satën almak istijorum]
Dua të blej një shkrepje (flesh) .
[dua tı bley nyı şkrepye (fleş)]

Sağlık :
Shëndeti :

Eczanede :
Në farmaci :

Burada yakınlarda eczane var mı ?
[burada jakënllarda exhzane var më]
A ka farmaci këtu afër .
[a ka farmatsi kıtu afır]

Bana bu reçeteyi yapar mısınız ?
[bana bu reçeteji japar mësënëz]
A mund ta përgatitni këtë recetë ?
[a mund ta pırgatitni kıtı retsetı]

Ne zaman biter ?
[ne zaman biter]
Kur mbaron ?
[kur mbaron]

Bekleyebilir miyim ?
[beklejebilir mijim]
A mund të pres ?
[a mund tı pres]

Sonra yine gelirim ?
[sonra jine gelirim]
Pastaj, do të vij përsëri .
[pastay, do tı viy pırsıri]

Bir öksürük ilacı istiyorum .
[bir ëksyryk ilaxhë istijorum]
Dua një ilaç për kollë .
[dua nyı ilaç pır kolı]

Soğuk algınlığım var. Bunun için bana bir şeyler verebilir misiniz ?
[so:uk allgënlë:ëm var. bunun için bana bir shejler verebilir misiniz ?]
Jam i ftohur. A mund më jepni diçka për këtë
[yam i ftohur. a mund mı yepni diçka pır kıtı]

Bu gece hangi eczane açıktır ?
[bu gexhe hangi exhzane açëktër]
Sonte, cila farmaci është e hapur ?
[sonte, tsila farmatsi ıştı e hapur]

Bana iki litre balık yağı veriniz ?
[bana iki litre ballëk ya:ë veriniz]
Më jepni dy litra vaj peshku ?
[mı yepni dü litra vay peşku]

Bir diş fırçası istiyorum .
[bir dish fërçasë istijorum]
Dua një furçë dhëmbësh .
[dua nyı furçı dhımbış]

Bu ilacı reçetesiz alabilir miyim ?
[bu ilaxhë reçetesiz allabilir mijim]
A mund ta blej këtë bar pa recetë ?
[a mund ta bley kıtı bar pa retsetı]

Fiyatı nedir ?
[fijatë nedir]
Sa kushton ?
[sa kuşton]

Bana bir fatura kesiniz ?
[bana bir fatura kesiniz]
Më prisni një faturë ?
[mı prisni nyı faturı]

Doktorda :
Te mjeku :

Bir doktora gitmeliyim.
[bir doktora gitmelijim]
Duhet të shkoj te një mjek.
[duhet tı şkoy te nyı myek]

Kendimi iyi hissetmiyorum.
[kendimi iji hissetmijorum]
Nuk e ndiej veten mirë.
[nuk e ndiey veten mirı]

Bana iyi bir hekim tavsiye eder misiniz ?
[bana iji bir hekim tavsije eder misiniz]
A mund të më rekomandoni në një mjek të mirë ?
[a mund tı mı rekomandoni nı nyı myek tı mirı]

Nerede oturuyorsunuz ?
[nerede oturujorsunuz]
Ku rrini ?
[ku rini]

Kendimi pek halsiz hissediyorum.
[kendimi pek halsiz hissedijorum]
E ndiej veten të pamundur.
[e ndiey veten tı pamundur]

Bugün iyi değilim.
[bugyn iji de:ilim]
Sot nuk jam mirë.
[sot nuk yam mirı]

Doktor bey burada mı ?
[doktor bej burada më]
A është këtu zotëri mjeku ?
[a ıştı kıtu zotıri myeku]

114

Çok bekleyecek miyim ?
[çok beklejexhek mijim]
A do të pres shumë ?
[a do tı pres şumı]

İçerde çok kimse var mı ?
[içeride çok kimse var më]
A ka shumë njerëz brënda ?
[a ka şumı nyerız brında]

O kadar bekleyemem .
[o kadar beklejemem]
S'mund të pres aq .
[smund tı pres ak]

En iyisi yarın geleyim .
[en ijisi jarën gelejim]
Më mirë është të vij nesër .
[mı mirı ıştı tı viy nesır]

İyi günler, Doktor Bey !
[iji gynler, doktor bej]
Mirë dita, Zotëri Doktor !
[mirı dita, zotıri doktor]

Muayene olmak istiyorum .
[muajene olmak istijorum]
Dua të vizitohem .
[dua tı vizitohem]

Bir kaç gündür kendimi iyi hissetmiyorum .
[bir kaç gyndyr kendimi iji hissetmijorum]
Ka disa ditë që nuk e ndiej veten mirë .
[ka disa dıtı kı nuk e ndiey veten mırı]

Üşüttüm .
[yshyttym]
Jam ftohur .
[yam ftohur]

Boğazım ağrıyor .
[bo:azëm a:rëjor]
Më dhemb fyti .
[mı dhémb füti]

Şuramda bir ağrı var .
[shuramda bir a:rë var]
Kam një dhembje këtu .
[kam nyı dhembye kıtu]

İki kere kustum .
[iki kere kustum]
Volla dy herë .
[vola dü herı]

Ateşim var .
[ateshim var]
Kam zjarr .
[kam zyar]

Midem bozuldu .
[midem bozuldu]
Mu çrregullua stomaku .
[mu çregulua stomaku]

Sırtım ağrıyor .
[sërtëm a:rëjor]
Më dhemb shpina .
[mı dhemb şpina]

Uyuyamıyorum .
[ujujamëjorum]
Nuk mund të flej .
[nuk mund tı fley]

Öksürüyorum .
[ëksyryjorum]
Kollitem .
[kolitem]

Başım ağrıyor .
[bashëm a:rëjor]
Më dhemb koka .
[Mı dhemb koka]

Bacağımı oynatamıyorum .
[baxha:ëmë ojnatamëjorum]
Nuk mund ta lëviz këmbën .
[nuk mund ta lıviz kımbın]

Kolum kırıldı .
[kollum kërëlldë]
Mu thye krahu .
[mu thüe krahu]

İştahım yok .
[ishtahëm jok]
S'kam oreks .
[skam oreks]

Çok sık terliyorum .
[çok sëk terlijorum]
Djersitem shumë shpesh .
[dyersitem şumı şpeş]

Neyim var doktor ?
[nejim var doktor]
Çfarë kam doktor ?
[çfarı kam doktor]

İki gündür bir şey yemedim .
[iki gyndyr bir shej jemedim]
Ka dy ditë që s'kam ngrënë asgjë .
[ka dü dıtı kı skam ngrını asgyı]

Neleri yiyebilirim ?
[neleri jijebilirim]
Çfarë mund të ha ?
[çfarı mund tı ha]

117

Sigara içebilir miyim ?
[sigara içebilir mijim]
A mund të pi cigare ?
[a mund tı pi tsigare]

Çok teşekkür ederim, Doktor Bey .
[çok teshekkyr ederim. doktor bej]
Shumë falemindcrit zotëri mjek .
[şumı faleminderit zotıri myek]

Borcum ne kadar ?
[borxhum ne kadar]
Sa duhet të paguaj ?
[sa duhet tı paguay]

Diş kliniğinde :
Në klinikën dentare :

Nerede iyi bir dişçi bulabilirim .
[nerede iji bir dishçi bullabilirim]
Ku mund të gjej një dentist të mirë .
[ku mund tı gyey nyı dentist tı mirı]

Dişim ağrıyor .
[dishim a:rëjor]
Më dhemb dhëmbi .
[mı dhemb dhımbi]

Bu dişim ağrıyor .
[bu dishim a:rëjor]
Më dhemb ky dhëmb .
[mı dhemb kü dhımb]

Lütfen dişlerimi kontrol eder misiniz ?
[lytfen dishlerimi kontroll eder misiniz]
A mund të m'i kontrolloni dhëmbët, ju lutem ?
[a mund tı mi kontroloni dhımbıt, yu lutem]

Soğuk bir şey içince bu dişim ağrıyor .
[so:uk bir shej içinxhe bu dishim a:rëjor]
Kur pi diçka të ftohtë më dhemb ky dhëmb .
[kur pi diçka tı ftohtı mı dhemb kü dhımb]

Çürük dişimi doldurmanızı istiyorum .
[çyryk dishimi dolldurmanëzë istijorum]
Dua të ma mbushni dhëmbin e prishur .
[dua tı ma mbuşni dhımbin e prişur]

Bu dişte bir delik var .
[bu dishte bir delik var]
Ky dhëmb ka një vrimë .
[kü dhımb ka nyı vrimı]

Neyiniz var ?
[nejiniz var]
Çfarë keni ?
[çfarı keni]

Hangi dişiniz ağrıyor ?
[hangi dishiniz a:rëjor]
Cili dhëmb ju dhemb ?
[tsili dhımb yu dhemb]

Sağ üstte en sondaki yirmi yaş dişi ?
[sa: ystte en sondaki jirmi jash dishi]
Dhëmballa e fundit, lart nga e djathta .
[dhımbala e fundit, lart nga e dyathta]

Bu dişiniz bozuk ?
[bu dishiniz bozuk]
Këtë dhëmb e keni të prishur
[kıtı dhımb e keni tı prişur]

Şimdi ilaç koyar ve daha sonra doldururuz .
[shimdi ilaç kojar ve daha sonra doldururuz]
Tani po e mjekojmë dhe më vonë e mbushim .
[tani po e myekoymı dhe mı vonı e mbuşim]

Bu dişi çektirmem gerekiyor mu ?
[bu dishi çektirmem gerekijor mu]
A duhet ta heq këtë dhëmb ?
[a duhet ta hek kıtı dhımb]

Bana bir köprü yapınız !
[bana bir këpry yapënëz]
Më vini urë dhëmbësh !
[mı vini urı dhımbış]

Dolgum düştü .
[dollgum dyshty]
Më ra mbushja e dhëmbëve
[mı ra mbuşye e dhımbıve]

Diş etlerim ağrıyor .
[dish etlerim a:rëjor]
Më dhembin mishrat e dhëmbëve
[mı dhembin mişrat e dhımbıve]

Altın bir dişin fiyatı nedir ?
[alltën bir dishin fijatë nedir]
Sa kushton një dhëmb floriri ?
[sa kuşton nyı dhımb floriri]

Bir daha ne zaman geleyim ?
[bir daha ne zaman gelejim]
Kur të vij edhe një herë ?
[kur tı viy edhe nyı herı]

Yüzme :
Notimi :

Burada plaj var mı ?
[burada plazh var më]
A ka plazh këtu ?
[a ka plaj kıtu]

Buralarda nerede bir yüzme havuzu var ?
[burallarda nerede bir jyzme havuzu var]
Ku ka pishinë këtu afër ?
[ku ka pişinı kıtu afır]

Nerede yüzülebilir ?
[nerede jyzylebilir]
Ku mund të notohet ?
[ku mund tı notohet]

Burada yüzülebilir mi ?
[burada jyzylebilir mi]
A notohet këtu ?
[a notohet kıtu]

Burada akıntı var mı ?
[burada akëntë var më]
A ka rrymë këtu ?
[a ka rymı kıtu]

Bu otelde plaj var mı ?
[bu otelde plazh var më]
A ka plazh te ky hotel ?
[a ka plaj te kü hotel]

Su sıcak mı ?
[su sëxhak më]
A është uji i ngrohtë ?
[a ıştı uyi i ngrohtı]

Su derin mi ?
 [su derin mi]
A është uji i thellë ?
 [a ıştı uyi i thelı]

Nerede bir mayo satın alabilirim ?
 [nerede bir majo satën allabilirim]
Ku mund të blej një palë rroba banjoje ?
 [ku mund tı bley nyı palı roba banyoye]

Ne kadar açılabiliriz ?
 [ne kadar açëllabiliriz]
Sa larg mund të shkojmë ?
 [sa larg mund tı şkoymı]

İmdat !
 [imdat]
Ndihmë !
 [ndihmı]

FJALOR
SHQIP - TURQISHT

SÖZLÜK
ARNAVUTÇA - TÜRKÇE

- A -

abetare / okuma kitabı
abonim / abone
abonohem / abone olmak
absurd / saçma
acarim / hiddet
acarim / incitme
acarim / öfke
acaroj / incitmek
acaroj / sinirlendirmek
acetik / asetik
acid / asit
acid pikrik / pikrik asit
adash / adaş
adhurim / tapınma
adhuroj / ibadet etmek
adhuroj / tapınmak
administratë / yönetim
administrator / yönetici
administrator [pasurie,] / kahya
administrim / yönetim
administrim i dobët / zayıf yönetim
admiral / amiral
adoptues / babalık
adoptuese / analık
adresë / adres
aerodrom / havaalanı
aeroplan / uçak
afarist / iş adamı
afat / aralık
afat / dönem
afat / süre
afat të gjatë (me) / uzun vadeli
afër / yakın
afërm (i) / yakın
afërsi / yakınlık
afërt (i) / yakın
afërt (i) / yaklaşık
afiks / ek
afishe / afiş
afrim / yaklaşma
afrohem / yaklaşmak
afrohem tinëz / sokulmak(sinsice)
afrohem tinëz / yaklaşmak (sinsice)
afrohet (që) / yaklaşmakta olan
afroj / yakınlaştırmak
afsh / esinti
aftë (i) / muktedir
aftë (i) / yetenekli
aftësi / yetenek
aftësi / yetkinlik
aftësi avullimi / buharlaşabilme gücü
aftësi njohëse / idrak kabiliyeti
aftësi pagimi / ödeme gücü
aftësi për të dalluar / muhakeme yeteneği
aftësi shpikjeje / yaratıcılık
agat / kehribar (siyah)
agim / tan
agim / şafak
agjensi / acenta
agjent reklamimi / reklam ajansı
agon / şafak sökmek
agresiv / saldırgan
agronom / ziraatçı
aguliçe / çuhaçiçeği
ah / kayın ağacı
ahmarrje / intikam [öc]
ahmarrje / kısas
ahmarrje / misilleme
ai / o [erkek]
ajër / hava
ajo / o [dişil]
ajros / havalandırmak
ajsberg / buz adası
akacje / akasya
akademi / akademi
akademik / akademik
akoma / daha
akoma / henüz
akord / akort
akrobat / akrobat
aksiomë / belit
aksionist / hissedar
akt padie / iddianame
aktor / aktör
akuarel / suluboya
akuarium / akvaryum
akuilibruar / dengeli [insan]
akull / buz
akulli lundrues / buz kitlesi (yüzen)
akullit (i) / buza ait
akullnajë / buzul
akullore / dondurma
akullore me ajkë / dondurma(kremalı)
akullthyese / buz kıran
akumulim / depolama
alarm / tehlike işareti
alarm kimik / alarm (kimyasal)
alarm zjarri / yangın zili
alarmoj / telaşa düşürmek
albuminë / yaumurta akı
alfabet / alfabe
alfabet i shurdhëmemecë. / sağır dilsiz alfabesi
algjebër / cebir ilmi
algjebrik / cebirsel
aliazh / alaşım
aliazh i bakrit me zink / bakır çinko alaşımı
alkal / alkali
alkol / alkol
alkol (me) / alokollü
alpinist / dağcı
alternim / devretme
alternim / değişim
altoparlant / hoparlör
alum / şap
alumin / alüminyum
aluzion / ima
amator / amatör
amator i teatrit / tiyatro meraklısı
ambasadë / sefarethane
ambient / çevreleyen
amësi / analık
amëtar / anne tarafından gelen
amin / amin
amoniak / amonyak
amulli / durgunluk

127

amulli / durma
amullohet / durgun olmak
amulluar (i) [ujë] / durgun [su]
amvise / aile hanımı
ana e brendshme / iç taraf
ana e jashtme / dış taraf
ana e prapme / arka
ana e prapme / ters yüz
analfabet / cahil (kara)
analfabetizëm / cehalet
analitik / analitik
analogji / benzerlik
ananas / ananas
anarki / anarşi
anarkik / anarşik
anarkist / anarşist
anash / yana doğru
anasjelltas / tersine
anatomi / anatomi
anatomik / anatomik
andej / ötede
andejshëm (i) / öte yandaki
anekdot / anekdot
anemi / kansızlık
anemik / kansız
aneroid / sıvısız
anë / kenar
anë / taraf
anë e përparme / ön taraf
anësi / tarafgirlik
anësor / yana ait
anëtar / üye
anëtar gjyqi / mahkeme üyesi
anëtar zhuria / jüri üyesi
anëtarësi / üyelik
angjinë / anjın
angjinë / bademcik iltihabı
anglez / İngiliz
anije / gemi
anije cisternë / tanker [gemi]
anije e shpejtë / sürat teknesi
anije me vela / yelkenli gemi
anim / meyil
anim / yan yatma
ankand / mezat
ankesë / şikayet
anketë / anket
ankohem / figan etmek
ankohem / hayıflanmak
ankohem / inlemek [sızlanmak]
ankohem / şikayet etmek
ankohem miqësisht / tenkit etmek
   (dostça)
ankth / kabus
ankues / yakınan [sızlanan]
ankues / şikayet eden
ankues / şikayetçi
anod / anot
anoj / yana yatmak
anoj / meyletmek
anomali / anormallik
anon / yan yatmak
anonim / anonim
anormal / anormal
antenë / anten
antik / antik
antimen / antimon

antishoqëror / sosyal olmayan
antitanks / tanksavar
antracit / antrasit
antrakt / ara
antropologji / antropoloji
anulim / feshetme
anuloj / feshetmek
anuloj / hükümsüz kılmak
anuloj / iptal etmek
anuloj urdhërin / emri iptal atmak
aparat / aygıt
aparat fotografik / fotoğraf makinası
aparat shumëfishimi / teksir makinası
apartament / apartman
apartament / apartman dairesi
apendicit / apandisit
aprovim / onay
aprovoj / onaylamak
ar / altın
arbitër / hakem
arbitrar / keyfi
ardhje / gelme
ardhje / varış
ardhshëm (i) / gelen
ardhshëm (i) / sonra gelen
ardhsjme (e) / gelecek
ardhur rishtas (i) / yeni gelmiş kimse
ardhur (e) / gelir
arenë / arena
arësim / eğitim
arësim i përbashkët / karma eğitim
arësye / neden
arësye / sebep
arësyeshëm (i) / mantıklı
arësyetoj / muhakeme etmek
argat / amele
argat / ırgat
argjend / gümüş
argjendar / gümüş üzerine çalışan
argjendar / kuyumcu
argjendari / kuyumculuk
argjendoj / gümüş kaplamak
argjilë / kil
ari / ayı
aristokraci / aristokrasi
aristokraci / asilzadelik
aristokraci / soylu tabaka
aristokrat / asil
arithmetikë / aritmetik
arkë / sandık
arkë e biletave / bilet gişesi
arkë e shtetit / devlet hazinesi
arkë kursimi / tasarruf bankası
arkë shteti / hazine
arkë veglash [punëtori] / takım çantası
arkeologji / arkeoloji
arkëtar / veznedar
arkitekt / mimar
arkitektural / mimari
arkitekturë / mimarlık
arkivë / arşiv
armatim / silahlandırma
armaturë / zırh
armë / silah
armë qitjeje / el silahları
armë zjarri / ateşli silah
armëpushim / ateşkes

128

armët e ftohta / soğuk silahlar
armik / düşman
armiqësi / husumet
armiqësi [për vdekje] / kan davası
armiqësor / düşmanca
arnë / yama
arnoj / yama yapmak
arnoj / yamalamak
arnoj / onarmak
arnoj / tamir etmek
aromë / koku
arratisur (i) / firari
arrë / ceviz
arrë / kabuklu yemiş (sert)
arrë kokosi / hindistan cevizi
arrestim / tutuklama
arrestoj / tutuklamak
arrestoj / zaptetmek
arrij / ulaşmak
arrij / varmak
arrij kulmin / zirveye ulaşmak
arrij qëllimit (ja) / muvaffak olmak
arrij (e) / yetişmek
arrirë (i) / olgun
arrirë (i) / yetişmiş
arritje / varma
arritshëm (i) / ulaşılabilir
arsenik / arsenik
art / sanat
art / zanaat
art i të folurit bukur / güzel konuşma sanatı
arter / atardamar
artificial / suni
artificial / yapay
artikuj argjendarie / gümüş eşya
artikull / makale
artileri / top (ağır çaplı)
artileri / topçu sınıfı
artileri e lehtë fushore / sahra topçusu
artiljer / topçu
artist / sanatçı
artizan / sanatkar
as / ne de
as i mirë as i keq / ne iyi ne kötü
as ky as ai / ne bu ne öteki
asbest / asbest
asfalt / asfalt
asgjë / hiç
asgjë / hiç bir şey
asgjëkundi / hiç bir yerde
asgjësoj / imha etmek
asgjësoj / yok etmek (ezip)
ashe / çoban püskülü [bitki]
ashensor / asansör
ashkël / kıymık
ashkla / çentik
ashpër (i) / kaba
ashpër (i) / pürüzlü
ashpër (i) / sert
ashpërsi / kabalık
ashpërsi / sertlik
ashpërsi (me) / sertlikle
ashpërsohet / sertleşmek
ashpërsoj / pürüzlendirmek
ashtu / öyle
ashtuquajtur (i) / güya
ashtuquajtur (i) / sözde
asketik / sofu
askush / hiç kimse
asnjanës / tarafsız
asnjanësi / tarafsızlık
aspak / hiç
astar / astar
astar (i ve) / astarlamak
astronom / astronom
astronomi / astronomi
ata [ato] / onlara [onları]
atdhe / anavatan
atdhe / memleket
atdhe / vatan
atdhetar / vatanperver kimse
ateist / ataist
ateizëm / ataizm
atë / peder [baba]
atë [atij, asaj] / onu [ona]
atë [atij] / ona [onu] [eril]
atëherë / o zaman
atëror / babaya ait
atësi / analık veya babalık hali
atësi / babalık
athët (i) / acı
athët (i) / ekşimiş
athtësi / acılık
atje / orada
atlet / atlet
atllas [pëlhurë] / atlas [kumaş]
atmosferë / atmosfer
atom / atom
atribuoj (i) / atfetmek
aty afër / o civarda
autobus / otobüs
autoindukcion / özindükleme
autokraci / otokrasi
automatike / otomatik
automobil / otomobil
autonom / otonom
autopsi / otopsi
autor / yazar
autoritet / otorite
aventurier / maceraperest
aventuriere / maceraperest kadın
aviacion / havacılık
avlëmend / dokuma tezgahı
avokat / avukat
avull / buhar
avullim / buharlaşma
avullohet / buharlaşmak
avulloj / buhar salıvermek
avulloj / buharlaştırmak
avullon / buharlaşmak
avullon / terlemek [buharlaşmak]
avullues / buharlaşabilen
axhami / acemi
aziatik / doğulu
azil i pleqve / darülaceze
azimuth / azimut
azot / azot

129

- B -

baba [babë] / baba
bacil / basıl
bagazh / bagaj
bahçe / sebze bahçesi
bahçevan / bahçıvan
bajame / badem
bajat / bayat
bajonetë / süngü
bakall / bakkal
bakër / bakır
bakër i verdhvë / pirinç
bakërxhi / bakırcı [seyyar]
bakshish / bahşiş
bakterie / bakteri
bakteriolgji / bakterioloji
baldosë / porsuk
balenë / balina
balet / balet
balistikë / balistik
ball / ön
balladë / türkü
ballafaqim / yüzleştirme
ballë / alın
ballë (në) / baştaki (en)
ballë [anijeje] / pruva [gemi]
ballit (i) / alna ait
ballkan / Balkan
ballkon / balkon
ballo me maskë / maskeli balo
ballon / balon
balluke / perçem
balonë / uçurtma
balsam / merhem
balsamim / mumyalama
balsamoj / mumyalamak
baltë / çamur
baltë (me) / çamurlu
baltovinë / bataklık
banal / alalade
banal / basmakalıp [adi]
banalitet / bayağılık
banane / muz
bambu / bambu
bandë / bando
bandë / çete
bandit / haydut
banesë / ikamet
banesë / ikametgah
banım / oturma
banjë / banyo
banjë dielli / güneş banyosu
bankë / banka
bankjer / banker
banknotë / banknot
banknotë / kağıt para
banoj / ikamet etmek
banoj / oturmak [ikamet etmek]
banor i veriut / kuzeyli
banor i vjetër / kıdemli kimse
banues / ikamet eden kimse
banues / iskan eden
banues / sakin
banues në ishull / adada oturan kimse

bar / bar
bar / çimen
bar / ot
barabar / eşit olarak
barabartë (i) / akran
barabartë (i) / emsal
barabartë (i) / eşit
barabrinjës / eşkenar
barakë / baraka
barazh / baraj
barazi / eşitlik
barazohem / eşitlenmek
barazoj / eşitlemek
barbar / barbar
barbarizëm / gaddarlık
harbunjë / barbunya [balık]
barbunjë / dil balığı
bardhë (i) / beyaz
bareshë / çoban (kadın)
bari / çoban
bari derrash / domuz çobanı
bari dhish / keçi çobanı
barishte / yeşillik
baritor / çobanlara ait
barium / baryum
bark / izhal
bark / karın
barkmadh / şişman
barkut (i) / karna ait
barometër / barometre
baron / baron
barrë / yük
barrikadë / barikat
barut pa tym / barut (dumansız)
bas / bas
bashkangjit / ilave etmek
bashkangjit / iliştirmek
bashkatdhetar / vatandaş
bashkatdhetar / yurttaş
bashkë / birlikte
bashkë (këtu) / ilişikte
bashkëfajësi / suç ortaklığı
bashkëfajtor / suç ortağı
bashkëfjalim / karşılıklı konuşma
bashkëjetoj / beraber yaşamak
bashkëpunim / işbirliği
bashkëpunoj / beraber çalışmak
bashkëshort / arkadaş
bashkëshort / eş [erkek]
bashkëshorte / eş [kadın]
bashkëshortor / evlenmeye ait
bashkësi / cemiyet
bashkëtingëllim / uyum [ses]
bashkëveprim / birbirine tesir etme
bashkëveprim / karşılıklı etkileme
bashkëveprim / karşılıklı münasebet
bashkiak / belediyeye ait
bashkim / birleşme
bashkim / birleştirme
bashkim / birlik
bashkim / lonca
bashkim shtetesh / devletler birliği
bashkohem / bağlanmak
bashkohem / birleşmek
bashkohem në federatë / federasyona dahil olmak
bashkohen çifte / çift olmak

130

bashkohet / bağlanmak [birbirine]
bashkoj / bağlamak (birbirine)
bashkoj / birleştirmek
bashkoj dy e nga dy / çiftleştirmek
bashkuar (i) / birleşik
bashkudhëtar / yol arkadaşı
baskëpunëtor / meslektaş
basketboll / basketbol
baskëudhëtar / yoldaş
basmë / basma
bast / bahis
bast (vë) / bahise girmek
bastard / gayri meşru
bastard / melez
bastardim / yozlaşma
bastisje [sulm] / baskın [akın]
bastun / baston
batakçi / dolandırıcı
batalion / tabur
bateri / pil
bathë / fasulya
baticë / kabarma
baticë / met
baxhë / baca
baxhë anieje / gemi bacası
bazë / baz
bazë / esas
bazë / temel
bazë / zemin
be / yemin
bebe e syrit / gözbebeği
beden / siper
befas / ansızın
begati / bolluk
begati / zenginlik
begatshëm (i) / bereketli
begatshëm (i) / verimli
behare / karanfil
beharna / baharat
bej më të dëndur / yoğunlaştırmak
bejsboll / beysbol
bekim / vaftiz
bekoj / kutsamak
bel / bel
belbëzim / kekeleme
belbëzoj / kekelemek
belbëzoj / pepelemek
belbëzues / kekeme
belgjian / Belçikalı
benzinë / benzin
benzol / benzol
beqar / bekar
beqari / bekarlık
berber / berber
besë / güven
besë / şeref sözü
besëlidhës / bağlılık yemini
besës (i) / güvenilir
besim / güven
besim / güvenme
besim / iman
besim / inanç
besim / itimat
besim në vete (që ka) / kendine
  güvenen
besnik / güvenilir
besnik / sadık

besnik / vefalı
besnikëri / bağlılık
besnikëri / sadakat
besoj / güvenmek
besoj / inanmak
besoj (i) / güvenmek
besoj (ja) / emniyet etmek
besoj (nuk i) / güvenmemek
besoj (nuk) / inanmamak
beson (që nuk) / imansız
bestar / sadık
bestar / vefalı
bestytni / batıl itikat
besuar (i) / güvenilir
besueshëm (i) / güvenilir
betejë / savaş
betejë / mücadele
betejë vendimtare / meydan savaşı
betim / yemin
betohem / yemin etmek
beton / beton
betonarme / betonarme
betonoj / betonlamak
bezdisshëm (i) / müşkülpesent
bëhem / olmak
bëhem baba / babası olmak
bëhem detar / denizci olmak
bëhet bajat / bayatlamak
bëhet copë copë / parçalanmak
bëhet me dorë (që) / elle yapılan
bëj / yapmak
bëj analizë gramatikore / gramer
  olarak incelemek
bëj aty për aty / uydurmak (o anda)
bëj ballë / karşı koymak
bëj be / yemin etmek
bëj copë copë / parça parça etmek
bëj dëshmi të rreme / yalan ifade
  vermek
bëj dosido / alalade yapmak
bëj dosido / bulaştırmak (yüzüne gö.)
bëj dredhi / idare etmek (ustalıkla)
bëj fresk me elpaze / yelpazelemek
bëj gara / rekabet etmek
bëj gargarë / gargara yapmak
bëj hile / hile yapmak
bëj kopjen / kopyasını yapmak
bëj luftë / mücadele etmek
bëj lutje / istemek
bëj magji / büyü yapmak
bëj marrëveshje / anlaşma yapmak
bëj masazh / masaj yapmak
bëj një krim / suç işlemek
bëj një vizatim / resmetmek
bëj pluhur [imtësoj] / toz haline
  getirmek
bëj potare / gürültü yapmak
bëj projektin / projelendirmek
bëj propizim / mütalaa etmek
bëj pure / püre yapmak
bëj pushim / ara vermek
bëj pyetje / sual sormak
bëj që t'më duan / sevdirmek (kendini)
bëj roje / bekçilik etmek
bëj shkumb e hi / yakıp kül etmek
bëj shoqëri / arkadaşlık etmek
bëj sikur / yapar gibi görünmek

bëj sikur nuk shoh / göz yummak
bëj tatuazh / dövme yapmak
bëj të huaj / yabancılaştırmak
bëj të nevojshëm / gerektirmek
bëj të palëvizshëm / hareketsiz
   hale sokmak
bëj tregëti / ticaret yepmak
bëj truke / hokkabazlık yapmak
bëj zbritje / indirim yapmak
bëj zhurmë / gürültü yapmak
bëlbëzoj / peltekçe konuşmak
bën efekt / etkilemek
bërë fshehtas (i) / gizli
bërë me porosi (i) / ısmarlama
   yapılmış
bërë me qëllim (i) / maksatla
   yapılmış
bërryl / dirsek
bërtas / bağırmak
bërtas / yaygara koparmak
bërtas sa mund / çığlık atmak
bërtas si kukuvajkë / ötmek
   (baykuş gibi)
bërtas [çirrem] / bağırmak
   (acı acı)
bërtet (që) / bağırıp çağıran
bërthamë / çekirdek
bërthamë vishnje / vişne çekirdeği
bërthamor / çekirdeksel
bibë pate / kaz palazı
bibë rose / ördek palazı
bibël / kutsal yazı
biberon / biberon
bibliotekar / kütüphaneci
bibliotekë / kütüphane
biçikletë / bisiklet
bie / başaramamak
bie / düşmek
bie / getirmek
bie / inmek
bie borisë (i) / boru çalmak
bie breshër / dolu yağmak
bie dëborë / kar yağmak
bie erë / kokuşmak
bie flautit (i) / flüt çalmak
bie harpës (i) / çalmak (harp)
bie kumbona / çan çalmak
bie lehtë (i) / vurmak (hafifçe)
bie në dashuri / aşık olmak
bie në gjumë / uyumak
bie në gjunjë / diz çökmek
bie në kundërshtim / ters düşmek
bie në kurriz / düşmek (sırt üstü)
bie shi / yağmur yağmak
bie shi i imtë / serpiştirmek
   [yağmur]
bie shi i madh / sağanak halinde
   yağmak
bie violinës (i) / keman çalmak
bie ziles (i) / zil çalmak
bie zilja / zil çalmak
bie (që) / dökülen
bie [ora] / çalmak [saat]
biellë / piston kolu
bien (me) [flokët] / dökülmek
   [saç]
biftek / biftek

bijë / kız evlat
bijë e gjetur / üvey kız
bilardo / bilardo
bilbil / bülbül
bile / bile
biletë / bilet
bimë / bitki
bimë shumëvjeçare / bitki
   (çok senelik)
bimë zvarritëse / bitki (sarılgan)
bimor / bitkisel
bind / ikna etmek
bindem / itaat etmek
bindem (nuk) / itaatsizlik etmek
bindës / ikna edici
bindje / ikna
bindje / ikna etme
bindje / inandırıcılık
bindje / itaat etme
bindur (i) / emin
bindur (i) / itaatkar
bindur (i) / samimi
bindur (i) / uysal
binjak / ikiz
biografi / biyografi
biografi e shkurtër / biyografi [kısa]
biologji / biyoloji
bir / oğul
bir i gjetur / oğul (üvey)
birëror / evlada ait
birrari / birahane
birrë / bira
birrë e zezë / bira (siyah)
bisedë / konuşma
bisedë / söyleşi
bisedim / görüşme
bisedim / karşılıklı konuşma
bisedoj / görüşmek
bisedoj / konuşmak (karşılıklı)
bisedoj / tartışmak
bisht / kuyruk
bisht / sap
biskotë / bisküvi [tatlı]
biskotë e thatë / bisküvi (kuru)
biskotë me bajame / badem kurabiyesi
bismut / bizmut
bizë / biz
bizele / bezelye
blegërij / melemek
blegtor / çiftçi [hayvan yetiştiricisi]
blej / satın almak
blej ose shes në treg / almak ya da
   satmak [mal]
blerës / müşteri
blerës / satın alan
blerje / satın alma
bletar / arıcı
bletë / arı
bli / ıhlamur ağacı
bli [peshk] / mersin balığı
blluzë / bluz
blokim / tıkanma
blokim i qarkullimit / trafik
   tıkanıklığı
bloknot / bloknot
blokuar prej akulve (i) / buzdan
   tıkanmış

blozë / is [kurum]
blozë llambe / lamba isi
blu / mavi renk
bluaj / öğütmek
boa / boa
bobinë / bobin
bocë / tashih (ilk)
bocë uji / cam sürahi
boçë / koza
boçë pishe / çam kozalağı
bojatis / boyamak
bojaxhi / boyacı
bojë hiri / kül rengi
bojë kineze / çini mürekkebi
bojë shkrimi / mürekkep
bojë trëndafili / gül rengi
bojkotoj / boykot etmek
bojra vaji / yağlı boya
boks / boks
boksier / boksör
bollë / boğa yılanı
bollëk / bolluk
bollëk (me) / bereketli
bollshëm (i) / bol
bombardim / bombardıman
bomba-hedhës / bomba atıcı
bombë / bomba
bombë me hidrogjen / hidrojen bombası
bonbona / şekerleme
bonjak / yetim
bonjakëri / yetimhane
borgjez / burjuva
bori / boru
borizan / borozan
boronicë / çay üzümü [dağ üzümü]
borxh / borç
borxhlli / borçlu
boshllëk / boşluk
bosht / eksen
bosht / mil
botanikë / botanik
botë / dünya
botë / evren
bote (i kësaj) / dünyevi
botëror / evrensel
botim / basım
botim / baskı
botim / yayım
botoj / neşretmek
botoj / telif etmek
botoj / yayımlamak
botues / yayımcı
bozhure / şakayık
brac / yankesici
braktis / terketmek
braktisur (i) / terkedilmiş
brazhdë / karık
brazhdë / saban izi
bredh / çam ağacı
breg / kenar
breg / kıyı
breg deti / deniz kıyısı [sahil]
breg lumi / ırmak kenarı
bregdet / kıyı
bregdet / sahil boyu

bregdetar / denize yakın
brej / aşındırmak
brej / kemirmek
brejtës / kemirici
brejtje / aşınma
brekë të shkurtëra spo. / şort
brenda (këtu) / bunun içinde
brenda [në kufij] / içeride [dahilde]
brendësi e një vendi / iç bölge
brendi / iç
brendi (e enës) / içerik
brendshëm (i) / dahili
brendshëm (i) / içe ait
brendshëm (i) / içeride bulunan
brendshmi (më i) / içeride olan (en)
brengos / canını sıkmak
brengosur (i) / kederli
breshër / dolu
breshkë / kaplumbağa
breshkë uji / su kaplumbağası
bretkocë / kurbağa
brez / kuşak
brez kufitar / sınır bölgesi
brez shpëtimi / cankurtaran kemeri
brez shpëtimi / emniyet kemeri
bri / boynuz
brigadë / tugay
briket / briket
brimë / delik
brimoj / delik açmak
brimoj / delmek
brinjar [i gënjyer] / boynuzlu [aldatılmış]
brirë dreri / geyik boynuzu
brirë (me) / boynuzlu
brishtë (i) / gevrek
brishtë (i) / narin [çabuk kırılır]
brisk / çakı (iri)
brisk rroje / tıraş bıçağı
brisk [biçak] / bıçak
britmë / bağırış
britmë / bağırma
britmë e patave të egra / yabani kaz ötüşü
brixh [loj me letra] / briç
brohorit / alkışlamak
bronz / bronz
broshurë / broşür
brum letre [druri] / kağıt hamuru
brumbull / böcek
brumbull / hamam böceği
brumë / hamur
brumi (prej) / hamur işi
brutal / hayvan gibi
bruto / brüt
brymë / kırağı
bubë / kurtçuk
bubullon / gümbürdemek
bubullon / gürlemek
bucelë / fıçı
bucelë / varil
bucelë rrote / tekerlek göbeği
buçet / yüksek ses çıkarmak
budalla / ahmak
budalla / budala
budallallëk / budalalık
budizëm / budizm

133

bufe / büfe
bufon / palyaço
bujar / cömert
bujari / cömertlik
bujk / çiftçi
bujkrob / köle (toprağa bağlı)
bujqësi / çiftçilik
bujqësi / tarım
bujqësor / tarımsal
bujtinë / han
bukë / ekmek
bukë e mëngjezit / kahvaltı
bukur (i) / güzel
bukur (i) / yakışıklı
bukur (i) [tërheqës] / güzel [çekici]
bukuri / güzellik
bukuri natyrore / doğal güzellik
buldozer / buldozer
bulë veshi / kulak memesi
buletin / bülten
bulevard / bulvar
bullar / yılan (zehirli)
bulldog / buldog
bullgar / Bulgar
bullgur / bulgur
bullgur tërshëre / yulaf bulguru
bullunga (me) / budaklı
bulmetore / mandıra
bunker / sığınak
burbuqe / tomurcuk
burg / cezaevi
burg / hapishane
burgos / hapse atmak
burgos / hapsetmek
burgosje / hapsetme
burgosur (i) / mahkum
burim / kaynak
burim / memba
burim / pınar
burim drite / ışın kaynağı
burim nxehtësie / ısı kaynağı
burokraci / bürokrasi
buron / çıkmak (kaynaktan)
buron / fışkırmak [çıkmak]
burracak / züppe
burracak / korkak
burrë / adam
burrë / koca
burrë i vërtetë / yiğit
burrë shteti / devlet adamı
burrëri / erkeklik
burrëri / mertlik
burrëri / yiğitlik
burrëror / erkekçe
burrëror / mert
bursë / burs
bursë fondesh / borsa
bust / büst
butë (i) / nazik
butë (i) / sakin
butë (i) / uysal
butë (i) / yumuşak
butësi / uysallık
butësi / yumuşaklık
buxhet / bütçe
buzë / dudak

buzë / kenar
buzë rrugës / yol kenarı
buzë vatre / ocak yan çıkıntısı
buzëhollë / titiz (fazla)
buzëplasur / kasvetli
buzëplasur / kederli
buzëplasur / sıkıcı
buzëplasur / üzgün
buzëplasur / yılgın
buzëqesh / gülümsemek
buzëqeshje / sırıtma
buzëqeshje / tebessüm
bylyzyk / bilezik
byrek / börek
byrek i dasmes / düğün böreği
byrek me pemë / turta
bythë / kıç

- C -

ca / bir kaç
ca / biraz
cak / hedef
caktim / tayin etme
caktim i kufijve / hudutların belirlenmesi
caktoj / belirlemek
caktoj / tayin etmek
caktoj çmimin / fiyat belirlemek
caktoj kohën / zamanı ayarlamak
caktoj si zëvëndës / vekil tayin etmek
caktuar me ligjë (i) / kanunla belirlenmiş
caktuar (i) / belirli
car / çar
cekët (i) / sathi
cekët (i) / sığ
cektësirë / sığlık yer
celuloid / selüloid
celulozë / selüloz
cenim / ihlal
cenoj / ihlal etmek
centigrad / santigrad
centralizoj / merkezileştirmek
centrifugal / santrifüj
centripetal / merkezcil
ceremoni / merasim
ceremoni e varrimit / cenaze töreni
ceremonial / törensel
cermar / gut hastalığına tutulmuş
cermë / gut
cianur / siyanür
cicërim / şakıma
cicëroj / cıvıldaşmak
cicëron / cik cik sesi çıkarmak
cicëron / cıvıldamak
cigare / sigara
cikël / devir
ciklon / siklon
ciknë / kırağı
cilësi / nitelik
cilësi (në) / nitel olarak
cilësim / belirtme
cilësisë së lartë (i) / üstün derece
cilësor / nitel

cilësor / niteleyici
cili / hangi
cilido / her bir
cilido / herhangi
cilido qoftë / her kim
cilido [prej dyve] / ikisinden biri
cilin / kimi
cilindër / silindir
cimbidhe / cımbız
cimbis / çimdiklemek
cipë / kabuk
cipë sheqeri / şeker kreması
cirk / sirk
cironkë e tymosur / balık (tütsülenmiş)
citat / aktarma
citoj / aktarma ile söylemek
citoj / kaynak göstermek
civil / sivil
cjap / teke
coftinë / leş
copa copa / parça parça
copë / külçe
copë / parça
copë tokë / arazi parçası
copë [pambuku] / tampon [pumuk]
copëtim / parçalama
copëtoj / parçalamak
copëtuar (i) / parçalara ayrılmış
cucë / genç kız
cucë / Kız (genç)

- Ç -

ç'ndodh ? / ne oldu ?
çadëre / çadır
çadëre dielli / güneş şemsiyesi
çadëre dielli / güneşlik
çahem / ayrılmak
çahet / yarılmak
çaj / ayırmak
çaj / çay
çaj / yarmak
çaj ajrin / havayı yarmak
çajnik / çay demliği
çajnik i madh metalik / çaydanlık [büyük]
çakall / çakal
çakël / oyuncak
çakmak / çakmak
çalim / topallama
çaloj / aksamak
çaloj / topallamak
çanak i vogël / çanak (küçük)
çanak supe / çorba kasesi
çantë / çanta
çantë grashë / kadın çantası
çantë shpine / sırt çantası
çapitje / ayak sesi
çapitje / yavaş koşma
çapkën / afacan [çin gibi]
çapkën / haylaz kimse
çapkëne / civelek kız
çarçaf / çarçaf

çarë (e) / yarık
çarmatos / silahsızlandırmak
çarmatosje / silahsızlanma
çast / an
çast / lahza
çast (në) / anında
çati / çatı
çati prej kashte / sazlı dam
çdo / her
çdo gjë / hepsi
çdo njeri / her biri
çdo orë / saat başı (her)
çdo [njeri] / herkes
çek / çek
çek / Çek
çek postar / posta havalesi
çekan farkëtari / çekiç (ağır)
çekiç / çekiç
çekiç druri / tokmak
çekosllovak / çekoslovakyalı
çel / açmak
çel zogj / civ civ çıkarmak
çelës / anahtar
çelës dadosh / ingiliz anahtarı
çelës vidhash / vida anahtarı
çelik / çelik
çelik i pandryshkshëm / paslanmaz çelik
çelur (i) / açık
çelur (i) / açılmış
çembalo / santur
çerdhe fëmijësh / kreş
çerek / çevrek
çeshtje / olay
çetelë / çetele
çështje / mesele
çështje / şey
çfaroj / yok etmek
çfarosje / yok olma
çfryj / püflemek
çluqizoj / kuvvetten düşürmek
çiban / çıban
çifligar / çiftlik sahibi
çiflik / malikane
çift / çift
çift [për numrat] / çift sayı
çifte / av tüfeği
çifut / Yahudi
çikë / zerre
çikërrimtar / tuhafiyeci
çikëz / zerrecik
çikrik / çıkrık
çikrik / makara
çikrik / çıkrık
çimento / çimento
çimentoj / çimentolamak
çinar / çınar
çizme / çizme
çizme gome / çizme (lastik)
çjerr / yırtmak
çka / ne
çkopsit / düğmelerini çözmek
çkujdesje / kayıtsızlık
çkujdesur (i) / dikkatsiz
çkujdesur (i) / ihmalci
çkujdesur (i) / ihtiyatsız
çkujdesur (i) / kayıtsız

135

çkujdesur (i) / pervasız
çkurorëzim / boşanma
çkurorëzoj / boşamak
çlirim / kurtuluş
çlirim / özgür kılma
çlirim / tahliye
çliroj / kurtarmak
çliroj / özgür kılmak
çliroj / serbest bırakmak
çlodhem / dinlenmek
çlodhje / dinlenme
çmend / çıldırtmak
çmendur (i) / çıldırmış
çmendur (i) / deli
çmenduri / delilik
çmim / fiyat
çmoj / değer biçmek
çmoj / değerlemek
çmoj / fiyat koymak
çmoj / itibar etmek
çmoj / kıymet biçmek
çmoj shumë / önem vermek
  (çok)
çmueshëm (i) / kıymetli
çnjerëzor / insanlık dışı
çoj / götürmek
çoj / nakletmek
çoj në botën tjetër / öldürmek
çoj përpara / öne sürmek
çokollatë / çikolata
çomagë polisi / cop
çorapë / çorap
çorodit / çirkinleştirmek
çpaloset [hapet] / açılmak
çpengoj / serbest bırakmak
çpopullzoj / nüfusu azaltmak
çreegullim / düzensizlik
çrregullim / karışıklık
çrregullim / karmakarışıklık
çrregullim i stomakut /
  hazımsızlık
çrregulloj / bozmak [iş.plan..]
çrregulloj / düzenini bozmak
çrregullt (i) / düzensiz
çrrënjos / kökünü kazımak
çrrënjos / yıkmak (kökten)
çrrënjos / yok etmek
  (kökünden)
çrrënjosje / kökünü kazıma
çthurur (i) / ahlaksız
çudi / hayret uyandıran şey
çudit / şaşırtmak
çuditshëm (i) / acayip
çuditshëm (i) / garip
çuditshëm (i) / hayret verici
çuditshëm (i) / tuhaf
çukit / gagalamak
çun / çocuk (erkek)
çupë / kız (genç)
çvarros / mezardan çıkarmak
çvendos / yerinden çıkarmak
çvendosje / değiştirme (yer)
çvendosje / yerini değiştirme
çvidhos / vidalarını çıkarmak
çvleftësim i parasë / devalüasyon
çvlerësoj / fiyatını kırmak
çyrek me qumësht / çörek (sütlü)

- D -

dafinë / defne ağacı
daj / davı
dajak / dayak
dajre / çıngırak
dajre [def] / tef
dal / çıkıntı yapmak
dal / çıkmak
dal fitues / galip gelmek
dal jashtë / boşalmak [ishal]
dal jashtë kufijve / sınırı aşmak
dal mbi ujë / çıkmak (meydana)
dal përpara (i) / önüne geçmek
dal [nga stacioni] / ayrılmak
  [istasyondan]
dalë (e) / çıkıntı
dalëngadalë / tedricen
dalin [dhëmbët] / çıkmak [diş]
dalje / çıkış
dalje / dışarı çıkma
dalje e dhëmbëve / diş çıkarma
dalje e puplave / tüylenme
dalje [vrimë] / ağız [delik]
dallaverë / dalavere
dalldisje / kendinden geçme
dallëndyshe / kırlangıç
dallgë / dalga
dallgëzë / dalgacık
dallgëzohet / dalgalanmak
dallgëzon / dalgalanmak
dallım / ayırma
dallim / ayırt etme
dalllkauk / dalkavuk
dallohem / ayrılmak
dallohem / ayrılmak
dallohem / farkedilmek
dallohem / farklı olmak
dalloj / ayırmak
dalloj / ayırt etmek
dalloj / seçmek (uzaktan görüp)
dalluar (i) / ayrı
dalluar (i) / belirli
dalluar (i) / göze çarpan
dalluar (i) / mümtaz
dalluar (i) / seçkin
daltë / keski
daltoj / keskilemek
damar / damar
damar minerali / maden damarı
damë [lojë] / dama [oyun]
damkë / damga
damkos / dağlamak
danez / Danimarkalı
dantellë / dantel
dardhë / armut
darë / kerpeden
darë / kıskaç
darkë / akşam yemeği
dash / koç
dashamirës / cana yakın
dashamirës / dost
dashamirës / nazik
dashamirës / sempatik
dashamirësi / iyi niyet
dashamirësi / sevimlilik
dashamirësi / teveccüh

dashamirësi / şevkatlilik
dashnor / sevgili
dashnor [dashnore] / aşık
dashnore / metres
dashnore / sevgili
dashur (i,e) / sevgili
dashur (i) / sevimli
dashuri / sevgi
dashuroj / sevmek
dashuruar (i,e) / sevgili
dashuruar (i) / aşık
dashur-padashur / ister istemez
dasmë / düğün
datë / tarih
datoj / tarih koymak
daulle / davul
decimal / ondalık
decimetër / desimetre
defekt / kusur
deformoj / şeklini bozmak
defrim / sevinç
degë / dal
degë / kısım
degë ulliri / zeytin dalı
degëz / dal (ince)
degëzim / dallanma
degëzohem / dallanmak
degëzohet / dallanmak
degëzuar (i) / dallı budaklı
degjenerim / yozlaşma
degjenerohem / yozlaşmak
degradoj / düşürmek (derecesini)
deh / sersemletmek
dehem / sersemlemek
dehje / sarhoşluk
dehur (i) / sarhoş
dekan / dekan
deklamim / nutuk [hitabet]
deklamoj / nutuk çekmek
deklaroj / beyan etmek
dekompozim / ayrışma
dekompozohet / ayrışmak
dekoracione / sahne dekoru
dekoroj / dekore etmek
dekret / karar
dekret / karaname
del / çıkmak
del me seri (që) / seri halinde çıkan
dele / koyun
delegacion / temsilciler heyeti
delegat / temsilci
delegat / vekil
delfin / delfin
dem / boğa
demaskoj / maskesini kaldırmak
demokraci / demokrasi
demonstrim / gösteri
demonstroj / gösteri yapmak
demonstroj / göstermek
demoralizoj / maneviyatını bozmak
dendësi / yoğunluk
dendur / sık sık
dendur (i) / yoğun
deng / balya
deng / denk

denjohem / tenezzül etmek
denjoj / lütfetmek
dentist / diş hekimi
depërtim / saldırı
depërtoj / içinden geçmek [nüfuz]
depërtoj / nüfuz etmek
depërtueshëm (i) / nüfuz edilebilir
depo / depo
deponoj / şahadet etmek
depozitë / depozito
depozitues / emanetçi
deputet / milletvekili
derdh / dökmek
derdh aty këtu / serpmek
derdh [dritë] / yaymak
derdh [gjak, lotë] / dökmek [kan, gözyaşı]
derdhet / dökülmek
derdhet / taşmak
derdhet me vrull / akmak (coşarak)
derdhet [lumi] / akmak [nehir]
derdhje / dışarı akma
derdhje / dökme
derë / kapı
derëtar / kapıcı
dergjur (i) / yatalak
deri në fund / tamamen [sonuna kadar]
deri në gju / diz boyu derinliğinde
deri sa / kadar
deri tani / şimdiye kadar
derisa / mademki
derkuc / domuz yavrusu
derr / domuz
derr i egër / domuz (yabani)
derr indie / hint domuzu
deshifroj / şifre çözmek
despot / zalim
despot / zorba
despotik / zulmedici
destrojer / destroyer
det / deniz
det i hapur / açık deniz
detar / denizci
detar / denizciliğe ait
detar i vjetër / kurt denizci
detar [marinar] / gemici
detari / gemicilik
detit (i) / denize ait
detyrë / görev
detyrim / mecburiyet
detyrim / zorlama
detyrim borxhi / tahvil
detyrim ushtarak / askerlik görevi
detyroj / baskı yapmak [zorlamak]
detyroj / mecbur etmek
detyroj / zorlamak
detyroj të heshtë / susturmak
detyruar (i) / mesul
detyrueshëm (i) / zorunlu
detyrueshëm (jo i) / elzem olmayan
devë / deve
dëbim / kovma
dëboj / kovmak
dëborë / kar
dëborë me shi / kar (yağmurla karışık)
dëbues / ihraç edici

dëfrehem / eğlenmek
dëfrim / eğlence
dëfrim / keyif
dëftesë pagimi / ödeme makbuzu
dëgjim / işitme
dëgjoj / dinlemek
dëgjoj padashur / dinlemek
 (istemeden)
dëgjoj radion / radyo dinlemek
dëgjuar (i) / adı çıkmış
dëgjues / dinleyici
dëgjueshëm (i) / işitilebilir
dëllinjë / ardıç
dëm / zarar
dëmshëm (i) / zararlı
dëmshpërblim / tazminat
dëmshpërblim / zararı ödeme
dëmtim / hasar
dëmtoj / bozmak [zarar vermek]
dëmtoj / zarar vermek
dëmtues / yıkıcı
dënim / kınama
dënoj / kınamak
dënoj / kötülemek
dënoj / mahkûm etmek
dënoj / cezalandırmak
dërdëllis / gevezelik etmek
dërgesë gratis / ücretsiz gönderme
dërgim të hollash / para havalesi
dërgoj / göndermek
dërgoj mallra / sevk etmek (mal)
dërgoj me postë / posta ile
 göndermek
dërguar (i) / elçi
dërguar (i) / temsilci
dërmoj / ezmek
dërmoj / halsiz bırakmak
dërrasë / tahta
dërrasë e zezë / kara tahta
dërrasë fuçie / fıçı tahtası
dërrasë vizatimi / çizim tahtası
dërrasëz / tahta [ufak]
dërsij / terlemek
dëshirak / arzulu
dëshirë / arzu
dëshirë / istek
dëshirë e madhe / şevk
dëshiroj / arzu etmek
dëshirore / istek belirten
dëshirueshëm (i) / arzu edilen
dëshmi / delil
dëshmi / şahadet
dëshmi [me gojë] / iddia
dëshmitar / görgü şahidi
dëshmitar / gözlemci
dëshmitar / seyirci
dëshmitar / tanık
dëshmitar / şahit
dëshmoj / delil göstermek
dëshmoj / şahadet etmek
dëshpërim / buhran
dëshpërim / ümitsizlik
dëshpërim / yeis
dëshpërohem / neşesi kaçmak
dëshpërohem / ümidini
 kaybetmek
dëshpërohem / ümitsiz olmak

dëshpëroj / keyfini kaçırmak
dëshpëroj / ümitsizlenmek
dështim / başarısızlık
dështoj / başaramamak
dështoj / başarı kazanamamak
dështoj / başarısızlandırmak
dështuar (i) / ölü doğmuş
di / bilmek
di çdo gjë (që) / her şeyi bilen
di (që nuk) / habersiz
diabet / diabet
diafragmë / diyafram
diagnozë / teşhis
diagonale / köşegen
diagramë / diyagram
diagramë / grafik
dialekt / lehçe
dialog / diyalog
diamant / elmas
diametër / çap
diçka / bir şey
diçka / her hangi bir şey
diçka / şey
diell / güneş
diellor / açık [güneşli]
diellor / güneşle ilgili
diellor [me diell] / güneşli
dietë / perhiz
digjem / yanmak
digjet / yanmak
dijetar / alim
dijetar / bilge
dijetar / fen adamı
diksion / diksiyon
diktator / diktatör
diktoj / dikte etmek
diku / bir yer
diku në një vend tjetër / başka bir
 yerde
dikush / biri
dikush [ndokush] / bir kimse
dimër / kış
dinak / kurnaz
dinakëri / kurnazlık
dinamik / dinamik
dinamit / dinamit
dinamo / dinamo
dinasti / hanedan
diplomë / diploma
direk / direk
disa / bazı
disa [ca] / birkaç
disfatizëm / bozgunculuk
disipilinuar (i) / düzgün
disk / disk
diskutim i mërzitshëm / tartışma
 (sıkıcı)
diskutoj / tartışmak
diskutueshëm (i) / tartışılabilir
diskutueshëm (i) / tartışılır
dispepsi / hazımsızlık
distiloj / damıtmak
ditar / günce
ditar / günlük
ditar ekipazhi / gemi jürnali
ditë / gün
ditë e plotë pune / tam gün çalışma

ditë pune jo e plotë / iş
  (yarım günlük)
ditë rrogash / maaş günü
ditëlindje / doğum günü
ditur (i) / alim
ditur (i) / bilge
ditur (i) / bilgin
ditur (i) / dirayetli
dituri / bilgelik
dituri / bilgi
dituri / ilim [irfan]
dituri / dirayet
dituri / ilim
dituri e madhe / bilgi
  (geniş ve çeşitli)
divan / divan
divan [këshilli i sht.] / divan
  [devlet meclisi]
dizenteri / dizanteri
dizinfektoj / dezenfekte etmek
djalë / çocuk (erkek)
djalë / herif
djalë / delikanlı
djalëri / çocukluk devresi
djalëri / gençlik
djall / cin
djall / şeytan
djallëzor / şeytanca
djalli të marrë ! / şeytan görsün !
djallush / haşarı çocuk
djalosh / delikanlı
djalosh / genç
djaloshar / çocukça
djathë / peynir
dje / dün
djeg / yakmak
djegie nga dielli / güneş yanığı
djegje / yanma
djegshëm (i) / yanabilir
djelë (e) / Pazar [gün]
djep / beşik
djersë / ter
djersij / terlemek
dlirë (i) / net
do [nota] / do [nota]
dobësi / zaaf
dobësi / zafiyet
dobësim / hafifletme
dobësohem / halsiz olmak
dobësohem / zayıf düşmek
dobësohem / gevşemek
dobësohem / zayıflamak
dobësoj / gevşetmek
dobësoj / kuvvetten düşürmek
dobësoj / zayıf düşürmek
dobësoj / zayıflatmak
dobët (i) / çelimsiz
dobët (i) / gevşek
dobët (i) / yetersiz
dobët (i) / zayıf
dobi / fayda
dobi / kâr
dobishëm (i) / faydalı
docent / doçent
doganë / gümrük
doganë (pa) / vergiden muaf
dogmë / doktrin

dogmë / doğma
dok / dok
dokrra / palavra
doktoratë / doktora
doktrinar / kuramcı
doktrinë / doktrin
dokument / belge
dokument / vesika
dokumental / belgesel
dollap / dolap
dollap librash / kitaplık
dollar / dolar
dolli / kadeh
domate / domates
domethënë / delalat etmek
domethënë / demeye gelmek
domethënë / kastetmek
domethënë / yani
domethënë / şöyle ki
domethënie / meal
dominion / dominyon
domosdoshëm (i) / gerekli olan
  [zorunlu]
domosdoshëm (i) / ister istemez
domosdoshëm (i) / zaruri
domosdoshëm (i) / zorunlu
dorashkë / eldiven
dorashkë boksi / boks eldiveni
dordolec / soytarı
dorë / el
dorëhapur / cömert
dorëhapur / eli açık
dorëhapur / müsrif
dorëheqje / feragat (tahttan)
dorëlëshuar / tutumsuz
dorës së dytë (i) / ikincil
dorëshkrim / el yazısı
dorëshkrim / müsvedde
dorështrënguar / cimri
dorështrënguar / eli sıkı
dorëthatë / cimri
dorëz / kulp
dorëz [kame,thike] / sap [kama,bıçak]
dorezë / eldiven
dorëzë havani / havan tokmağı
dorëzënës / kefil
dorëzim / teslim olma
dorëzohem / teslim olmak
dorëzoj / bırakmak
dorëzoj / elle vermek
dorëzoj një fajtor / suçluyu iade etmek
dorëzoj (i) / teslim etmek
dorëzoj [detyren] / devretmek (görevi)
dorëzonje / yüksük otu
dori / doru
dori / kızıl
dosë / domuz [dişi]
dosido / her nasılsa
dosje / dosya
dozë / doz
dramatizoj / dram şekline sokmak
dramë / dram
drangua / ejderha
draper / orak
dre / geyik
dre polar / kutup geyiği
dredh / burmak

139

dredh / kıvırmak
dredh flokët / dalgalandırmak (saçları)
dredharak / eğri büğrü
dredharak / hilekar
dredharak / yılankavi
dredhëz / çilek
dredhi / hile
dredhi ushtarake / harp hilesi
dredhje / kıvrılma
dredhoj / aldatmak
dredhoj / sıvışmak (hile ile)
dredhoj / dolaşmak
dredhoj në bisedë / yalan söylemek
dredhon (që) / dolaşık
dredhues / dönek
dredhur (i) / kıvırcık
dregëz / yara kabuğu
drejtë civile (e) / medeni hukuk
drejtë e autorit (e) / telif hakkı
drejtë e pronësisë (e) / mülkiyet hakkı
drejtë qytetare (e) / yurttaşlık hakkı
drejtë votimi (e) / oy kullanma hakkı
drejtë votimi (e) / oy verme hakkı
drejtë (i) / doğru
drejtë (i) / dürüst
drejtësi / adalet
drejtësi / doğruluk
drejtësi / dürüstlük
drejtësi / hukuk ilmi
drejtësi (me) / dürüstçe
drejtësje / meşru
drejtim / yön
drejtim / yönetim
drejtim udhëtimi / rota
drejtohem / doğrulmak
drejtohem / yönelmek
drejtohem / yola koyulmak
drejtohem (i) [dikujt] / müracaat etmek
drejtoj / idare etmek
drejtoj / yöneltmek
drejtoj / yönetmek
drejtoj / doğrultmak
drejtoj [anijen,...] / kaptanlık etmek
drejtoj [armën] / doğrultmak (silahı)
drejtor / müdür
drejtor poste / postane müdürü
drejtori / müdüriyet
drejtpërdrejtë / dosdoğru
drejtpërdrejtë / doğrudan doğruya
drejtuar përpara (i) / ileriye doğru giden
drejtues / sürücü
drejtues / yönetici
drejtueshëm (i) / idare edilebilir
drekë / öğle yemeği
dremit / uyuklamak [kestirmek]
dremitje / uyuklama [şekerleme]
drenushë / geyik (dişi)
dreq / iblis

dreq / şeytan
drethkë / sarmaşık
dridh / silkmek
dridhem / kıvrılmak
dridhem / seğirmek
dridhem / titremek
dridhës / titrek
dridhet / kıvrılmak
dridhje / titreme
dridhje zëri / ses titremesi
dridhton / titretmek
dridhtues / titretici
dritare / pencere
dritare në baxhë // çatı penceresi
dritë / ışık
dritë dielli / güneş ışığı
dritë e diellit / gün ışığı
dritë e hënës / mehtap
dritë (jap) / ışık vermek
drithë / hububat
drithë / tahıl
drithnik / ambar
drithtohet / titretmek
drogë / uyuşturucu
dru / ağaç
dru / odun
dru frytor / meyva ağacı
dru i ri [fidan] / ağaç (körpe) [fidan]
dru knine / kınakına ağacı
dru portokalli / portakal ağacı
dru tapa / tıpa [mantar]
druaj / korkmak
druvar / oduncu
dua / istemek
dua / sevmek
dua me gjithë shpirt / hasret çekmek
duaj / demet
duart lart ! / eller yukarı !
duartrokas / alkışlamak
duartrokitje / alkışlama
dubloj / dublaj yapmak
dublues / dublör
duel / düello
duet / düet
duhan / tütün
duhet [duhen] / meli (..) [..malı]
duhur (i) / uygun
duke marrë parasysh / göz önünde bulundurarak
duke mos marrë parasysh / önemsemeden
duke vdekur / ölmek üzere
dukem / görünmek
dukem / gözükmek
duket / belki
duket / galiba
duket / gözükmek
dukje / görünüş
dukshëm (i) / açık
dukshëm (i) / aşikar
dukshëm (i) / görünür
dukshëm (i) / şeffaf
dumping / damping
dumping (organizoj) / damping yapmak
durim / sabır
durim / sebat

140

durim / tahammül
duroj / dayanmak
duroj / sabretmek
duroj / sebat etmek
duroj / tahammül etmek
duron (që nuk) / hoşgörüsüz
duruar (i) / tahammüllü
durueshëm (i) / dayanılabilir
durueshëm (i) / sabırlı
dush / duş
duzinë / düzine
dy / iki
dy faqe / iki yüzlü
dy herë / iki kere
dy javë / iki hafta
dyanshëm (i) / iki taraflı
dyanshëm (i) / iki yanlı
dyfish / iki misli
dyfishoj / iki misli yapmak
dyfishoj / iki misline çıkarmak
dyfishtë (i) / çift
dyfishtë (i) / iki kat
dyfishtë (i) / iki kere
dyfishtë (i) / iki kez
dygeç / harman döveni
dyjavor / iki haftalık
dykëmbëshe [kafshë] / iki ayaklı [hayvan]
dylbi / dürbün
dylbi teatri / opera dürbünü
dyll / mum
dyll bletësh / balmumu
dyll i kuq / kırmızı balmum
dymbëdhjetë / on iki
dymbëdhjetë (i) / on ikinci
dyqan / dükkan
dyqanxhi / dükkancı
dyqanxhi / esnaf
dyrek e përparmë / baş direği
dysh / ikili
dyshek / yatak
dyshek kashte / saman yatağı
dysheme / döşeme
dyshim / kuşku
dyshim / şüphe
dyshimtë (i) / şüpheli
dyshoj / şüphe etmek
dytë (i) / ikinci
dytë (i) / ikincil
dyvjeçar / iki yıllık
dyzet / kırk
dyzetat (të) / kırklı yıllar
dyzeti (i) / kırkıncı

- DH -

dhe / toprak
dhe / ve
dhe i zi / toprak (kara)
dhelpër / tilki
dhembje / ağrı
dhembje e fortë / ağrı (şiddetli)
dhembje (pa) / ağrısız
dhembshur (i) / merhametli
dhembshuri / acıma

dhëmb / diş
dhëmb elefanti / fildişi
dhëmb i vënë / diş (takma)
dhëmb (më) / acı duymak
dhëmballë / azıdişi
dhëmbëz / diş [çentik]
dhëmbëz / dişli [sivri uçlu]
dhëmbëz [sharre] / diş [testere]
dhëmbëzoj / diş diş etmek
dhëmbëzuar (i) / dişli
dhëmbje dhëmbi / diş ağrısı
dhëmbje e madhe / acı (şiddetli)
dhëmbje koke / baş ağrısı
dhëmbshëm (i) / acıklı
dhëna (të) / veri [çoğul]
dhëndër / damat
dhënë (e) / veri
dhënë (i) / verilmiş
dhi / keçi
dhjak / diyakoz
dhjamë / donyağı
dhjamë derri / domuz yağı
dhjamë veshkash ose bar. / iç yağı (sığır)
dhjamtë (i) / yağlı
dhjamtë (i) / şişman (çok)
dhjatë / vasiyetname
dhjeta pjesë (e) / onda bir
dhjetëtish / on kat
dhjeti (i) / onuncu
dhjetor / Aralık
dhjetor / on yıllık
dhjetore / ıdalık
dhomë / oda
dhomë fëmijësh / çocuk odası
dhomë fjetje / yatak odası
dhomë pritje / misafir odası
dhomë pritjeje / bekleme odası
dhomë tualeti / giyinme odası
dhunë / ihlal
dhunim / zarar verme
dhunoj / zarar vermek
dhuratë / bağış
dhuratë / hediye
dhuratë / iane
dhuratë për kujtim / hatıra
dhuroj / tevcih etmek
dhuroj [diçka] / bağışlamak
dhuruar (i) / bedava
dhurues / veren kimse
dhurues gjaku / kan veren

- E -

eci / gitmek
eci / yürümek
eci duke u lekundur / sendelemek
eci me biçikletë / bisiklete binmek
eci me galop / gitmek (dört nala)
eci me hapa të pasigurt / yalpalamak
eci më këmbë / yaya gitmek
eci pasigurt / sendelemek
eci [bëj hapa] / adım atmak
ecje / yürüyüş
edhe / aynı zamanda

141

edhe një / bir daha
edhe sikur / hatta
edukim / terbiye
edukoj / eğitmek
edukoj / terbiye etmek
edukuar mirë (i) / terbiyeli
efektiv / etkili
efektiv / tesirli
egër (i) / vahşi
egër (i) / yabani
egërsi / vahşilik
egërsirë / hayvan [yabani]
egërsoj / hiddetlendirmek
egësirë e ndjekur / kovalanan av
egizëm / bencillik
egjyptian / Mısırlı
egocentrik / benlikçi
egoist / bencil
egoist / egoist
egzotik / tuhaf
ekip / ekip
ekletizëm / seçip toplamak eğilimi
ekonomi / ekonomi
ekonomi / idarecilik
ekonomi kombëtare / milli ekonomi
ekonomik / ekonomik
ekran / ekran
ekscentrik / acayip
ekskavator / ekskavatör
ekspert / uzman
ekspert / vergi memuru
eksponencial / üssel
eksponent / üs
eksportim / ihracat
ekspozim / gösteriş
ekspozitë / sergi
ekspozitë lulesh / çiçek sergisi
ekspozoj / teşhir etmek
ekspres / ekspres
ekspresiv / anlamlı
ekstra / fazla
ekstrem / uç
ekuator / ekvator
ekuilibrim / denge
ekuilibroj / denge kurmak
ekuilibroj / denge sağlamak
ekuilibroj / dengelemek
ekuivalencë / denklik
ekuivalent / denk
ekzekutues / icracı
elasticitet / esneklik
elastik / esnek
elastik [i epur] / elastik
elb / arpa
elb birre / bira arpası
elbarozë / sardunya çiçeği
elbth / arpacık
elefant / fil
elegancë / incelik
elegancë / kibarca
elegancë / zerafat
elegancë / şıklık
elegant / kibar
elegant / narin
elegant / zarif
elegant / şık
elegji / mersiye
elektrifikoj / elektriklemek
elektrik / elektrik
elektrik dore / el feneri
elektrod / elektrod
elektrolizë / elektroliz
elektron / elektron
element / eleman
elementar / basit
eliminoj / hariç tutmak
elpaze / yelpaze
embargo / ambargo
emblemë / amblem
emblemë / nişan
embrion / embriyon
emër / ad
emër / isim
emër i ngjitur / lakap
emërim / adlandırma
emëroj / isim vermek
emërtim / isimlendirmek
emigrant / mülteci
emigroj / göç etmek
emigrues / göçmen
emision / emisyon
empirik / ampirik
empirik / deneysel
emulsion / emülsiyon
enciklopedi / ansiklopedi
end / dokumak
endacak / avare dolaşan
endacak / aylak kimse
endacak / maceraperest
endacak / serseri
endem / avare dolaşmak
endem / dolaşmak (avare)
endem / etrafını gezmek
endem kot / dolanıp durmak
endëse / dokumacı
enë / kap
enë dheu / çanak çömlek
enë dheu / çömlek
enë e kallaisur / kalaylanmış kap
enë majolike / çanak çömlek
energji / enerji
energjik / enerjik
engjëll / melek
enjte (e) / Perşembe
entomologji / böcekler ilmi
epërm (i) / yükesek (en)
epërm (i) / üstün
epërsi / üstünlük
epidemi / salgın
epigraf / kitabe
epigraf / yazıt
epigramë / nükte
epik / destansı
epilepsi / sara
epitaf / mezar kitabesi
epokë / devir
epos / destan
epruvetë / deney borusu
epsh / şehvet
epshor / şehevi
epshor / şehvetli
epur (i) / esnek

epur (i) / eğilir [bükülür]
erë / koku
erë / rüzgar
erë e fortë veriu / poyraz rüzgarı
erë e keqe / kötü koku
erë e lehtë / esinti
erë myku (me) / küf kokulu
erë perëndimi / meltem
　　[batı rüzgarı]
erë të qelbur (me) / ağır kokulu
erë (me) / rüzgarlı
erotik / cinsel arzu uyandıran
errësim / kararma
errësirë / karanlık
errësohem / karamsar olmak
errësohet / kararmak
errësoj / karartmak
errët (i) / karanlık
errët (i) / kesif
errët (i) / muğlak
esencë / esans
esencë / ruh
eshtërim / kemikleşme
eskimez / Eskimo
eston / Estonyalı
estuar / haliç
etapë / etap
eter / eter
ethe / humma
ethe tropikale / sıtma (tropikal)
etikë / ahlakiyet
etikë profesionale / adabı
　　muaşeret
etiketë / etiket
etimologji / etimoloji
etje (kam) / susamak
etj. / v.s. [ve sair]
etnografi / etnografya
etnologji / etnoloji
etshëm (i) / istekli [susamış]
eufoni / ses ahengi
evolucioni / evrimsel
evropian / Avrupalı

- ë -

ëmbël (i) / tatlı
ëmbël (i) / şekerli
ëmbël (i) [në sjellje] / tatlı
ëmbëlsirë / şekerleme imalatı
ëmbëlsoj / tatlılaştırmak
ëmbëlsoj [sheqeros] / şeker atmak
ëndërr / rüya
ëndërroj / hayal kurmak
ëndërronjës / hayalperest
është i përfunduar / bitmiş

- F -

fabrikant / fabrikatör
fabrikë / fabrika
fabrikë birre / bira fabrikası

fabrikë letre / kağıt fabrikası
faj / kabahat
faj / suç
fajde / faiz
fajdexhi / faizci [tefeci]
fajësim / suçlama
fajësoj / suçlamak
fajshëm (i) / kusurlu
fajtor / fail
fajtor / suçlu
fakt i kryer / oldu bitti
faktikisht / gerçekten
faktor / etken
fakultet / fakülte
fal / affetmek
fal / esirgemek
fal / göz yummak
fal [para] / bağışlamak
falas / bedava
falem / namaz kılmak
falem / ibadet etmek
falënderim / teşekkür
falënderoj / teşekkür etmek
falimentim / iflas
falje / af
falje / affetme
falje e përgjithshme / genel af
falltar / falcı
fallxhi / falcı
falshëm (i) / affolunabilir
falsifikator parash / kalpazan
falsifikim / sahte
falsifikim / sahtekarlık
falsifikoj / kalpazanlık etmek
falsifikoj / sahtesini yapmak
falsifikoj zgjedhjet / seçim yapmak
　　(hileli)
falsifikuar (i) / taklit
famë / şan
famëkeq / rezil
familje / aile
famshëm (i) / meşhur
famshëm (i) / namlı
fanatik / bağnaz
fanatik / mutaassıp
fanellatë / fanila
fanellë / atlet
fanellë / fanila
fanellë leshi / kazak (yün)
fanfarë / fanfar
fantastik / garip
fantazi / fantazi
fantazmë / hayalet
faqe / sayfa
faqe / yanak
faqosje / sayfalama
far / far
far / fener kulesi
farë / cins
fare / hiç
farë / tohum
farë liri / keten tohumu
farefis / akraba
farefis / benzer (tamamen)
farefis / yakın
farefisni / akrabalık
farkëtar / demirci

143

farkëtar / nalbant
farkëtoj / dövüp işlemek (demiri)
farkëtore / demirhane
farkëtueshëm (i) / dövülür [metal]
farmaci / eczane
farmacist / eczacı
farmakologji / eczacılık ilmi
farmë kuajsh / at çiftliği
faroç / tohuma kaçmış
fasadë / cephe [bina]
fashist / faşist
fashizëm / faşizm
fasule / fasulya (yeşil)
fat / kader
fat / nasip
fat / şans
fatkeq / bahtı kara
fatkeq / uğursuz
fatkeq / mutsuz
fatkeqësi / bela
fatkeqësi / felaket
fatkeqësi / kaza
fatkeqësi / musibet
fatkeqësi / talihsizlik [felaket]
faturë / fatura
fatzi / bela
fazan / sülün
fazë / safha
fe / mezhep
fe / din
feçkë [insecti] / hortum
 [böceklerde]
federal / federal
federatë / federasyon
fejesë / nişanlanma
fejoj / nişanlamak
fejuar (i,e) / nişanlı
feldmarshal / mareşal
fellukë / filika
femër / dişi
femëror / kadınsı
feminilitet / kadınlık
fener / fener
fenomen / fenomen
fermë / çiftlik
fermentim / mayalama
fermentoj / mayalamak
fermier / çiftçi
ferrë / diken
ferrë / funda
festë / bayram
festim / kutlama
festival / festival
festoj / kutlamak
fetar / dindar
feudal / derebeyliğe ait
feudalizëm / derebeylik
fëlliq / kirletmek
fëmijë / bebek
fëmijë / çocuk
fëmijë e parë / ilk çocuk
fëmijë i adoptuar / evlatlık
fëmijë i gjetur / çocuk (buluntu)
fëmijë i rritur rrugëve / sokak
 çocuğu
fëmijë pa strehë / kimsesiz çocuk
fëmijëri / çocukluk

fëminor / çocukça
fërkim / ovma
fërkim / sürtme
fërkoj / ovalamak
fërkoj / ovmak
fëshfërin / hışırdamak
fëshfërit / fışırdamak
fidanishte / fidanlık
fidanishte / fidelik
fier / eğrelti otu
figura [në letra] / resimli iskambil
 kağıdı
figurativ / mecazi
figurë / resim
figurë / şekil
figuroj / resmetmek
fije / iplik teli
fije / lif
fije marimange / örümcek ağı
fijor / lifli
fik / firavun inciri
fiksim / tespit
fiksoj [me huth] / mıhlamak
 (tahta çivısı.]
fiktiv / hayali
filani / filanca
filantropik / iyilik sever
fildish / fildişi
filiqe / klapa
filiz / fide
filiz / filiz
fillestar / başlangıç
fillestar / başlayan (yeni)
fillestar / başlayıcı
fillestar / ilk
fillestar / ilksel
fillestar / yeni başlayan kimse
fillim / başlangıç
fillim [i luftës] / başlama [savaş]
filloj / başlamak
filloj / başlatmak
film / film
filolog / dil bilgini
filologji / dilbilim
filozof / filozof
filozofi / felsefe
filtër / filtre
filtër / süzgeç
filtroj / filtre etmek
filtroj / süzmek
filxhan / fincan
finale / final
financë / maliye
financiar / mali
financier / maliyeci
financoj / sermaye temin etmek
finjë / kül suyu
finlandez / Finlandiyalı
firë / fire
fis / akraba [nesep]
fis / aşiret
fishek / fişek
fishk / soldurmak
fishkem / buruşmak
fishkem / solmak
fishket / solmak
fisnik / asilzade

fisnikë / soyluluk
fisnikëri / soylu tabaka
fisnikëroj / asalet vermek
fitil / fitil
fitil ndezës / patlatıcı
fitim / kar
fitim / kazanç
fitimprurës / karlı
fitimprurës / kazançlı
fitimtar / galip
fitoj / ele geçirmek
fitoj / kar etmek
fitoj / kazanmak
fitoj para / para kazanmak
fitore / zafer
fitues / kazanan
fizikan / fizikçi
fizikë / fizik ilmi
fiziolog / fizyolog
fiziologji / fizyoloji
fizionomi / fizyonomi
fjalaman / geveze
fjalaman / sözü bitmez
fjalë / kelime
fjalë / söz
fjalë / sözcük
fjalë boshe / boş laf
fjalë e urtë / atasözü
fjalë fyese / küfür
fjalë për fjalë / kelimesine
  kelimesine
fjalëmadh / abartılı söz
fjalëpak / suskun
fjali / cümle
fjali / tümce
fjalim / söylev
fjalor / sözlük
fjalorth / lügatçe
fjalosem / laf etmek
fjetur (i) / uykuda olan
flakë / alev
flakë e ndritshme / alev (parlak)
flakëron / alev almak
flakëron / alevlenmek
flakërues / alev gibi yayılan
flamur / bayrak
flamur / sancak
flamurtar / bayraktar
flas / söylemek
flas me mospërfillje / kötülemek
flas me vështirësi / konuşmak
  (güçlükle)
flas mërzitshëm / konuşmak
  (can sıkarak)
flas nëpër hundë / burnundan
  konuşmak
flas [bisedoj] / konuşmak
  [bahsetmek]
flaut / flüt
fle / uyumak
fletë / kanat
fletë / yaprak
fletë korektimi / matbaa provası
fletë-thirrje [në gjyq] / mahkeme
  ilamı
fletore / defter
fletushkë / risale
fletushkë / yaprakçık
fli / kurban
fli (bëj) / kurban etmek
flijim / kurban etme
flijim i vetes / fedakarlık
flijoj / kurban etmek
flirtoj / flört etmek
fllad / esinti
flluskë / kabarcık
flok / saç
flok dëbore / kar tanesi
flokë të ashpër / kaba saç
flokëverdhë / sarışın
flokë-kaçurrel / kıvırcık
flokëshuar / dağınık saçlı
flokzi / esmer
florë / flora
flori / altın
flotë / donanma
flotilje / flotilla
fluger / fırıldak
flutur / kelebek
fluturak / uçucu
fluturim / uçma
fluturoj / uçmak
fluturoj lart / havalanmak
fluturoj lart / süzülerek yükselmek
fluturues / uçan
fodull / titiz
fokë / fok
fokus / odak
fole / yuva
fole (bëj) / yuva yapmak
folës / konuşan
folikul / folikül
folio / varak
folje / fiil
folklor / folklor
fonetik / fonetik
fonetikë / sesbilim
forca kryesore / asıl kuvvet
forca ushtarake-ajrore / hava
  kuvvetleri
forcë / kuvvet
forcë (jap) / kuvvet vermek
forcë (me) / zorla
forcim / güçlendirme
forcohem / kuvvetlenmek
forcohem / pekişmek
forcohet / kuvvetlenmek
forcoj / kuvvetlendirmek
forcoj / pekiştirmek
forcoj / sabitleştirmek
forcoj / sağlamlaştırmak
forcoj / takviye etmek
formal / biçimsel
formalitet / resmiyet
formë / biçim
formë (pa) / şekilsiz
formim / şekil verme
formim i kores / kabuk bağlamak
formoj / biçimlendirmek
formoj / teşkil etmek
formoj / şekillendirmek
formon kore [plaga] / kabuk
  bağlamak [yara]
formuar mirë (i) / biçimli

145

formues / biçimlendirici
formulë / formül
formuloj / formüllendirmek
forsoj / güçlendirmek
fortë (e) / şiddetli
fortë (i) / dayanıklı
fortë (i) / katı
fortë (i) / kuvvetli
fortë (i) / sert
fortesë / istihkam
fortesë / kale
fortesë / müstahkem yer
fortësi / katılık
fortësi karakteri / metanet
forum / forum
fosfat / fosfat
foshnjarak / toy
foshnjë / bebek
foshnjë / küçük çocuk
foshnjëri / bebeklik
fosil / fosil
fotografi / fotoğraf
fotografoj / fotoğraf çekmek
fqi [fqinjë] / komşu
fqinjë / yakın
fqinjësi / komşuluk
francez / Fransız
fregatë / fırkateyn
frenoj / dizginlemek
frenoj / durdurmak
frenoj / fren yapmak
frenoj / frenlemek
frenoj / gemlemek
fresk / fresk
freskët (i) / havadar
freskët (i) / serin
freskët (i) / taze
freskohet / serinlemek
freskoj / havalandırmak
freskoj / tazelemek
frigorifer / buzdolabı
frigorifer / soğuk hava deposu
frigorifer / soğutucu
frikacak / korkak
frikaman / korkak
frikaman / ödlek
frikativ / frikatif
frikë / korku
frikësoj / blöf yapmak
frikësoj / korkutmak
frikësoj / ürkütmek
frikësuar (i) / korkmuş
frikësues / korku veren
frizurë / kuaför
fron / sıra
fron / taht
fron për këmbë / ayak taburesi
frushkull / kamçı
frushkulloj / çırpmak
frushkulloj / kamçılamak
frushkulloj [ajrin] / hışırdatmak
fruth / kızamık
fryj / üflemek
fryj / şişirmek
frymëmarrje / nefes alma
frymëmarrje / teneffüs
[nefes alma]

frymëzim / ilham
frymëzoj / canlandırmak
frymëzoj / hayat vermek
frymëzoj / ilham etmek
fryrë (i) / boş [şişirilmiş]
fryrë (i) / şişkin
fryrje / şişirme
fryt / verim
fryta / meyva
frytalak / dolgun
frytdhënës / verimli
fshat / köy
fshatar / köylü
fshatarësi / köylü takımı
fsheh / gizlemek
fsheh / saklamak
fsheh në duar / saklamak (avuç içinde)
fshehje / gizleme
fshehtë (i) / esrarlı
fshehtë (i) / gizemli
fshehtë (i) / gizli
fshehtë (i) / gözükmeyen (gizli)
fshehtë (i) / saklanmış
fshehtë (i) / saklı
fshehtësi / gizem
fshehtësi / gizlilik
fshehtësi / sır
fshesar / çöpçü
fshesë / süpürge
fshesë e vogël / süpürge (ufak)
fshihem / gizlenmek
fshihem / yok olmak
fshihem në pritë / pusuya yatmak
fshij / silmek
fshikëz urine / sidik torbası
fshikulloj / kamçılamak
fshirje / silme
fshirje / temizleme
ftoh / hevesini kırmak
ftoh / soğutmak
ftohem / soğumak
ftohem / üşümek
ftohës / soğutucu
ftohët (i) / soğuk
ftohje / soğuma
ftohtësi / soğukluk
ftoi [ftua] / ayva
ftoj / davet etmek
fuaje / fuaye
fuçi / fıçı
fugë / fırıldak
fund / dip
fund / son
fund të fundit (në) / eninde sonunda
fund (deri në) / nihayete kadar
fund (më në) / sonunda
fund [i detit...] / taban [deniz...]
fundërri / artık
fundërri / çöplük
fundërri / dip
fundërri / posa
fundërri / süprüntü
fundërri / tortu
fundërri / ayak takım
fundërri të shoqërisë / suçlular tabakası
fundit (i) / nihai

fundit (i) / son
fundit (i) / sonda olan
fundit (i) / sonuncu
fundit (më i) / geri (en)
fundosem në kënetë / bataklığa gömülmek
fundosje e anijes / geminin enkaz olması
funksion / fonksiyon
funksional / işlevsel
funksionoj / yapmak (görevini)
fuqi / güç
fuqi / kudret
fuqi e pakufizuar / her şeye gücü yeten
fuqi helmuese / zehirleme gücü
fuqi lëvizëse / hareket gücü
fuqi shpirtërore / metanet
fuqi trupore / beden gücü
fuqishëm (i) / güçlü
fuqishëm (i) / kuvvetli
fuqizim / kuvvetlendirme
fuqizoj / kuvvetlendirmek
furçë / fırça
furçë dhëmbësh / diş fırçası
furçë rroje / tıraş fırçası
furk / çatal
furk / yaba
furkë / saman tırmığı
furnizoj / teçhiz etmek
furnizoj / tedarik etmek
furrë / fırın
furrë e lartë / fırın (yüksek)
furrtar / fırıncı
furtunë / bora
furtunë / fırtına
fush e lirë [hapësirë] / açıklık
fushë / alan
fushë / saha
fushë e gjerë / ova
fushë e të parit / görüş mesafesi
fushë lufte / savaş alanı
fushë patinazhi / patinaj alanı
fushim / kamp
fushoj / kamp kurmak
fustan / elbise (uzun)
fustan / kadın elbisesi
fut / koymak (içine)
fut / sokmak
fut / sokuşturmak
fut / saplamak
fut brenda / sokmak (içine)
fut hundën / burun sürtmek
fut hundën / tecessüs etmek
fut në vathë / ağıla kapamak
futboll / futbol
futem me forcë / girmek (zorla)
futemi / doluşmak
fvej / darıltmak
fvej / gücendirmek
fvej / incitmek
fvej / tahkir etmek
fvej / hakaret etmek
fyell / kaval
fyerje / hakaret
fyerje / incitme
fyerje / gücenme

fyes / kırıcı
fyhem / darılmak
fyhem / gücenmek
fyt / boğaz
fyt / yutak
fyt [çajniku...] / ağız [çaydanlık...]
fytyrë / çehre
fytyrë / yüz
fytyrës (i) / yüze ait

- G -

gabim / hata
gabim / kusur
gabim / yanılgı
gabim / yanılma
gabim / yanlış
gabim shtypi / baskı hatası
gabime (pa) / hatasız
gabohem / yanılmak
gaboj / hata yapmak
gaboj rrugën / yanlış yola sapmak
gabuar (i) / hatalı
gadishull / yarım ada
gafforë / yengeç
gajtan / sırma tel
galë / karga
galerë / kadırga
galeri / galeri
gallon / galon
galloshe / çizme (kısa)
galloshe / şoson [lastik]
galvanik / galvanik
galvanizoj / galvanizle kaplamak
galvanizoj / galvanizlemek
gamë / gam
gangrenë / kangren
gangster / gangster
ganfele / halter
gara në qitje / atıcılık yarışması
gara shpejtësie / hız yarışı
garanci / garanti
garanci / teminat
garantoj / garanti etmek
garantoj / kefil olmak
garaz / garaz
garazh / garaj
garderobë / gardırop
gardh / çit
gardh dërrasash / perde (geçici tahta)
garë / rekabet
gargull / çekirge kuşu
garniturë / garnitür
garnizon / garnizon
garuzhdë / kepçe
gati / hemen hemen
gatishmëri / hazır olma
gatshëm (i) / hazır
gaz / gaz
gaz / sevinç
gaz / şenlik
gaz kënete [metan] / bataklık gazı [metan]
gaz mustarde / gaz (zehirli)
gazelë / gazal

147

gazetar / gazeteci
gazetari / gazetecilik
gazetë / gazete
gazetë zyrtare e qever. / resmi
   gazete
gazmor / şen
gazolinë / benzin
gdhend / hakketmek [kazmak]
gdhend / oymak
gdhendje / oyma
gëgëris / kıkırdamak
gëlbazë / balgam
gëlltit / yutmak
gëlqere / kireç
gëlqere e pashuar / kireç
   (sönmemiş)
gënjehet lehtë (që) / aldanan
   kimse (kolay)
gënjej / aldatmak
gënjej / yalan söylemek
gënjeshtar / yalancı
gënjeshtar / dolandırıcı
gënjeshtërt (i) / sahte
gënjeshtërt (i) / yalan
gërdi [të pështirë] / iğrenme
gërgas / dırdır etmek
gërhas / horlamak
gërhitje / hırıltı
gërmadha / enkaz
gërmime / kazı
gërmoj / kazı yapmak
gërmoj / kazmak
gërmues / kazıcı
gërras / gaklamak
gërryej / kazımak
gërryej / rendelemek
gërryerje / kazıma
gërshërë / makas
gërshetë [flokësh] / saç örgüsü
gërshetohet / örülmek
gërshetoj / örgü örmek
gërshetoj / örmek
gërvish / aşındırmak
gërvish / berelemek
gërvish / tırmalamak
gërvishtje / aşınma
gërvishtje / tırmalama
gështenjë / kestane
gëzim / neşe
gëzim / sevinç
gëzim / şenlik
gëzof / deri
gëzof / kürk
gëzof samuri / samur kürkü
gëzofa / post
gëzohem / neşelenmek
gëzohem / sevinmek
gëzoj / neşelendirmek
gëzoj / sevindirmek
gëzuar (i) / neşeli
gëzuar (i) / sevinçli
gëzueshëm (i) / keyifli
gëzueshëm (i) / neşeli
gëzueshëm (i) / şen
gips / alçı
gisht / parmak
gisht i deftues / işaret parmağı

gisht i këmbës / ayak parmağı
gishti i madh [i dorës] / başparmak
   [el]
glicerinë / gliserin
gllabëroj / yutmak
gllabëroj / yutuvermek
gllënjkë / yudum
glob / küre
glob / yer küre
gobellë / goblen
gocë / kız (genç)
gocë / istiridye
godas / vurmak
godinë / bina (büyük)
godinë / yapı
godit / vurmak
godit me grusht / yumrukla vurmak
godit me grusht / yumruklamak
godit me shuplakë / tokat atmak
goditje / vurma
goditje / vuruş
goditje e rrufesë / yıldırım çarpması
goditje e vogël me gisht / fiske
goditje kryesore / darbe
goditje më kokë / kafa vuruşu
goditje vdekjeprurëse / öldürücü darbe
gogol / şeytan
gogol [dordolec] / bostan korkuluğu
gojarisht / sözlü olarak [ağızdan]
gojë / ağız
gojë (me) / sözlü
gojë (pa) / dilsiz
gojëdhanë / rivayet
gojëlëshuar / ağzı bozuk
gojëmbajtur / dili tutulmuş
gojëmbël / hitabet yeteneğine sahip
gojëmbël / tatlı dilli
gojës (i) / ağıza ait
gol / gol
golf / golf
gomar / eşek
gomë / lastik
gomë / tekerlek lastiği
gondolë / gondol
gong / gong
goniometër / iletki
gosti / ziyafet
gosti (bëj) / ziyafet vermek
gostitje / ikram etme
got / Got
gotë / bardak
gotë / kadeh
gotik / Gotik
govatë / tekne
govatë ushqimi / yalak
gozhdë / çivi
gozhdë / perçin çivisi
gozhdë patkojsh / kabara
gozhdoj / çivilemek
gozhdoj në vend / mıhlamak
grabit / soymak
grabit / yağma etmek
grabit / yağmalamak
grabit [bagëtinë] / çalmak (davar)
grabitës / yağmacı
grabitës / zorba
grabitje / yağmacılık

grackë / kapan
grackë / tuzak
gradë / derece
gradim në shërbim / terfi
gradoj [në shërbim] / terfi ettirmek
gradual / tedrici
grafik / grafik
grafit / grafit
grafit / kalem kurşunu
gram / gram
gramafon / gramafon
gramatikë / gramer
gramatikor / gramere ait
granatë / el bombası
granit / granit
gravurë / gravür
grazhd / ahır
grazhd / yemlik
grek / Yunanlı
grenxë / eşekarısı
grenxë / yabanarısı
grevë / grev
grevë e përgjithshme / genel grev
grevë urie / açlık grevi
grevë (bëj) / grev yapmak
grevë-thyes / grev kırıcı
grevist / grevci
gri / gri
grij / doğramak [et]
grij / kemirmek
grij [mishin] / kıymak [et]
grila / parmaklık
grimasa (bëj) / yüz ekşitmek
grimcë / zerre
grimë / kırıntı
grindavec / aksi
grindavec / huysuz
grindavec / kavgacı
grindem / çekişmek
grindem / kavga etmak
grindje / kavga
grindje / münakaşa
grindje e vogël / çekişme (hafif)
grindje [zënie] / didişme
gris / yırtmak
griset / yırtılmak
grishlemzë [zog] / alakarga
grizë / irmik
gromësij / geğirmek
gropë / çukur
gropë / oyuk
gropë e syrit / göz çukuru
gropë e thellë / derin çukur
gropos / çukur açmak
grosh / fasulya
grosh / kuruş
grricje / yaralanma [sürtünmeyle]
grua / kadın
grua / zevce
grua e çrregullt / pasaklı kadın
grua e pandershme / kadın (ahlaksız)
grua grindavece / şirret kadın
grua pa kurorë / cariye
grua pastruese me ditë / gündelikçi kadın

grumbull / yığın
grumbull dëbore / kar yığıntısı
grumbull dheu / toprak yığını
grumbull plehrash / gübre yığını
grumbull vjeturinash / çöp yığını
grumbullim / birikme
grumbullim / toplanma
grumbullim / üşüşme
grumbullim i prodhimit / hasadı toplama
grumbullim [i popullit] / kalabalık [insan]
grumbullohem / toplanmak
grumbullohet / kümelenmek
grumbullohet / toplanmak
grumbulloj / biriktirmek
grumbulloj / toplamak
grumbulloj / yığmak
grumbullues / toplayıcı
grumbullues / yığışımlı
grunar / tahıl ambarı
grup / cemiyet
grup / grup
grup njerëzish / zümre
grurë / buğday
grusht / yumruk
grusht gjë (një) / avuç dolusu (bir)
grykë / boğaz
grykë / dar geçit
grykë / geçit
grykë / vadi
grykë e thellë / koyak
grykës / obur
grykësi / oburluk
gudulis / gıdıklamak
gufohem / kabarmak
gufon / kabarmak
gugat / ötmek
gugurimë / mırıldanma
gulçoj / nefes nefese kalmak
gungaç / kambur kimse
gungë / kambur
gungë / tümsek
gungë / yumru
gungë / şiş
gur / taş
gur i çmueshëm / mücevherat
gur i çmueshëm / taş (kıymetli)
gur mulliri / değirmen taşı
gur për të shënuar mil. / kilometre taşı
gur peshe / dirhem
gur qelqereje / kiraç taşı
gur shpa / sünger taşı
gur themeli / temel taşı
gur varri / mezar taşı
gur zjarri / çakmak taşı
gurabije / gurabiye
guralec / çakıl taşı
gurgullimë / çağıldama
gurgulloj / çağıldamak
gurgulloj / uğuldamak
gurgulloj / şırıldamak
gurgulon / çağıldamak
gurishtë / taşlık
gurmaz / gırtlak
gurmaz / yutak
guror / taşlı

149

gurore / taşocağı
gushë / çene altı
gushë / gerdan
gushë / guatr
gushë [zogu] / kursak
gushëkuq / kızıl gerdan
gusht / Ağustos
guvernator / vali
guxim / cesaret
guxim / küstahlık
guxim / yiğitlik
guxim (me) / cesaretle
guximshëm (i) / cesur
guximshëm (i) / gözüpek kimse
guximtar / küstah
gyp / boru
gyqtar arbitrazhi / hakem

- GJ -

gjak / kan
gjak të përzier (me) / karışık soylu
gjakatar / kana susamış
gjakderdhje / kan dökme
gjakftohtë / soğukkanlı
gjakftohtësi / soğukkanlılık
gjaknxehtë / aksi
gjaknxehtë / hırçın
gjaknxehtë / öfkeli kimse
gjakosur (i) / kanlı
gjakpirës / kan içen
gjakpirës / kana susamış
gjallë (i) / canlı
gjallëri / canlılık
gjallëri / hayatiyet
gjallëroj / canlandırmak
gjalmë / kaytan
gjalpë / tereyağı
gjarpër / yılan
gjarpër me zile / yılan (çıngıraklı)
gjarpëroj / dolaşmak
gjarpëroj / yılan gibi kıvrılmak
gjarpëror / yılankavi
gjashtë / altı
gjashtë herë / altı kez
gjashtëdhjetë / altmış
gjashtëdhjeti (i) / altmışıncı
gjashtëfish / altı kat
gjashtëkëndësh / altıgen
gjashtëmbëdhjetë / on altı
gjashtëmbëdhjeti (i) / on altıncı
gjashti (i) / altıncı
gjasim / benzerlik
gjasim / benzeyiş
gjasoj / benzer olmak
gjatë / boyunca
gjatë / esnasında
gjatë rrugës / yol üstünde
gjatë tërë jetës / ömür boyu
gjatë (i) / uzun
gjatësi / boylam
gjatësi / uzunluk
gjatësinë (në tërë) / tam boy
gjatësor / uzunlamasına

gjedh / sığır
gjej / bulmak
gjej / tedarik etmek
gjej me mend / sezinlemek
gjej para / para bulmak
gjel / horoz
gjel deti / hindi
gjelbër (i) / yeşil
gjelbërim / yeşillenme
gjelbërosh / yeşilimsi
gjellë / öğün
gjellë / yemek
gjellë me oriz / pilav
gjellëbërës / aşçı
gjelltore / lokanta
gjemb / diken
gjembaç / devedikeni
gjendem / mevcut olmak
gjendem / olmak
gjendem / vaki olmak
gjendem bashkë / bir arada varolmak
gjendem midis / arada bulunmak
gjendet kudo (që) / her yerde bulunan
gjendje / durum
gjendje / hal
gjendje e keqe / kötü durum
gjendje kritike / acil olay
gjendje morale / maneviyat
gjendje të keqe (në) / kötü durumda
gjenealogji / nesep tetkiki
gjenealogji / şecere
gjenealogjik / şecereye ait
gjeneral-leitnant / tuğgeneral
gjenerator / jeneratör
gjenetikë / kalıtım
gjeni / deha
gjeodezi / jeodezi
gjeograf / coğrafyacı
gjeografi / coğrafya
gjeolog / jeolog
gjeologji / jeoloji
gjeologji / yer bilim
gjeometri / geometri
Gjeorgjian / Gürcü
gjepura / boş laf
gjerdan / gerdanlık
gjerë (i) / geniş
gjerë (i) / yayılmış
gjerësi / genişlik
Gjerman / Alman
gjest / jest
gjethe / yaprak
gjetje / bulgu
gjë / şey
gjë e çuditshme / tuhaf şey
gjë e neveritshme / iğrenç
gjë e re / yeni çıkmış şey
gjë e rrallë / nadir şey
gjë pa vlerë / değersiz şey
gjëmim / gümbürtü
gjëmon / gümbürdemek
gjëmon / gürlemek
gjëra pa rëndësi / saçma sapan [söz]
gjëra të çmueshme / mücevherat
gjëzë / muamma
gji i vogël / körfez (küçük)
gjilpërë / iğne

gjilpërë me kokë / toplu iğne
gjimnaz / lise
gjini / cinsiyet
gjini / nesep
gjini / soj
gjinisë (i) / cinse ait
gjir / girdap
gjirafë / zürafa
gjithashtu / aynı şekilde [keza]
gjithashtu / keza
gjithçka / her şey
gjithësia / genellik
gjithmonë / daima
gjithsejt / hepsi
gjizë / ekşimik
gjini mashkullore / eril cins
gjobë / para cezası
gjobit / para cezasına çarptırmak
gjoks këmishe / önlük
gju / diz
gjuaj / avlamak
gjuaj / avlanmak
gjuaj fshehtas / avlanmak(gizlice)
gjuaj me rrjetë / avlanmak(ağ ile)
gjuaj mij / fare avlamak
gjuaj peshk / balık tutmak
gjuejtës perlash / inci avcısı
gjuetar / avcı
gjuetar shpendësh / kuş avcısı
gjueti / avcılık
gjueti / avlanma
gjuhë / dil
gjuhë amtare / anadili
gjuhë Angleze / İngilizce
gjuhë Bullgare / Bulgarca
gjuhë Çeke / Çek dili
gjuhë Daneze / Danimarka dili
gjuhë e vendit / yöresel dil
gjuhë Estone / Estonya dili
gjuhë Finlandeze / Fin dili
gjuhë Frënge / Fransızca
gjuhë Gjermane / Almanca
gjuhë Greke / Yunanca
gjuhë Hollandeze / Hollanda dili
gjuhë Hungareze / Macar dili
gjuhë Irlandeze / İrlanda dili
gjuhë Italiane / İtalyanca
gjuhë Japoneze / Japonca
gjuhë Kazake / Kazak dili
gjuhë Kirgize / Kırgız dili
gjuhë Koreane / Kore dili
gjuhë Latine / Latince
gjuhë Letone / Leton dili
gjuhë Lituane / Litvanya dili
gjuhë maleze / Malezya dili
gjuhë Moldaviane / Moldavya dili
gjuhë Mongole / Moğol dili
gjuhë Norvegjeze / Norveç dili
gjuhë Persiane / Farsça
gjuhë Portogeze / Portekiz dili
gjuhë Rumune / Romence
gjuhë Ruse / Rusça
gjuhë Spanjolle / İspanyolca
gjuhë Suedeze / İsveç dili
gjuhë Tartare / Tatar dili
gjuhë Turke / Türkçe

gjuhë Ukrainase / Ukraynaca
gjuhësi / dilbilim
gjuhësor / dile ait
gjumë / uyku
gjumë hipnotik / vecit hali
gjumë (në) / uykuda
gjumë (pa) / uykusuz
gjumë (që ve në) / uyku getirici
gjurmë / iz
gjurmë anijeje / geminin izi
gjurmë egësire / hayvan izi (vahşi)
gjurmim / tetkik
gjurmoj / iz sürmek
gjurmoj / izlemek
gjurmoj / keşfetmek
gjurmoj / tetkik etmek
gjurmues / kaşif
gjykatë / mahkeme
gjykatës / hakem
gjykatës / yargıç
gjykoj / itham etmek
gjykoj / yargılamak
gjymtyrë / uzuv
gjyp / kızıl akbaba
gjyq / mahkeme
gjyqësor / hakimane
gjyqësor / hukuki
gjysh / baba (büyük)
gjysh / dede
gjyshe / nine
gjysmak / budala
gjysmë / yarım
gjysmë i rrenuar / yarı yıkık
gjysmë shollë / ayakkabı tabanı

- H -

ha / aşındırmak
ha / yemek yemek
ha / kemirmek
ha çdo gjë (që) / her şeyi yiyen
ha darkë / akşam yemeği yemek
ha drekën / öğle yemeği yemek
ha (më) / kaşınmak
habi / hayret uyandıran şey
habit / hayrete düşürmek
habit / şaşırtmak
habitem / şaşmak
habitem / hayret etmek
habitje / şaşırma
habitshëm (i) / şaşırtıcı
habitur (i) / şaşırmış
hahem / çekişmek
hahem / münakaşa etmek
hahem / rekabet etmek
hahet nga fërkim / yıpranmak [kumaş]
hahet (që) / yenebilir
hajat / antre

151

hajat / revak
hajat / sundurma
hajdut / haydut
hajdut / hırsız
hajmali / uğur getiren
hakmarrës / öc alan
hakmarrje / intikam
hall / kötü durum
halldup / kaba adam
hallë / hala
hallexhi / yoksul
hallkatem / dolaşmak (başı boş)
hallkë / halka
hamall / hamal
hamall limani / tersane işçisi
hamall [porti] / yükleme boşaltma
 işçisi
hambar / ambar
hambar / tahıl ambarı
hamendje / kuşku
hamshor / aygır
hangar / hangar
hap / açmak
hap / adım
hap / yaymak
hap dikujt sytë (i) / gözünü
 açmak
hap dritën / ışığı yakmak
hap gojën / esnemek
hap gropa / çukur açmak
hap i madh / adım (uzun)
hap këmbët / açmak (bacaklarını)
hap llogare / çukur açmak
hap mbledhjen / toplantıyı açmak
hap pas hapi / adım adım
hap rrugën / yol açmak
hap sytë / sakınmak
hap tunel / tünel açmak
hapësirë / açıklık
hapësirë / alan
hapësirë pa ajër / boşluk
 (havasız)
hapet / açılmak
hapet dhe mbyllet (që) / açılır
 kapanır
hapje / açılma
haptas / açıkça
haptas / alenen
haptas / düpedüz
hapur (i) / açık
haraç / haraç
harbutllëk / kabalık
hardhje / kertenkele
harducë / kertenkele
harem / harem
hark / ark
hark / yay
harku i dritares / vasistas
harmoni / uyum
harmoni (pa) / ahenksiz
harmonik / uyumlu
harmonizoj / akort etmek
harraq / unutkan
harresë / unutma
harreshtar / unutkan
harroj / unutmak
harruar (i) / unutulmuş

hartë / harita
hartë detare / deniz haritası
hasër / hasır
havan / havan
havjar / havyar
hedh / atmak
hedh / fırlatmak
hedh / saçmak
hedh gjysma / pençe vurmak
 (ayakkabı.)
hedh hie [errësoj] / gölgelemek
hedh në burg / hapse atmak
hedh në burg / hapsetmek
hedh në erë [drithin] / harman
savurmak
hedh një sy [përciptas] / göz
 atmak (alelacele)
hedh poshtë / aşağı atmak
hedh poshtë / reddetmek
hedh poshtë / yalanlamak
hedh salcë (i) / salça ilave
 etmek
hedh shikime të ëmbla /
 aşıkane bakmak
hedh [drithin] / savurmak
 [tahıl]
hedh [pluhur,miel,..] / atmak
 [toz,un,..]
hedh [themelin] / temel
 atmak
hedhur (i) / cıvıl cıvıl
hedhur (i) / oynak
hedhurit prapa (të) / geri
 tepme
hegjemoni / hakimiyet
hektar / hektar
hekur / demir
hekur (që përmban) / demirli
hekuri (prej) / demirden
 yapılmış
hekurishte / madeni eşya
hekuros / ütülemek
hekurudhë / demiryolu
helikopter / helikopter
helium / helyum
hell / şiş
helm / zehir
helmim / zehirlenme
helmoj / zehirlemek
helmtë (i) / zehirli
helmues / zehirleyici
hemisferë / yarıküre
hendek / hendek
henë / ay
heq / çekmek
heq / fesh etmek
heq / iptal etmek
heq dorë / çekilmek
heq dorë / feragat etmek
heq dorë / terketmek
heq dorë / vazgeçmek
heq dorë [nga diçka] /
 reddetmek
heq fuqinë / kuvvetini
 kırmak
heq këmbët zvarë / ayak
 sürüyerek yürümek

heq lëkurën e kokës / kafa derisini yüzmek
heq lëvoren / çıkarmak (yapraklari)
heq maskën / maskesini kaldırmak
heq mbulesën / kaldırmak (örtüyü)
heq të drejtat / el koymak (haklarına)
heq vija / çizgi çekmek
heq vija / çizgilemek
heq (lëvozhgën) / soymak (kabuğunu)
heq [ajkën, shkumën] / almak (kaymağını, köpü.l
heq [dhëmbin] / çekmek [diş]
heq [të drejtën] / mahrum etmek
heqje / iptal
heqje / çekme
heqje dorë / vazgeçme
heqje e pengesave / engellerin kalkması
heqje e së drejtes.. / yetkisiz kılmak
herë herë / ara sıra
herë pas here / tekrar tekrar
herë pas here / zaman zaman
herë pas hershëm (i) / ara sıra olan
herë (një) / kere (bir)
heret / derhal
heret ose vonë / er yada geç
hermelinë / kakım
heroik / kahramanca
heroinë / kahraman (kadın)
heroizëm / kahramanlık
hershëm (i) / erken
heshtë / mızrak
heshtje / sessizlik
heshtur (i) / sessiz
heshtur (i) / suskun
heshtur (i) / uysal
hetim / soruşturma
hetoj / incelemek
hënë e re / hilal
Hënë (e) / Pazartesi
hënës (i) / aya ait
hi / kül
hi i nxehtë / köz
hibrid / melez
hiç / hiç
hiç [asgjë] / hiç [hiç bir şey]
hidhem / atlamak
hidhem / fırlamak (yerinden)
hidhem / sıçramak
hidhem / zıplamak
hidhërim i thellë / ıstırap
hidrat / hidrat
hidraulikë / hidrolik
hidrogjen / hidrojen
hidrokarbur / hidrokarbon
hidroplan / deniz uçağı
hie / gölge
hie (i ka) / yaraşmak
hie (me) / gölgeli
hie [fantazmë] / gölge [hayalet]

hienë / sırtlan
hierarki / hiyeraşi
hierëndë / heybetli
hieroglif / hiyeroglif
hieshëm (i) / zarif
hieshi / zerafet
hiesoj / gölgelemek
higjene / hijyen
higjienic / sıhhi
hije / görüntü
hileqar / dolandırıcı
himn / ilahi
himn shtetëror / milli marş
hingëllim / kişneme
hingëlloj / kişnemek
hiperbolë / hiperbol
hipi në anije / binmek (gemiye)
hipi në kalë / ata binmek
hipi në tren / binmek (trene)
hipje / yükseliş [çıkış]
hipnotizoj / ipnotize etmek
hipnozë / ipnoz
hipodrom / hipodrom
hipodrom / koşu meydanı
hipokrit / iki yüzlü
hipokrizi / iki yüzlülük
hipopotam / su aygırı
hipotekë / ipotek
hipotetik / varsayımlı
hipotezë / varsayım
hiqem mënjanë / kenara ayrılmak
hiqem vjedhurazi / sıvışmak
hïsteri / ısteri
histerik / isterik
histori / tarih
histori e natyrës / tabiat bilgisi
historik / tarihi
hithër / ısırgan
hoje mjalti [dylli] / bal peteği
hokej / hokey
Hollandez / Hollandalı
hollë (i) / ince
hollësi / ayrıntı
hollësi / incelik
holloj / inceltmek
holloj / seyreltmek
homogjen / aynı cinsten olan
hordhi / horda
horizont / ufuk
horizontal / yatay
hortensë / ortanca
hotel / otel
hu / kazık (sivri uçlu)
hua / borç
huaj (i) / yabancı
hudhër / sarımsak
humanizëm / hümanizma
humb / kaybetmek
humb gjurmët (i) / izini kaybetmek
humb kohën kot / oyalanmak
humb ndjenjat / kendinden geçmek
humbet ngjyrën / donuklaşmak
humbje / kaybetme
humbje / kayıp
humbje / yok olma
humbur (i) / kaybolmuş
humnerë / uçurum

humor / mizah
humorist / şakacı kimse
hundë / burun
hundëçip / basık burunlu
hundështypur / basık burunlu
hundor / burundan gelen
Hungarez / Macar
Hungarisht / Macarca
hungëroj / homurdanmak
hungrimë / hırıltı
hungroj / hırıldamak
hungroj / hırlamak
huq / huy
hurdhë / gölcük [su birikintisi]
hurmë / hurma
hutim / şaşkınlık
hutin [hut, buf] / baykuş [cüce]
hutoj / hayrete düşürmek
hutoj / şaşırtmak
hutuar (i) / bön bakışlı
hutuar (i) / şaşırmış
hutuar (i) / şaşkın
hyj / girmek
hyj dorëzanës / kefil olmak
hyj (i) [i përvishem] / başlamak
   [girişmek]
hyjnizoj / ilahlaştırmak
hyn në liman / limana sığınmak
hyrje / girilecek yer
hyrje / giriş
hyrje / önsöz
hyrje kryesore / ana giriş

- I -

ide / fikir
ide e kotë / düşünce (boş)
idealist / ülkücü
idealizëm / idealizm
idealizoj / idealleştirmek
identifikim / hüviyetini tespit
   etme
identifikoj / teşhis etmek
identitet / aynılık
ideolog / ideolog
ideologji / ideoloji
ideologjik / ideolojik
idhnak / hırçın
idhnak / kızgın
idhnak / sinirli
idhull / put
idhull (bëj) / sevmek
   (aşırı derecede)
idil / idil
idiot / geri zekalı kimse
iki / kaçmak
iki me vrap / sıvışmak
iki prej / sıyrılmak (...dan)
iki [nga burgu] / firar
   etmek
ikje / firar
ikje / kaçış
ikje me rrëmujë / kaçma
   (paniğe kapılarak)
ikni ! [qërohuni !] / defolun !
ikonë / ikon
ikur (i) / kaçak

ilaç / ilaç
iluzion / hayal
imagjinatë / hayal
imagjinoj / hayal etmek
imagjinuar (i) / hayali
imazh / tasvir
imi (i) [e imja] / benimki
imi [imja] / benim
imigracion / göç
imitim / taklit
imitoj / taklit etmek
imitues / taklitçi
imoralitet / ahlaksızlık
imperialist / sömürgeci
imperializëm / imparatorluk sistemi
importoj / ithal etmek
imtë (i) / ince [toz]
imtë (i) / ufacık
imtësoj / toz haline getirmek
imtësoj / ufalamak
imunizuar (i) / bağışık
inat / inat
inatçi / inatçı
inatos / inatlaşmak
incizoj në pllakë / plağa almak
indeks / indeks
indiane / kızılderili kadın
indiferent / ilgisiz
indiferent / kayıtsız
individualizëm / bireycilik
Indonezian / Endonezyalı
indulgjent / hoşgörülü
Indus / Hintli
industri / endüstri
industri e minierave / madencilik
inerci / atalet
inert / hareketsiz
infermjer / hemşire
inflacion / enflasyon
informatë / bilgi
informohem / bilgilenmek
injektoj / şırınga etmek
injektor / enjektör
inorganik / inorganik
insekt / böcek
instinkt / içgüdü
institucion / kurum
institut / enstitü
institut korektimi / ıslah evi
integral / integral
intelektual / münevver kimse
intensiv / yoğun
interes / alaka
interes / ilgi
interesant / ilginç
interesohem / ilgilenmek
interesoj / ilgilendirmek
intermeco / ara
intermeco / aralık
internacionalizëm / entenasyonalizm
internat / okul (yatılı)
internim / enterne ediliş
internoj / enterne etmek
internoj / sınır dışı etmek
interpretim / yorum
interpretoj / yorumlamak
interval i shkurtër / kısa süre

154

interval [kohe] / aralık [zaman]
intervistë (bëj) / görüşme yapmak
intigroj / fitnelemek
intrigë / entrika
intrigë / komplo
intuitë / sezgi
invalid / malûl
invalid (bëj) / malûl kılmak
inventar / envanter
inventarizoj / envanter yapmak
inversion / ters dönme
investim i kapitalit / para koyma
inxhinier / mühendis
inxhinieri / mühendislik
Irakas / Iraklı
Iranian / İranlı
iriq / kirpi
Irlandez / İrlandalı
ironik / cinaslı
irracional / yadrasyonel
ishull / ada
ishullor / adaya ait
ish-luftëtar / emekli asker
Islamizëm / İslamiyet
Italian / İtalyan
izolator / izolatör
Izraelit / Yahudi

- J -

ja kam borxh [dikujt] / borcu olmak
ja kushtoj veten / adamak (kendini)
ja përse / ondan dolayı
jaguar / jaguar
jaht / yat
jakë / yaka
jaki / yakı
jam / olmak
jam / var olmak
jam dëshmitar / tanık olmak
jam i përshtatshëm / uygun olmak
jam i sëmurë / hasta olmak
jam në shërbim ushtarak / askerlik yapmak
jam përfaqësues / temsilci olmak
Janar / Ocak [ay]
jap / vermek
jap besën / yemin etmek
jap dhuroh [diçka] / ödül vermek
jap dorëheqjen / istifa etmek
jap formë / şekil vermek
jap fund (i) / son vermek
jap hua / ödünç vermek
jap karakter individual / ferdiyetini vermek
jap lejë / izin vermek
jap llogari / hesap vermek
jap me qira / kiraya vermek
jap mundësi [për diçka] / muktedir kılmak
jap punë / iş vermek
jap ryshfet / rüşvet vermek

jap shenja me flamuj / bayrakla işaret vermek
jap shenjë / işaret vermek
jap shije / lezzet vermek
jap shkas (i) / harekete getirmek
jap shkas [për diçka] / sebep olmak
jap shkas [për diçka] / vesile olmak
jap të drejtë (i) / hak kazandırmak
jap zemër / cesaret vermek
jap zemër / yüreklendirmek
jap [prodhimin] / sınavdan geçmek
Japonez / Japon
jard / yarda
jargaman / ağzından salya akıtan
jargavan / leylak
jargë / salya
jargëzoj / salya akamak (ağzından)
jashtë / dışarıda
jashtë / hariç
jashtë / dışarı
jashtë / dışında
jashtë atdheut / dışarıda
jashtëm (i) / dış
jashtëm (i) / dışarıda olan
jashtëm (i) / harici
jashtëzakonisht / fevkalade
jashtëzakonshëm (i) / alışılmamış
jashtëzakonshëm (i) / istisnai
jashtëzakonshëm (i) / olağan dışı
jastëk / yastık
javë / hafta
jehon / yankılamak
jehonë / yankı
jelek / yelek
jep direktiva (që) / sıkı kurallar koyan
jepem pas një gjëje / iptila göstermek
jetë / hayat [ömür]
jetëgjatë / uzun ömürlü
jetëshkrim / özgeçmiş
jetëshkurtër / kısa ömürlü
jetësor / hayati
jetim / yetim
jetoj / geçinmek
jetoj / yaşamak
jeton në tufa (që) / toplu halde yaşayan
jeton (që) / var olan
jevg [evgjit] / çingene [erkek]
jevgë [evgjite] / çingene [kadın]
jo / hayır
jod / iyot
jon / iyon
jorgan / yorgan
josh / baştan çıkarmak
joshje / baştan çıkarma
ju / siz
ju [juve, ty] / size [sizi, sana, seni]
juaji (i) [e juaja,...] / sizinki
juaji (i) [e juaja] / sizin
jubile / jübile
jug / güney
jug-lindje / güney doğu
jug-perëndim / güney batı
juridik / adli
jurist / hukukçu
justifikim / doğrulama

155

- K -

ka / öküz
ka rëndësi / önemi olmak
ka shije / lezzeti olmak
ka shije / tadı olmak
kaba / iri
kabinë / kabine
kabinë roje / nöbetçi kulübesi
kabinë [roje] / bekçi kulübesi
kabllo / kablo
kacadre / böcek [boynuzlu]
kacavirem / itişip kakışmak
kacavirem / tırmanmak
kaçavidhë / tornavida
kaçë / yabani gül
kaçile me kapak / sepet
 (kapaklı büyük)
kaçube / çalı
kaçurrel [gërshetë] / saç lülesi
 [örgü]
kade / sarnıç
kadife / kadife
kafaz / kafes
kafaz zogjsh / kümes
kafaz zogjsh / kuş kafesi
kafazi i kraharorit / göğüs kafesi
kafe / kahve
kafene / kahvehane
kafkë / kafatası
kafshatë / lokma
kafshë / hayvan
kafshë eksperimenti / deney
 hayvanı
kafshim / ısırma
kafshitë / lokma
kafshoj / ısırmak
kaike / kayık
kajsi / kayısı
kakao / kakao
kakaris / kıkırdamak
kakarit / gıdaklamak
kala / kale
kala [shah] / kale [satranç]
kalama / yavrucak
kalbet / çürümek
kalbet (që) / çürümekte olan
kalbje / çürüme
kalbur (i) / çürük
kalcium / kalsiyum
kalë / at
kalë / beygir
kalë barre / yük beygiri
kalë fuqi / beygir gücü
kalë i vogël / at (bodur cins)
kalë laragan / benekli at
kalë larosh / benekli at
kalë me qira / kira beygiri
kalë shale / binek atı
kalë troku / tırıs atı
kalem / kalem (kurşun)
kalem kopjativ / kopya kalemi
kalem shartimi / aşı kalemi
kalendar / takvim
kalibër / kalibre
kalibroj / ayarlamak

156

kalim / geçiş
kalim / geçme
kalim [i kohës] / zaman geçmesi
kalimtar / geçici
kalit / sertleştirmek (çelik gibi)
kalitet / sertleşmek
kalitje / sertleşme
kalium / potasyum
kallaj / kalay
kallajis / kalaylamak
kallam / kamış
kallam / oklava
kallam / saz
kallam grepi / olta kamışı
kallam sheqeri / şeker kamışı
kallëp / kalıp
kalli / başak
kallm / oklava
kallo / nasır
kallp / kalp
kallp / sahte
kalmar / mürekkep balığı
kaloj / geçmek
kaloj anës / geçmek (yanından)
kaloj në numër (ja) / sayıca fazla
 gelmek
kaloj për rreth / dolaşmak
kaloj përmes diçkaje / geçmek
 (arasından)
kaloj [kohën] / vakit geçirmek
kalon shpejt (që) / çabuk geçen
kalon [interesi] / hükmü kalmamak
kalorës / atlı
kalorës / binici
kalorës / silahşör
kalores / süvari
kalorës / şövalye
kalorësi / şövalyelik
kalori / kalori
kaltër (i) / mavi
kaltërt (i) / gök mavisi
kaluar (i) / evvelki
kalueshëm (i) / geçilebilir
kam / sahip olmak
kam frikë / korkmak
kam marrëdhënie / ilgili olmak
kam me bollëk / bolluk içinde olmak
kam ndër mend / tasarlamak
kam në mend / zihninde kurmak
kam neveritje / tiksinti duymak
kam nevojë / gereksinim duymak
kam nevojë / ihtiyacı olmak
kam nevojë / muhtaç olmak
kam parasysh / dikkat etmek
kam për qëllim / tasarlamak
kam pjesë në diçka / hissesi olmak
kam qëllim / niyet etmek
kam uri / aç olmak
kam uri / acıkmak
kam zili / kıskanmak
kam zili / göz dikmek
kambanë / kampana
kamë / kama
kamerier / garson
kamion / kamyon
kampion / şampiyon
kamxhik / kamçı

Kanadez / Kanadalı
kanal / kanal
kanal / su yolu
kanal jashtëqitjeje / boşaltım kanalı
kanalizim / kanalizasyon
kanape / kanape
kanarinë / kanarya
kanatë / pancere kanadı
kanavacë / kanaviçe
kancer / kanser
kandar / kantar
kandidat / aday
kandil deti [peshk] / tırpana [kedi balığı]
kanellë / tarçın
kangjella / korkuluk
kangjella / parmaklık
kangur / kanguru
kanjon / kanyon
kanos / gözdağı vermek
kanosje / gözdağı
kantier detar / tersane
kanton / kanton
kanxhë / kanca
kaos / kaos
kap / kapmak
kap / kavramak
kap / tutmak
kap / tutuklamak
kap / yakalamak
kap / zaptetmek
kap me laso / ilmikle tutmak
kap në grackë / kapan ile tutmak
kap në grackë / tuzağa düşürmek
kap perla / inci avlamak
kapak / kapak
kapak i syrit / göz kapağı
kapar / kaparo
kapardisem / kasılarak yürümek
kapelë / şapka
kapem / döğüşmek (göğüs göğüse)
kapem / yakalanmak
kapërcej / aşmak
kapërcej / geçivermek [nehir,...]
kapërcej / geçmek
kapërcej / üstün gelmek
kapërcej / yenmek
kapërcej kufijt / hududu aşmak
kapërcyell / turnike
kapëse mizash / sinek tuzağı
kapinë / böğürtlen
kapistall / dizgin
kapistall / yular
kapistër / yular
kapital / sermaye
kapital për amortizim / itfa sermayesi
kapitalizëm / kapitalizm
kapiten / kaptan
kapitje / bitkinlik
kapitull / bölüm
kapje / müsabaka
kapje / yakalama
kapriç / kapris
kapriçioz / kaprisli

kapsit sytë / göz kırpmak
kapsllëk / kabızlık
kapsule / kapsul
kapuç / başlık
karabinë / karabin
karafil / karanfil
karakter / karakter
karakter / mizaç
karakter të dobët (me) / iradesiz
karakter (pa) / karaktersiz
karakter [gjendje shpi.] / tabiat
karakter [i njeriut] / huy
karakteristik (jo) / esaslı olmayan
karakteristikë / tipik
karakterizoj / tanımlamak
karamanjollë / darağacı
karamele / karamela
karantinë / karantina
karavidhe / istakoz
karavidhe / karides
karbon / karbon
karburator / karbüratör
karenë / gemi omurgası
karficë / broş
karficë / çengelli iğne
karficë / saç tokası
karficë [për kravatë] / kravat iğnesi
karierë / kariyer
karikaturë / karikatür
karkalec / çekirge
karkanxholl / cüce [cin]
karkanxholl / gulyabanı
karnavale / karnaval
karotë / havuç
karrigë / iskemle
karrigë / sandalye
karrigë lëkundëse / sandalye (salıncaklı)
karroc me qira / atlı araba (kiralık)
karrocë / araba
karrocë / araç
karrocë / el arabası
karrocë fëmijësh / çocuk arabası
karrocë postare / posta arabası
karrocier / arabacı
kartë / kart
kartë postare / kartpostal
kartel / kartel
kartmonedhë / kağıt para
karton / karton
karton / mukavva
kartotekë / kartoteks
karusel / atlı karınca
kasë / kasa
Kashta e kumtrit / Samanyolu
kashtë / saman
kaskë / kask
kasnec / haberci
kasolle / kulübe
kasolle e dhjetër / kulübe (derma çatma)
kasollë [në dhe] / yer altı sığınağı
kastë / kast
kastravec / salatalık
kat / kat [bina]
kat i poshtëm / alt kat
katafalk / cenaze arabası

157

katalog / katalog
katarrë / kataraki
katastrofë / afet
katedër / kürsü
katedrale / katedral
kategori / kategori
kategori / sınıf
katër / dört
katër dyrekë (me) / dört ayaklı
katërfaqesh / dörtyüzlü
katërfish / dört kat
katërkëmbësh / dört ayaklı
katërkëndësh / dörtgen
katërkëndësh kënddrejtë / dik dörtgen
katërmbëdhjetë / on dört
katërmbëdhjeti (i) / on dördüncü
katërsh / dörtlü
katërt (e) / dörtte bir
katërti (i) / dördüncü
katil / katil
Katolik / Katolik
katran / katran
katror / kare
katua derri / domuz ahırı
katund / köy
katundar / köylü
kauçuk / kauçuk
Kazak / Kazak
kazan / kazan
kazan avulli / buhar kazanı
kazan rakie / rakı kazanı
kazmë / kazma
kec / oğlak
kek / kek
keq / kötü
keq (bëj) / kötülük etmek
keq (i) / kötü niyetli
keq (pa të) / saf
keqardhje / acıma
keqardhje / itizar
keqardhje / teziye
keqbërës / kötülük eden kimse
keqdashes / kötücül
keqësohet / fenalaşmak
keqësoj / fenalaştırmak
keqësoj / kötüleştirmek
keqësoj / düşürmek (değerini)
keqkuptim / yanlış anlama
keqkuptohem / yanlış anlaşılmak
keramikë / seramik
kerubin / melek
ketër / sincap
këcej / sıçramak
këcej vals / vals yapmak
këllëf / kılıf
këllëf / kın [kılıç]
këllëf jastëku / yastık yüzü
këllëf revolveri / tabancalık
këllirë / bulaşık suyu
këlysh / encik
këlysh / yavru [aslan,köpek..]
këlysh drëri / geyik yavrusu
këlysh maceje / kedi yavrusu
këlysh qeni / köpek yavrusu
këmbalec / sehpa
këmbë / ayak

këmbë / bacak
këmbë e përparme / ön ayak
këmbë shkalle / basamak
këmbë shkalle / merdiven basamağı
këmbë (më) / yaya
këmbëngulës / inatçı
këmbëngulës / ısrar eden
këmbëngulës / ısrarla isteyen
këmbëngulje / azim
këmbëngulje / direnme
këmbëngulje / ısrar
këmbësor / piyade
këmbësor / yaya
këmbëz / ayaklık
këmbëz ure / köprü ayağı
këmbë-shtrembër / çarpık bacaklı
këmishë burrash / gömlek
këmishë grash / kadın iç gömleği
këmishë nate / gecelik
kënaq / memnun etmek
kënaqem / memnun olmak
kënaqem / tadını çıkarmak
kënaqem / zevk almak
kënaqësi / keyif
kënaqësi / memnuniyet
kënaqësi / tatlılık
kënaqshëm (i) / memnuniyet verici
kënaqur me vetëveten (i) / ukala
kënaqur (i) / memnun
kënd / açı
kënd / köşe
kënd i drejtë / dik açı
kënddrejtë / dik açılı olan
këndej / buraya [beriye]
këndej (prej) / bundan ötürü
këndez / horoz
këndoj / şarkı söylemek
këndoj meshë / ayin yönetmek
këndon [gjeli] / ötmek [horoz]
këndshëm (i) / hoş
kënduarit e gjelit (të) / horoz ötüşü
kënetë / bataklık
këngë / şarkı
këngë djepi / ninni
këngë kishtare / kilise şarkısı
këngë popullore / halk şarkısı
këngë varrimi / ağıt
këngëtar / şarkıcı
këngëz / şarkı (basit)
këpucar / ayakkabı tamircisi
këpucar / ayakkabıcı
këpucar / kunduracı
këpucë / ayakkabı
këpujë / rabıta
këpushë / kene
këput / koparmak
këputem / zayıf düşmek
këputje / kesilme [intika]
këputur (i) / bitkin
kërcas / çatırdamak
kërcas [me kamxhik] / şaklatmak [kamçı ile]
kërce / kıkırdak
kërcej / oynamak
kërcej / sıçramak
kërcej / sıçrayıp oynamak

kërcëllij [dhëmbët] / gıcırdatmak
  [dişleri]
kërcënim / gözdağı
kërcënime / şantaj
kërcënoj / tehdit etmek
kërcënoj / şantaj yapmak
kërcënoj / gözdağı vermek
kërcënues / meşum
kërcënues / uğursuz
kërcet / gümbürdemek
kërcet / gürlemek
kërcet [gishti] / çıtlatmak
kërci / incik [ön baldır]
kërci [i këmbës] / baldır
kërcim / oynama
kërcim / sıçrama
kërcim / zıplayıp oynama
kërcinim / tehdit
kërcitje / çatırdı
kërdi / kırım
kërkesë / istek
kërkesë / talep
kërkesë zyrtare / resmi emir
  [istek]
kërkim / araştırma
kërkime (bëj) / araştırma yapmak
kërkoj / aramak
kërkoj / araştırmak
kërkoj / istemek
kërkues / araştırmacı
kërkues / müracaat eden
kërkues ari / altın arayıcısı
kërkues floriri / altın arayıcısı
kërkues mineralesh / maden
  arayıcısı
kërmill / salyangoz
kërp / kenevir
kërpudhë / mantar
kërrnjotë / ruam
kërrus / kamburlaştırmak
kërrusje / kambur duruş
kërthizë / göbek
këshill / meclis
këshill i shkollës / okul yönetim
  kurulu
këshillë / öneri
këshillë / tavsiye
këshillë drejtuese / yönetim
  kurulu
këshillohem / danışmak
këshilloj / danışmanlık yapmak
këshilloj / tavsiye etmek
këshilltar / danışman
këshillueshëm (i) / tavsiye
  edilebilir
kështjellë / kale burcu
kështjellë / şato
kështu / böyle
kështu / böylece
kështu pra / bundan
kështu...që / olduğu gibi
kësulë / kep
kësulë / takke
kësulë nate / gece başlığı
këtu afër / buralarda
këtu [atje] / burada [orada]
kikirık [lajthi toke] / fıstık

kilogram / kilogram
kilometër / kilometre
kilovat / kilovat
kimik / kimyasal
kinema / sinema
kinematikë / kinematik
kinetik / devimsel
Kinez / Çinli [erkek]
Kineze / Çinli [kadın]
kininë / kinin
kinozhurnal / sinema haber filmi
Kirgiz / Kırgız
kirurg / cerrah
kirurgji / cerrahlık ilmi
kirurgjik / cerrahi
kishë / kilise
kismet / kısmet
kitarë / gitar
klasë [shkolle] / sınıf [okul]
klasë [shoqërore] / sınıf [sosyal]
klasifikim / sınıflama
klasifikoj / sınıflamak
klasifikoj / sınıflandırmak
klasifikoj / tasnif etmek
klasik / klasik
klaviaturë / klavye
kler / papazlık
klikë / hızıp
klimë / iklim
klinikë / klinik
kllapa të rrumbullakta / parantez
  işareti
kllapë / kıskaç
kllapi / hezeyan
kllocit / kuluçkaya yatmak
kllockë / kuluçka
klor / klor
kloroform / kloroform
klub / kulüp
koalicion / koalisyon
kobshëm (i) / fesat
kobure / tabanca
kocka (me) / kemikli
kockë e kërcirit / uyluk kemiği
kockë e krahut / kol kemiği
kockë e lëkurë / bir deri bir kemik
kockë e lëkurë / çok zayıf [deri emik]
kockë e nofullës / çene kemiği
kockë e supit / köprücük kemiği
koçan misri / mısır koçanı
kod / kod
kodër / tepe
kodosh / pezevenk
kodoshe / genel ev patroniçesi
kodrinë / tepecik
kodrinë / tümsek yer
kodrinëz / tepecik
kodrinor / tepelik
koeficient / katsayı
kofshë / kalça
kofshë / uyluk
kofshë derri / domuz butu
kohë / vakit
kohë / zaman
kohë e ardhshme / gelecek zaman
kohë e mbjelljes / ekin vakti
kohë e shkuar / geçmiş zaman

159

kohë e tanishme / şimdiki zaman
kohë (në) / vaktinde
kohë (që nga kjo) / bu zamandan
kohës (i) / çağa uygun
kohës (i) / zamana uygun
kohës (i) [modern] / çağdaş
kojrrilë / turna
kokardë / kokart
kokë / baş
kokë / kafa
kokë budallai / mankafa kimse
kokë me vete / söz dinlemez
kokëbosh / mankafa
kokëfortë / dik başlı
kokëfortë / huysuz
kokëfortë / inatçı
kokëfortë / kalın kafalı
kokëfortë / katı
kokëfortësi / huysuzluk
kokëfortësi / inatçılık
kokëfyell / geveze
kokëkrisur / ele avuca sığmaz
kokëposhtë / baş aşağı
kokërdhok / göz küresi
kokërr / tahıl tanesi
kokërr bizeleje / bezelye tanesi
kokërr murriz / alıç
kokërr votimi / oy pusulası
kokërrzohet / tanelenmek
kokërrzuar (i) / taneli
kokëshkrepur / atılgan
kokëtrashë / ahmak
kokëtrashë / kalın kafalı
kokoçel / peygamber çiçeği
kokrra / tane
koktej / kokteyl
kok'e këmbë / tam boy
kolegj / kolej
kolekcion / kolleksiyon
kolektiv / müşterek
kollë / öksürük
kollisur (i) / kolalı
kollitem / öksürmek
kolltuk / koltuk
kolofan / reçine
kolonë / kolon
koloni / koloni
kolonizoj / sömürge kurmak
kolovit / sallandırmak
komanda e lartë / baş
  kumandanlık
komandant / komutan
komandant / kumandan
komandë / kumanda
komb / ulus
komb / millet
kombësi / milliyet
kombëtar / milli
kombinim / terkip
kombinoj / bir araya getirmek
komblik / pelvis
komedi / komedi
komentoj / yorumlamak
kometë / kuyruklu yıldız
komik [aktor] / komedyen
komisar / komiser
komision / komisyon
komisionar / komisyoncu
komitet / komite
komod / rahat
kompakt / yoğun
kompensatë / kontraplak
kompensoj / telafi etmek
kompleks / karmaşık
kompliment / iltifat
komplimenta bosh / kompliman
  (anlamsız)
komplot / entrika
komplot / komplo
komplotist / suikastçı
kompozitor / besteci
kompozoj [muzikë] / bestelemek
komunal / kamu
komunitet / birlik
komunizëm / komunizm
kon / koni
konak / malikane
koncert / konser
kondansator / kondansatör
konduktor / kondaktör
kone / köpek [sokak]
konfederatë / bağlanım
konfekcion / konfeksiyon
konferencë / konferans
konfiguracion / konfigürasyon
kongres / kongre
konik / konik
konjak / konyak
konkret / somut
konkurencë / rekabet
konkurroj / rekabet etmek
konservoj / konserve yapmak
konsistencë / ibaret olmak
konsolidoj / tahvil etmek (sermayeye)
konstant / sabit
konstatoj / doğrusunu anlamak
konsull / konsül
konsullatë / konsolosluk
konsultant / danışman
kont / kont
kontator / sayaç
kontejner / kap
konteshë / kontes
kontinent / kıta
kontrabandë / kaçak mal
kontrabandë armësh / silah
  kaçakçılığı
kontrabandë (bëj) / kaçakçılık
  yapmak
kontrabandist / gümrük kaçakçısı
kontroll / kontrol
kontrollim / kontrol etme
kontrollim i llogarive / hesap kontrolu
kontrolloj / kontrol etmek
kontrolloj / yoklamak
kontrollor / denetçi
kontrollor / müfettiş
konveks / dış bükey
koordinoj / uygunluk sağlamak
kopaçe / çomak
kopaçe / sopa [kısa ve kalın]
kopan / tokmak
kopan [çekiç druri] / odun çekici
kopanis / dövmek (iyice)

kopanis [li] / tokmakla dövmek [keten]
kopë / sürü
kopil / piç
kopje / kopya
kopjim / kopya etme
kopjoj / kopya etmek
koprac / haris
kopraci / hırs
koprrac / cimri
kopsë / düğme
kopsë / kopça
kopsht fëmijësh / anaokulu
kopsht frytor / meyva bahçesi
kopsht trëndafilash / gül bahçesi
kopsht zoologjik / hayvanat bahçesi
kopsht [bahçe] / bahçe
kopshtar / bahçıvan
kopshtari / bahçıvanlık
kopsit / düğmelemek
kor / koro
koracatë / zırhlı gemi
koracë / zırh
koral / mercan
kordë / sicim
kordë / tel [çalgı]
kordele / kordele
kordon / kordon
kore / kabuk
kore e tokës / yer kabuğu
Korean / Koreli
korektor / düzeltmen
korelacion / korelasyon
korespondent gazete / gazete muhabiri
koridor / koridor
korije / koru
korije [zabel] / çalılık (sık)
korn / korna
kornetë / kornet
kornizë / korniş
kornizë dritareje / pencere çerçevesi
koronë [njësi monetare] / kuron [para birimi]
korpus / kolordu
korr / biçmek
korr prodhimin / biçmek (ürün)
korr prodhimin e tokës / hasat etmek
korrës / orakçı
korrës / biçer döver
korrigjim / düzeltme
korrigjim / tashih
korrigjoj / düzeltmek
Korrik / Temmuz
korruptuar (i) / ahlaksız [kötü huylu]
korruptuar (i) / iffetsiz
korset / korse
kortezh / kortej
kosë / tırpan
kosh / sepet
kosh motoçiklete / motorsiklet sepeti
kosit / biçmek

kosit / tırpanla biçmek
kosto / maliyet
kostum / kıyafet
kostum / takım elbise
kot / boşuna
kotë (i) / boş
kotec / kafes
kotësi / anlamsızlık
kotësi / boş yere
kotësi / faydasızlık
kotësi / saçmalık
kotletë / kotlet
kovë / kova
kozmetikë / kozmetik
kozmik / evrensel
kozmopolit / kozmopolit
krah / kol
krah për krah / yan yana
kraharor / göğüs
kraharori / göğüs boşluğuna ait
krahas / yan yana
krahasim / karşılaştırma
krahasoj / karşılaştırmak
krahasoj / mukayese etmek
krahasueshëm (i) / karşılaştırılabilir
krahinë / bölge
krahinë / eyalet
krahinë fshatare / taşra [kırsal bölge]
krahinë kufitare / hudut sahası
krahinor / bölgesel
krap / sazan
krasit / budamak
krater / krater
kravatë / kravat
kredhur në mendime (i) / dalgın [endişeli]
kredi / kredi
kreh / taramak
krehër / tarak
krehër fishekësh / şarjör
krehje / saç tuvaleti
krejt / bütün
krejt / tamamen
krejtësisht / tamamen
krekë / acer
krem / krema
kremte (e) / tatil (dini)
kremtim / kutlama
kremtoj / kutlamak
kremtoj fitoren / zafer merasimi yapmak
krenar / gurur
krenar / gururlu
krenar / kibir
krenar / mağrur
kreshmë / oruç
kreshtë mali / bayır
kreshtë [mali] / tepe [dağ]
krevat / karyola
krevat / yatak
krevat fëmijësh / çocuk yatağı
krevat i të sëmurit / hasta yatağı
kridhem / dalmak
krifë [yele] / yele
krijoj / kurmak
krijoj / meydana getirmek
krijoj / yapmak

161

krijoj [kamp] / kamp kurmak
krik / kriko
krim / suç
krimb / kurt
krimb / solucan
krimb / tırtıl
krimb i mëndafshit / ipek böceği
krimb librash / kitap kurdu
krimbalesh / kulağa kaçan
kriminel / suçlu
kriminel / fail
krip [me miell...] / serpmek [un...]
kripë / tuz
kripje / tuzlama
kripur me piper (i) / biberli
kripur (i) / tuzlu
Krishterë (i) / Hıristiyan
Krishterim / Hıristiyanlık
Krishtlindje / Noel
kristal / kristal
kristalizohet / billurlaşmak
kristalizoj / billurlaştırmak
kriter / ölçü
kriter / ölçüt
kritik / kritik
kritikoj / eleştirmek
kritikoj / tenkit etmek
krizalidë / pupa
krizë / kriz
kroket [lojë] / kroke [oyun]
krokodil / timsah
krongjill / buz saçağı
kronikë / gündem
kruaj / kazımak
kruaj / kaşımak
kruajtje / kaşıma
kruarje / kaşınma
kruhet / kaşınmak
krunde / kepek
kryeartikull / başmakale
kryeçelës / ana anahtar
kryefjalor / öznel
kryej / başarmak
kryej / bitirmek
kryej / tamamlamak
kryej / yapmak
kryej / yerine getirmek
kryej detyrën / görevi yerine
  getirmek
kryej detyrën / görevini yapmak
kryej shpejt [punën] / bitirmek
  (süratle)
kryej shpejt [punën] / icra etmek
  (çabuk)
kryekishë / büyük kilise
kryekomandant / başkumandan
kryelartë / kibirli
kryeministër / başbakan
kryemurg / başrahip
kryeneç / inatçı
kryengritës / asi
kryengritës / başkaldıran
  [isyancı]
kryengritës / isyankar
kryengritje / ayaklanma
kryengritje / isyan
kryengritje (bëj) / isyan etmek

kryepeshkop / başpiskopos
kryepunëtor / ustabaşı
kryeqytet / başşehir
kryerje / ifa
kryerje / tamamlama
kryesisht / başlıca
kryesisht / ekseriya
kryesisht / esas olarak
kryesoj / başkanlık etmek
kryesor / ana
kryesor / asıl
kryesor / başlıca
kryesor / esas
kryetar / başkan
kryetar bashkie / belediye reisi
kryeurë / köprübaşı
kryevepër / şahaser
krypse / tuzluk
kryq / çapraz
kryqëzatë / haçlı seferi
kryqëzim / kavşak
kryqëzohet / kesişmek
kryqëzoj / çaprazlamak
kryqëzoj / çarmıha germek
kryqëzoj / eşleştirmek (çapraz)
kryqëzoj / kesiştirmek
kryqëzoj [duart] / kavuşturmak
  [elleri]
kryqëzor / kruvazör
ksilofon / ksilofon
ksilograf / tahta resim kalıbı
kthehem / dönmek (geri)
kthehem / kaçınmak
kthej / döndürmek (geri)
kthej / dönüştürmek
kthej / iade etmek
kthej / katlamak
kthej / çevirmek
kthej borxhin [paguaj] / borcunu
  ödemek
kthej në anën tjetër / tersine çevirmek
kthej përmbys / ters yüz etmek
kthej [kthehet] / aksettirmek
  [aksetmek]
kthesë / dönemeç
kthesë / dönüm noktası
kthesë / kavşak
kthim / dönüş
kthim [në fe tjetër] / dönme
  [bir başka dine]
kthyer (i) / dönmüş
  [din değiştiren]
ku / nerede
ku / nereye
kuadrant / çeyrek daire
kuadri i shpërndarjes / santral
kuadro / kadro
kualifikim / liyakat
kualifikim / meziyet
kuarc / kuvars
kub / küp
kube / çatı kemeri
kube / kubbe
kuçedër / canavar [kadın ve kuş]
kudhër / örs
kudo / her yerde
kudo që / her nerede [her nereye]

kufi / hudut
kufi / sınır
kufi i arritjes / menzil
kufizim / kuşatma
kufizim / sınırlama
kufizoj / kısıtlamak
kufizoj / kısmak
kufizoj / kuşatmak
kufizoj / sınırlamak
kufizoj me / sınırlandırmak
kufizuar (i) / sınırlı
kufizuar (i) [në mendim] / dar fikirli
kufizues / sınırlayıcı
kufomë / ceset
kuis / havlamak (kesik kesik)
kuis / şikayet etmek [ağlayar.]
kuj dhëmbësh / kürdan
kuj [huth, pvkë] / tahta çivisi
kujdes / dikkat
kujdes / ihtiyat
kujdes / merak
kujdesem / dikkat etmek
kujdesem [për ë sëmurin] / bakmak (hastaya)
kujdesem [për ndonjë] / bakmak (dikkatle)
kujdesi / ihtiyat
kujdesshëm (i) / dikkatli
kujdesshëm (i) / özenli
kujdesshëm (tepër i) / ihtiyatlı (aşırı)
kujdestar / vasi
kujdestar kuajsh / seyis
kujdestar muzeu / müze müdürü
kujdestari / vasilik
kujt (i) / kimin
kujtesë / hafıza
kujtesë / zihin
kujtesë / hatıra
kujtim / hatıra
kujtim / hatırlama
kujtoj / hatırlamak
kujtoj / ölçünmek
kujtoj (i) / hatıra getirmek
kujtoj (i) / hatırlatmak
kujton (që të) / hatırlatan
kukamçefthi / saklambaç [oyun]
kukull / kukla
kukuvajkë / baykuş
kulaç / çörek
kulaç me zanxhafil / çörek (zencefilli)
kuletë / para kesesi
kullë / kule
kullë hidraulike / su kulesi
kullesë / süzgeç
kullëz / kule (ufak)
kullim / sızıp akma
kullim / süzülme
kulloj / süzmek
kullon / sızmak
kullon / süzülmek
kullore / süzgeç
kullot [bagëtinë] / otlatmak
kullotë / otlak
kulluar (i) / berrak

kulluar (i) / duru
kulluar (i) / süzülmüş
kullumbri / çakal eriği
kullumbri / erik (yabani küçük)
kulm / zirve
kultivim i luleve / çiçek yetiştirme
kultivoj / eveilleştirmek
kultural / kültürel
kulturë / kültür
kulturë e peshkut / balık üretimi
kumarxhi / kumarbaz
kumbar / vaftiz babası
kumbare / vaftiz anası
kumbim / seslilik
kumbon / çınlamak
kumbon / tıkırdamak
kumbon / ses vermek
kumbonare / çan kulesi
kumbonë e vdekjes / ölüm çanı
kumbues / ses veren
kumbues / sesi aksettiren
kumbull / erik
kunadhe / zerdeva [ağaç sansarı]
kunat / kayınbirader
kunatë / görümce
kundër / karşı
kundër në kundërshtim / rağmen
kundër shëndetit / sağlığa zararlı
kundërfajësim / karşı suçlama
kunderpeshë / denge
kunderpeshë / karşı ağırlık
kunderpeshoj / denge meydana getirmek
kundërshtar / hasım
kundërshtar / karşıki
kundërshtar / karşıt
kundërshtar / münakaşacı
kundërshtar / muhalif
kundërshtim / karşı gelme
kundërshtim / muhalefet
kundërshtim / ret
kundërshtim / tezatlık
kundërshtim / zıtlık
kundërshtoj / aleyhinde bulunmak
kundërshtoj / karşı çıkmak
kundërshtoj / karşı durmak
kundërshtoj / karşı gelmek
kundërshtoj / karşı koymak
kundërshtoj / karşılık vermek
kundërshtoj / reddetmek
kundërshtoj / zıtlaşmak
kundërsulmoj / karşı saldırıda bulunmak
kundërt (i) / karşıda olan
kundërt (i) / karşıt
kundërt (i) / zıt
kundërveprim / tepki
kundërveproj / tepki göstermek
kundravajtje / karşı hareket [kanun]
kunel / tavşan [ada tavşanı]
kungull / balkabağı
kungull / kabak
kungull / sukabağı
kunj / kazık

163

kupë / kadeh
kupë / kase
kupë / kupa
kupë çaji [tas çaji] / çay fincanı
kupë e gjurit / dız kapağı
kupë e peshores / kefe
　　[terazi gözü]
kupë e qiellit / sema
kupë e qiellit / gök kubbe
kupë vere / şarap kadehi
kupon / kupon
kupon [çeku...] / dip koçanı
kuptim / anlam
kuptim / idrak
kuptim / mana
kuptim (pa) / anlamsız
kuptime (me dy) / iki anlamlı
kuptimor / anlamsal
kuptimplotë / anlamlı
kuptimplotë / manidar
kuptoj / anlamak
kuptoj / idrak etmek
kuptoj / kavramak
kuptoj gabim / yanlış anlamak
kuptoj gabimisht / anlamak
　　(yanlış)
kuptueshëm (i) / akla uygun
kuptueshëm (i) / anlaşılabilir
kuptueshëm (i) / anlaşılır
kuq / kızartmak
kuq i çelur (i) / al renk
kuq i mbyllët (i) / kırmızı (koyu)
kuq (i) / kırmızı
kuqet / kızarmak
kur / ne zaman
kurban / kurban
kurdis / akort etmek
kurdis [orën] / kurmak [saat]
kurdoherë që / her ne zaman
kurë / kür
kureshtar (tepër) / meraklı
kurim me ujë / su kürü
kurorë / çelenk
kurorë / taç
kurorë drite / ışık halkası
kurrë / asla
kurrë asnjëherë / hiç bir zaman
kurriz / kambur
kurriz / sırt
kurrizo / kambur kimse
kurrsesi / asla [hiç bir şekilde]
kurs / kurs
kurse / halbuki
kurse / oysa
kursej / cimrilik etmek
kursej / ekonomi yapmak
kursej / tasarruf etmek
kursim / cimrilik
kursim / idare
kursim / tutum
kursim / tutumluluk
kursime / tasarruf
kursimtar / cimri
kursimtar / tasarrufçu
kursimtar / tutumlu
kurth / kapan
kurth / tuzak
kurth për mij / fare kapanı
kurvë / fahişe
kurvë / orospu
kusar / eşkiya
kusar / haydut
kusar / korsan
kusar / soyguncu
kush / kim
kushdo / herkes
kushëri / akraba
kushëri / kuzen
kushërirë / kuzin
kusht / koşul
kusht / şart
kusht paraprak / öncül
kusht [të marrëveshjes] / mukavele
　　şartı
kushte (pa) / şartsız
kushtetutë / anayasa
kushtëzoj / şart koşmak
kushtor / şarta bağlı
kushtrim / tehlike
kushtueshëm (i) / pahalı
kusi / kazan
kusi / tencere (derin)
kuti burnoti / enfiye kutusu
kuti çaji / çay kutusu
kuti cigaresh / sigara kutusu
kuti hapash / hap kutusu
kuti kalemash / kalem kutusu
kuti për letra / mektup kutusu
kuti piperi / biber kutusu
kuti postare / posta kutusu
kuti pudre / pudra kutusu
kuti sapuni / sabun kutusu
kuti sheqeri / şeker kutusu
kuti shkrepësesh / kibrit kutusu
kuti [për unaza etj] / mücevher kutusu
kuvertë urë [e anijes] / güverte
kuzhinë / mutfak
kuzhinier / aşçı
ky ose ai / ya bu ya o
ky [kjo] / bu
kyçi e dorës / el bileği

- L -

labirint / labirent
laborator / laboratuar
lag / ıslatmak
lag / sulamak
lagësht (i) / rutubetli
lagësht (i) / yaş
lagështi / rutubet
lagështirë / rutubet
lagët (i) / ıslak
lagje / mahalle
lagje / mıntıka
lahem / yıkanmak
lahutë / ut
laj / yıkamak
laj rërë floriri / maden cevheri
　　yıkamak
laj [fajin...] / kefaret etmek
lajkatar / dalkavuk

lajkatar / yaltakçı
lajkatoj / yaltaklanmak
lajkatoj / yağcılık rtmek
lajle ngricë [në xham] / buz
 süsleri (camda)
lajm / haber
lajmërim / bildirme
lajmërim / haber verme
lajmëroj / bildirmek
lajmëroj / haber vermek
lajmëtar / haberci
lajmëtar / spiker
lajmëtar / ulak
lajthi / fındık
lak / ilmik
lakër / lahana
lakmi / hırs
lakmoj / imrenmek
lakmues / hırslı
lakmues / nefsani
lakmueshëm (i) / gıpta edilen
lakohem / eğilmek
lakoj / bükmek
lakoj / eğmek
lakror / pide
lakueshëm (i) / esnek
lakueshëm (i) / kıvrak
lakuriq / çıplak
lakuriq i natës / yarasa
lakuriqësi / çıplaklık
lamtumirë / uğurlama
lamtumirë ! / haşça kalın !
langua / av köpeği
langua për lepuj / tavşan tazısı
laraskë / saksağan
larasoj / beneklemek
larg / uzak
largësi / mesafe
largësi / uzaklık
largësi fluturimi / menzil
largësi qitjeje / menzil
largët (i) / uzak
largët (i) / uzakta bulunan
largëti (më i) / en uzak
largim / geri çekilme [uzaklaşma]
largim / kaçırma
largim / uzaklaşma
largim / uzaklaştırma
largohem / ayrılmak
largohem / çekilmek
largohem / uzak durmak
largohem / uzaklaşmak
largohem / sakınmak
largohem nga / kaçınmak
largohet (që) / uzaklaşan
largoj / defetmek
largoj / kovmak
largoj / uzaklaştırmak
largoj [vemendjen] / dikkatini
 dağıtmak
largon (që të) / uzaklaştırıcı
largpamje / basiret
larguar (i) / uzaklaştırılmış
larje / yıkama
larje [e ljalit] / cezasını çekerek
 ödeme
laros / beneklemek

larosh / alaca
larosh / rengarenk
lart e poshtë / aşağı yukarı
lartë (i) / yüksek
lartësi / irtifa
lartësi / yükseklik
lartësim / yüceltme
lartësim / yükseliş
lartësohet / yükselmek
lartësoj / yükseltmek
lartësoj / yukarı kaldırmak
larti (më i) / üstteki (en)
larti (më i) / yukarıdaki (en)
larvë / kurt
larvë / kurtçuk
laso / ilmik
lastar / filiz
laureshë / tarla kuşu
lavaman / lavabo
lavanderi / çamaşırhane
lavapjatë / lavabo
lavdërim / methiye
lavdërim / övgü
lavdërim / övme
lavdërohem / övünmek
lavdëroj / övmek
lavdërueshëm (i) / övülebilir
lavdi / övgü
lavdishëm (i) / şanlı
lavjerës / sarkaç
le / bırakmak
le / terketmek
le jashtë [përjashtoj] / atlamak
 [bırakmak]
le mënjanë / koymak (bir tarafa)
le në dorë (ja) / emanet etmek
le në mjerim / terketmek
 (güç bir anda)
le pa [diçka] / yoksun bırakmak
le pa [jete,shpresë] / mahrum
 bırakmak
le pas dore / ihmal etmek
le pas dore / yapmamak
le peng / ipotek etmek [rehin bı.]
le peng / rehin bırakmak
le të lirë / serbest bırakmak
le trashëgim / miras bırakmak
le trashëgim / vasiyet etmek
lebeti / dehşet
lebetitur (i) / paniğe kapılmış
lebetsheqer / lolipop [şeker]
leckë / bez parçası
leckë për të fshirë / toz bezi
ledhatim / okşama
ledhatoj / okşamak
legalizoj / meşrulaştırmak
legen / leğen
legen / pelvis
legjendë / masal
leh / havlamak
lehtë (i) / hafif
lehtë (i) / kolay
lehtësi / kolaylık
lehtësim / ferahlama
lehtësoj / ferahlatmak (gönlünü)
lehtësoj / hafifletmek
lehtësoj / kolaylaştırmak

165

leje / izin
leje / izin tezkeresi
leje / müsaade
leje kalimi / geçiş izni
lejım / izin
lejım / müsaade
lejım / rıza
lejlek / leylek
lejoj / izin vermek
lejoj / müsaade etmek
lejoj veten / cüret etmek
lejoj (nuk) / izin vermemek
lejueshëm (i) / müsaade edilebilir
lekcion / ders
lektor / okutman
lekundem / salınmak
lemeri / panik
lemza (më ze) / hıçkırmak
lemzë / hıçkırık
lepur / tavşan
lesh / tüy
lesh / yapağı
lesh / yün [yapağı]
lesh merinosi / merinos yünü
leshko / sersem
leshterik / deniz yosunu
leshtor / gür [saç]
leshtor / tüylü
letër / kağıt
letër / mektup
letër cigareje / sigara kağıdı
letër cingareje / ince kağıt
letër e mbështjellur / tomar
letër kopjative / karbon kağıdı
letër mbështjelljeje / sargı kağıdı
letër mizash / sinek kağıdı
letër muri / duvar kağıdı
letër postare / mektup kağıdı
letër rekomandimi / tavsiye mektubu
letërshkëmbim / yazışma
letërsi / edebiyat
Leton / Letonyalı
Letonez / Letonyalı
letrar / edebi
levë / manivela
leverdi / fayda
leverdisshëm (i) / kazançlı
lexim / okuma
lexim me vemendje / dikkatle okuma
lexoj / okumak
lexoj me rrokje / hecelemek
lexues / okur
lexues / okuyucu
lexueshëm (i) / okunur
lezetoj / lezzet vermek
lëkund / sallamak
lëkund / sallandırmak
lëkundem / sallanmak
lëkundem / sendelemek
lëkundem / tereddüt etmek
lëkurë / deri
lëkurë artificiale / cilt bezi
lëkurë bualli / manda derisi
lëkurë deleje / koyun postu
lëkurë dreri / geyik derisi

lëmoj / düzlemek
lëmoj / eğelemek
lëmoj / parlatmak
lëmoj / düzgün hale getirmek
lëmsh / yumak
lëmsh i dheut / yerküre
lëmshor / küresel
lëmuar (i) / düz
lëmuar (i) / parlak ve kaygan
lëmuar (i) / pürüzsüz
lëmuar (i) / düzgün
lëndë / madde
lëndë djegëse / yakıt
lëndë druri / kereste
lëndë e parë / ham madde
lëndë plasëse / patlayıcı madde
lëndë vajosese / yağlayıcı madde
lëndim / gücenme
lëndim / incinme
lëndinë / açıklık (orman içinde)
lëndinë / çimenlik
lëndoj / incitmek
lëndueshëm (i) / alıngan
lënë (i) / bırakılmış
lënë (i) / kimsesiz
lënë (i) / terkedilmiş
lëng / mayi
lëng / öz
lëng / özsu
lëng / sıvı
lëng mishi / et suyu
lëng [i bimëve] / bitki özü
lëngëzoj / inceltmek
lëngëzoj / sıvı haline getirmek
lëngshëm (i) / özlü
lëngshëm (i) / sulu
lënie / terkedilmiş olma
lënie jashtë / dışarıda bırakma
lëpij / düzgün hale getirmek
lëpij / yalamak
lëpirë (i) / kaygan
lëpirje / yalama
lëpjetë / kuzu kulağı [bitki]
lëpjetë / yeşillik [böreklik]
lëroj / bellemek
lëroj / toprağı işlemek (saban.)
lërues / saban süren kimse
lërueshëm (i) / sürülebilir [toprak]
lëshim / terk
lëshim [dritë] / yayma [ışık]
lëshohem / gevşemek
lëshoj / bırakmak
lëshoj / salıvermek
lëshoj / serbest bırakmak
lëshoj afsh / nefes vermek [buğu]
lëshoj hie / gölge düşürmek
lëshoj jargë / salya akıtmak
lëshoj (nuk) / izin vermemek
lëshoj [avullin] / çıkarmak [buhar]
lëshoj [dritë] / yaymak [ışık]
lëshon filiza / filizlenmek
lëshon filiza / tomurcuk sürmek
lëshon shkëndija / kıvılcım saçmak
lëshon tym / duman salmak
lëshon ujë / sızmak
lëshuar (i) / gevşek
lëvdatë / methiye

lëvdoj / övmek
lëviz / hareket ettirmek
lëviz / harekete geçirmek
lëviz nga vendi / yerini değiştirmek
lëvizëshëm (i) / devingen
lëvizëshem (i) / gezilebilir
lëvizje / hareket
lëvizje (në) / hareket halinde
lëvore / kabuk
lëvore / yaprak (mısır koçanı)
lëvozhgë / kabuk
lëvozhgë arre / ceviz kabuğu
lëvozhgë e drurit / ağaç kabuğu
li / çiçek hastalığı
li / keten
libër / kitap
libër llogarish / defteri kebir
libër mësimi / ders kitabı
libër ortografie / imla kılavuzu
libër shënimesh / cep kitabı
libër shënimesh / not defteri
libër udhëzues / rehber kitabı
liberal / açık fikirli
libralidhës / ciltçi
libralidhës / mücellit
librari / kitapçı
librashitës / kitapçı
lider / lider
lidh / bağlamak
lidh / birleştirmek
lidh duaj / demetlemek
lidh duar dhe këmbë / bağlamak (elini ayağını)
lidh duart / ellerini bağlamak
lidh farë / tohum vermek
lidh me kontratë / bağlamak (kontratla)
lidh me litar / bağlamak (palamarla)
lidh me litar / halat ile bağlamak
lidh me pranga / prangaya vurmak
lidh në hekura / bağlamak (zincirle)
lidh nyje / düğümlemek
lidh nyje / paketlemek
lidh sytë / bağlamak (gözlerini)
lidh [plagën] / sarmak [yara]
lidhëse / bağ
lidhëse këpucësh / ayakkabı bağı
lidhëz çorapi / çorap bağı
lidhje / bağ
lidhje / bağlantı
lidhje / bağlılık
lidhje / ittifak
lidhje gjaku / kan bağı
lidhje reciproke / birbirine bağlı olma
lidhje (pa) / tutarsız
lidhor / bağlı
lidhor / nispi
lidhur (i) / bağlı
ligësht (i) / zayıf
ligjë / kanun
ligjë / nizam
ligjë / yasa [kanun]
ligjë e shkruar / kanun (yazılı)
ligjërim / hitabet
ligjëroj / nutuk çekmek
ligjëvënës / yasa koyucu
ligjor / kanuna uygun
ligjor / kanuni
ligjor / meşru
ligshtë (i) / sıhhatsiz
likenë / liken
liman / liman
limë / eğe
limë / törpü
limon / limon
linçoj / linç etmek
lind / doğmak
lind / doğurmak
lind / hasıl etmek
lind [dielli] / doğmak [güneş]
lindje / doğu
lindje / doğum
lindje / doğurma
lindje e diellit / gün doğumu
lindjes (i) / doğuştan
lindor / doğudan gelen
lindur jashtë ligjës (i) / gayri meşru doğan
lindur (i) / doğmuş
lindur [(e) / tabii
linear / doğrusal
linguist / dil uzmanı
liquidoj / likide etmek
lirë (i) / gevşek
lirë (i) / münhal [boş]
lirë (i) / özgür
lirë (i) / serbest
lirë (i) / ucuz
liri / hürriyet
liri / özgürlük
liri (në) / serbest [bol]
lirik / lirik
lirim (në) / boşta
lirohet / gevşemek
liroj / gevşetmek
liroj / kurtarmak
liroj / muaf tutmak
liroj / serbest bırakmak
liroj me shpërblesë / bedelini verip kurtarmak
liroj [vend, detyrë] / bırakmak [yer, görev]
lis / meşe ağacı
listë / liste
listë e të vdekurve / ölüler listesi
listë e zezë / kara liste
listë e zgjedhësve / seçmen listesi
listë pagesash / ödeme listesi
listë pyetjesh / soru çizelgesi
litar / halat
litar për tërheqje / çekme halatı
litër / litre
Lituan / Litvanyalı
livadh / çayır
livadhe të vaditura / taşkın ovası
lodër / biblo
lodër / davul
lodër / oyuncak
lodër fjalësh / kelime oyunu

167

lodërtar / davulcu
lodh / yormak
lodhem / yorulmak
lodhje / yorgunluk
lodhshëm (i) / yorucu
lodhur (i) / yorgun
logjikë / mantık
lojë / oyun
lojë fëmijësh / çocuk oyunu
lojë kacipupthi / sek sek oyunu
lojë kumari / şans oyunu
lokaut / lokavt
lokomotivë / lokomotif
lombard / tefeci dükkanı
lopar / sığır çobanı
lopatë / kürek
lopatë e pupës [rrem] / bovna küreği
lopë / inek
lopë deti / deniz aygırı
lopë deti / deniz ineği
lord / lord
lot / gözyaşı
loze / asma filizi
lozhë [masonike] / loca [mason]
luaj / oynamak
luaj mendësh / çıldırmak
luaj mendësh / delirmek
luaj nga vendi / oynatmak (yerinden)
luaj nga vendi / yerinden oynatmak
luaj për fitim / kumar oynamak
luaj rolin / rol oynamak
luan / aslan
luaneshë / aslan (dişi)
lubi / kurt insan
luftanije / harp gemisi
luftanije / savaş gemisi
luftë / harp
luftë çlirimtare / kurtuluş savaşı
luftë detare / deniz savaşı
luftë (bëj) / savaş yapmak
luftëdashës / cenkçi
luftënxitës / savaş kışkırtıcısı
luftëtar / mücadeleci
luftëtar / savaşçı
luftëtar çete / çeteci
luftim / mücadele
luftim / savaşma
luftoj / çabalamak
luftoj / çarpışmak
luftoj / mücadele etmek
luftoj / savaşmak
luftoj me njësi të vogla / çekişmek
lugat / hayalet
lugat / hortlak
lugat / ifrit
lugat / vampir
lugat / şeytan
lugat (si) / hayalet gibi
lugë / kaşık
lugë çaji / çay kaşığı
lugë qeruese / kevgir
lugët (i) / içbükey
luginë / koyak
luginë / ova

luginë / vadi (geniş)
luginë e ngushtë / vadi
luhatet / salınmak
luhatje / salınma
lule / çiçek
lule bore / kardelen
lule dielli / ay çiçeği [gün çiçeği]
lule këmbore / çan çiçeği
lule lakër / karnıbahar
lule mosmëharro / unutma beni çiçeği
lule mustak / hanımeli çiçeği
lule panse / alaca menekşe
lule panse / viola
lule radhiqe / kara hindibaba çiçeği
lule shqerre / ilkbahar çiçeği
lule shqerre / sarı papatya
lule vizhe / güneş gülü
lulekuqe / gelincik
lules (i) / çiçeğe ait
luleshtrydhe / çilek
lulëzim / çiçek açma
lulëzim / çiçeklenme
lulëzoj / gelişmek
lulëzon / çiçek açmak
lulëzon / çiçeklenmek
lulëzuar / çiçekli
lulishte / çiçek bahçesi
lumë / ırmak [nehir]
lumë / nehir
lumor / nehirle ilgili
lumtur (i) / mesut
lumtur (i) / mutlu
lumturi / mutluluk
lumturi / saadet
lundër / kayık
lundër / sandal (hafif)
lundër shpëtimi / cankurtaran sandalı
lundërtar / kayıkçı
lundrim / gemi seferi
lundroj [në sipërfaqe] / salınmak [su yüzeyinde]
lundroj [nëpër det] / seyrü sefer etmek
luqerbull / vaşak
lus / dilemek
lus / yalvarmak
luspë / pul [balık]
lustër / cila
lustër (me) / cilalı
lustraxhi / ayakkabı boyacısı
lustraxhi / kundura boyacısı
lustrim / cilalama
lustroj / cilalamak
lustroj / parlatmak
lut / rica etmek
lutem / rica etmek
lutem / yalvarmak
lutës / başvuran
lutës / yalvaran
lutje / dilek
lutje / dilekçe
lutje / rica
lutje / tapınma
lutje / yalvarış
lutje / istek
lutje (bëj) / rica etmek
lyej / boyamak
lyej / sürmek

lyej / vağlamak
lyej lehtë / boyamak (hafifçe)
lyej me boj / boyamak
lyej me dyll / mumlamak
lyej me gëlqere / kireçle badana yapmak
lyej me katran / katran sürmek
lyej me vernik / verniklemek
lyej [me balsam] / sürmek [merhem]
lyej [me baltë] / sıvamak (çamurla)
lyerje / boyama
lyhem me të kuq / allık sürmek
lym / sulu çamur
lyp / dilenmek
lyp / yalvarmak
lypës / dilenci
lyrdhëz / siğil

- LL -

llafazan / geveze
llafazan / konuşkan
llafazan (të qenët) / gevezelik
llambë / lamba
llambë me alkol / lamba (ispirtolu)
llambë saldimi / asetilen lambası
llampadar / avize
llampadar / şamdan
llastohem / ihtimam göstermek
llastoj / okşamak
llastoj / pohpohlamak
llixhë / ılıca [kaplıca]
llogare / çukur
llogare / istihkam hendeği
llogari / hesap
llogari / muhasebecilik
llogarit / hesap etmek
llogarit / hesaplamak
llogaritar / muhasebeci
llogaritje / hesap görme
llogaritje / hesaplama
llogore / hendek
llogore / siper
lloj / çeşit
lloj / cins
lloj / tür
lloj sardeleje / çaça balığı
llokma / gözleme
llokoçit / çalkalamak
llokoçit [vala] / çarpmak (hafif) [dalga]
llokoçitet / çalkalanmak
llomotit / boş laf etmek
llomotit / gevezelik etmek
llomotit / saçmalamak
llomotitje / gevezelik
llomotitje / saçma konuşma
llomotitje / saçmalama
lloshko / pasaklı
llotari / piyango
llucë / çamur
llucë / sulu çamur
lluks / lüks
llum / sulu çamur
llum i kafesë / kahve telvesi
llumë / balçık
llupës / obur
llupës [grykës] / aç (çok)

- M -

mace / kedi
madh (i) / büyük
madhëri [titull] / yücelik
madhështi / abartma
madhështi / büyüklük
madhështi / haşmet
madhështi / ihtişam
madhështi / tantana
madhështor / büyük (çok)
madhështor / fevkalade
madhështor / görkemli
madhështor / haşmetli
madhështor / heybetli
madhështor / kocaman
madhështor / muazzam
madhështor / muhteşem
madhësi / boyut
madhësi / büyüklük
madhësi / ölçü
madhësi / sabite
madhësinë natyrore (në) / tabii büyüklükte
magazinë / ambar
magazinë / mağaza
magazinier ushtrie / iaşe subayı
magje / tekne [yiyecek]
magjeps / büyü yapmak
magjeps / büyülemek
magjepsës / büyüleyici
magjepsje / büyüleme
magjepsje / büyülenme
magjepsur (i) / büyülenmiş
magji / büyü
magji / sihir
magji / tılsım
magjik / büyülü
magjistar / büyücü
magjistar / sihirbaz
magjistare / büyücü kadın
magnat / kodaman
magnet / mıknatıs
magnet natyror / mıknatıs taşı
magnez / mağnezyum
mahnit / şaşırtmak
mahnitem / hayret etmek
mahnitem / şaşmak
mahnitës / acayip
mahnitur (i) / şaşırmış
maja / maya
maja birre / bira mayası
majdanoz / maydanoz
majë / tepe
majë / uç
majë / zirve
majë (bëj me) / sivriltmek
majmun / maymun
major / binbaşı

169

majos / sivriltmek
majosur (i) / sivri
majtë / sol
majtë (i) / solcu
majtë (në të) / solda
makara / makara
makarona / makarna
makarona petë / şehriye
makinë shpimi / delme makinası
makjazh / makyaj
maksimum /· maksimum
makth / kabus
mal / dağ
Malajas / Malayalı
malësi / dağlık
malësor / dağlı kimse
mall / mal
mall / özlem
mall për vendlindjen / vatan hasreti
mallëngjim / duygu
mallëngjim / keder
mallëngjyes / duygulu
mallkim / beddua
mallkim / lanet
mallkoj / lanet okumak
mallkoj / lanetlemek
mallkuar (i) / lanetlenmiş
malok / ahmak
malor / dağlı
malt / malt
mami / ebe
man / dut
manaferrë / böğürtlen
manastir / manastır
manastir burrash / erkekler manastırı
manastir grash / rahibe manastırı
mandarinë / mandalina
mandat / manda
manevër / manevra
mangall / mangal
manganez / manganez
manifest / tebliğ
maniken / manken
manovroj / manevra yapmak
manshetë / kol ağzı
manshon / manşon
mantel / cüppe
mantel / manto
mantel / önlük
manual / el kitabı
manushaqe / menekşe
maqinë / makina
maqinë korrëse / biçerdöğer
maqinë mbjellëse / ekim makinası
maqinë me avull / buhar makinası
maqinë petëzuese / hadde makinası
maqinë qepëse / dikiş makinası
maqinë shirëse / harman dövme makinası
maqinë shkrimi / daktilo [yazı makinası]
maqinë shprishëse / çırpma makinası
maqinë zjarrfikëse / itfaiye arabası
maqinist / makinist
margarinë / margarin

margaritar / inci
marinar / denizci
mark [para] / mark [Alman parası]
markë e fabrikës / ticari marka
markezë / markiz
marmelatë / marmelat
marmotë / dağ sıçanı
marr / almak
marr / kazanmak
marr anën [e dikujt] / taraf tutmak
marr erë / koku almak
marr frymë / nefes almak
marr frymë / teneffüs etmek
marr guxim / cüret etmek
marr guxim [rrezikoj] / göze almak
marr hakën / intikam almak
marr hua / ödünç almak
marr lajme / haber almak
marr letra / mektup almak
marr masën / ölçüsünü almak
marr mbi vete / yüklenmek (sorumluluğu)
marr me luftë / almak (mücadeleyle)
marr me mend / tahmin etmek
marr me qira / kira ile tutmak
marr me qira / kiralamak
marr mendësh [tërheq] / cezbetmek
marr mendjen (i) / şaşırtmak
marr mendjen (ja) / aklını çelmek
marr në film / film çekmek
marr në pyetje / sınava tabi tutmak
marr në pyetje / sorguya çekmek
marr nëpër këmbë / eziyet etmek
marr nishan / nişan almak
marr parasysh / gözönüne almak
marr përsëri / ele geçirmek (tekrar)
marr përsipër / üzerine almak
marr pjesë / iştirak etmek
marr pjesë / katılmak
marr prapa / geri almak
marr ryshfet / rüşvet almak
marr veten në dorë / kendine hakim olmak
marr [informatë] / almak (bilgi)
marrë (i) / akılsız
marrë (i) / budala
marrë (i) / deli
marrëdhënie / ilişki
marrëdhënie / münasebet
marrëdhënie reciproke / karşılıklı münasebet
marrës / alan kimse [alıcı]
marrës / alıcı
marrës [të hollash] / alacaklı kimse [para]
marrëveshje / akit (sözleşme)
marrëveshje / anlaşma
marrëveshje / antlaşma
marrëveshje / mukavele
marrëveshje / sözleşme
marrëveshje e fshehtë / anlaşma (gizli)
marrëveshje (bëj) / akdetmek
marrëzi / ahmaklık
marrëzi / akılsızlık
marrëzi / budalalık
marrëzi / cinnet

marrja këmbësh / sendeleme
marrje / alma
marrje mendësh / baş dönmesi
marros / delirtmek
Mars / Mart
marshal / mareşal
Martë (e) / Cuma
martesë / evlilik
martoj / evlendirmek
martuar (i) / evli
masakër / katliam
masazh / masaj
masë / boyut
masë / ölçü
masë [madhësi] / beden ölçüsü [büyüklük]
mashë / maşa

mashkull / erkek
mashtrapë / maşrapa
mashtrim / aldatma
mashtrim / hile
mashtrim / sahtekarlık
mashtroj / aldatmak
mashtroj / ayartmak
mashtroj / dolandırmak
mashtroj / hile yapmak
mashtroj / kandırmak
mashtronjës / dolandırıcı
mashtronjës / sahtekarlık
mashtrues / aldatıcı
mashtrues / dolandırıcı
mashtrues / hilekar
mashtrues / menfaatçı
maskara / sefil kimse
maskara / adi [kişi]
maskë / maske
maskë kundër gazit / gaz maskesi
maskoj / gizlemek
maskoj / maskelemek
mason / mason
mastic / kil bileşimi
masur / makara
mat / mat
mat / ölçmek
mat thellësinë / derinliği ölçmek
matem / rekabet etmek
matematikë / matematik
material / madde [malzeme]
material për mbushje / dolgu maddesi [yumuşak]
materializëm / maddecilik
matës shpejtësie / hız ölçme aleti [gemi]
matje / ölçme
matje (bëj) / ölçüm yapmak
matshëm (i) / ölçülebilir
matufllëk / bunaklık
matur (i) / ihtiyatlı
matur (i) / makul
matur (i) / mutedil
matur (i) / ölçülü
matur (i) / sağgörülü
matur (i) / temkinli
maturi / basiret

maturi / ölçülülük
maturi / sağgörü
maumuze / mahmuz
maunë / mavna
mauzole / mozole
mauzole / türbe
maxhore / majör
May / Mayıs
mazgallë / mazgal
mbahem gjallë / var olmak
mbahem i madh / caka satmak
mbahem i madh / kasılmak
mbahet mend (që nuk) / hatırlanamayan
mbaj / nakletmek
mbaj / taşımak
mbaj / tutmak
mbaj / alıkoymak
mbaj ditar / günlük tutmak
mbaj fëmijën / bakmak [çocuğa]
mbaj gjakftohtësinë / kendine hakim olmak
mbaj kreshmë / oruç tutmak
mbaj lekcion / ders vermek
mbaj me pallavra / saçmalamak
mbaj mend / akılda tutmak
mbaj mend / hatırda tutmak
mbaj në depo / biriktirip saklamak
mbaj në vete / kapsamak
mbaj zi / matem tutmak
mbaj [fjalë] / nutuk çekmek
mbaj [vesh] / taşımak [giymek]
mbajtës / taşıyan kimse
mbajtës / tutucu
mbajtës / kap
mbajtëse çorapesh / çorap jartiyeri
mbajtje / himaye
mbajtje / alıkoyma
mbajtur (i) / küllanılmış
mbarë e prapë / gelişi güzel
mbarë (i) / başarılı
mbarë (i) / uygun
mbarim / nihayet
mbarim / son bulma
mbarim / sonlandırma
mbarim / sonuç
mbaroj / bitirmek
mbaroj / tamamlamak
mbaron / bitmek
mbars / gebe bırakmak
mbarsje / dölleme
mbarsje / gebelik
mbarsur (e) / gebe
mbas / sonra
mbase / belki
mbasi / mademki
mbath me këpucë / ayakkabı giydirmek
mbesë / yeğen [kız]
mbetem / kalmak
mbetem gjallë / sağ kalmak
mbetem prapa / geri kalmak
mbetet në fuqi / geçerli olmak
mbetje / artık
mbetje / bakaya
mbetje / kalıntı
mbeturinë / artık
mbeturinë / eskiden kalmış olan

171

mbeturinë / kalıntı
mbeturinë / süprüntü
mbeturit gjallë (të) / sağkalım
mbërthej / kapamak
mbërthej / perçinlemek
mbërthej / tespit etmek
mbërthej me gozhdë / çivilemek
mbërthej [maqinën] / monte etmek
mbërthej [me gozhdë] / mıhlamak
mbështet / dayamak
mbështet / destek yapmak
mbështet / desteklemek
mbështetem / dayanmak
mbështetëse / dayanak
mbështetëse / destek
mbështetëse / merdiven
mbështetje / dayanma
mbështjell / paketlemek
mbështjell / sarmak
mbështjell me pelena / kundağa sarmak
mbështjell me qefin / kefen ile sarmak
mbështjellje / paketleme
mbi / üzerinde
mbiemër / lakap
mbiemër / sıfat
mbiemër / soyadı
mbikëqyr / nezaret etmek
mbikëqyrës / nezaret eden
mbikëqyrje / dikkatle izleme
mbikëqyrje / nezaret
mbin / filiz vermek
mbinatyrshëm (i) / doğaüstü
mbinatyrshëm (i) / meşum
mbingarkim / aşırı yükleme
mbinjerëzor / insanüstü
mbinjeri / üstün insan
mbiprodhim / fazla imalat
mbishkrim / kitabe
mbivlerësoj / değer vermek (fazla)
mbizotërim / hüküm sürme
mbizotërim / üstünlük
mbizotëroj / hakim olmak
mbizotëroj / üstün olmak
mbizotërues / hakim
mbizotërues / hakim [baskın gelen]
mbizotërues / hakim [üstün]
mbi.. / aşırı [ziyade]
mbjell / ekmek (bitki)
mbjell [bimë] / dikmek [bitki]
mbjellje / tohum ekme
mbledh / derlemek
mbledh / toplamak
mbledh / istif etmek
mbledh grumbull / yığın halinde toplamak
mbledh plehrat [e rrug.] / çöpçülük etmek
mbledh qelb / cerahat toplamak
mbledh së bashku / bir araya toplamak
mbledh vota / oy toplamak
mbledhës plehrash / çöpçü
mbledhje / toplantı
mblidhem / toplanmak

mblidhem në grupe / gruplaşmak
mblidhen / toparlanmak
mblidhen në tufa / sürüde toplanmak
mblidhet [pëlhura] / çekmek [kumaş]
mbrapshti / terslik
mbrëmje / akşam
mbret / kral
mbretëreshë / kraliçe
mbretëri / krallık
mbretërim / saltanat
mbretëroj / hükümdarlık etmek
mbretëror / kral gibi
mbretëror / krala yakışır
mbrohet (që nuk mund të) / savunulamaz
mbroj / savunmak
mbroj çështjen / savunmak
mbroj [të drejtat..] / korumak (hakkını)
mbrojtës / koruyan
mbrojtës / koruyucu
mbrojtës / müdafi
mbrojtje / koruma
mbrojtje / savunma
mbrojtje (lë pa) / korumasız bırakmak
mbruj / kabartmak (maya ile)
mbruj / yoğurmak
mbulesë / Kapak
mbulesë / örtü
mbulesë tryeze / masa örtüsü
mbulohem me puçrra / sivilce ile dolmak
mbulohet me mjegull / sis kaplamak
mbuloj / örtmek
mbuloj / üstünü kapamak
mbuloj me dërrasa / tahta kaplamak
mbuloj me hekur / demir kaplamak
mbuloj me kajmak / kaplamak (kaymakla)
mbuloj me kashtë / damı sazla örtmek
mbuloj me lëkurë / kaplamak (deri ile)
mbuloj me perçe / peçe ile örtmek
mbuloj me smalt / emaye ile kaplamak
mbuluar me pika / benek benek
mbuluar me re (i) / bulutlarla kaplı
mbuluar me shkumë (i) / köpükle kaplı
mbuluar (i) / kapalı
mburojë / istihkam
mburojë / kalkan
mburojë / siper
mburravec / övüngen kimse
mburrem / iftihar etmek
mburrem / kibirlenmek
mburrje / caka
mburrje / gösteriş
mbush / doldurmak
mbush deri në grykë / doldurmak (ağzına kadar)
mbush mendjen / kafasını doldurmak
mbush plot / doldurmak (tamamen)
mbush plot e përplot / doldurmak (tıka basa)
mbushet / dofmak
mbushje / doldurma
mbushur (i) / dolgun
mbushur (i) / dolu
mbyll / kapamak
mbyll / kapatmak

mbyll / kilitlemek
mbyll gojën me su kull / tıkamak
 (ağzını)
mbyll me stuko / macunlamak
mbyll në kafaz / kafese koymak
mbyll sytë [uga diçka] / gözlerini
 kapamak
mbyll vrimat / delikleri tıkamak
mbyllem / kapanmak
mbyllëse goje / tıkaç
 [ağıza konulan]
mbyllje / kapama
mbyt / boğmak
mbyt foka / ayı balığı avlamak
mbyt [në ujë] / boğmak (suda)
mbyt [një anije] / batırmak
 (gemiyi)
mbytem / boğulmak
mbytës (i) / sıkıntılı hava
me anën e / vasıtasıyla
me blerim të përhershëm / her
 zaman taze
me erë të keqe / kokuşmuş
me gjithë mend / ciddi
me gropa / çukurlu
me kusht që / bu şartla ki
me largësi të barabartë / eşit
 uzaklıkta
me sa di unë / bildiğime göre
me tej / ileri
me vetulla të rëna / çatık kaşlı
me [nga] / ile [...den]
medalje / madalya
medaljon / madalyon
medjehollësi / incelik
medoemos / zorunlu
meduzë / denizanası
megafon / megafon
megjithatë / bununla beraber
megjithatë / bununla birlikte
megjithëse / her ne kadar
megjithëse / olduğu halde
megjithkëtë / bununla beraber
mekanik / mekanik
mekanik / teknisyen
mekanikë / makina ilmi
mekanizëm / cihaz
mekanizëm / dişli takımı
mekanizëm / mekanizma
mekanizoj / makinalaştırmak
Meksikan / Meksikalı
mekur (i) / uyuşuk
mel / akdarı
melankoli / melankoli
melasë / melas
melasë / şeker pekmezi
melhem / merhem
melodi / ahenk
melodi / melodi
melodi (pa) / ahenksiz
melodik / ahenkli
memec / dilsiz
mençur (i) / akıllı
mençuri / beceriklilik
mençuri / sağduyu
mendësi / zihniyet
mendim / düşünce

mendim / sanı
mendim kryesor / düşünce (temel)
mendimdar i lirë / düşünür (özgür)
mendje / akıl
mendjehollë / zeki
mendjehollësi / basiret
mendjelehtë / düşüncesiz
mendjelehtë / hafif meşrep
mendjelehtë / kuş beyinli
mendjelehtë / sefih
mendjelehtë / uçarı
mendjelehtësi / düşüncesizlik
mendjemadh / kandini beğenmiş
mendjemadh / kibirli
mendjemadh / küstah
mendjemadh / mağrur
mendjemadhësi / gurur
mendjemadhësi / kendini beğenmişlik
mendjemadhësi / kibir
mendjemprehtë / akıllı [zeki]
mendjemprehtë / keskin zekalı
mendjemprehtë / zeki
mendjeshkurtër / ahmak
mendohem / düşünceye dalmak
mendohem / düşünmek (üzerinde)
mendohem / tasarlamak
mendoj / düşünmek
mendoj / farz etmek
mendoj se / göz önünde tutmak
mendon (që) / düşünen
mendor / zihni
menduar (i) / dalgın
menduar (i) / düşünceli
mendues / düşünen
menjëherë / derhal
menjëherë / hemen
menjëhershëm (i) / irticali
mentë / nane
meqenëse / mademki
mercenar / çıkarcı
mercenar / paralı asker
meridian / meridyen
merimangë / örümcek
merinos / merinos koyunu
meritë / değer
meritoj / hak kazanmak
mermer / mermer
merr flakë / alevlenmek
merr formë / şekillenmek
merr fund / sonuçlanmak
merr malli (më) / özlemek
merr mentë (që të) / baş döndürücü
merr zjarr / alev almak
merrem / ilgilenmek
merrem me bujqësi / çiftçilik etmek
merrem me vogëlsira / teferruatla
 ilgilenmek
merrem vesh / anlaşmak
merrem vesh / uzlaşmak
merrem vesh (nuk) / anlaşmamak
merrem [me një punë] / uğraşmak [iş]
merren këmbët (më) / sendelemek
merret nga era / sürüklenmek
 (rüzgarla)
merzit (që të) / sıkıcı
mes / bel
mes / orta

173

mes (në këtë) / bundan dolayı
mesatar / orta
mesatar / ortalama
mesazh / mesaj
mesazh / tezkere
mesditë / öğle vakti
meshë / ayin
mesnatë / gece yarısı
meta (pa të) / kusursuz
metafizikë / metafizik
metaforë / mecaz
metal / metal [maden]
metal i papunuar / külçe
metalik / madeni
metalurgji / metalurji
metë (e) / kusur
metë (i) / eksik
metë (i) / kalan
meteor / göktaşı
meteorologji / meteoroloji
metër / metre
metër shirit / metre şeridi
metodë / yöntem
metodik / yöntemli
metrik / metreye göre
metropol / büyük şehir
meze / meze
mezi / ancak
mezi jap [prodhimin] / güç bela vermek [sınav]
më bie ndërmend / hatıra gelmek
më duhet / ihtiyaç göstermek
më falni ! / affedersiniz !
më i keqi / en kötüsü
më i largët / daha uzak
më i mirë / daha iyi
më i mirë / en iyi
më i pari / en öndeki
më mundon / dert olmak
më neveritet / iğrenmek
më pak se / dan eksik (...)
më parë / önceden
më pastaj / daha sonra
më përpara / önceden
më rrjedh gjak / kan kaybetmek
më së miri / muntazaman
më shumë / daha çok
më vjen keq / müteessif olmak
më vjen keq ! / üzgünüm !
më vonë / daha sonra
më vonë / sonradan
mëditës / gündelikçi
mëhallë / mahalle
mëkat / günah
mëkatar / günahkar
mëkate (pa) / günahsız
mëkatoj / günah işlemek
mëlçi / karaciğer
mëllenjë / kara tavuk
mëlmesë / baharat
mëmë / anne
mëmëdhe / anavatan
mëndafsh / ipek
mëndjehollësi / dirayet
mëndjemadh / züppe
mëngë / elbise kolu
mëngë / kol

mëngjarash / solak
mëngjër (i) / sol
mëngjez / sabah
mënjanë / bir yana
mënjanohem / kenara çekilmek (bir)
mënyrë / hal
mënyrë / tarz
mënyrë / usul
mënyrë shprehjeje / ifade tarzı
mënyrë shprehjeje / konuşma tarzı
mënyrë veprimi / hareket şekli
mënyrë veprimi / işlem tarzı
mënyrë veprimi / üslup
mënyrë (më çdo) / her halde
mëparshëm (i) / evvelki
mëparshëm (i) / önceki
mërgim / göç
mërgohem / göç etmek
mërgoj / sürgün etmek
mërgoj / sürmek (memleket dışına)
mëri / hınç
Mërkurë (e) / Çarşamba
mërzi / sıkıntı
mërzit / bıktırmak
mërzit / canını sıkmak
mërzit / rahatsız etmek
mërzit / sıkıntı vermek
mërzit / sıkmak (canını)
mërzit / taciz etmek
mërzit / üzmek
mërzit / usandırmak
mërzit / kızdırmak
mërzitem / sıkılmak
mërzitje / gücenme
mërzitje / memnuniyetsizlik
mërzitje / sıkıntı
mërzitshëm (i) / sıkıcı
mërzitshëm (i) / sıkıcı (can)
mërzitur (i) / canı sıkılmış
mërzitur (i) / karamsar
mërzitur (i) / kederli
mëshikëz notuese / solungaç
mëshirë / merhamet
mëshiroj / merhamet etmek
mëshirshëm (i) / merhametli
mëshqerrë / inek (doğurmamış genç)
mësim / çalışma (ders)
mësim / ders
mësim / eğitim ve öğretim
mësim / öğrenim
mësim / öğrenme
mësim / öğretim
mësim / öğretme
mësim / tahsil
mësim (jap) / ders vermek
mësoj / alıştırmak
mësoj / ders almak
mësoj / öğretmek
mësoj / okutmak [öğretmek]
mësoj / yetiştirmek
mësoj përmendësh / ezbere öğrenmek
mësoj përmendësh / ezberlemek
mësuar (i) / bilgili
mësuar (i) / okumuş (çok)
mësuar (i) / tahsil görmüş
mësuar (i) / tahsilli
mësues / öğretmen (erkek)

mësuese / öğretmen (kadın)
mëz / tay
mi / farë
mi gjirizesh / farë (iri)
mickonjë / sivrisinek
midhje margaritare / inci istiridyesi
midis / arasında
midis nesh / aramızda
miell / un
mijëvjeçar / bin yıllık devre
mik / dost
mik / konuk
mik i ngushtë / dost (yakın)
mikë / mika
mikpritës / konuksever
mikpritës (jo) / misafir kabul etmez
mikpritje / konukseverlik
mikrob / mikrop
mikrofon / mikrofon
mikroskop / mikroskop
miliard / milyar
milici / milis
miligram / miligram
milimeter / milimetre
milion / milyon
milioner / milyoner
militan / militan
militarist / militarist
milje / mil
minator / madenci
mineral / maden cevheri
mineral / mineral
mineral hekur / demir filizi
mineralogji / mineraloji
miniaturë / minyatür
miniera ari / altın madeni
minjerë / maden
minjerë kallaji / kalay madeni
minimal / en az
minimum / minimum [en küçük]
ministër / bakan
ministri / bakanlık
minoj / maden işletmek
minus / eksi
minutë / dakika
miop / miyop
miq i ngushtë / samimi dost
miqësi / dostluk
miqësor / dostça
mir u pafshim / Güle güle
mirë / iyi
mirë e përgjithshme (e) / kamu yararı
mirë se erdhët ! / hoş geldiniz!
mirë u pafshim / hoşça kal
mirëbërës / iyilik yapan
mirëbërës / yararlı
mirëdashës / iyiliksever
mirëdashës / müşfik
mirëdashje / iyilikseverlik
mirënjohës / minnettar
mirënjohës / müteşekkir
mirëqenia / iyi hal
mirëqenia / refah
mirëqenie / muvaffakiyet
mirëqenie / saadet
mirësi / iyilik
mirësjellje / nezaket
mirësjellje / terbiyeli davranma
misër / mısır
mish / et
mish dashi / koyun eti
mish derri / domuz eti
mish dreri / geyik eti
mish i dhëmbëve / diş eti
mish i grirë / kıyma [et]
mish kau / sığır eti
mish stufa / türlü [güveç]
mish viçi / dana eti
mishërim / vücut bulma
mishëroj / vücut kazandırmak
mishëroj / şahsiyet vermek
mish-shitës / kasap
mision / misyon
mision diplomatik / temsilcilik
misionar / misyoner
mistri / mala
mit / rüşvet
mitë / rüşvet
mitë (i) [të mijat] / benimkiler
mitë (të) [të miat] / benim
mitër / rahim
mitër / yumurtalık
miting / miting
mitosje / rüşvet verme
mitosje / rüşvetçilik
mitraloz / mitralyöz
mitur (i) / acemi
mituri / küçüklük
mizë pikëse / hanım böceği
mizëri / kalabalık
mizëron / kalabalık etmek
mizëron / kaynaşmak
mizor / gaddar
mizor / vahşi
mizor / zalim
mjaftë (i) / yeterli
mjafton / kâfi gelmek
mjafton (nuk) / kâfi gelmemek
mjafton (nuk) / yetersiz olmak
mjaftueshëm (i) / yeterli
mjaftueshmëri / yeterlilik
mjaltë / bal
mjaullimë / kedi miyavlaması
mjedër / ahududu
mjegull / sis
mjegulluar (i) / donuk
mjegulluar (i) / mat
mjegulluar (i) / sisli
mjek / hekim
mjekër / çene
mjekër / sakal
mjekësi / hekimlik
mjekësi / tıp ilmi
mjekësor / tıbbi
mjel / sağmak (süt)
mjellmë / kuğu
mjerë (i) / bahtsız
mjerë (i) / mutsuz
mjerë (i) / sefil
mjerim / keder
mjerohem / kederlenmek
mjeroj / keder vermek

175

mjeruar (i) / acıklı
mjeruar (i) / kederli
mjeshtër / zanaatkar
mjeshtër argjendarie / kuyumcu
mjeshtër për çdo gjë / her şeyin ustası
mjeshtëri / maharet
mjeshtëri / ustalık
mjeshtëri / zanaat
mjet pë të dalë jashtë / müshil
mjete jetese / yaşam tarzı
mllaçitje / geviş getirme
mobilizim / seferberlik
mobilizohem / seferber olmak
mobilizoj / seferber etmek
mobilje / mobilya
moçal / bataklık
modal / şekle ait
modë / moda
model / model
model / numune
modeloj / model yapmak
modern / modern
modës (i) / modaya uygun
modesti / tevazu
modiste / kadın terzisi
mogan [dru i kuq] / maun [kırmızı odun]
mohim / ret
mohim / tekzip
mohoj / inkar etmek
mohoj / reddetmek
mokër / değirmen taşı
mol / rıhtım
Moldavian / Moldavyalı
molë / güve
moleps / bulaştırmak
molepsës / bulaşıcı
molepsje / bulaşma
mollë / elma
mollëz e gishtit / parmak ucu
molusk / kabuklu hayvan
monedhë / madeni para
monedhë me vlerë të vog. / para (ufak)
Mongol / Moğol
monoksid / monoksit
monolog / monolog
monopolist / tekelci
montoj / monte temek
monumental / anıtsal
moral / ahlak
moral (pa) / ahlaksız
morg / morg
morr / bit
mortalitet / ölümlülük
mos kini frikë ! / korkmayın !
mosbesim / güvensizlik
mosbesim / inançsızlık
mosbesim / inanmama
mosbesim / inanmazlık
mosbindje / itaatsizlik
mosdashës / isteksiz [gönülsüz]
mosdashje / istemeyiş
mosdije / cehalet
moshatar / yaşıt
moshë / yaş

moskokëçarje / aldırmazlık
mosmarrëveshje / anlaşmazlık
mosmarrëveshje / ihtilaf
mosmarrëveshje / uyuşmazlık
mosmirënjohës / şükran bilmez
mosnderim / küstahlık
mosnderim / saygısızlık
mosngjasim / benzememe
mospajtim / uyuşmamama
mospajtim / uyuşmazlık
mospëlqim / beğenmeme
mospërdorim / kullanmama
mospërfillje / savsaklama
mospranim / ret
mosqenie / yok olma
mostër / model
mostër / numune
mostër / örnek
mosveprim / durma
mosveprim / hareketsizlik
mot / yıl
motër / kızkardeş
motër e gjetur / kız kardeş (üvey)
motiv / motif
motoçikletë / motosiklet
motor / motor
motshëm (i) / antik
mpij / uyuşturmak
mpirë (i) / duygusuz
mpirë (i) / hissiz
mpirë (i) / uyuşmuş
mplakem / yaşlanmak
mposht / boyun eğdirmek
mposht / nakavt yapmak
mposht / yenmek
mpreh / bilemek
mpreh / keskinletmek
mprehës / bileyici
mprehtë (i) / keskin
mprehtësi / keskinlik
mrekulli / mucize
mrekullueshëm (i) / harikulade
mrekullueshëm (i) / mükemmel
mua [më] / bana [beni]
muaj / ay
mugëtirë / alaca karanlık
mullar / ot yığını
mullar / saman yığını
mullar / samanlık
mulli / değirmen
mulli kafeje / kahve değirmeni
mullis [mullixhi] / değirmenci
mund / galip gelmek
mund / yapmak imkanı
mund / yenmek
mund me dredhi / galip gelmek (ustalıkla)
mundës / galip
mundësi / olanak
mundësi / olasılık
mundësi zgjedhjeje / seçme yetkisi
mundësisht / belki de
mundësisht / galiba
mundim / çaba
mundim / çabalama
mundim / gayret
mundimshëm (i) / gayretli

mundohem / didinmek
mundohem / uğraşmak
mundoj / eziyet etmek
mundshëm (i) / mümkün
mundshëm (i) / muhtemel
mundshëm (i) / olası
mundues / işkenceci
mungesë / eksiklik
mungesë / gereksinme
mungesë / yokluk
mungesë komodieti / sıkıntı
mungon (që) / eksik olan
mungues / noksan
municion / mühimmat
mur / duvar
murator / duvarcı
murg / keşiş
murg / rahip
murgeshë / rahibe
murit (i) / duvara ait
murmuris / mırıldanmak
murmurit / homurdanmak
murmuritje / homurdanma
murmuritje / mırıltı
murmuritje / söylenme
murmuroj / homurdanmak
murmuroj / mırıldanmak
murtajë / baş belası
murtajë / bela
murtajë / musibet
mushama / muşamba
mushama / yağmurluk
mushicë / titrersinek
mushkë / katır
mushkëri / akciğer
muskul / adale
muskul / kas
muskul fleksor / kas (fleksör)
muskulor / adaleli
Musliman / Müslüman
muson / muson
mustaqe / bıyık
mustardë / hardal
muzikant / müzisyen
muzikë / müzik
myk / küf
mykur (i) / küflü
myshk / yosun

- N -

nacionalizëm / milliyetçilik
naftë / neftyağı
naftë / petrol
naftësjellës / petrol hattı
nam / şöhret
nam i keq / kötü ün
nam të keq (që ka) / kötü şöhretli
nanuris / uyutmak
narcis / nergis
narkotik / uyuşturucu
natë / gece
natën [gjatë natës] / geceleyin
natës (i) / geceye ait
natrium / sodyum
naturalist [në art] / tabiat bilgisi uzmanı
natyra (nga) / tabiatıyla
natyrë / doğa
natyrë / tabiat
natyrisht / doğal olarak
natyrisht / elbette
natyrisht / tabii
natyrisht / şüphesiz
natyror / doğal
natyrshëm (i) / doğal
natyrshëm (i) / tabii
navllo / navlun
ndahem / ayrılmak
ndahem / bölünmek
ndahen çift / çiftlere ayrılmak
ndahet (që) / ayrılabilir
ndaj / ayırmak
ndaj / bölmek
ndaj / taksim etmek
ndaj dysh / ikiye ayırmak
ndaj katërsh / dörde bölmek
ndaj në dysh / ikiye bölmek
ndaj në ngastra / hisselere ayırmak
ndaj në pjesë / ayırmak (parçalara)
ndaj në pjesë / hisselere ayırmak
ndaj në zona / bölgelere ayırmak
ndaj përgjysëm / bölmek (yarı yarıya)
ndaj përgjysëm / paylaşmak (iki kısma)
ndajfolje / zarf
ndalem / durmak
ndalem për pushim / duraklamak
ndalesë / durak
ndalesë / engel
ndalesë / durma
ndalet [ora] / durmak [saat]
ndalim / engelleme
ndalim / yasak
ndalim (pa) / durmaksızın
ndaloj / durdurmak
ndaloj / engel olmak
ndaloj / engellemek
ndaloj / menetmek
ndaloj / yasak etmek
ndarë (i) / ayrı
ndarë (i) / ayrık
ndarje / ayırma
ndarje / ayrılma
ndarje / bölünme
ndarje / taksim
ndarje e qelizave / hücre bölünmesi
ndarje pjesë pjesë / parçalara ayırma
ndashëm (i) / ayrılabilir
ndejtëse [në nevojtore] / lazımlık
nder / şeref
nder / saygı
nderim / hürmet
nderim / sadakat yemini
nderim / saygı
nderim me përkulje / reverans yapma
nderoj / hürmet etmek
nderoj / saygı duymak
nderoj / şeref vermek
nderon (që nuk) / saygısız
nderon (që) / hürmetkâr

177

nderon (që) [ligjën] / saygı
  gösteren [kanun.]
ndershëm (i) / aziz
ndershëm (i) / dürüst
ndershëm (i) / hürmete layık
ndershëm (i) / nezih
ndershëm (i) / onurlu
ndershëm (i) / saygın
ndershmëri / dürüstlük
nderuar (i) / saygıdeğer
nderues / saygılı
ndeshem / çarpışmak
ndeshje / çarpışma
ndeshje / itip kakma
ndez / ateşe vermek
ndez / tutuşturmak
ndez / yakmak
ndezje / kundakçılık
ndezur (i) / ışıl ışıl
ndërgjegje / vicdan
ndërhyj / araya girmek
ndërhyj / müdahale etmek
ndërhyrje / aracılık
ndërkohë / aralık
ndërkombëtar / uluslararası
ndërlidhje / birbiriyle temas
ndërlikim / komplikasyon
ndërmarrje / teşebbüs
ndërmjetës / arabulucu
ndërmjetës / aracı
ndërmjetës (jam) / aracı olmak
ndërmjetësoj / aracılık
  etmek
ndërmjetëz / ortanca
ndërprerje / ara
ndërprerje / fasıla
ndërpres / ara vermek
ndërpres / devam etmemek
ndërpres / kesmek
ndërpres [bisedimet] / bölmek
  [konuşmayı]
ndërrim [të hollash] / değiştirme
  [para]
ndërroj / mübadele etmek
ndërroj pak / değiştirmek (biraz)
ndërron pendët / dökmek (tüy)
ndërsa / halbuki
ndërsa / oysa
ndërtesë / bina
ndërtim / inşa etme
ndërtim / yapı
ndërtoj / bina yapmak
ndërtoj / inşa etmek
ndërtoj / yapmak
ndërtues anijesh / tersane işçisi
ndëshkim [dënim] / ceza
ndëshkimor / cezalandırıcı
ndëshkoj / cezalandırmak
ndëshkoj / uslandırmak
ndëshkoj [dënoj] / ceza vermek
ndiej / hissetmek
ndihmë / bağış
ndihmë / vardım
ndihmë në të holla / para yardımı
ndihmës / yardımcı
ndihmoj / yardım etmek
ndihmoj / desteklemek

ndihmoj [me të holla] / para yardımı
  vermek
ndijim / duyarlık
ndijoj / sezmek
ndijor / duyarlı
ndikim / baskı [nüfus]
ndikoj / etkilemek
ndikoj / meylettirmek
ndikues / tesirli
ndizem / yanmak
ndizet / alev almak
ndizet / alevlenmek
ndizet / tutuşmak
ndjej / sezmek
ndjej të pështirë / iğrenmek
ndjek / eza etmek
ndjek / izlemek
ndjek / kovalamak
ndjek / takip etmek
ndjek këmba-këmbës / izlemek
  (adım adım)
ndjek me rrugë gjyqësore / dava açmak
ndjek rregullat gjyqëso. / kanuni
  takipte bulunmak
ndjek [një ide fikse] / zihnini meşgul
  etmek
ndjekës / izleyen
ndjekës / takip eden
ndjekje / kovalama
ndjekje / takibat
ndjell / ayartmak
ndjenja (pa) / duyarsız
ndjenja (pa) / hissiz
ndjenja (plot) / duygulu
ndjenjë / duygu
ndjenjë / heyacan
ndjenjë / his
ndjerë (i) / merhum
ndjesë / affetme
ndjeshëm (i) / duyarlı
ndjeshëm (i) / hissi
ndjesjmëri / duyarlılık
ndjesjmëri / hassasiyet
ndodh / olmak
ndodh / vaki olmak
ndodhje / oluş
ndonjëherë / herhangi bir zamanda
ndormë (i) / mayasız
ndoshta / muhtemelen
ndoshta / belki
ndot / bulaştırmak
ndot / kirletmek
ndot me baltë / çamurla kirlenmek
ndotë (i) / kirli
ndreq / düzeltmek
ndreq / ıslah etmek
ndreq / onarmak
ndreq / tashih etmek
ndreq / tamir etmek
ndreqje / düzeltme
ndreqje / ıslah
ndreqje / tamir
ndreqje / tashih
ndreqshëm (i) / düzeltilebilir
ndriçim / aydınlatma
ndriçim / ışıldama
ndriçim / parlaklık

ndriçim / pırıltı
ndriçoj / aydınlatmak
ndriçoj / ışın saçmak
ndriçoj / ışınlamak
ndriçon / ışık saçmak
ndriçonjës / ışık vayan
ndriçues / göz alıcı
ndriçues / ışıldayan
ndrikull / vaftiz anası
ndritshëm (i) / aydınlık
ndritshëm (i) / parlak
ndrojtur (i) / çekingen
ndrojtur (i) / mahçup
ndrydh / büzmek
ndrydh / burkmak
ndrydh / sıkmak
   [sulu bir şeyi]
ndryshe / başka
ndryshëm (i) / farklı
ndryshëm (i) / muhtelif
ndryshim / değişiklik
ndryshim / değişim
ndryshim / değişme
ndryshim / fark
ndryshim / farklılık
ndryshim i papritur / ani değişim
ndryshime (bëj) / değişiklik
   yapmak
ndryshk / kir
ndryshk / pas
ndryshkur (i) / paslı
ndryshoj / başka olmak
ndryshoj / değişik hale sokmak
ndryshoj / değişmek
ndryshoj / değiştirmek
ndryshoj / farklılaştırmak
ndryshoj drejtim / yön değiştirmek
ndryshon / değişmek
ndryshueshëm (i) / değişebilir
ndyhem / kirlenmek
ndyj / bulamak
ndyj / bulaştırmak
ndyj / kirletmek
ndyrë (i) / edepsiz
ndyrë (i) / kirli
ndyrë (i) / müstechen
ndyrë (i) / pis
ndyrësirë / pislik
ndytë (i) / iğrenç
ne / biz
ne [neve] / bize [bizi]
negativ / negatif
nepërkë / engerek yılanı
neqez / cimri
neqez / pinti
nerënxë / greyfurt
nerv / sinir
nervozoj / kızdırmak
nervozon (që të) / sinir eden
nesër / yarın
neto / net
neutralizoj / tesirsiz bırakmak
neveritje / iğrenme
neveritshëm (i) / iğrenç
neveritshëm (i) / tiksindirici
nevojë / gerek
nevojë / ihtiyaç

nevojë e madhe / ihtiyaç [zorunlu]
nevojë (kam) / ihtiyacı olmak
nevojshëm (i) / gerekli
nevojtar / muhtaç
nevojtar / yoksul
nevojtore / apteshane [tuvalet]
nevojtore / tuvalet
nevrik / asabi
nevrikosur (i) / sinirli
në / de (..), da (..)
në / içinde
në / içine
në / üstünde
në asnjë mënyrë / hiç bir suretle
në atë anë / diğer taraftan
në atë kohë / o vakit
në çdo rast / her halde
në çdo vend / her yerde
në ç'mënyrë / ne suretle
në kohen e duhur / tam zamanında
në lidhje me / ilgili olarak
në lidhje me këtë / bu münasebetle
në lidhje me .. / hakkında
në qoftë se / eğer
në qoftë se / şayet
në radhë të parë / ilk olarak
në rast të kundërt / aksi takdirde
në sasi të madhe / fazla derecede
në të gjitha drejtimet / her şekilde
në zjarr / ateş içinde
në [ke] / e (..) [..a...ye...ya]
nëm / lanet okumak
nëmur (i) / lanetlenmiş
nën / altında
nën thundrën e gruas / kılıbık
nënbarkëz / kolon [atlar için]
nëndetëse / denizaltı
nënë / anne
nënës (i) / anaya ait
nënkomission / alt komisyon
nënkrejcë / yastık
nënkryetar / başkan yardımcısı
nënkuptuar (i) / söylemeden anlaşılan
nënshkrim / imza
nënshkrim [në dokument] / iştirak
   taahhüdü
nënshkruaj / imza atmak
nënshkruaj / imza etmek
nënshkruar (i) / altında imza bulunan
nënshkrues / imza eden
nënshtrim / hüküm altına alma
nënshtrim / razı olma
nënshtrim / yumuşak başlılık
nënshtrohem / iradesine bırakmak
nënshtrohem (i) / çekilmek
   [teslim olmak]
nënshtrohem (i) / razı olmak
nënshtroj / hüküm altına almak
nënshtroj / tabi kılmak
nënstacion / şube
nëntë / dokuz
nëntëdhjetë / doksan
nëntëfishtë (i) / dokuz misli
nëntëmbëdhjetë / on dokuz
nëntëmbëdhjeti (i) / on dokuzuncu
nënti / dokuzuncu
nëntokë / toprakaltı

179

nëntokësor / yeraltı [gizli]
Nëntor / Kasım
nënvizoj / altını çizmek
nënvlerësues / küçültücü
nën-admiral / tuğamiral
nën... / alt
nëpër / arasında
nëpër / geçerek (...den)
nëpër / içinden
nëpër tokë / karadan
nëpunës / memur
nga ana ime / bana kalırsa
nga ana tjetër / diğer taraftan
nga një pikëpamje tjetër / bir başka açıdan
nga se / çünkü
ngacmim / kışkırtma
ngacmim / tahrik
ngacmoj / kızdırmak
ngacmoj / kışkırtmak
ngacmoj / rahatsız etmek
ngacmoj / sinirlandirmek
ngacmoj / tahrik etmek
ngacmues / sinirlendirici
ngacmues / tahrik edici
ngadalë / yavaş
ngadalësoj / ağırdan almak
ngadalësoj / duraksamak
ngadalësoj / geciktirmek
ngadalësoj / yavaşlatmak
ngadalësues / ağırdan alan
ngadhënjimtar / muzaffer
ngandonjëherë / bazen
nganjëherë / bazen
ngarkesë / sevkiyat
ngarkesë / yük
ngarkoj / yüklemek
ngarkoj fajin (i) / suçu üstüne yıkmak
ngarkoj me faj / suçlamak
ngarkoj në kurriz / omuzlamak
ngas [josh] / ayartmak
ngasje / günaha teşvik etme
ngastër / hisse
ngatërrim / karışıklık
ngatërrohem / karmakarışık olmak
ngatërrohem / karmaşık hale gelmek
ngatërrohet / karışmak
ngatërroj / bozmak
ngatërroj / karıştırmak
ngatërroj / karmakarışık etmek
ngatërruar (i) / karışık
ngatërruar (i) / karışmış
ngatërruar (i) / karmaşık
ngatërruar (tepër i) / karmakarışık
ngathët në punë (i) / acemi
ngathët (i) / acemi
ngathët (i) / hantal
ngathet (i) / miskin
ngathët (i) / sakar
ngathët (i) / tembel
ngathët (i) / uyuşuk
ngathët (i) [i plogët] / vurdum duymaz
ngathtësi / sakarlık
ngazëllim / sevinç

ngazëllohem / sevinç izhar etmek
ngjaj ndokujt (i) / benzemek
ngjalë / yılan balığı
ngjallje / şişmanlık
ngjan / meydana gelmek
ngjarje / hâdise
ngjarje / vuku bulma
ngjashëm (i) / benzer
ngjesh / sarmak (kuşakla)
ngjesh argjilën / yoğurmak (tuğla çamuru.)
ngjethje / sızlama (soğuktan,..)
ngjit / kaynak yapmak
ngjit / yapıştırmak
ngjit etiketa / etiket yapıştırmak
ngjit letrat [në dosje] / dosyalamak
ngjit me kallaj / lehimlemek
ngjit pulla / pul yapıştırmak
ngjit [metale] / kaynaştırmak [metal]
ngjitem / birbirine yapışmak
ngjitem / kaynaşmak
ngjitem / yapışmak
ngjitem / tırmanmak
ngjitem [për diçka] / tutunmak
ngjitës / yapışkan
ngjitës / yapıştırıcı
ngjitet / ilişmek
ngjitje / yapışma
ngjitur (i) / bitişik
ngjyrë / boya [kumaş boyası]
ngjyrë / renk
ngjyrë e bardhë / beyaz renk
ngjyrë e fytyrës / ten rengi
ngjyrë e kuqërremë / boz renk
ngjyrë e mbyllur / renk (kapalı)
ngjyrë e verdhë / sarı renk
ngjyrë gështenje / kestane rengi
ngjyrë jargavani / leylak rengi
ngjyrë kafe / kahverengi
ngjyrë manushaqe / menekşe rengi
ngjyrë portokalli / portakal rengi
ngjyrë rëre / kum rengi
ngjyrë rozë / pembe renk
ngjyrë të tokës (në) / toprak rengi
ngjyrë (pa) / renksiz
ngjyros / boyamak
ngjyros / renklendirmek
ngjyrosje / boyama
ngop / doyurmak
ngopem / doymak [aşırı]
ngopem / yemek yemek (oburca)
ngopje / doyma
ngopje / tokluk
ngre / kaldırmak
ngre / yükseltmek
ngre / yukarı kaldırmak
ngre çmimin / arttırmak (fiyatı)
ngre krye / baş kaldırmak
ngre krye / isyan etmek
ngre me vinç / kaldırmak (vinçle)
ngre moralin / coşturmak
ngre në katror / karesini almak
ngre në qiell / çıkarmak (göklere)
ngre në qiell / yüceltmek
ngre [vleftën] / arttırmak (kıymetini)
ngrënë prej moles (i) / güve yemiş
ngrënie / doğrama

ngrihem / kalkmak
ngrihem / yükselmek
ngrihem në këmbë / ayağa kalkmak
ngrihem vonë nga gjumi / geç uyanmak
ngrihet / yükselmek
ngrihet (që) / yükselen
ngrij / dondurmak
ngrin / donmak
ngrirë (i) / donmuş
ngritje / kalkma
ngritje / tümsek
ngritje / yükselme
ngritje / yükseltme
ngritur (i) / ileri
ngroh jashtë mase / ısıtmak (fazla)
ngrohem / ısınmak
ngrohem në diell / güneşlenmek
ngrohtë (i) / ılık
ngrohtë (i) / sıcak
ngue / kızdırmak
nguc / taciz etmek
ngul / çakmak
ngul / gömmek
ngul / saplamak
ngul këmbë / diretmek
ngul këmbë / ısrar etmek
ngul sytë / gözünü dikmek
ngulitur (i) / sabitleşmiş
ngulm / gayret
ngulmues / gayretli
nguros / sertleştirmek
nguros / taş haline getirmek
ngurosje / taş kesilme
ngurrim / tereddüt
ngurroj / tereddüt etmek
ngurtë (i) / sert
ngurtë (i) / inatçı
ngurtësi / sertlik
ngurtësi / inatçılık
ngushëllim / teselli
ngushëlloj / teselli etmek
ngushtë (i) / dar
ngushtë (i) / örtülü
ngushtësi / izdiham
ngushticë / dar geçit
ngushticë / dar yer
ngushticë / kanal
ngushtohem / daralmak
ngushtoj / daraltmak
ngut / acele ettirmek
ngutem / acele etmek
ngutshëm (i) / acele
ngutshëm (i) / acil
ngutshëm (i) / hemen olan
nikel / nikel
nikeloj / nikel ile kaplamak
nimfë / su perisi
nip / torun (erkek)
nip / yeğen [erkek]
nis / başlatmak
nis [maqinën...] / harekete geçirmek
nis [maqinën] / çalıştırmak (makinayı)
nisem / başlamak

nisem / harekete geçmek
nisem / kalkmak
nisem për lundrim / yelken açıp kalkmak
nisës / başlatan
nishan / işaret
nishan / nişan
nishanxhi / nişancı
nisheste / nişasta
nishtër / neşter
nisje / başlama
nisje / kalkış
nisje / başlangıç
nitrik / nitrik
nivel / derece
nivel / seviye
niveloj [vendin] / sıralamak
nofull / çene (alt)
nomad / göçebe
nomenklaturë / terminoloji
nominal / ismen mevcut olan
norduest [erë] / karayel
normal / normal
normal (jo) / normal olmayan
normal [nga mendja] / makul
normë / norm
Norvegjez / Norveçli
nota / nota
nota sol / sol notası
notar / yüzücü
notë / nota
noter / noter
notim / yüzme
notoj / yüzmek
notues / yüzen
nuancë / nüans
nuhas / koklamak
nuhas / kokusunu almak
nuhatës / koklamaya ait
nuk e ndjen veten mirë / huzursuz
nuk godit në shenjë / vuramamak (nişanı)
nuk lejoj / yasaklamak
nuk pranoj / kabul etmemek
nuk [s', mos] / değil
nulitet / hükümsüzlük
numër / sayı
numër i lindjeve / doğum sayısı
numër prim / asal sayı
numerator / pay
numërim / numara koyma
numërim / sayma
numëroj / saymak
numëroj faqet / numaralamak (sayfaları)
numëror / sayı cinsinden olan
numërtoj / numaralandırmak
nun / vaftiz babası
nuse / gelin
nuse e lalës / gelincik
nuseror / geline ait
nusk / muska
nxeh / ısıtmak
nxehem / kızmak
nxehtë (i) / sıcak (çok)
nxehtësi / ısı

nxejrr [nga puna] / işine son vermek
nxënës / öğrenci (erkek)
nxënës / talebe
nxënës [në një zanat] / çırak
nxënëse / öğrenci (kız)
nxit / harekete geçirmek
nxit / kışkırtmak
nxitës / harekete geçirici
nxitës / kışkırtıcı
nxitës / tahrik edici
nxitim (me) / acele ile
nxitje / dürtü
nxitje / tahrik
nxitje (jap) / teşvik etmek
nxitohem / acele etmek
nxitoj / acele ettirmek
nxitoj / hızlandırmak
nxitoni ! / acele edin !
nxjer [ajrin] / boşaltmak (havayı)
nxjerr / çıkarmak
nxjerr / hasıl etmek
nxjerr bifka / filiz vermek
nxjerr dhe / hafriyat yapmak
nxjerr filiza / filiz vermek
nxjerr flluska gazi / köpürmek [kaynatmada]
nxjerr fragmente / iktibas etmek
nxjerr frymën / nefes vermek
nxjerr gjuhën / dil çıkarmak
nxjerr jashtë / çıkarmak (dışarı)
nxjerr jashtë / dışarı atmak
nxjerr jashtë / ihraç etmek
nxjerr kokën / sarkmak
nxjerr lagështirën / sızdırmak (dışarı)
nxjerr ligjë / kanun yapmak
nxjerr me pompë / çıkarmak (tulumba ile)
nxjerr nam të keq / karalamak
nxjerr në dritë / aydınlığa çıkarmak
nxjerr në dritë / çıkarmak (gün şığına)
nxjerr në pension / emekliye çıkarmak
nxjerr nga puna / çıkarmak (işten)
nxjerr përfundimin / sonuç çıkarmak
nxjerr shkumë / köpük çıkarmak
nxjerr shumën e përgji. / yekününü bulmak
nxjerr të fshehtën / açığa çıkarmak
nxjerr të fshehtën / açığa vurmak
nxjerr [ballgam] / çıkarmak (balgam)
nxjerr [konkluzion] / çıkarmak (sonuç)
nxjerr [libra,...] / çıkarmak [kitap...]
nxjerr [para] / çıkarmak [para]
nxjerr [përfundimin] / çıkarmak [sonuç]
nxjerr [shortin] / çekmek
nxjerrje frymë / nefes verme
nxjerrje përjashta / ihraç etme
nxjerrshëm (i) / çıkarılabilir
nyje / düğüm

nyje (me) / budaklı
nyje [e gishtit] / boğum [parmak]
nyje [në dru] / budak
nzjerr / yayınlamak
nzjerr me garuzhdë / çıkarmak (kepçe ile)
nzjerr nga vendi / yerinden çıkarmak
nzjerrje qumështi / süt salgılama

- NJ -

njerëz / insanlar
njerëzi / nezaket
njerëzım / beşer
njerëzishëm (i) / kibar
njerëzishëm (i) / medeni
njerëzishëm (i) / nazik
njerëzit e shtëpisë / hane halkı
njerëzor / insana ait
njeri / insan
njeri bosh / sersem
njeri i besuar / sırdaş
njeri i mbajtur peng / tutsak
njeri i ngathët / beceriksiz kişi
njeri i ngathët / şapşal insan
njeri i papunë / boş gezen kimse
njeri i prapambetur / kişi (geri kalmış)
njeri i vrazhdë / kaba kimse
njeri që fle / uyuyan kimse
njerk / üvey baba
njerkë / üvey anne
një / bir
një / tek
një gjak e një fis / akraba
një krah / kucak dolusu
një mendje / aynı fikirde
një pas një / birbiri ardına
një sasi mjaft e madhe / hayli [pek çok]
një thes plot [si masë] / bir çuval dolusu [ölçü]
njëanshëm (i) / tek taraflı
njëjtë (i) / özdeş
njëllojshmëri / aynılık
njëllojtë (i) / aynı
njëmbëdhjetë / on bir
njëmbëdhjeti (i) / on birinci
njëmijë / bin
njëmijtë (i) / bininci
njëpasnjëshë (i) / ardışık
njëri pas tjetrit / birer birer
njëri prej tyre / onlardan biri
njëri tjetrin / bir diğeri
njëri tjetrin / bir diğerini
njësh / birli
njësi / bir olma
njësi / birim
njësi / takım [askeri]
njësi policore / polis müfrezesi
njëzet / yirmi
njëzetë (i) / yirminci
njoftim / tanıtma
njoftoj / bilgi vermek
njoftues / bilgi veren kimse
njoh / tanımak
njoh / tanıtmak

njohës / bilen
njohës / uzman
njohje / tanıma
njohshëm (i) / bilinir
njohur dhe farefis (të) / dostlar ve akrabalar
njohur (i,e) / tanıdık
njohur (i) / ünlü
njohur (i) / meşhur
njohur (i) / namlı
njohuri të përcipta / sathi bilgi
njollë / leke
njollë dielli / güneş lekesi
njollë [pullë] / leke [benek]
njollos / leke sürmek
njollos / lekelemek
njom / banmak [sıvıya batırmak]
njom / ıslatmak
njom me vaj / yağ emdirmek
njomë (i) / nemli
njomë (i) [i lagësht] / sırılsıklam

- O -

oazë / vaha
objektiv / objektif
oborr / avlu
observator / rasathane
obus / obüs
odë e rojes / bekçi odası
officer me gradë të vog. / assubay
oficer / subay
oficer i policisë ushta. / inzibat subayı
ofroj / önermek
ofroj / teklif etmek
okllai / oklava
oksid / oksit
oksidohet / oksitlenmek
oksidoj / okside etmek
oksigjen / oksijen
om / om
omnibus / seçmeler
opera / opera
operator / operatör
operoj / ameliyat etmek
oportunist / fırsatçı kimse
optikë / optik
optimal / en uygun
optimist / iyimser kimse
optimizëm / iyimserlik
oqean / okyanus
orar / tarife
orator / hatip
orator / konuşmacı
orator / sözcü
oratorik / hatipliğe ait
oreks / iştah
orë / saat
orë dielli / güneş saati
orë me zile / çalar saat
orë rëre / kum saati
orë xhepi / cep saati
orëndreqës / saatçi
organ / organ

organik / organik
organizëm / organizma
organizim / düzenleme
organizoj / düzenlemek
organizoj masakër / katletmek
organo / organun
oriental / doğulu
origjinal / asıl
origjinal / özgün
origjinalitet / özgünlük
origjinë / köken
origjinë / nesep
oriz / pirinç
orkestër / orkestra
orkestër harqesh / yaylı sazlar orkestrası
ortodoks / ortodoks
ortografi [drejtshkrim] / imla
orvatem / gayret etmek
orvatem / teşebbüs etmek
ose / veya
ose...ose / olup olmadığını
oshënar / münzevi kimse
oval / oval
ovar / ovar
oxhak / baca
oxhak / ocak
ozon / ozon

- P -

pa / siz (...) [...sız]
pa frymë / nefessiz
pa klasë / sınıfsız
pa kufi / sınırsız
pa moral / ahlak dışı
pa para / bedava
pa qëndruar / ara vermeden
pa tru / beyinsiz
pa vonsë / derhal
paafrueshëm (i) / yaklaşılamaz
paaftë (bëj të) / kudretsiz hale getirmek
paaftë (i) / kabiliyetsiz
paaftë (i) / yeteneksiz
paaftë (i) [i pazoti] / beceriksiz [aciz]
paaftësi / iktidarsızlık
paaftësi / kabiliyetsizlik
paaftësi / maluliyet
paanësi / tarafsızlık
paanshëm (i) / tarafsız
paarësyeshëm (i) / mantıksız
paarmatosur (i) / silahsız
paarritshëm (i) / erişilemez
pabarabatë (i) / eşitsiz
pabarazi / eşitsizlik
pabazuar (i) / esassız
pabazuar (i) / temelsiz
pabesë (i) / vefasız
pabesi / imansızlık
pabesueshëm (i) / inanılmaz
pabindur (i) / asi
pabindur (i) / itaatsız
pabindur (i) / serkeş kimse
pabotuar (i) / yayımlanmamış
pacaktuar (i) / belirli olmayan

183

pacaktuar (i) / belirsiz
paçmueshëm (i) / paha biçilmez
padallueshëm (i) / farkedilemez
padallueshëm (i) / seçilemez
padëgjueshëm (i) / işitilemez
padëmshëm (i) / zararsız
padepërtueshëm (i) / şeffaf
  olmayan [donuk]
padetyrueshëm (i) / zorunlu
  olmayan
padi / dava
padi / suçlama
padi [proçes gjyqësor] / dava
padiskutueshem (i) / itiraz
  edilemez
padiskutueshëm (i) / malum
padiskutueshëm (i) / tartışılmaz
padit / itham etmek
padit / suçlamak
paditës / davacı
paditës / itham eden kimse
paditur (i) / cahil
padituri / cehalet
padjallëzuar (i) / saf
padjegshëm (i) / yanmaz
padobishëm (i) / faydasız
padrejtë / haksız
padrejtë (i) / adaletsiz
padrejtë (i) / yanlış
padrejtësi / haksızlık
padukshëm (i) / belirsiz
padukshëm (i) / farkedilmeyen
padukshëm (i) / görülemez
paduruar (i) / sabırsız
padurueshëm (i) / çekilmez
padurueshëm (i) / dayanılmaz
padurueshëm (të qenët i) /
  müsamahasızlık
padyshimtë (i) / kesin
padyshimtë (i) / şüphesiz
paepur (i) / [matçi lesnek olmayan]
pafajësi / suçsuzluk
pafajshëm (i) / masum
pafajshëm (i) / suçsuz
pafalshëm (i) / affedilemez
pafalshëm (i) / affolunamaz
pafat (i) / talihsiz
pafrenueshëm (i) / zaptolunamaz
pafrikshëm (i) / korkusuz
pafrytshëm (i) / meyvesiz
pafrytshëm (i) / tesirsiz
paftuar (i) / davetsiz
paftyrësi / yüzsüzlük
pafund / dipsiz
pafund / sonsuz
pafund (i) / hudutsuz [çok büyük]
pafundësi / sonsuzluk
pafuqishëm (i) / güçsüz
pafuqishëm (i) / kuvvetsiz
pafytyrë (i) / hoppa
pafytyrë (i) / yüzsüz
pagabueshëm (i) / hatasız
pagan / kafir
pagan / putperest
paganizëm / putperestlik
pagë / maaş
pagë / ücret

pagesë / ödeme
pagim / ödeme
pagjumësi / uykusuzluk
paguaj / ödemek
paguar (i) / ücretli
pagueshëm (i) / ödenebilir
paharrueshëm (i) / unutulmaz
pahieshëm (i) / çirkin görünen
pahieshëm (i) / yakışıksız
paimitueshëm (i) / taklit edilemez
pajime / donatma
pajime / mefruşat
pajime / tertibat
pajime / donanım
pajime shkresorie / kırtasiye
pajime shtrati / yatak takımı
pajime ushtarake / askeri levazım
pajis / donatmak
pajis / süslemek
pajis / teçhiz etmek
pajisje / levazım
pajisje / teçhizat
pajtim / barışma
pajtim / uygunluk
pajtim / uyum
pajtim / uyuşma
pajtim / uzlaşı
pajtim / uzlaşma
pajtim me (një) / uygun olarak
pajtohem / anlaşmak
pajtohem / uyuşmak
pajtohem (nuk) / uyuşmamak
pajtohet (që nuk) / uyuşmayan
pajtoj / barıştırmak
pajtoj / uzlaştırmak
pajtueshëm (i) / uygun
pajtueshmëri / uygunluk
pak / az
pak kohë më parë / son zamanlarda
pak (sa më) / en az
pakalueshëm (i) / geçilemez
pakapshëm (i) / tutulamaz (el ile)
pakënaqësi / hoşnutsuzluk
pakënaqësi / memnuniyetsizlik
pakënaqur / tatmin olmayan
pakënaqur (i) / üzgün
pakëshillueshëm (i) / ihtiyatsız
pakësim / azaltma
pakësim / eksilme
pakësohem / azalmak
pakësohet / azalmak
pakësoj / azaltmak
pakët (i) / az
pakët (i) / idareli
pakët (i) / kıt
paketohet / paketlenmek
paketoj / paketlemek
pakicë / azınlık
pako / denk
pako [me para] / tomar
pakohshëm (i) / vakitsiz
pakohshëm (i) / zamansız
pakrahasueshëm (i) / emsalsiz
pakrahasueshëm (i) / kıyas kabul etmez
pakt / pakt
pakthyeshëm (i) / değiştirilemez
pakthyeshëm (i) / dönüştürülemez

paku (së) / hiç olmazsa
pakufishëm (i) / sınırsız
pakufizuar (i) / serbest
pakujdesi / dikkatsizlik
pakujdesshëm (i) / dikkatsiz
pakujdesshëm (i) / kayıtsız
pakundërshtueshëm (i) / aksi iddia edilemez
pakuptueshëm (i) / anlaşılmaz
pakursyer (i) / esirgemeyen
palaço / palyaço
palcë e kockës / ilik
palë / çift
palë / kat
palë / pli
palë [në rrobë] / kat [eşya]
palëkundshëm (i) / sarsılmaz
palëndët (i) / önemsiz
palëndët (i) / soyut
paletë / palet [boyama tahtası]
paleverdi / karlı olmayan
palëvizshëm (i) / durağan
palëvizshëm (i) / hareketsiz
palëvizshëm (i) / kımıldanamaz
palëvizshmëri / hareketsizlik
palexueshëm (i) / okunmaz
palexueshmëri / okunmazlık
palidhur (i) / bağlantısız
paligjshëm (i) / gayri meşru
paligjshëm (i) / kanuna aykırı
paligjshëm (i) / kanunsuz
paligjshëm (i) / meşru olmayan
paligjshmëri / kanuna aykırılık
pallat / ev (muhteşem)
pallavra / palavra
pallavra / saçmalık
pallogaritshëm (i) / hesap edilemez
pallto / palto
pallua / tavus kuşu
palmë / palmiye
palmë kokosi / hindistan cevizi ağacı
palodhshëm (i) / yorulmaz
palodhur (i) / yorulmayan (hiç)
palogjikshëm (i) / mantıksız
palombar / dalgıç
palos / katlamak
paloset (që) / katlanır
paluejtshëm (i) / kımıldamaz
pamasë / ölçüsüz
pamasë (i) / aşırı
pamatshëm (i) / ölçülemeyen
pamatur (i) / ölçülemez [çok büyük]
pambarim (i) / bitmez tükenmez
pambaruar (i) / bitmemiş
pambaruar (i) / yapılmamış
pambarueshëm (i) / bitmez
pambrojtur (i) / savunmasız
pambuk / pamuk
pamenduar (i) / düşüncesiz
pamëshirshëm (i) / merhametsiz
pamësuar (i) / alışmamış
pamjaftueshëm (i) / eksik
pamjaftueshëm (i) / yetersiz
pamjaftueshmëri / yetersizlik
pamje / bakış
pamje / görünüş
pamje e jashtme / dış görünüş
pamje e vrërët / tehditkar bakış
pampas / pampa
pamundur (i) / imkansız
pamundur (i) / yenilmez
panair / panayır
pandashëm (i) / ayrılmaz
pandashëm (i) / taksim olunamaz
pandeh / farz etmek
pandeh / sanmak
pandehje / sanma [farz etme]
pandehje / zan
pandërprerë (i) / devamlı
pandershëm (i) / şerefsiz
pandjeshmëri / duyarsızlık
pandjeshmëri / hissizlik
pandreqshëm (i) / düzelmez
pandreqshëm (i) / düzeltilemez
pandreqshëm (i) / ıslah olunmaz
pandreqshëm (i) / tamir olunamaz
pandryshuar (i) / değişmez
pandryshueshëm (i) / değişmeyen
pandryshueshëm (i) / değişmez
pandryshueshëm (i) / sabit
pandryshueshmëri / değişmezlik
panel / pano
panevojshëm (i) / gereksiz
panevojshëm (i) / lüzumsuz
pangjashëm (i) / farklı
pangopur (i) / aç gözlü
pangopur (i) / bencil
pangopur (i) / doymak bilmez
pangopur (i) / obur
pangushullueshëm / avutulamaz
panik / panik
panjerëzishëm (i) / nezaketsiz
panjohshëm (i) / tanınamaz
panjohur (i) / bilinmeyen
panjohur (i) / tanınamaz
panjollosur (i) / lekesiz
pankreas / pankreas
panoramë / panorama
pantallona / pantolon
panterë / panter
pantofle / terlik [pantofla]
pantomimë / pandomima
panumërt (i) / numarasız
panumërt (i) / sayılamaz
panxhar sheqeri / şeker pancarı
papagall / papağan
papaguar (i) / ödenmemiş
papagueshëm (i) / tahvil olunamaz (nakde)
papajtueshëm (i) / uymayan (birbirine)
paparë (i) / görünmeyen (göze)
paparti (i) / partisiz
papastër (i) / kirli
papë / papa
papëlqyer (i) / hoş karşılanmayan
papëlqveshëm (i) / beğenilmeyen
papëlqveshëm (i) / nahoş
papërcaktuar (i) / kesin olmayan
papërdorshëm (i) / kullanılmayan
papërfillshëm (i) / önemsemeye değmez
papërgjegjshëm (i) / sorumsuz
papërkorë (i) / aşırı [itidalsiz]

185

papërkulshëm (i) / eğilmez
papërlyer (i) / lekesiz
papërmbajtur (i) / kendini tutamayan
papërmbajtur (i) / küstah
papërmbajtur (i) / taşkın
papërpunuar (i) / ham [işlenmemiş]
papërpunuar (i) / kaba
papërshkrueshëm (i) / tanımlanamaz
papërshtatshëm (i) / münasebetsiz
papërshtatshëm (i) / uygun olmayan
papërshtatshëm (i) / uygunsuz
papërvojë (i) / denenmemiş
papeshë (i) / ağırlığı olmayan
papjekur (i) / ham
papjekur (i) / pişmemiş (iyi)
papranueshëm (i) / kabul edilemez
papranueshëm (i) / kabul olunmaz
paprekshëm (i) / dokunulamaz
paprekshëm (i) / dokunulmaz
paprekur (i) / dokunulmamış
papritur / birdenbire
papritur (i) / beklenilmedik
papunë (i) / işsiz
papunësi / işsizlik
papunuar (i) / ham
papunuar (i) / işlenmemiş
papunuar (i) / kaba
papushtueshëm (i) / zaptedilemez
paqartë (i) / müphem
paqartë (i) / muğlak
paqartësi / belirsizlik
paqe / barış
paqedashës / barışsever
paqëndrueshëm (i) / dayanıksız
paqëndrueshëm (i) / kararsız
paqëndrueshëm (i) / sabırsız
paqëndrueshmëri / kararsızlık
paqëndrueshmëri / sabırsızlık
paqësim / barışma
paqësoj / barıştırmak
paqësor / barışçı [uzlaştırıcı]
paqësor / barışçıl
paqetë / paket
para / önce
para / önde
para / para
para në dorë (me) / nakit
para pak kohe / yakın zamanlarda
para (pa) / parasız
paraardhës / ata [cet]
paraardhës / selef
paraardhje / öncelik
parabolë / parabol
parabolik / parabolik
paracaktim / takdir
paracaktoj / mana vermek
paracaktoj / niyet etmek
paracaktoj / takdir etmek
paradë / gösteri
paradhënie / avans
paradhomë / hol

paradije / önceden bilme
paradoks / paradoks
paradreke / öğleden evvel
parafinë / mum
parafinë / parafin
parafjalë / edat
parafytyroj / hayal kurmak
parafytyroj / tahayyül etmek
parafytyroj / tasavvur etmek
parafytyroj / tasvir etmek
paragjykim / önyargı
paragjykoj / hüküm vermek (önceden)
paragraf / paragraf
parahistorik / tarih öncesi
parajsë / cennet gibi yer
parakalim / geçit töreni
parakalim / tören
parakohshëm (i) / erken gelişmiş
parakohshëm (i) / vaktinden evvel olan
paralajmërim / haber verme (önceden)
paralajmërim / ihtar
paralajmërim / ikaz
paralajmërim / kehanet
paralajmërim / uyarma
paralajmëroj / haber vermek (önceden)
paralajmëroj / ikaz etmek (önceden)
paralajmëroj / uyarmak
paralajmëron / kehanette bulunmak
paralajmërues / müjdeci
paralel / paralel
paralelogram / paralelkenar
paralelopiped / paralelyüz
paralitik / felçli
paralizë / felç
paralizë / inme
paralizoj / felce uğratmak
paraluftës (i) / savaş öncesine ait
paramendim / tasarlama
paramenduar (i) / tasarlanmış
paramur / siper
parandalim / önleme
parandaloj / önlemek
parandjenjë / önsezi
parapagim / peşin ödeme
parapaguaj / ödemek (peşin)
parapëlqej / tercih etmek
parapëlqim / tercih
paraprak / hazırlayıcı
paraqes / arz etmek
paraqes / göstermek
paraqes / takdim etmek
paraqit / sunmak
paraqit / göstermek
paraqitje / sunma
paraqitshëm (i) / sunulabilir
parardhës / halef
pararojë / öncü kolu
parashikim / ihtiyat
parashikim / sezinleme
parashikim i kohës / hava tahmini
parashikoj / görmek (önceden)
parashikoj / sezinlemek
parashikoj / tahmin etmek
parashikues / önceden bilen
parashtesë / ön ek
parashtrim / teklif
parashtrim i shkurtër / özet

parashutë / paraşüt
parashutist / paraşütçü
paraskenë / perde önü
parathem / kehanette bulunmak
parathënie / önsöz
paravendosur (i) / hüküm verilmiş (peşin)
parazit / asalak
parazit / parazit
parazit [njeri] / asalak kişi
parazitë / haşarat
parcelë [toke] / parsel
pardje / evvelki gün
parë (i) / birinci
parë (i) / öncel
parë (i) / önde
parë (i) [stërgjysh] / ata [büyük dede]
parehatshëm (i) / rahatsız
parëndësishëm (i) / önemsemeye değmez
parëndësishëm (i) / önemsiz
parësi moshe / kıdemlilik [yaşça]
parfum / parfüm
parfumeri / parfümeri
pari (i) / ilk
parim / prensip
park / park
park [automobilash] / otopark
parket / parke
parlament / parlamento
parmak mbrojtës / korkuluk
parmakë / parmaklık
parmakë / pencere kafesi
parodi / hiciv
parodi / parodi
parodizoj / hicvetmek
parrëfyeshëm (i) / sözü edilemez
parregullt (i) / düzensiz
parregullt (i) / kural dışı
parti / parti
partizan / partizan
partner / eş
parukë / peruka
parullë / parola
pas / sonra
pas vdekjes / ölümden sonra
pasaktë (i) / tam doğru olmayan
pasaktësi / tam olmayış
pasaportë / pasaport
pasardhës / zürriyet
pasazh [nga libri] / pasaj
pasdreke / öğleden sonra
pashë zotin / Allah aşkına
pashëm (i) / cüsseli
pashëmbullt (i) / eşsiz
pashërueshëm (i) / telafi olunamaz
pashërueshëm (i) / şifa bulmaz
pashkatërrueshëm (i) / yıkılamaz
pashlyeshëm (i) / silinemez [leke]
pashmangshëm / kaçınılmaz
pashok (i) / eşsiz
pashpirt (i) / cansız
pashpresë (i) / ümitsiz
pashterueshëm (i) / tükenmez
pashtruar (i) / itaatsiz

pashueshëm (i) / söndürülemez
pasiguri / emniyetsizlik
pasigurt (i) / emniyetsiz
pasigurt (i) / güvenilmez
pasinqertë / samimiyetsiz
pasion / kuvvetli his
pasiv / pasif
pasivitet / dirençsizlik
pasluftës (i) / savaş sonrasına ait
pasoj / birbirini takip etmek
pasqyrë / ayna
pasqyrë muri / duvar aynası (büyük)
pasqyrim / aksetme [yansıma]
pasqyrim / yansıma
pasqyroj / aksetmek
pasqyrues / aksettiren
pastaj / ayrıca
pastaj / onun üzerine
pastaj / sonra
pastaj / sonradan
pastajmë (i) / sonraki
pastajshëm (i) / sonraki
pastë / pasta
pastër (i) / net
pastër (i) / temiz
pastër (i) / saf
pastërma / pastırma
pastërti / saflık
pastërti / temiz olma
pastërti / temizlik
pastiçer / pastacı
pastiçeri / pastahane
pastiçier / şekerci
pastinakë / havuç (yabani)
pastrim / silme
pastrim / temizleme
pastrohem / boşalmak [ishal]
pastrohem / temizlenmek
pastroj / safileştirmek
pastroj / temizlemek
pastroj me furçë / fırçalamak
pastroj pambukun / çıkarmak (pamuk çekir.)
pastrues / temizleyici
pastrues dëbore / kar temizleyicisi
pasues / bağlı
pasuni / mal
pasur (i) / zengin
pasuri / mülk
pasuri / servet
pasuri / varlık
pasuri / zenginlik
pasuri / mal
pasuri fjalësh / kelime zenginliği
pasuri natyrore / doğal kaynaklar
pasuroj / zenginleştirmek
patate / patates
patericë [e të sëmurit] / koltuk değneği
patinator / patinaj yapan kimse
patinë / paten
patjetër / kesin olarak
patkua / at nalı
patok / kaz (erkek)
patregueshëm (i) / ifade edilemez
patregueshëm (i) / sözü edilemez
patretshëm (i) / erimez
patron / patron

187

patronazh / hamilik
patrullë / karakol
patrulloj / devriye gezmek
paturp (i) / küstah
paturp (i) / utanmaz
paturpësi / küstahlık
paturpësi / müstechenlik
paturpësi / terbiyesizlik
paturpshëm (i) / edepsiz
paturpshëm (i) / küstah
paturpshëm (i) / müstechen
paturpshëm (i) / utanmaz
pavarësi / bağımsızlık
pavarur (i) / bağımsız
pavarur (i) / özerk
pavdekësi / ölümsüz olarak
pavdekshëm (i) / ölümsüz
pavëmendshëm (i) / dikkatsiz
pavend (gjë e) / uygunsuz
pavend (i) / konu dışı
pavend (i) / uygun olmayan
pavend (i) / yersiz
pavendosmëri / kararsızlık
pavendosur (i) / isteksiz
pavendosur (i) / kararsız
pavetëdijshëm (i) / içgüdüsel
pavetëdijshëm (i) / istenilmeden yapılan
pavetëdijshëm (i) / kendini bilmez
pavetor / kişisel olmayan
pavion [spitali] / koğuş
pavlefshëm (i) / hükümsüz
pavleftë (bëj të) / hükümsüz kılmak
pavleftë (i) / geçersiz
pazar / pazar
pazarllëk (bëj) / pazarlık yapmak
pazbatueshëm (i) / tatbik olunamaz
pazbatueshëm (i) / yapılamaz
pazbutshëm (i) / yılmaz
pazëvendësueshëm (i) / yeri doldurulamaz
pazgjidhshëm (i) / çözülemez
pazoti (i) / beceriksiz
pazvogëlueshëm (i) / sadeleştirilemez
pe / ip
pe / iplik
pe me plumbç / şakül sicimi
pe [leshi] / iplik [yün]
pecetë / peçete
pedagogji / pedagoji ilmi
pedagogjik / pedagojik
pedal / pedal
pedant / bilgiçlik taslayan
pedinë / piyade
peizazh / manzara
peizazh / peyzaj
peizazh deti / deniz manzarası
pejzë / kiriş
peksimadhe / peksimet
pelë / kısrak
pelegrin [haxhi] / hacı
pelegrinazh [haxhillëk] / hacılık
pelenë / çocuk bezi
pelin / pelin
pellg / gölet

pellg / havuz
pelte / pelte
penallti / penaltı
pendë / kanat
pendë / set [toprak,taş]
pendë / tüy
pendë peshku / yüzgeç
pendesë / metanet
pendim / pişmanlık
pendimtar / pişman
pendohem / pişman olmak
pendur (i) / pişman
peng / ipotek [rehin]
peng / rehin
pengesë / engel
pengesë / mania
pengim / köstekleme
pengohem / kösteklenmek
pengoj / engel olmak
pengoj / engellemek
pengoj / mani olmak
pengoj lëvizjen / mani olmak
pension / emekli aylığı
pensionist / emekli
pepsinë / pepsin
perandor / imparator
perandorak / imparatora ait
perandoreshë / imparatoriçe
perandori / imparatorluk
perceptim / idrak
perde / perde
perde tymi / duman perdesi
perëndeshë / tanrıça
perëndim / batı
perëndim dielli / güneş batması
perëndim i diellit / gün batımı
perëndimor / batısal
perëndimor / batıya ait
perëndon [dielli] / batmak [güneş]
pergamen / parşömen
periferi / dış çevre
perime / sebze
periodë / devir
periodik / pervodik
periudhë e akullnajave / buzul devri
perkusion / perküsyon
perlë / inci
peroksid / peroksit
person / şahıs
personal / bireysel
personal / şahsi
personal [vetiak] / kişisel
personalisht / şahsi
personalitet / şahsiyet
personazh / şahsiyet
personel / personel
perspektivë / perspektif
pesë / beş
pesëdhjetë / elli
pesëdhjeti (i) / ellinci
pesëkëndësh / beşgen
pesëmbëdhjetë / on beş
pesëmbëdhjeti (i) / on beşinci
pesëshe [para] / beşlik [para]
peshë / ağırlık
peshë / yük

peshë specifike / özgül ağırlık
peshk / balık
peshk persian [lumi] / tatlı su levreği
peshkaqen / köpek balığı
peshkatar / balıkçı
peshkim / balık avlama
peshkim / balıkçılık
peshkoj / balık tutmak
peshkop / piskopos
peshoj / tartmak
peshoj më shumë / ağır gelmek (daha)
peshon / ölçünmek
peshore / terazi
peshq të vegjël / balık (yavru)
pesimist / bedbin
pesti (i) / beşinci
petal / taç yaprağı
petëzoj si fletë / yaprak şekline sokmak
petka / elbise
petullë / gözleme
pëlhurë / çarçaf
pëlhurë / kumaş
pëlhurë / örtü
pëlhurë e ashpër / perdelik kumaş [sert]
pëlhurë e hollë / ince kumaş
pëlhurë e mëndafshtë / ipekli kumaş
pëlhurë e trashë / branda bezi
pëlhurë mëndafshi / çin ipeği
pëlhurë për flamuj / bayrak bezi
pëlhurë velash / yelken bezi
pëllas / böğürmek
pëllcas / patlamak
pëllcet / gürlemek
pëllëmbë / karış
pëllet / anırmak
pëllitje / böğürme
pëllumb / güvercin
pëlqej (i) / hoşuna gitmek
pëlqej (nuk) / beğenmemek
pëlqen (më) / hoşlanmak
pëlqen (nuk më) / beğenmemek
pëlqim / beğeni
pëlqim / beğenme
për / için
për gjithmonë / daima
për herë / her zaman
për jetë / ebediyen
për natë [natë për natë] / her gece
për së shpejti / çok geçmeden
për së shpejti / yakında
përballoj me guxim / cesaretle karşılamak
përbashkët (i) / ortak
përbëhem prej / meydana gelmek
përbëj / meydana getirmek
përbëj një të tërë / bütünlemek
përbërës / meydana getiren
përbërje / meydana getirme
përbindësh [lugat] / canavar
përbindshëm (i) / anormal
përbrenda / içte
përbuz / küçümsemek

përbuzës / alaycı
përbuzës / kibirli
përbuzje / küçük görmek
përbuzje / küçümseme
përcaktim / tespit
përcaktoj / belirlemek
përcaktoj / belirtmek
përcaktoj / tayin etmek
përcaktoj prejardhjen / kökünü araştırmak
përcaktonjës / belirleyici
përcaktuar (i) / belirli
përcaktuar (i) / kesin
përcaktues / bulucu
përçap / çiğnemek
përçarës / fitzipçi
përçarje / fikir ayrılığı
përçarje në fe / bölünme (dinde)
përcëlloj / kızartmak (hafif ateşte)
përcëlloj / yakmak (hafif ateşte)
përciptë (i) / sathi
përejell / yolcu etmek
përçmoj / küçümsemek
përdhos / kirletmek
përdhosje / kirletme
përdhunoj / tecavüz etmek
përditshëm (i) / günlük
përditshëm (i) / her gün
përdor / kullanmak
përdor keq / kötü kullanmak
përdorim / kullanış
përdorur shumë (i) / eski püskü
përdorur (i) / kullanılmış
përdredh / bükmek
përdredh / burkmak
përdredh / burmak
përdridhem / kıvrılmak
përdridhem [nga dhëmbja] / kıvranmak (ağrıdan)
përdridhet / kıvrılmak
përemër / zamir
përfaqësoj / temsil etmek
përfaqësues / sözcü
përfaqësues / temsilci
përfaqësues / yetkili (tam)
përfaqësues i puntorëve / işçi temsilcisi
përfill (nuk) / önem vermemek
përfill (nuk) / yüz vermemek
përfitim / kar
përfitim / kazanç
përflas / iftira etmek
përfolje / iftira
përforcim / takviye
përfshij / kapsamak
përfshin (që) / kapsayan
përfshirje / kapsama
përfundim / sonuç
përfundim / sonuç verme
përfundim (pa) / neticesiz
përfundoj / bitirmek
përfundoj / sonlandırmak
përfundoj / sonuç çıkarmak
përfundoj / sonuçlandırmak
përfundoj / tamamlamak
përfunduar (i) / sonlanmış
përfunduar (i) / tamamlanmış

189

përfytyrim / tasvir
përfytyroj / hayal etmek
përfytyroj / tasvirini yapmak
përfytyruar (i) / hayal mahsülü
përfytyrushëm (i) / tasavvur
  edilebilir
përgënjeshtrim / tekzip
përgënjeshtrim / yalanlama
  [çürütme]
përgënjeshtroj / ispat etmek
  (aksini)
përgënjeshtroj / tekzip etmek
përgënjeshtroj / yalanlamak
përgëzim / kutlama
përgëzoj / kutlamak
përgëzoj / tebrik etmek
përgjakshëm (i) / kanlı
përgjakur (i) / kanlı
përgjegjës / sorumlu
përgjegjësi / sorumluluk
përgjigje / cevap
përgjigje / yanıt
përgjigjem / cevap vermek
përgjigjem / yanıt vermek
përgjigjem (i) / tekabül etmek
përgjithësisht / genel olarak
përgjithësisht / genellikle
përgjithësoj / genelleştirmek
përgjithshëm (i) / evrensel
përgjithshëm (i) / genel
përgjoj / kulak misafiri olmak
përgjumësi / uykulu hal
përgjumur (i) / uykulu
përgjumur (i) / uykusu gelmiş
përgjysëm / yarı yarıya
përhap / yaymak
përhap me radio / neşretmek
përhapem / yayılmak
përhapet / açılmak
përhapet / yayılmak
përhapet / yayılmak
përhapet (që) / yayılan
përhapje / dağılma
përhapje / yayılma
përhapje / yayma
përhapje [e mendimit] / açma
  [düşünceleri]
përhershëm (i) / devamlı
përhershëm (i) / sürekli
përhidhem / sıçrayıp oynamak
përhirshëm (i) [titull] / muhterem
  [ünvan]
përhirtë (i) / gri [kül rengi]
përjashta / dışarı
përjashta / dışarıda
përjashta / dışarıya
përjashtim / hariç tutma
përjashtim / mahrum etme
përjashtoj / hariç tutmak
përjashtoj nga kisha / kiliseden
  kovmak
përjashtues / ihraç edici
përjavshme (e) / haftalık
përjetësi / ebediyet
përjetësoj / ebedileştirmek
përjetshëm (i) / baki
përjetshëm (i) / daimi

përjetshëm (i) / ebedi
përjetshëm (i) / ebedi ve ezeli
përkas (i) / ait olmak
përkëdhel / okşamak
përkëdhelje / okşama
përkohshëm (i) / geçici
përkorë (i) / mütevazi
përkrah / destek olmak
përkrah / himaye etmek
përkrah / yardım etmek
përkrahje / destek
përkrahje / muhafaza
përkthej / tercüme etmek
përkthim / çeviri
përkthyes / çevirmen
përkthyes / tercüman
përkujtim / hatıra
përkujtoj / anmak
përkul / bükmek
përkul / eğilmek
përkul / eğmek
përkul / kıvırmak
përkulem / eğilmek
përkulem / kıvrılmak
përkulem / meyletmek
përkulje / eğilme
përkulshëm (i) / eğilebilir
përkulshëm (i) / eğilir [bükülür]
përkulshmëri / esneklik
përkund / sallamak (beşik)
përlaj / kurt gibi yemek
përlaj / yemek yemek (oburca)
përleshem / kavga etmek
përleshem / münakaşa etmek
përleshje / anlaşmazlık
përleshje / dövüş
përleshje / kapışma
përleshje / kavga
përleshje / müsabaka
përligj / beraat ettirmek
përligj / doğrulamak
përlotur (i) / duygusal (aşırı)
përlus / yalvarmak
përlutem / dua etmek
përlyej / kirletmek
përmallohem / hasret çekmek
përmbahem / kaçınmak
përmbahem / kendini tutmak
përmbaj / içermek
përmbaj / ihtiva etmek
përmbaj / kapsamak
përmbaj / tutmak
përmbajtje e vetes / kendini tutma
përmbajtje [e librit] / içerik [kitap]
përmbajtur (i) / kendine hakim
përmbajtur (i) / temkinli
përmbarues / icra eden
përmbarues / icra memuru
përmbledh / özetlemek
përmbledhës / özlü
përmbledhje / özet
përmbledhur (i) / kısa ve özlü
përmbledhur (i) / kısaltılmış
përmbledhur (i) / muhtasar [kısa ve öz]
përmbledhur (i) / öz
përmbys / alabora olmak
përmbys / alt üst etmek

përmbys / devirmek
përmbys [rrëzoj] / yere vurmak
përmbysem / takla atmak
përmbyset / devrilmek
përmbysje / yıkılma
përmbysje / alt üst etme
përmbysur (i) / alt üst olmuş
përmend / anmak
përmend / ima etmek
përmendje / ima
përmendore / anıt
përmendore / hatırlatıcı
përmendore varri / anıt mezar
përmendsh / ezbere
përmendur (i) / şöhretli
përmirësim / düzelme
përmirësim / iyileşme
përmirësim / salah
përmirësoj / değerini arttırmak
përmirësoj / iyileştirmek
përmuajshëm (i) / aylık
përngjashëm (i) / benzer
përpara / ileri
përpara / ileride
përpara / önceden
përpara / önde
përparëse / göğüslük
përparëse / önlük
përparëse fëmijësh / çocuk önlüğü
përparim / ilerleme
përparimtar / baştaki (en)
përparimtar / ileri giden
përparoj / gelişmek
përparoj / ileri gitmek
përparoj me ngulm / ilerlemek [mücadeleyle]
përpëlitem / titreşmek
përpëlitje / sarsıntı
përpëlitje / titreme
përpij / yutmak
përpikmëri / titizlik
përpikmëri / kesinlik
përpiktë (i) / dakik [titiz]
përpiktë (i) / kesin
përpiktë (i) / tam [doğru]
përpilim / derleme
përpiloj / derlemek
përpiloj orarin / tarifeye geçirmek
përpiqem / gayret sarfetmek
përpiqem / teşebbüs etmek
përpiqem / yapmaya çalışmak
përpjek [derën...] / çarpmak [kapı..]
përpjekje / gayret
përpjekje / karşı karşıya gelme
përpjesë / oran
përpjesëtoj / paylaştırmak
përpjetë / yokuş yukarı
përpjetë [lumit] / akıntıya karşı
përplas [derën] / çarpmak
përposh / aşağıya
përposhtë / aşağıda
përpunoj / imal etmek
përpunoj me hollësira / işlemek (ayrıntılı)
përqafim / kucaklama
përqafim / kucaklaşma
përqafohem / kucaklaşmak
përqafoj / kucaklamak
përqafoj / sarılmak
përqëndrim / yoğunlaşma
përqëndrohem / merkezleşmek
përqëndrohem / yoğunlaşmak
përqëndroj / merkezileştirmek
përqëndroj / yoğunlaştırmak
përqesh / alay etmek
përqesh / dalga geçmek
përqesh / hicvetmek
përqeshës / güldürücü
përqeshje / alay etme
përqindje / faiz
përqindje / yüzde
përqindje / yüzdelik
përqindje e vdekjeve / ölüm hızı
përrallë / hikaye
përrallë / masal
përrallor / efsanevi
përse ? / niçin ?
përsëri / yeniden
përsëri / yine
përsëri dhe përsëri / tekrar tekrar
përsërit / tekrarlamak
përsëritet / tekrarlanmak
përsëritje / nüksetme
përsëritje / tekerrür
përsëritje / tekrar vaki olma
përsëritje / tekrarlama
përsëritur (i) / tekrarlanan
përshembëll / örneğin
përshëndes me kokë / selamlamak (baş eğerek)
përshëndet / selamlamak
përshëndetje / kutlama
përshëndetje / selamlama
përshëndetje me brohori / coşkulu kutlama
përshkoj / içinden geçmek [nüfuz]
përshkoj [ruaza] / dizmek (boncuk)
përshkon / istila etmek [yayılmak]
përshkrim / ifade
përshkrim / tarif
përshkruaj / tanımlamak
përshkrues / tanımlayıcı
përshkueshmëri / geçirgenlik
përshpirtje / mersiye
përshpirtshëm (i) / samimi
përshtat / uyarlamak
përshtat / uydurmak
përshtat / uzlaştırmak
përshtatem (i) / uymak
përshtatje / uyarlama
përshtatje / uygunluk
përshtatshëm (i) / geçerli
përshtatshëm (i) / uygun
përshtatshëm (i) / uygun [yerinde]
përshtypje / izlenim
përshtypje (bëj) / etkilemek
përsos / tamamlamak
përsosur (i) / bitmiş
përsosur (i) / kusursuz
përsosur (i) / tam
përtac / aylak
përtac / haylaz

191

përtac / miskin
përtac / tembel
përtërihem / ıslah etmek (tamamen)
përtërij / eski halini almak
përtërij / onarmak
përtërij / yanilik çıkarmak
përtërij / yenilemek
përtëritje / onarma
përtëritje / yenileme
përthyej / kırmak [ışık]
përtyp / çiğnemek
përtyp [me zhurmë] / geviş getirmek
përul / alçaltma
përulem / çökmek (korkuyla)
përvazë / sıva tirizi
përveç / başka
përveç / hariç
përveç / yalnız
përveç kësaj / bundan başka
përveç kësaj / hem de
përveç kësaj / ilaveten
përveç [kësaj] / bundan başka
përveçse / hariç (...den)
përvëloj / haşlamak
përvëloj / kaynatmak (yarı)
përvëloj / pişirmek (hafif)
përvesh mëngët / kolları sıvamak
përvetësoj / benimsemek
përvetësoj / gasp etmek
përvetësoj / kendine benzetmek
përvetësoj / kendine mal etmek
përvetësoj / zimmetine geçirmek
përvetësoj [vjedh] / cebe indirmek [çalmak]
përvijos / taslağını çizmek
përvijos / şeklini çizmek
përvjetor / yıldönümü
përvojë / tecrübe
përvojë (me) / tecrübeli [usta]
përvojë (pa) / acemi
përvojë (pa) / tecrübesiz
përzë / kovmak
përzemërt (i) / candan
përzemërt (i) / samimi
përzhis / kızartmak (hafif ateşte)
përziej / karıştırmak
përzier (i) / karışık
përzier (i) / melez
përzierje / karışım
përzierje / karışma
përzierje / karıştırma
përzierje (pa) / katışıksız
përzihem / araya girmek
përzihem / karışmak
përzihet / karışmak
përzjerëse brumi / yoğurma makinası
pëshpërit / dedikodu yapmak
pëshpërit / fısıldamak
pështirë në shije (i) / tiksindirici [tad]
pështyj / tükürmek
pështyj [ballgam] / tükürmek
pështymë / tükürük
pështymore / tükürük hokkası
pështyrje / tükürme
pi / içmek
pi duhan / sigara içmek
pi me etje / içmek (arzu ile)
pi pa masë / içmek (aşırı)
pianec / ayyaş
pianec / sarhoş
pianist / piyanist
piano / piyano
pickim / çimdik
pickoj / çimdiklemek
pij me gllënka të mëdha / içmek (kana kana)
pije / içki
pijeshitës / barmen
pijeshitëse / barmen [kadın]
pijetore / meyhane
pika më e ulët / nokta (en aşağı)
pika për sy / göz damlası
pikalec / benekli
pikalec / çilli
pikalosh / benekli
pikë / nokta
pikë e diellit / güneş çarpması
pikë e fundit / üç nokta
pikë e ngrirjes / donma noktası
pikë e shkrirjes / erime noktası
pikë e vdekur / ölü nokta
pikë kthimi / dönüm noktası
pikë kulmore / zirve
pikë më i lartë / doruk
pikë nën fytyrë / çil
pikë pyetje / soru işareti
pikë rrotullimi / dönme noktası
pikë takimi / birleşme yeri
pikël / damla
pikël / pul (madeni)
pikëmbështetje / dayanak noktası
pikënisje / başlama noktası
pikënisje / başlangıç noktası
pikëpamje / görüş noktası
pikëpresje / noktalı virgül
pikërisht / kesin olarak
pikërisht / kesinlikle
pikësim / noktalama
pikim / damlama
pikim uji / sızıntı
piknik / piknik
pikon / damlamak
pikset / pıhtılaşmak
piktor / ressam
pikturë / resim
pikturë / tablo
pikturoj / tasvir etmek
pikturoj freske / fresk yapmak
pikturoj me ngyra / resim yapmak (boya ile)
pilot / pilot
pilot i dytë / pilot (yardımcı)
pilotim / kılavuzluk
pilotoj / kılavuzluk etmek
pinca [kirurgjike] / pense
pingule / dikey
pingultë (i) / dikey
pioner / öncü
pipër [spec] / biber

pipth / bek
piqet / olgunlaşmak
piramidal / piramit şeklinde
piramidë / piramit
pirë (i) / sarhoş
piroksiline / pamuk barutu
pirun / çatal
pishë / çam
pishinë / yüzme havuzu
pishtar / meşale
pıskas / çığlık atmak
pıskas / bağırmak (ciyak ciyak)
pıskas / yaygara koparmak
pıskatje / çığlık
pispillosur (i) / süslü (çok)
pispillosur (i) / zarif
pispillosur (i) / züppe
pispillosur (i) / şık giyinen
pistil / pistil
piston / piston
pizhame / pijama
pjatë / tabak
pjatë e thellë / çorba kasesi
pjek / pişirmek
pjekje seksuale / erginleşme
pjekur (i) / olgun
pjekur (i) / yetişmiş
pjekuri / olgunluk hali
pjell / doğurmak
pjell / yavrulamak
pjell qengja / kuzulamak
pjell vezë / yumurta dökmek [balık]
pjell vezë [pula] / yumurtlamak
pjellje / doğurma
pjellor / doğurgan
pjellor / üretken
pjellori / doğurganlık
pjellshmëri / doğurganlık
pjepër / kavun
pjergull / kameriye
pjerr / eğmek [bir yana yatırm.]
pjerr / yana yatmak
pjerrësi / tekerrür derecesi
pjerrët (i) / çarpık
pjerrët (i) / meyilli
pjesë / bölüm
pjesë / hisse
pjesë / kısım
pjesë / öğe
pjesë / parça
pjesë e prerë / parça (kesilmiş)
pjesë e sipërme / doruk
pjesë përbërëse / cüz
pjesëmarrës / iştirak eden
pjesëmarrës / iştirakçi
pjesëmarrës / katılımcı
pjesëmarrje / iştirak
pjesëmarrje / katılma
pjesërisht / kısım kısım
pjesërisht / kısmen
pjesëtar / ortak
pjesëtim / bölme
pjesëtoj / taksim etmek
pjesëtoj / hisselere ayırmak
pjesëtuari (i) / bölünen
pjesëtues / bölen

pjesëtues / payda
pjesëtueshëm (i) / bölünebilir
pjeshkë / şeftali
pjesore / ortaç
pjesshëm (i) / kısmi
plaçka / eşya
plaçka / şahsi eşyalar
plaçkë / mal (taşınır)
plaçkë lufte / ganimet
plaçkit / çapulculuk etmek
plaçkit / soymak
plaçkit / yağma etmek
plaçkit / yağmalamak
plaçkitës / yağmacı
plaçkitje / yağmalama
plagë / yara
plagos / yaralamak
plakaman / ihtiyar
plakë / ihtiyar
plakë / koca karı
plakë / yaşlı
plakje / ihtiyarlık
plaku i krishtlindjeve / noel baba
plan / plan
plan i parë / plan (ön)
planer / planör
planet / gezegen
planifikoj / plan yapmak
planifikoj / tasarlamak
plantacion / fidanlık
plas / patlatmak
plasë / gedik
plasë / yarık
plasë (e) / çatlak
plasës / patlatıcı
plasje / infilak
plasje / patlama
plasje [prej inati] / feveran
plastër / yapıştırıcı bant
plastik / plastik
platformë / platform
plazh / kumsal
pleh / gübre
pleh kafshësh / hayvan gübresi
plehëra / çerçöp
plehëra / çöp
plehëroj / gübrelemek
plehra / süprüntü
plep / kavak
pleqëri / ihtiyarlık
plesht / pire
pllakatë / vafta
pllakë / tabaka
pllocë / tabaka
plogështi / tembellik
plogët (i) / tembel
plogët (i) / yavaş hareket eden
plor / saban demiri
plot e përplot / dopdolu
plot lëvdata / övgü dolu
plot ngjyra / renk renk
plot nyje / düğümlü
plot sukses [i mbarë] / başarılı
plot zhurmë / gürültülü
plot [me pasoja] / dolgun
plotë (i) / dolu
plotë (i) / tam

193

plotë (i) / tamamen
plotë (jo i) / tamamlanmamış
plotësoj / doldurmak
plotësoj / tamamlamak
plotfuqishëm / çok güçlü
plug / saban
pluhur / toz
pluhur metalik sharre / eğe talaşı
pluhur qymyri / kömür tozu
pluhur sharre / testere talaşı
pluhuroj / toz haline getirmek
pluhuroj / toz serpmek
pluhurosur (i) / tozlu
plumb / gülle
plumb / mermi
plumb / kurşun
plumb në erë / kurşun (serseri)
plumb thellësie / şakül kurşunu
plumb [në dhëmb] / dolgu [diş]
plumbit (i) / kurşuna ait
plus / ayrıca
plush / kadife
pneumoni / zatürree
po / evet
poçar / çömlekçi
poçe / güveç
poçërr lie dhensh / çiçek hastalığı kabarcığı
poemë / şiir
poet / şiir
poezi / şiir sanatı
pohim / iddia
pohoj / iddia etmek
pohues / iddiacı
poker [bixhoz] / poker
pol / kutup
Polak / Polonyalı
polar / kutbi
polaritet / kutbiyet
polarizoj / polarlamak
polen / çiçek tozu
polen / polen
polic / polis
policë sigurimi / sigorta poliçesi
policë [sigurimi] / poliçe
polici / polis idaresi
politik / siyasal
politikan / siyasetçi
politikë / politika
Polonisht / Polonya dili
pompë / pompa
pompoj / pompa ile şişirmek
ponton / duba
popull / halk
popullësi / nüfus
popullësi të dëndur (me) / yoğun nüfuslu
popullëzoj / insanla doldurmak
popullëzuar tepër (i) / kalabalık (aşırı)
populloj / nüfuslaştırmak
popullor / popüler
por / ancak
por / fakat
por / gerçi
por / mamafih
porcelanë / porselen

porcion [gjelle] / porsiyon
porosi / emir
porosi / görev
porosi / sipariş
porosit / ısmarlamak
poroz / gözenekli
porsafilluar (i) / başlayan (yeni)
porsalindur (i) / yeni doğmuş
porsamartuar (i) / yeni evli
port detar / liman
portativ / portatif
portë / kapı
Portegez / Portekizli
portier / kaleci
portier / kapıcı
portofol / cüzdan
portofol / evrak çantası
portokall / portakal
portret / portre
portret / tasvir
poshtë / aşağı
poshtë [përposhtë] / altında
poshtër (i) / adi [kişi]
poshtër (i) / alçak
poshtër (i) / aşağılık
poshtër (i) / rezil
poshtër (i) / sefil
poshtërim / alçaltma
poshtërim / aşağılama
poshtërohem / alçalmak
poshtërohem / kırılmak (kibri)
poshtëroj / alçaltmak
poshtëroj / aşağılamak
poshtëroj / düşürmek
poshtëroj / kırmak (kibrini)
poshtëronjës / aşağılatıcı
poshtërsi / adilik
poshtërsi / alçaklık
poshtërues / alçaltıcı
postat / çiçek tarhı
postë / posta
postier / postacı
potasë / potas
potencial / potensiyel
potere / gürültü
potere / şamata
potere (bëj) / gürültü etmek
potrexhi / gürültücü
pozë / poz
pozicion fillestar / başlangıç hali
pozitë / mevki
pozitiv / müspet
pozitiv / pozitif
pozoj / poz vermek
prag / eşik
praktik / pratik
praktikë / uygulama
prandaj / onun için
prandjej / delalet etmek
pranë / yanında
pranga / kelepçe
pranga / pranga
prangë dore / kelepçe
pranim / kabul
pranim në heshtje / göz yumma
pranoj / kabul etmek
pranoj / onaylamak

pranoj fajësinë / suçu kabul etmek
pranoj (nuk) / inanmamak
pranoj (nuk) / müsade etmemek
pranoj (nuk) / tanımamak
pranoj [diçka] / tanımak
pranueshëm (i) / caiz
pranueshëm (i) / inanılır
pranueshëm (i) / kabul edilebilir
pranverë / ilkbahar
prapa / geriye doğru
prapambetje / arkada kalma
prapambetje / geri kalma
prapambetje / geride kalma
prapashtesë / sonek
prapaskenë / arka plan
prapë / yeniden
prapë se prapë / mamafih
prapë (i) / aksi
prapë (i) / hırçın
prapë (i) / huysuz
prapësi / aksilik
prapme (e) [e pasme] / arkadaki
prapmë (i) / sonra gelen
prapsem / geri çekilmek
praroj / yaldızlamak
praruar (i) / yaldızlı
pras / pırasa
precipitat / tortu
predhë [bombë..] / fırlatıcı
  [bomba,.]
predikoj / vaaz etmek
predikues / vaiz
prefekturë / makam
pregatit / hazırlamak
pregatitem / hazırlanmak
pregatitje / hazırlama
pregatitor / hazırlayıcı
pregatitur me kohë (i) / önceden
  hazırlanmış
prej andej / o sebepten
prej këndej / bu sebepten
prej leshi / yünden yapılmış
prej nga / dan (...)
prej [nga] / den (...) [...dan]
prej [që nga] / den beri (...)
prejardhje / ecdat
prejardhje / köken
prek / dokunmak
prek me putër / pençe atmak
prekem / gücenmek
prekës / dokunaklı
prekshëm (i) / dokunulabilir
prekshëm (i) / dokunulur
prekshmëri / alınganlık
premierë / açılış gecesi
premierë / gala
Premte (e) / Cuma
premtim / yemin [söz]
premtoj / vaat etmek
premton (që) / vaat eden kimse
preparat / ilaç (hazır)
prerë (i) / keskin
prerës / kesici
preri [stepë] / çayırlık (büyük)
prerje / kesme
prerje tërthore / enine kesme
pres / beklemek

pres / kesmek
pres degët [krasit] / budamak [dal]
pres hovin / yolunu kesmek
pres kokën / başını kesmek
pres kokën (i) / boynunu vurmak
pres miq / misafir etmek
pres në thela / dilimlemek
pres pa frikë [kritikën] / karşılamak
  (cesaretle)
pres thela-thela / kesmek (dilim dilim)
pres [një mik] / beklemek (misafir)
president / başkan
presje / virgül
prestigj / prestij
prift / papaz
prift / rahip
prij / gitmek (önde)
prij / yol göstermek
Prill / Nisan
princ / prens
princeshë / prenses
prindër / ana baba
prindëror / ana babaya ait
prioritet / kıdemlilik
prirem / eğilmek
prirem / meyletmek
prirje / alaka
prirje / eğilim
prirje / meyil
prirje / temayül
prirur (i) / mütevazi
prish / bozmak
prish / harcamak
prish kot [pasurinë] / israf etmek
prish pa hesap (që) / müsrif
prish planet / bozmak (planları)
prish rregullin / bozmak (düzeni)
prish [ndërtesa] / yıkmak [bina]
prish [nervat, planet,.] / bozmak
  [sinirlerini]
prish [punën,..] / bozmak [iş...]
prish [shëndetin etj.] / bozmak [sağlık]
prishem / bozulmak
prishet / bozulmak
prishet (që nuk) / bozulmaz
prishje / bozulma
prishje pa kursim / israf
prishur (i) / bozuk
prishur (i) / bozulmuş
pritë / pusu
pritje / beklenti
pritje / kabul etme
pritni një minutë / bir dakika
  bekleyiniz
pritur (i) / beklenen
privat / özel
privilegj / imtiyaz
prizë / priz
problem / sorun [mesele]
procedurë gjyqësore / yargılama
  usulleri
proces / süreç
procesverbal / zabıt
prodhim / hasılat
prodhim / mamülat
prodhim / ürün
prodhoj / hasıl etmek

195

prodhoj / imal etmek
prodhoj / üretmek
prodhoj / yapmak [üretmek]
prodhonjës / üretici
prodhues / üretici
prodhues alkoli / alkol üreticisi
produkt / ürün
profeci / kehanet
profesional / profesyonel
profesor / profesor
profet / peygamber
profetizoj / kehanet etmek
profetizoj / keramet göstermek
profetizoj / sezinlemek
profetizues / kahin
profil / profil
prognozë / prognoz
program / program
program mësimor / müfredat programı
program udhëtimi / seyahat programı
projeksion / projeksiyon
projekt / proje
projekt / tasarı
projektim / plan yapma
projektoj / projelendirmek
projektor / ışıldak
projektor / projektor
prokurë / vekaletname
proleter / emekçi
pronar / patron
pronar / mal sahibi
pronar / mutasarrıf
pronar / sahip
pronar banese / mucir kimse
pronar i shtëpisë / ev sahibi
pronar toke / arazi sahibi
pronar toke / mülk sahibi
pronë / arazi
pronë e madhe / çiftlik (büyük)
propagandë / propaganda
propagandist / propagandacı
proporcion / nispet
proporcion / oran
proporcional / orantılı
propozim / teklif
propozim / öneri
propozoj / önermek
propozoj / teklif etmek
proshutë / domuz pastırması
proshutë / jambon
prostitucion / fahişelik
prostitutë / fahişe
prostitutë / orospu
protestant / protestan
protestë / protesto
protestoj / protesto etmek
protezë / protez
protokol / protokol
protokoloj / protokol yapmak
provë / delil
provë / deneme
provë / deney
provë / ispat
provë / tecrübe
provë (bëj) / deney yapmak

provë [teatrale] / prova [piyes]
provim / sınav
provim paraprak / sınav (ön)
provincë / vilayet
provincializëm / taşralılık
provoj / denemek
provoj / ispat etmek
provoj / sınamak
provoj / tecrübe etmek
psalm / ilahi
psherëtij / iç çekmek
psherëtimë / iç çekme
psikiatër / psikiyatr
psikiatër / psikiyatrist
psikiatri / psikiyatri
psikolog / psikolog
psikologji / psikoloji
psonis / alış verişe çıkmak
pubertet / ergenlik çağı
puçërr / sivilce
puçrra / isilik
pudër / pudra
pulë / tavuk
pulë deti / hindi
pulëbardhë / martı
pullaz / dam
pullë / pul
pullë postare / posta pulu
pulovër / süveter
pulpë e këmbës / baldır
pulverizator / püskürgeç
punç / punç
punë / iş
punë / ameliye
punë dore / el işi
punë e detyruar / angarya
punë e rëndë / ağır iş
punë me azhur / işlemeli süs
punë pa mend / saçma iş
punëdhënës / iş veren
punëtor / çalışkan
punëtor / işçi
punime dheu / toprak işlemesi
punishte / atelye
punoj / çalışmak
punoj me ditë / çalışmak [gündelikle]
punoj me shat / çapalamak
punoj në harmoni / işbirliği yapmak
punoj rëndë / çalışmak (ağır işte)
punoj si skllav / çalışmak (köle gibi)
punoj tokën / toprağı işlemek
punoj [tokën] / işlemek (toprağı)
punon [maqina] / çalışmak [makina]
punuar me dorë (i) / el işi
pupë / pupa
pupël / tüy
pupëlor / tüysü
pure / püre
purgativ / müshil
puro / puro
purteka shelgu / söğüt dalı
purtekë / çubuk
purtekë / değnek
pus / kuyu
pus / lağım çukuru
pus i ujrave të zeza / lağım çukuru
pus nafte / petrol kuyusu

push / kuş tüyü
push / tüy
push rose / ördek tüyü
pushim / ara
pushim / dinlenme
pushim / durma
pushim / istirahat etme
pushim / tatil
pushkatar / nişancı
pushkatoj / ateş etmek
pushkë / tüfek
pushoj / dinlenmek
pushoj / mola vermek
pushoj [dhëmbjen] / dindirmek [ağrı]
pushoj [nga puna] / çıkarmak (işten)
pushtet / hakimiyet
pushtim / fetih
pushtim / saldırı
pushtoj / fethetmek
pushtoj / istila etmek
pushtoj / işgal etmek
pushtoj / zaptetmek
pushtues / fatih
pushtues / işgalci
putër / hayvan pençesi
puth / öpmek
puth pllug e pllug / öpmek (şapır şupur)
puthador / dalkavuk
puthiset / rastlaşmak
puthitem me / bitişik olmak
puthje / buse
puthje / öpüş
pyes / sormak
pyetje / sorgulama
pyetje / soru
pyetje / soru sorma
pyetje / sual
pyjor / ağaçlı
pyjor / ağaçlık
pykë / kıskı
pykë / takoz
pyll / orman
pyll [dru] / ağaç [odun]
pyllëzim / ağaçlandırma
pyllëzoj / ağaçlandırmak

- Q -

qafë / boyun
qafë / ense
qafë [mali] / vadi
qafore / yaka
qahem / yakınmak
qaj / ağlamak
qaj me dënesë / ağlamak (içini çekerek)
qaj pa lot / ağlamsamak
qaraman / aksiliği tutmuş
qaraman / ağlayan (çocuk gibi)
qark i shkurtër / kısa devre
qarkullim / dolaşım
qarkullim / dolaşma

qartë (i) / açık
qartë (i) / aşikar
qartë (i) / net
qartë (i) / sarih
qartë (i) / besbelli
qartësi / açıklık
qartësi / kesinlik
qartësi / netlik
qefin / kefen
qejf (pa) / istemeyerek
qejf (pa) / keyifsiz
qelb / cerahat
qelb / irin
qelbanik / alçak kimse
qelbës / kokarca
qelbëzohem / iltihaplanmak
qelbëzohet / cerahat toplamak
qelbëzuar (i) / cerahatli
qelbur (i) / kokuşmuş
qelibar / kehribar
qelizë / hücre
qemer / kemer
qen / köpek
qen gjurmues / av köpeği
qen hundështypur / buldog köpeği
qen stani / çoban köpeği
qendër / merkez
qendër tregëtare / ticaret merkezi
qendër votimi / seçim merkezi
qenësishëm (i) / hazır ve nazır
qenësishëm (i) / tabiatında var olan
qengj / kuzu
qenia e dobët / güçsüz olma
qenie / mevcudiyet
qenie / var olmak
qenie mitologjike / efsane kabilinden
qep / dikmek
qepë / soğan
qepen / kepenk
qepje / dikiş
qerpiç / kerpiç
qerpik / kirpik
qerre / araba
qerre lufte / savaş arabası
Qershor / Haziran
qes / çıkarmak
qese / kese
qese / para kesesi
qese baruti / barutluk
qesh / eğlenmek
qesh / gülmek
qesh nën hundë / gülmek (kıkır kıkır)
qesh nën hundë / sırıtmak
qesh (që) / gülen
qesharak / güldürücü
qesharak / güleç
qesharak / gülünç
qeshje / gülüş
qeshur trashanik (të) / gülüş (kaba)
qetë (i) / kaygısız
qetë (i) / mülayim
qetë (i) / sakin
qetësi / huzur
qetësi / sakinlik
qetësi / sükunet
qetësi / sükut
qetësim / yatıştırma

197

qetësohem / sakinleşmek
qetësohem / yatışmak
qetësohet [era,.] / dinmek
qetësohet [era,.] / sakinleşmek
qetësoj / rahat ettirmek
qetësoj / sakinleştirmek
qetësoj / teskin etmek
qetësoj / uysallaştırmak
qetësoj / yatıştırmak
qetësues / dinlendirici
qetësues / hafifletici
qetësues / sakinleştirici
qetësues / teskin edici
qetësues / yatıştırıcı
qeth / kırkmak
qeth / kırpmak
qethje / kırpma
qeveri / hükümet
qeveri kukull / kukla hükümet
qeveris / hükümet sürmek
qeveris / idare etmek
qeveris / hükmetmek
qeverisje / idare
qeverisje e keqe / kötü idare etme
qeveritar / devlete ait
që bie tepër në sy / göze çarpan
   [aşırı]
që di / haberdar
që e vret ndërgjegje / vicdan azabı
   çeken
që është nën tutelë / vesayet
   altında bulunan
që është prej natyrë / kendiliğinden
që ka hyrë në garë / rakip
që ngacmohet lehtë / tahriki kolay
që nuk meriton nderim / itibarsız
që pajtohet / mutabık
që s'mund të hahet / yenmez
që ve në lëvizje / hareket ettirici
që vjen përpara / önceki
që [i cili] / ki
qëllim / amaç
qëllim i keq / ızrar niyeti
qëllim (me) / maksatlı
qëllim (pa) / amaçsız
qëllim (pa) / maksatsız
qëllimisht [me dashje] / kasten
   [bile bile]
qëlloj / amaçlamak
qëlloj [shtie me pushkë] / ateş
   etmek
qëmoçëm (i) / ilksel
qëndis / nakış işlemek
qëndisje / nakış işleme
qëndismë me azhure / ajur işlemesi
qëndresë / mukavemet
qëndresë / sabır
qëndresë / sabitlik
qëndroj / dayanmak
qëndroj / durmak
qëndroj / mukavemet etmek
qëndroj larg / uzak durmak
qëndroj në këmbë / ayakta durmak
qëndroj përballë (i) / karşı durmak
qëndroj stuhisë / direnmek
   (fırtınaya)
qëndron / dayanmak

qëndror / merkezi
qëndrueshëm (i) / dayanıklı
qëndrueshëm (i) / istikrarlı
qëndrueshëm (i) / sabit
qëndrueshmëri / sebat
qëroj / ayıklamak
qëroj / kabuğunu soymak
qëroj (lëvoren) / soymak (kabuğunu)
qiell / cennet
qiell / gökyüzü
qiell / sema
qiellgërvishtës / gökdelen
qiellor / havai
qiellor / semavi
qiellzor / damağa ait
qilar / kiler
qilim / kilim
qime / kıl
qimion / kimyon
qindfish / yüz misli
qindvjetor / yüzyıllık
qira / kira
qiramarrës / kiracı
qiraxhi / pansiyoner
qiri / mum
qiriç / lapa
qit / çıkarmak
qitës / iharç edici
qitje / ateş etme
qitje / atım
qitro / misket limonu
qortim / azar
qortim / azarlama
qortim / uyarma
qortoj / azarlamak
qortoj / suçlamak
qortoj ashpër [shaj] / azarlamak
   (şiddetle)
qortoj [heq vërejtje] / azarlamak
   [paylamak]
qoshe / köşe
qoshk gazetash / gazete tezgahı
quaj / ad vermek
quaj / adlandırmak
qukapik / ağaçkakan
qukë / gamze
qull / ıslatmak (iyice)
qull / un çorbası (kalın)
qull / lapa
qull himesh / lapa
qull tërshëre [miell,...] / yulaf ezmesi
qullët (i) / sulu
qullur (i) / ıslanmış (iyice)
qumësht / süt
qumësht (që jep) / süt veren
qumështi / sağmal
qumështit (i) / süte ait
qumështore / süthane
qumështshitës / sütçü
qymyr druri / odun kömürü
qyp / küp
qyqe / guguk kuşu
qyrek pfehrash / faraş
qytë pushke / tüfek kundağı
qytet / şehir
qytet i madh / kent
qytet i vogël / kasaba

qytetar / kentli
qytetar / vatandaş
qytetari / vatandaşlık
qytetërim / uygarlık
qytetëroj / uygarlaştırmak
qytetëruar (i) / uygar
qytezë / kışla

- R -

racë / tür
racial / ırksal
racional / mantıklı
racionalitet / mantıklılık
racionalizoj / mantıklı kılmak
radhë / mertebe
radhë / sıra
radhis / sıralamak
radhit / sıraya koymak
radhitës / dizgici
radhitës / dizmen
radhitës / mürettip
radhitje / sıraya dizme
radiator / radyatör
radio / radyo
radiografi / radyografi
radiolokacion / radar ile bulma
radium / radyum
rafineri / rafineri
rafinim / saflık
raft / raf
raft oxhaku / şömine rafi
raft për vogëlsira / biblo rafi
ragu / yahni (etli)
rajon i policisë / karakol
raketë / raket
raketë / roket
rakitizëm / raşitizm
ranishtë / kumluk
raport / rapor
raport zyrtar / resmi rapor
raportoj / rapor yazmak
rapsodi / rapsodi
rast / durum
rast / hal
rast / ihtimal
rast / olay
rast / tesadüf
rast / şans
rast i lumtur / talih
rast i volitshëm / fırsat [uygun an]
rastësishëm (i) / fırsat düştükçe yapılan
rastësishëm (i) / rasgele
rastësishëm (i) / raslantısal
rastësishëm (i) / rastlantıya bağlı
rastësishëm (i) / tesadüfi
rastësisht / tesadüfen
raxhë / raca
re / bulut
reaktiv / belirteç
realist / gerçekçi
realizoj / başarmak
realizoj / gerçeklemek
rebel / asi

reçetë / reçete
recitoj / ezberden okumak
redaktoj / düzeltmek
redingot / redingot
referim / iktibas
reformë / reform
reformoj / reform yapmak
refraktar / yanmaz
refuzim / ret
regj [lëkurën] / tabaklamak [deri]
regjencë / hükümdarlık
regjim / idare
regjistrim / kaydetme
regjistrim / kayıt
regjistrim [i pop.] / nüfus sayımı
regjistroj / kaydetmek
regjizor / sahne amiri
rehat (që nuk rri) / rahat durmayan
rehatshëm (i) / rahat
reklamim / reklam
reklamoj / reklamını yapmak
rekomandim / tavsiye
rekomandoj / tavsiye etmek
rekord / kayıt
rekrutoj me forcë / istimlak etmek (zorla)
rekrutoj me zor / hizmete almak (zorla)
rekton / titreşmek
rekton [rreh] / atmak [nabız, kalp]
rektor / rektör
relativ / nispi
reljev / rölyef
rend / nizam
rende / rende
rendiment / randıman
rendor / sıra gösteren
renegat / dininden dönmüş kimse
repë fushe / kolza
reporter / gazeteci
republikë / cumhuriyet
respekt / hürmet
respektoj [ligjen...] / saymak [kanun...]
restorant / lokanta
resultat / sonuç
retrospektiv / geriye doğru
reumatik / romatizmalı
revistë / dergi
revistë / mecmua
revistë e ilustruar / dergi (resimli)
revistë [e përkohëshme] / dergi [süreli]
revole me gjashtë fishe. / altıpatlar
revolucion / devrim
revolucionar / devrimci
reze / kapı mandalı
rezervë / stok
rezervoj / saklamak (ihtiyadan)
rezervuar / hazne
rezervuar / sarnıç
rezervuar [sternë] / su haznesi
rëndë (i) / ağır
rëndësi / ehemmiyet
rëndësishëm (i) / dikkate değer
rëndësishëm (i) / önemli
rëndoj / ağırlaştırmak
rëndoj / ağırlık vermek
rënë përmbys (i) / yüzü koyun yatmış
rënia e natës / akşam vakti

199

rënie / çökme
rënie / düşme
rënie / yıkılma
rënie e kumbonës / çanların çalması
rënkim / inilti
rënkoj / inlemek
rërë / kum
rërë e butë / malta taşı
rërë e levizëshme / bataklık kumu
rërë (me) / kumlu
ri (i) / genç
ri (i) / yeni
ri (më i) / küçük (yaşça)
riaftësim / eski haline gelme
rifilloj / başlamak (yeniden)
rifitoj / ele geçirmek (tekrar)
rifitoj / kazanmak (yeniden)
rimarr / almak (geri)
rimë / kafiye
ring / ring
ringjall [shpresat,...] / canlandırmak (yeniden)
ringjallem / canlanmak (yeniden)
ringjallje / yeniden dirilme
rini / gençlik
rinoqeront / gergedan
ripajıs / yenilemek [tamir edip]
riparim / onarma
riparim / tamir
riparoj / onarmak
riparoj / tamir etmek
ripërtyp / geviş getirmek
ripet / soyulmak
rishikoj / gözden geçirmek (tekrar)
ritm / ritim
rizë / havlu
rizë / kurulama bezi (tabak)
rjep / sıyrılmak [deri]
rjep / soymak [deri]
rjep lëkurën / derisini soymak
rjepje / soyma
rob / esir
rob / köle
robëri / kölelik
robtohem / yapmak (ağır iş)
roje / koruma
roje / muhafız
roje / nöbetçi
roje nate / gece nöbeti
roje [nate] / gece bekçisi
rojtar burgu / gardiyan
rojtar pylli / korucu
rojtar pylli / orman korucusu
rojtës / koruyan
rojtës / koruyucu
rol / rol
Romak / Romalı
roman / roman
Roman / Romanyalı
romancier / roman yazarı
romantik / romantik
romb / eşkenar dörtgen
rosë / ördek
ruaj / korumak
ruaj / kurtarmak
ruaj / saklamak (ihtiyaden)

ruajtës / saklayan
ruajtje / koruma
ruajtje / saklama
ruazë / kürecik
rubin / yakut
ruhem / kaçınmak
ruhem / korunmak
ruhem [nga] / sakınmak
rum / rom
Rumun / Romen
Rus / Rus
rutinë / alışılmış iş
ryshfet / rüşvet
ryshfetçi / rüşvetçi

- RR -

rrafsh / dümdüz
rrafshinë / düzlük
rrafshnaltë / düzlük (yüksek)
rrafshnaltë / yayla
rrafshoj / aynı seviyeye getirmek
rrafshoj / düz etmek
rrafshoj / düzlemek
rrafshoj / düzleştirmek
rrafshtë (i) / düz
rrah / dayak atmak
rrah / dövmek
rrah / tartaklamak
rrah këmbët në ujë / ayakları çırpmak (suda)
rrah krahët / kanat çırpmak
rrah me çekiç / çekiçlemek
rrah me grusht / yumruklamak
rrah me rryp / dövmek (kayışla)
rrah me tokmak / tokmakla vurmak
rrah mirë e mirë / dövmek (iyice)
rrah [me kamxhik] / kamçılamak
rrahje [e zemrës] / kalp atışı
rrahje [e zemrës] / kalp çarpıntısı
rrallë (i) / arasıra meydana gelen
rrallë (i) / nadir
rrallë (i) / seyrek
rralloj / seyrekleştirmek
rrap / çınar
rras / doldurmak (sıkıca)
rras / sokuşturmak
rraskapit / halsiz bırakmak (çok)
rraskapit / harap etmek
rraskapitës / yorucu (çok)
rraskapitje / halsiz bırakma
rraskapitur (i) / bitkin
rreckaman / üstü başı perişan çocuk
rreckosur / pejmürde
rregull / düzen
rregull / nizam
rregull (pa) / karmakarışık
rregullim / düzenleme
rregulloj / düzeltmek
rregulloj / düzenlemek
rregulloj / nizama koymak
rregullt (i) / münasip
rregullt (i) / muntazam
rreh krahët / çırpınmak
rreh zemra / kalbi çarpmak

rreh [krahët] / çırpmak [kanat]
rrepë / turp
rrepë e kuqe / pancar (kırmızı)
rrepë i bardh / şalgam
rresht / satır
rresht / sıra
rreshter / çavuş
rreshtoj / dizmek
rreshtoj / sıralamak
rreth / çember
rreth / çevre
rreth / cıvarında
rreth / daire
rreth / doğrultusunda
rreth / kenar
rreth / takriben
rreth / yakınında
rreth / etrafında
rreth kësaj / oralarda
rreth shpëtimi / cankurtaran simidi
rrethana të vështira / darlık
rrethanë / fırsat [vesile]
rrethanë / kısıt
rrethe / cıvar
rrethim / çevreleme
rrethim / kuşatma
rrethinë / varoş
rrethoj / çevirmek (çitle)
rrethoj / etrafını çevirmek
rrethoj / kuşatmak
rrethoj me gardh / çalı ile kuşatmak
rrethoj me gardh / çit çevirmek
rrethoj me llogore / hendekle çevirmek
rrethoj me mur / duvar çekmek (etrafına)
rrethoj [një copë tokë] / çevrelemek
rrezatim / yayılma
rrezatoj / ışın yaymak
rreze / ışın
rreze dielli / güneş ışını
rreze iks / iks-ışını
rreze rontgen / röntgen ışını
rrezik / risk
rrezik / tehlike
rrezikoj / maruz bırakmak
rrezikoj / riske girmek
rrezikoj / tehlikeye atmak
rrezikshëm (i) / tehlikeli
rrezikuar (i) / tehlikeli
rrëcok / taşlık [mide]
rrëfehem / itiraf etmek
rrëfej / hikaye etmek
rrëfej / söylemek
rrëfim / anlatış
rrëfim / anlatma
rrëfyes [prift] / günah çıkartan [papaz]
rrëke / akıntı [akarsu]
rrëke / ırmak [çay]
rrëke / sağanak
rrëke / sel
rrëmbej / gasp etmek
rrëmbej [një vajzë] / tecavüz etmek (ırzına)

rrëmbyer (i) / öfkeli
rrëmujë / kargaşa
rrëmujë / karışıklık
rrëmujë / telaş
rrëngë / ringa
rrënim / harap olma
rrënim / yıkım
rrënjë / kök
rrënjë katrore / kare kök
rrënjësor / köklü
rrënjëz / kök teli
rrënjos / sokmak [kökleştirmek]
rrënjosur (i) / kökleşmiş
rrënoj / harap etmek
rrënoj / imha etmek
rrënoj / mahvetmek
rrënoj me themel / yerle bir etmek
rrënqethje / sızlama (soğuktan,..)
rrënuar (i) / harap
rrënues / yıkıcı
rrëpirë (i) / dik
rrëpirë (i) / sarp [yamaç]
rrëshirë / çam sakızı
rrëshirë / reçine
rrëshqas / kaymak
rrëshqitje / kayma
rrëzim / yıkma
rrëzohem / düşmek
rrëzohem / devrilmek
rrëzohem [në prodhim] / başaramamak [sınav]
rrëzoj / devirmek
rrëzoj / düşürmek
rrëzoj / indirmek [tahttan]
rrëzoj për tokë / devirmek (yere)
rri / oturmak
rri duar kryq / boşa vakit geçirmek
rri galuc / çömelmek
rri gojëhapur / ağzı açık kalmak
rri në këmbë (që) / ayakta duran
rri në pritë / pusuya yatmak
rri në radhë / kuyrukta durmak
rri pa punë / haylazlık etmek
rrihem me grushta / yumruklaşmak
rrikë / turp
rrit / büyütmek
rrit / geliştirmek
rrit / yükseltmek
rritem / büyümek
rritem tepër shpejt / boy atmak (fazla)
rritës i luleve / çiçek yetiştiricisi
rritet / çoğalmak
rritet (që) / büyüyen
rritje / artma
rritje / büyüme
rritje / gelişme
rritur (i) / büyümüş
rritur (i) / erişkin
rrjedh / akmak
rrjedh çurkë / fışkırmak
rrjedh pika-pika / akmak (damla damla)
rrjedhje / akma
rrjedhshëm (i) / akıcı
rrjedhshëm (të qenët) / akıcılık
rrjetë / ağ (serpme)

201

rrjetë [hekurudhash] / şebeke [demiryolu ağı]
rroba civile / elbise (sivil)
rroba të brendshme / iç çamaşırı
rrobalarëse / çamaşırcı kadın
rrobaqepës / terzi
rrobë / elbise
rrobë / eşya (giyim)
rrobë prifti / cüppe
rrobë pune / iş tulumu
rrogë / maaş
rrogë / ücret (aylık)
rrogëtar / ücretli
rroj / geçinmek
rrok / tutmak
rrok / kapmak
rrokje / hece
rrokje duarsh / el sıkma
rrokje (me) / hece hece
rrokullis / yuvarlamak
rrokullisem / yuvarlanmak
rrotë / tekerlek
rrotë me dhëmbëza / dişli çark
rrotëz / halka (küçük)
rrotëz / tekerkek (ufak)
rrotkë / çıkrık iği
rrotkë / makara
rrotullim / dönme
rrotullim i maqinës / dönme [makina]
rrotullohem / dönmek
rrotullohet / yuvarlanmak
rrotullohet në vorbull / girdapta dönmek
rrotulloj / döndürmek
rrotulloj / yuvarlamak
rrotulloj / çevirmek
rrotullues / dönen (ekseni zerinde)
rruaj / tıraş etmek
rruazë / boncuk
rrudh / büzmek
rrudh / buruşturmak
rrudha / farbala
rrudha / fırfır
rrudhë / büzgü
rrudhem / buruşmak
rrudhet / büzülmek
rrudhur (i) / kırışık
rrudhur (i) / pörsümüş
rrufë / grip
rrufë / nezle
rrufe / yıldırım
rrufepritës / paratoner
rrugaçi / belalı
rrugë / yol
rrugë e gjerë / cadde
rrugë kryesore / ana cadde
rrugë kryesore / ana yol
rrugë rezervë / yan yol
rrugicë / dar yol
rrugicë / patika
rruhem / tıraş olmak
rrumbullaktë (i) / yuvarlak
rrush / üzüm
rrush i thatë / kuru üzüm
rruzull / küre
rryp / kayış

rryp / kemer
rryp / şerit
rryp / sırım
rryp lëkure / deri kayış
rryp qeni / tasma kayışı
rryp shpate / kılıç kayışı

- S -

sa ? / ne kadar ?
sabotator / sabotajcı
sabotim / sabotaj
sabotoj / sabotaj yapmak
saçme / saçma
sadoqë / her ne kadar
sagë / destan
sahanlëpirës / beleşçi [çanak yalayıcı]
sahanlëpirës / dalkavuk
sahanlëpirës / hakir [aşağılık]
sahanlëpirës / yağcı
sahat / saat
saj (i) [asaj] / ona [onu] [dişil]
saje / kızak
saje me vela / kızak (yelkenli)
sakarinë / sakarin
sakatoj / sakat etmek
saksi / saksı
saktë (i) / dakik
saktë (i) / kesin
saktë (i) / sarih
saktë (i) / tam [doğru]
saktësi / hatasızlık
saktësi / kesinlik
salcë / salça
saldoj / kaynak yapmak
sallatë / salata
sallatë marule / salata
sallë / salon
sallë gjimnastike / spor salonu
sallë leximi / okuma salonu
sallon / salon
salmon / som balığı
samovar / semaver
samun / kum fırtınası
samur / samur
sanatorium / sanatoryum
sandale / sandal [çarik]
sandall / sandal
sandviç / sandviç
sanë / ot (kuru)
sanksion / teyit
sanksionoj / tasdik etmek
sapun / sabun
sapunis / sabunlamak
saraç / saraç
saranxhë / sarnıç
sardelë / sardalye
sardelë / turna balığı
sardonik / alaycı
sarkastik / küçümseyici
sasi / nicelik
sasi e madhe / çok büyük
sasior / nicel
sasior / niceleyici
satelit / uydu

satër / el baltası
satirë / hiciv
se / den (..)
se / kadar
seancë / oturum
se mos [që të mos] / olmasın diye
secili / her bir
sedef / sedef
sedër / izzetinefis
sediment / tortu
sekante / sekant
sekret / gizli
sekretariat / müdüriyet
sekretues / sır saklayan
seks / seks
seksual / seksüel
sekt / fırka
sektor / sektör
selino / kereviz
selvi / selvi
semafor / trafik ışığı
semantikë / anlambilim
semestër / sömestr
senat / senato
senator / senatör
send / şey
send i mbërthyer / sabit eşya
senkser burse / borsa tellalı
sepse / çünkü
sepsi / septisemi
septik / mikroplu
serenatë / serenat
serenatë (bëj) / serenat çalmak
serioz / ciddi
serioz / vahim
serrë / limonluk
serrë / ser
servil / zelil
sesion / oturum
së dyti / ikincil olarak
së shpejti [tani] / birazdan [şimdi]
sëmbim [dhëmbje therëse] / sancı
(şiddetli)
sëmundje / hastalık
sëmundje deti / deniz tutması
sëmundje e gjumit / uyku hastalığı
sëmundje e lehtë / rahatsızlık
sëmurë lehtë (i) / rahatsız
sëmurë nga gulçimi (i) / nefes
darlığı olan
sëmurë (i) / hasta
sënduk / sandık
sferik / kürevi
sferik / küresel
sfidoj / meydan okumak
sfungjer / sünger
s'ka përse / bir şey değil
si / gibi
si është puna ? / ne var ?
si ? / nasıl ?
siç duhet / tam tamına
siç duhet / usulüne göre
siç duhet / uygun olarak
siç duhet / uygun şekilde
sidomos / bilhassa
sidomos / özellikle
sidoqoftë / mamáfih

sido-kudo / her nasılsa
sifon / sifon
sigurec / sigorta
siguri / emniyet
sigurim / güvenlik
sigurim / sigorta
sigurim kundër zjarrit / yangın
sigortası
sigurisht / mutlaka
siguroj / emniyete almak
siguroj / garanti etmek
sigurt në vete (i) / kendine güvenen
sigurt (i) / emin
sigurt (i) / emniyette
sigurt (i) / güvenilir
sigurt (i) / güvenli
siguruar (i) / sigortalı
sikur / sanki
sikur / sözde
silicë / silis
sillem / davranmak
sillem keq / kötü davranmak
sillem keq / yaramazlık etmek
sillem kot / boşa uğraşmak
sillem kot / dolaşmak (aylakça)
sillem kot andej këndej / boşa vakit
harcamak
sillem me dashamirësi / güler yüz
göstermek
sillem për qark / dönmek
siluetë / siluet
simbol / sembol
simbolik / sembolik
simbolizoj / simgelerle ifade etmek
simbolizoj / temsil etmek (amblemle)
simetri / bakışım
simetrik / bakışık
simetrik / simetrik
simfoni / senfoni
simite / simit
simpati / sempati
simptomë / belirti
simptomë / emare
simuloj / benzetmek
simuloj / taklit etmek
sindikatë / sendika
sinjal / sinyal
sinjalizues / sinyal veren
sinonim / eşanlam
sinonimik / eşanlamlı
sinqeritet / içtenlik
sinqeritet / samimiyet
sinqertë (i) / açık sözlü
sinqertë (i) / samimi
sintaksë / sözdizimi
sintetik / suni
sintezë / birleşim
sinus / sinüs
sipas / göre
sipër / üstte
sipër / üzerinde
sipër / yukarıda
sipërfaqe / satıh
sipërfaqësor / sathi
sipërm (i) / üstün
sipërm (i) [i lartë] / yukarıdaki
sipërm (në katin e) / üst kata ait

203

sipërmarrës / müteşebbis
sipërmarrje / teşebbüs
sirenë / siren
Sirian / Suriyeli
sisë / meme
sisor / memeli sınıfından
sistem / sistem
sistem shënimi / işaret sistemi
sistematikë / sistematik
sistematik / sistemli
sistematizoj / düzenlemek
sistemoj / sistemleştirmek
sit / elemek
sitë / elek
sitë / kalbur
situatë / hal
sixhade / seccade
sizmograf / sismograf
sjell / getirmek
sjell / sağlamak
sjell fitim / kar getirmek
sjell nga jashtë / ithal etmek
sjell [të ardhura] / kar sağlamak
sjellje / davranış
sjellje e keqe / kötü davranma
sjellje e njerëzishme / insanlık
sjellje e pahieshme / cüret
sjellje e pahieshme / nezaketsizlik
sjellshëm (i) / nazik
sjellshëm (i) / terbiyeli
skaj / kenar
skalis / haketmek (kalemle)
skalis / kabartma işi yapmak
skalit / oymak
skalitës / heykeltraş [erkek]
skandal / skandal
skarë / ızgara
skarpat / uçurum
skeç / skeç
skelë / iskele
skelë / liman
skelë / rıhtım
skelet / iskelet
skemë / plan
skemë / şema
skenar / senaryo
skenë / sahne
skeptër / asa
skeptër / değnek
skëterrë / cehennem
ski / kayak
skiator / kayakçı
skicë / taslak
skicoj / taslağını çizmek
skik / şık
sklavëri / esaret
sklavërim / esir etme
skllav / köle
skllavëri / kölelik
skllavëroj / esir etmek
Skocez / İskoçyalı
skolastik / alimane
skolaticizëm / iskolatik felsefe
skontoj / iskonto yapmak
skrofull [breshkëz] / sıraca illeti
skrupuloz / titiz
skrupulozitet / titizlik

skuadër zjarrfikëse / itfaiye
skulptor / heykeltraş [erkek]
skulptore / heykeltraş [kadın]
skulpturë / heykel
skulpturë / heykeltıraşlık
skunë [lloj anije] / uskuna
    [gemi çeşidi]]
skuq / kızartmak
skuq / tavlamak
skuqem / kırmızılaşmak
skuqem / kızarmak
skuqem / kızarmak (yüzü)
skuqur (i) / kızgın
smalt / emaye
smalt / sır
smerald / zümrüt
smeril / zımpara
smoking / smokin
snobizëm / züppelik
sobë [stufë] / soba
social / sosyal
socializëm / sosyalizm
sodë / soda
sodit / seyretmek
soditës / dalgın
sofa / sedir
sofizëm / sofizm
sofrabez / sofra bezi
soj / soy
solidaritet / dayanışma
solist / solist
solstic / gün dönümü
solucion / eriyik
somnambul / uyurgezer kimse
sondë / sonda
sondoj / araştırmak
sonte / bu gece
sopatë / balta
sopatë / satır
soprano / soprano
sorollatem / avare dolaşmak
sos / bitirmek
sot / bugün
sotëm (i) / şimdiki
spaletë / apolet [omuz nişanı]
Spanjoll / İspanyol
spazmë / kramp
spazmë / spazm
spazmë / tutulma
special / özel
specialist / mütehassıs
specialitet / hususiyet
specializohem / ihtısas kazanmak
specific / özgü
spekulator / vurguncu
spekulator i bursës / borsa spekülatörü
spermë / meni
spërka / serpinti
spërkas / serpmek
spërkas / sıçratmak
spërkas me jargë / salya saçmak
spërkat / sıçratmak
spërkat me baltë / çamur atmak
spërkatem / sıçramak (üzerine)
spërkatje / serpme
spikat [del përjashta] / farkedilmek
    [öne çıkmak]

spikatur (i) / göze çarpan
spinaq / ıspanak
spiral / spiral
spital / hastane
spital fushor / gezici hastane
spiun / casus
spiunazh / casusluk
spiunoj / casusluk etmek
spjegim / açıklama
spjegim / izah
spjegoj / açıklamak
spjegues / açıklayıcı
spjegueshëm (i) / anlatılabilir
sport / spor
sportist / sporcu
sportiv / sporcuya yakışır
sprovim / deneme
sprovues / deneme devresinde olan
sqarim / açıklama
sqaroj / açıklamak
sqaroj / tanımlamak
sqep / gaga
sqimatar / kibirli
stabilizoj / istikrar kazandırmak
stacion hekurudhë / tren istasyonu
stacion i fundit / terminal
stadium / stadyum
standard / standart
standardizoj / standardize etmek
staniol / varak
statistik / istatistikçi
statistikë / istatistik ilmi
statistikor / istatistiksel
statujë / heykel
stazhier / stajyer
stekë [bilardoje] / ıstaka [bilardo]
stenograf / stenograf
stenografi / stenografi
stepë / çalılık
sterlinë / İngiliz lirası
stërgjysh / ata
stërgjysh / cet
stërgjysh / dede (büyük)
stërgjyshe / nine (büyük)
stërhollim / kılı kırk yarma
stërholluar (i) / güzel (son derece)
stërnip / torun
stërpujë / havuç (yabani)
stërqokë / karga
stërvit / alıştırmak
stilograf / dolma kalem
stimulant / uyarıcı
stimuloj / uyarmak
stinë / mevsim
stinor / mevsimlik
stof / kumaş
stof leshi / yünlü kumaş
stol / iskemle
stoli muri / duvar süsü
stolis / süslemek
stolisem / süslenmek
stolisje / süsleme
stolisur (i) / süslü
stomak / mide
stomakut (i) / mideye ait
strall / çakmak taşı
strateg / strateji uzmanı

strategji / strateji
strategji / strateji ilmi
strategjik / stratejik
stratosferë / stratosfer
strehë / barınak
strehë / sundurma
strehë varfënore / darülaceze
strehë [kaskete..] / siperlik
strehim / sığınak
strehoj / korumak
strehoj / koymak (bir eve)
strofkë / hayvan ini
strofull / oyuk
strofull [egërsire] / in
stromë / yatak
struc / deve kuşu
struktural / yapısal
strukturë / yapı
student / öğrenci
studim / çalışma
studim / inceleme
studim shkencor / bilimsel araştırma
studio / stüdyo
stuhi / bora
stuhi / fırtına
stuhi me dëborë / kar fırtınası
stuhi me dëborë / tipi
stuhishëm (i) / fırtınalı
stuko / macun
stuko / kil bileşimi
Suedez / İsveçli
sufler / suflör
suitë / daire
suitë / süit
sukses / başarı
sulfat ferrik / demir sülfat
sulltan / sultan
sulm / akın
sulm / hücum
sulm / saldırı
sulm ajror / hava hucumu
sulm i tërbuar / saldırı (şiddetli)
sulmoj / akın etmek
sulmoj / saldırmak
sulmues / saldırgan
sundimtar [zot] / hükümdar
sundoj / hüküm sürmek
supë / çorba
supozoj / farz etmek
supozoj / varsaymak
supozuar (i) / varsayılı
surprizë / sürpriz
sustë / düğme
sustë kryesore / ana yay
suvatoj / sıvamak
suxhuk / sucuk
Sviceran / İsviçreli
sy / göz
sy të lidhur (me) / gözü bağlı
sygjelbër / yeşil gözlü
syhapur / uyanık
syhapur [i matur] / açıkgöz [ihtiyatlı]
sylesh / sersem
symprehët / keskin gözlü
synet / sünnet
syth / ilik
syut (i) / göze ait

205

syza / gözlük
syza (me) / gözlüklü

- SH -

shabllon / şablon
shafran / safran
shah / satranç
shaj / azarlamak
shaj / hakaret etmek
shaj / kötülemek
shaj / sövmek
shajak / keçe
shajkë / perçin çivisi
shaka / şaka
shaka (bëj) / şaka yapmak
shakaxhi / şakacı
shalë / eyer
shalëgjatë / sırık gibi
shall / boyun atkısı
shall / şal
shallvare / şalvar
shaloj / eyerlemek
shalqi / karpuz
shamatë / şamata
shami dore / mendil
shami [koke] / başörtüsü [eşarp]
shampanjë / şampanya
shampo / şampuan
shandan / şamdan
shantazh / şantaj
sharës / sövüp sayan
sharje / azarlama
sharje / küfür
sharje / sövme
sharje / sövüp sayma
sharlatan / şarlatan
sharlatanizëm / şarlatanlık
sharrë / testere
sharrë e hollë / testere (kıl)
sharrishtë / bıçkıhane
sharroj / testere ile kesmek
shartim / aşılama [bitki]
shartoj / aşılamak
shartoj / aşılamak [bitki]
shasi / şase
shat / çapa
shatore / çadır
shavar / sazlık
shebojë / şebboy
shef i policisë / polis müdürü
shegë / nar
shejtan / şeytan
shekull / asır
shekull / çağ
shelg / söğüt
shembje / toprak kayması
shembull / örnek
shemër / rakip
shemëri / rakabet
shemroj / rakip olmak
shenjë / alamet
shenjë / alamet
shenjë / belirti
shenjë / emare
shenjë / işaret
shenjë / nişan
shenjë / nişan
shenjë dallimi / nişan alametleri
shenjë e keqe / kötü işaret
shenjë kufiri / sınır taşı
shenjë minus / eksi işaret
shenjë plage / yara izi
shenjt / aziz
shenjtë (i) / kutsal
shenjtëroj / kutsallaştırmak
shenoj / kaydetmek
sheqer / şeker
sheqer i rafinuar / rafine şeker
sheqerkë / şekerleme
sheqeros / şekerletmek
sherbelë / adaçayı
shes / satmak
shes derë më derë / seyyar satıcılık yapmak
shes krejt / satmak (bütün malını)
shes me pakicë / perakende satmak
shes mend / caka satmak
shes mend / gösteriş yapmak
shes rrugash / seyyar satıcılık yapmak
shesh patinazhi / patinaj sahası
sheshoj / düz etmek
sheshoj me tokmak / tokmaklamak
shetit / gezinmek
shetitës / gezgin
shetitje / gezi
shetitje / gezinti
shetitje / gezme
shëllirë / tuzlu su
shëmbëll / model
shëmbëlltyrë / teşbih
shëmtoj / bozmak (güzelliğini)
shëmtoj / bozmak [şeklini]
shëmtoj / çirkinleştirmek
shëmtuar (i) / çirkin
shëmtuar (i) / nahoş
shëndet / sağlık
shëndetlig / hasta yüzlü
shëndetlig / sıhhatsiz
shëndetshëm (i) / sıhhatli
shëndosh e mirë / sapsağlam
shëndosh e mirë / sağ salim
shëndoshë (i) / dinç
shëndoshë (i) / sağlam
shëndoshë (i) / sağlıklı
shëndoshë (i) / sıhhatli
shënim / dipnot
shënim / not
shënime (bëj) / not almak
shënoj / işaret etmek
shënoj / işaretlemek
shënoj [në listë] / listeye dahil etmek
shërbej / hizmet etmek
shërbej / hizmetçilik yapmak
shërbej si mbulesë / örtü görevi görmek
shërbëtor / hizmetçi [erkek]
shërbëtor / uşak
shërbëtore / hizmetçi [kadın]
shërbim / hizmet
shërbim i zbulimit / istihbarat teşkilatı
shërbime komunale / kamu hizmeti
shërbyes / hostes (erkek)

shërbyese / hizmetçi
shërbyese / hostes
shërohem / iyileşmek
shërohet [plaga] / kabuk
  bağlamak [yara]
shëroj / iyileştirmek
shëroj / şifa vermek
shërues / şifa verici
shfajësim / özür
shfajësim / suçsuz çıkarma
shfajësim / temize çıkarma
shfajësohem / özür dilemek
shfajësoj / affetmek
shfajësoj / suçlamalardan
  kurtarmak
shfajësoj / suçsuz çıkarmak
shfajësoj / temize çıkarmak
shfrenuar (i) / ahlaksız
shfrim / dökme (içini)
shfrim zemërimi / huysuzluk
  nöbeti
shfrytëzim i rastit / fırsatçılık
shfrytëzoj / istismar etmek
shfrytëzoj / kullanmak
shfrytëzoj / sömürmek
shfrytëzoj / yararlanmak
shfrytëzues / sömüren
shfuqizoj / tesirsiz bırakmak
shfytëzoj minierën / kazıp
  çıkartmak [maden]
shhkëlqyer (i) / mükemmel
shi / yağmur
shi i imtë / serpinti
  [yağmur]
shi i madh / sağanak
shiatik / siyatik
shifër / şifre
shifroj / şifre etmek
shigjetë / ok
shij / harman dövmek
shije / haz
shije / lezzet
shije / tat
shije (pa) / tatsız
shije (pa) / yavan
shijoj / tatmak
shijoj / lezzet vermek
shijoj që më parë / tadına varmak
  (önceden)
shijshëm (i) / lezzetli
shikim / görüş
shikim / görme
shiko ! / bak !
shikoj / araştırmak (dikkatle)
shikoj / bakmak
shikoj / görmek
shikoj / göz atmak
shikoj / incelemek
shikoj / nezaret etmek
shikoj fluturimthi / görmek
  (bir an için)
shikoj me ngulm / bakmak
  (dik dik)
shikoj me ngulm / bakmak
  (yiyecekmiş gibi)
shikoj me zemërim / bakmak
  (öfke ile)

shikoj në fytyrë / yüzüne bakmak
shikoj shtrembër / bakmak (yan)
shikoj vjedhurazi / gizlice gözetlemek
shikues / seyirci
shiling / şilin
shimpanze / şempanze
shiringë / şırınga
shirit / bant
shirit / şerit
shirit izolues / izole bant
shishe / şişe
shishe tryeze / sürahi
shitblerjeje / alışveriş
shitës / satıcı
shitës ambulant / satıcı (seyyar)
shitës gazetash / gazeteci [satıcı]
shitës lulesh / çiçek satıcısı
shitës me pakicë / perakende satıcı
shitës peshku / balıkçı
shitëse lulesh / çiçekçi kız
shitet (që) / satılabilir
shitje / satış
shitje me pakicë / perakende satış
shkak / neden
shkak / sebep
shkak / bahane
shkaktoj / neden olmak
shkaktoj dhembje / ağrı vermek
shkakton dhembje (që) / ağrı verici
shkallë / derece
shkallë / merdiven
shkallë / mertebe
shkallë / sınıf
shkallë lëvizëse / merdiven (yürüyen)
shkallë zjarrfikësash / yangın merdiveni
shkallëzim / derecelendirme
shkallëzoj / derecelendirmek
shkallmuar (i) / yıkık
shkapaderdh / israf etmek
shkapaderdh / saçmak
shkapaderdhës / müsrif
shkapërdar / müsrif
shkarkim / çıkarma
shkarkoj / boşaltmak
shkarkoj / boşaltmak (yük)
shkarkoj / muaf tutmak
shkarkoj nga puna / kovmak (işten)
shkarkuar (i) / boş
shkarravina / karalanmış yazı
shkarravit / karalamak
shkatërrim / çöküntü
shkatërrim / mahvolma
shkatërrim / tahribat
shkatërrim / yıkılma
shkatërrim / yıkım
shkatërrimtar / mahvedici
shkatërrimtar / tahrip edici
shkatërrimtar / yıkıcı
shkatërrohem / yıkılmak
shkatërroj / dağıtmak
shkatërroj / harap etmek
shkatërroj / tahrip etmek
shkatërroj / yıkmak
shkathët (i) / atılgan
shkathët (i) / becerikli
shkathët (i) / hünerli
shkathtësi / beceriklilik

207

shkel / çiğnemek
shkel / ihlal etmek
shkel ligjën / suç işlemek
shkel me këmbë / basmak (ayakla)
shkel [ligjën] / çiğnemek (kanun)
shkel [ligjën] / karşı gelmek (kanuna)
shkelje / ihlal
shkelje brutale / tecavüz
shkelm / tekme
shkelmoj / tekmelemek
shkëlqej / parıldamak
shkëlqen / parıldamak
shkëlqen / parlamak
shkëlqim / ihtişam
shkëlqim / parıldama
shkëlqim / parıltı
shkëlqim / parlaklık
shkëlqim / pırıltı
shkëlqyer (i) / parlak
shkëlqyeshëm (i) / mükemmel
shkëlqyeshëm (i) / parlak
shkëmb / sarp kayalık
shkëmb prej rërë / kumtaşı
shkëmb [shkrep] / kaya
shkëmbej / mübadele etmek
shkëmbim / takas
shkëmbor / kayalık
shkëmbor / sarp
shkëmbyeshëm (i) / mübadele edilebilir
shkenca shoqërore / sosyal bilim
shkencë / bilim
shkencë / ilim
shkencor / bilimsel
shkëndijë / kıvılcım
shkëput / koparmak
shkëputem [nga shoqëria] / ayrılmak
shkëputje / ayrılma
shkëputur (i) / kopuk
shkoj / gitmek
shkoj dendur / uğramak (sık sık)
shkoj me kope / gütmek (sürüyü)
shkoj për zbulim / keşfe çıkmak
shkoj perin / iplik geçirmek
shkoj përpara / ileri gitmek
shkoj të fle / gitmek (uyumaya)
shkoj tëposhtë / kötüye gitmek
shkoj vullnetarisht / gitmek (gönüllü)
shkollë / okul
shkollë e mesme / orta okul
shkollë fillore / ilkokul
shkollë natë / gece okulu
shkollë pregatitore / hazırlık okulu
shkollë profesionale / teknik okul
shkon mbas rrjedhës / sürüklenmek (akıntıyla)
shkon poshtë (që) / aşağıya giden
shkon puna mbarë (më) / işi iyi gitmek
shkop / çubuk
shkop / değnek
shkop / sopa
shkop [sport] / sopa [oyun]
shkozë / gürgen

shkrepëse / kibrit
shkretë (i) / perişan
shkretë (i) / zavallı
shkretëtirë / çöl
shkretim / hasar
shkretim / mahrumiyet
shkretoj / perişan etmek
shkretoj / yıkmak
shkretoj / harap etmek
shkrihem / erimek
shkrihet / erimek
shkrij / eritmek
shkrim dhe këndim / okuyup yazma
shkrim i shenjt / kutsal yazı
shkrimtar / yazar
shkrın / erimek
shkrirë (i) / erimiş
shkrirje / erime
shkrisheni (i) / eritilebilir
shkronjë / harf
shkruaj keq / karalamak
shkruaj në maqinë / yazı yazmak (daktiloda)
shkruaj pampfleta / broşür yazmak
shkruar anës (i) / kenarda yazılı
shkruar me dorë (i) / el yazısı
shkrues / yazıcı
shkrumboj / kömürleştirmek
shkuar (e) / geçmiş
shkuarje përpara / ilerleme
shkuarje prapa / geri çekilme
shkul / çile
shkul / koparmak
shkul me rrënjë / koparmak (kökleriyle)
shkul me rrënjë / kökünden sökmek
shkumë / köpük
shkumë ose ujë sapuni / sabunlu su veya köpük
shkumë sapuni / sabun köpüğü
shkumë (me) / köpüklü
shkumës / tebeşir
shkumëzoj / köpürtmek
shkumëzon / köpürmek
shkund / sarsmak
shkund / silkmek
shkurre / bodur [funda]
shkurre / çalılık
shkurre / çalı
shkurre / funda
shkurrishte / fundalık
Shkurt / Şubat
shkurtabiq / cüce
shkurtabiq / kısa (oldukça)
shkurtabiq [i frytë] / bodur
shkurtë / kısa
shkurtër (i) / kısaltılmış
shkurtër (i) [shulak] / tıknaz
shkurtësi / kısalık
shkurtim / kısalma
shkurtim / özet
shkurtimisht / kısaca
shkurtohet / kısalmak
shkurtoj / kısaltmak
shkurtoj / kısmak
shkurtoj fjalën / kelimeyi kısaltmak
shlizë / savak (su kanalı)

shluzë / set
shlyej / amortize etmek
shlyej [borxhet] / ödemek [borç]
shlyej [borxhin] / izale etmek
shlyerjë / amortisman
shmang / sapmak
shmang / saptırmak
shmang [rrezikun] / önlemek
shmangem / sapmak
shmangem nga drejtimi / rotayı şaşırmak
shmangem (i) / sakınmak
shmangie / ayrılma
shmangie / sapma
shmangie / saptırma
shmangie / uzaklaşma
shndërroj / değiştirmek (şeklini)
shndërroj / dönüştürmek
shndërroj në gaz / gazlaşmak
shofer / şöfer
shofer [tramvaji] / vatman
shoh / gözetlemek
shoh / bakmak
shoh në ëndër / rüya görmek
shoh nga larg / görmek (uzaktan)
shok / şok
shok / arkadaş
shok fëmijërie / çocukluk arkadaşı
shok lundrimi / gemi arkadaşı
shok shkolle / okul arkadaşı
shok tryeze / sofra arkadaşı
shoqatë / birlik
shoqe / arkadaş
shoqëri / arkadaşlık
shoqëri / cemiyet
shoqërim / refakat
shoqërohem / arkadaş olmak
shoqërohem / arkadaşlık etmek
shoqëroj / arkadaşlık etmek
shoqëroj / refakat etmek
shoqëror / toplumsal
shoqëror / sosyal
shoqërues / eşlik eden
shosh / elemek
shosh / elemek (kalburla)
shosh / kalburdan geçirmek
shoshë / elek
shoshë / kalbur
shovinist / şovenist
shovinizëm / milliyetçilik (aşırı)
shpagim / karşılıkta bulunma
shpagim / kısas
shpagim / misilleme
shpagoj / intikam almak
shpaguhem / intikam almak
shpaguhem / ödeşmek
shpall / ilan etmek
shpall / beyan etmek
shpall botërisht / açıkça söylemek
shpall jashtë ligje / kanun dışı ilan etmek
shpalljë / beyan etme
shpalljë / ilan
shpartallim / bozgun
shpartallim / bozulma
shpartalloj / bozguna uğratmak
shpartalloj / kırıp dökmek
shpartalloj / mahvetmek
shpat kodre / yamaç
shpatë / kılıç
shpatull / kürek kemiği
shpatull / omuz
shpejt / derhal
shpejtë (i) / aceleye gelen
shpejtë (i) / atılgan
shpejtë (i) / çabuk
shpejtë (i) / çevik
shpejtë (i) / hızlı
shpejtë (i) / süratli
shpejtësi / acelecilik
shpejtësi / çabukluk
shpejtësi / çeviklik
shpejtësi / hız
shpejtësi / sürat
shpejtoj / yetişmek (çabuk)
shpellë / mağara
shpend shtëpiak / kümes hayvanları
shpenzim / harcama
shpenzim / masraf
shpenzim / tüketim
shpenzim i kotë / israf (boşuna)
shpenzoj / harcamak
shpenzoj / israf etmek
shpenzoj / sarfetmek
shpenzoj / tüketmek
shpenzoj kot / sarfetmek (boşuna)
shpenzoj pa kursim / harcamak (bol bol)
shpërblej / karşılığını vermek
shpërblej / ödemek
shpërblej / telafi etmek
shpërblej / vermek (karşılık olarak)
shpërblesë / fidye
shpërblim / karşılık
shpërdorim / suistimal
shpërdoroj / kötüye kullanmak
shpërdoroj / suistimal etmek
shpërdoroj [të holla] / zimmetine geçirmek
shpërndahet / dağılmak
shpërndaj / bölüştürmek
shpërndaj / dağıtmak
shpërndarë (i) / dağınık
shpërndarës / dağıtan
shpërndarës / hareket memuru [tren]
shpërndarës gazetash / gazete dağıtıcısı
shpërndarje / bölüştürme
shpërndarje / dağılım
shpërndarje / dağıtma
shpërndarje / tahsis etme
shpërngul / tahliye etmek
shpërngul / yerinden çıkarmak
shpërngulem / ayrılıp gitmek
shpërngulem / evden taşınmak
shpërngulem / göç etmek
shpërngulje / göç
shpërngulje / tahliye
shpërthej / çözmek
shpërthej / infilak etmek
shpërthej / patlamak
shpërthen (që) / püsküren
shpërthen [vullkani] / püskürmek [volkan]
shpërthim / püskürme

209

shpërthim / yayılma
shpeshtë (i) / sık
shpeshtësi / sıklık
shpëtim / kurtarış
shpëtimtar / kurtarıcı
shpëtoj / kurtarmak
shpëtoj / kurtulmak
shpëtoj [nga halli] / paçayı kurtarmak
shpëton (më) / kaçırmak (elinden)
shpezë shtëpiake / kümes hayvanı
shpif / iftira etmek
shpifarak / iftiracı
shpifës / iftira eden
shpifje / iftira
shpik / icat etmek
shpikës / mucit
shpikje / icat
shpim / delme
shpinë / sırt
shpirt / can
shpirt / ruh
shpirt (pa) / ruhsuz [cansız]
shpirtëror / manevi
shpirtëror / ruhsal
shpirtmadh / yüksek ruhlu
shpirtmadhësi / alicenaplık
shpirtmirë / hoş mizaç
shpirtngushtë / darcanlı
shpirtvogël / darcanlı
shpirtvogël / korkak
shpirtvogël / ödlek
shpirtvogël / yüreksiz
shplaj / çalkalamak
shpoj / bıçaklamak
shpoj / delmek
shpoj / saplamak
shpoj me gjilpërë / iğne saplamak
shpoj përtej / delip geçmek
shporet / fırınlı ocak
shporr / kovmak
shpreh / ifade etmek
shpreh me fjalë / sözle ifade etmek
shprehje / ifade
shprehje e fytyrës / tavır [yüz görünümü]
shprehje idiomatike / deyim
shprehje (pa) / anlatımsız
shprehje [e fytyrës] / çehre
shprehshëm (i) / ifade edilebilir
shpresë / ümit
shpresoj / ümit etmek
shpretkë / dalak
shprish / bozmak
shprish [brizoj li] / çırpmak
shpronësim / istimlak
shpronësoj / istimlak etmek
shpronësoj / uzaklaştırma
shpuarje [e gomës] / lastik patlaması
shpupurish / karıştırmak
shpupurish / karmakarışık etmek
shqepoj / topallamak
shqetësim / kaygı
shqetësim / rahatsızlık
shqetësim / sıkıntı

shqetësim nervor / huzursuzluk
shqetësohem / üzülmek
shqetësoj / kışkırtmak
shqetësoj / rahatsız etmek
shqetësoj / sinirlendirmek
shqetësoj / tedirgin etmek
shqetësoj / üzmek
shqetësuar (i) / kaygılı
shqetësues / rahat vermez
shqip / arnavutça
shqiponjë / kartal
Shqiptar / Arnavut
shqiptim / telaffuz
shqiptoj / telaffuz etmek
shqopë / çalı [sopa]
shquar (i) / önemli
shquar (i) / seçkin
shquar (i) / üstün
shquar (i) / mümtaz
shqyrtim / müzakere
shqyrtim / teftiş
shqyrtoj / dikkatle incelemek
shqyrtoj / eleştirmek
shqyrtoj / müzakere etmek
shqyrtoj / tartışmak
shqyrtoj / teftiş etmek
shqyrtues / eleştirmen
shtab / karargah
shtallë [katua] / ahır
shtambë / testi
shtampoj / damga vurmak
shtarë / banotu
shtampoj / ıstampa ile basmak
shtat / vücut
shtatë / yedi
shtatë herë / yedi kez
shtatëdhjetë / yetmiş
shtatëdhjeti (i) / yetmişinci
shtatëfish / yedi kat
shtatëmbëdhjetë / on yedi
shtatëmbëdhjeti (i) / on yedinci
shtati (i) / yedinci
Shtator / Eylül
shtazarak / vahşi
shtazëri / vahşilik
shteg / geçit
shteg / patika
shtëllungë / kabarık
shtëpi / ev
shtëpi / mesken
shtëpi botimi / yayın evi
shtëpi korrektimi / ıslah evi
shtëpi pensioni / pansiyon
shtëpi prifti / papaz evi
shtëpi [në fermë] / çiftlik evi
shtëpiak / evcil
shtëpizë / kulübe
shteron [burimi] / hızı azalmak [kaynak]
shterpë / kısır
shterpë (i) / verimsiz
shterpësi / kısırlık
shtesë / ek
shtesë / ikramiye
shtesë / ilave
shtesë tatimi / ek vergi
shtet / devlet

shtetas / vatandaş
shtetëzoj / millileştirmek
shtie / ateş etmek
shtie fall / fal bakmak
shtie në mend / sokmak (aklına)
shtim / ilave
shtirem / taklit etmek
shtizar / mızraklı süvari eri
shtizë / iğne [kalın]
shtizë / mızrak
shtizë / örgü şişi
shtizë / tığ
shtizë flamuri / bayrak direği
shtizë me grep / zıpkın
shtog / mürver ağacı
shtohem / çoğalmak
shtoj / arttırmak
shtoj / eklemek
shtoj [dritën] / arttırmak [ışığı]
shtojcë / ilave
shtojcë [në rrobe] / ek
shtrat / yatak
shtrat fushor / kır yatağı
shtrat i topit / top kundağı
shtrat lumi / ırmak yatağı
shtrat [portativ] / ranza
shtrembër (e) / eğri
shtrembër (i) / çarpık
shtrembërim / bükülme
shtrembërim / çarpıklık
shtrembëroj / çarpıtmak
shtrembëroj / eğmek
shtrembëroj / tahrif etmek
shtrëngim / kavrama
shtrëngim / zorlama
shtrëngoj / sıkıştırmak
shtrëngoj / sıkmak
shtrëngoj / zorlamak
shtrëngoj [duart] / tokalaşmak
shtrënguar (i) / cimri
shtrënguar (i) / sıkı
shtrënguese / mengene
shtrenjtë (i) / pahalı
shtresë / tabaka
shtrihem / uzanmak
shtrihem / yatmak
shtrihem / yayılmak
shtrij / sermek (yere)
shtrij / uzatmak
shtrij / yaymak
shtrirë në kurriz (i) / sırt üstü yatmış
shtrirë (i) / uzanmış
shtrirje / yayılma
shtrirje / yere serme
shtrohem / yenilmek
shtroj dyshemenë / döşemek (taban)
shtroj për diskutim / tartışmaya açmak
shtroj për sgqyrtim / ileri sürmek
shtroj [një rrugë] / döşemek (asfalt)
shtroje [këpuce] / iç astarı (ayakkabının)
shtrydh / sıkmak [meyva]
shtrydhje / sıkma
shtuar (i) / eklenilen

Shtunë (e) / Cumartesi
shtyj / dürtmek
shtyj / ertelemek
shtyj / itip kakmak
shtyj / itmek
shtyj / sevk etmek
shtyj / teşvik etmek
shtyj / sürüklemek
shtyj afatin / tehir etmek
shtyllë / iskele
shtyllë / kazık
shtyllë / temel direği [kolon]
shtyp / bası
shtyp / baskı altına almak
shtyp / baskı altında tutmak
shtyp / basmak
shtyp / bastırmak
shtyp / ezmek
shtyp / sıkmak
shtypës / ezici
shtypje / basınç
shtypje / baskı
shtypje / baskı altında tutma
shtypshkrim / basma
shtypshkrues / basımcı [yazıcı]
shtypur (i) / çiğnenmiş
shtyrje / itme
shtyrje përpara / ileri sürme
shtytës / itici
shtytje / dürtme
shtytje / itiş
shtytje / itme
shtytje / teşvik
shuaj / söndürmek
shuaj / yok etmek
shuar (i) / sönmüş
shuarje / yok etme
shufër / çubuk
shuhet / sönmek
shumanshëm (i) / çok yönlü
shumanshmëri / çok yönlülük
shumë / çok
shumë / çok fazla
shumë herë / sık sık
shumë i lirë / çok ucuz
shumë i mirë / mükemmel
shumë i nxehtë / sıcak (bunaltıcı)
shumë i shijshëm / etkileyici
shumë i zi / simsiyah
shumëfishoj / teksir etmek
shumëfishoj / çoğaltmak
shumëfishtë (i) / çoklu
shumëllojshëm (i) / çeşitli (çok)
shumëzim / çoğalma
shumëzim / çoğaltma
shumëzoj / çoğaltmak
shumicë / çoğunluk
shumicë / umumiyet
shumtë (i) / çoğul
shuplakë / şaplak
shuplakë [pëllëmbë] / avuç içi
shurdhë memec / sağır ve dilsiz
shurdhër (i) / sağır
shurdhoj / sağırfaştırmak
shurdhoj / söylemek (tekrar tekrar)
shurrë / idrar
shurrë / sidik

211

shurup / şurup
shushat / sersemletmek
shushat / şaşırtmak
shushurimë / hışırtı
shushurimë / uğultu
shushurin / uğuldamak
shushurin / hışırdamak
shyta / kabakulak hastalığı

- T -

tabaka / tabak [fincan altlığı]
tabaka / tabla
taban dyst (me) / düz taban
tabelë / tabela
tabelë / tablo
tabelë e shpalljeve / ilan tahtası
tabelë udhëzuese / yol tabelası
tabletë / tablet
tabletë [hap] / hap
tagji / hayvan yemi
takatuke / kül tablası
takim / görüşme
takim / randevu
takoj / karşılaşmak
takoj [rastësisht] / rastgelmek
taksë / vergi
taksë doganore / geçiş vergisi
taksë doganore / gümrük vergisi
taksë postare / posta ücreti
taksë shtetërore / devlet vergisi
taksi / taksi
takt / nezaket
takt (me) / nazik
takt (pa) / nezaketsiz
taktik / tedbirli
talent / kabiliyet
talent / yetenek
talentuar (i) / kabiliyetli
tall / alay etmek
tall / dalga geçmek
tall / eğlenmek
tall / şakalaşmak
tallash / talaş
tallem / alay etmek
tallem / eğlenmek
tallem / şaka yapmak
tallës / dalgacı
tallje / alay etme
tallje / dalga geçme
tallje / şaka
tangjent / tanjant
tani / şimdi
tanishëm (i) / şimdiki
tanks / tank
tapë / tapa
tapë / tıkaç
tapëheqës / tirbuşon
tapicier / döşemeci
taracë / teras
tarë / dara
tarifë / tarife
tartabiq / böcek
Tartar / Tatar
tashmë / halen

tastierë / klavye
tatim / vergi
tatim fitimi / gelir vergisi
tatim për frymë / kelle vergisi
tatimpagues / vergi veren
tatuazh / dövme
tavan / tavan
tavë / tava
tavllë / kül tablası
teatër / tiyatro
teatër i operas / opera binası
teatër kukllash / kukla oyunu
tegel qepjeje / dikiş yeri
teh / keskin kısım [bıçak]
teh i thikës / bıçak ağzı
tej detit / deniz aşırı
tejdukshëm (i) / şeffaf
tejpërtej / bir başından öbür başına
teknikë / teknik
tekst / metin
tekstil / dokuma
tel / tel
tela (me) / telli [iplikli]
teleferik / teleferik
telefon / telefon
telefonim interurban / şehirlerarası telefon
telefonoj / telefon etmek
telegraf / telgraf
telegrafist / telgrafçı
telegrafoj / telgraf çekmek
telegram / telgraf
teleskop / teleskop
televizion / televizyon
tellall / çığırtkan
tellall / tellal
temë / konu
temperament / yaratılış
temperatyrë / sıcaklık
tendë / çadır
tendë / tente
tendosje / germe
tendosshëm (i) / gerilebilir
teneqe / teneke
teneqexhi / tenekeci
tenis / tenis
tenor / tenor
teolog / ilahiyatçı
teoremë / teorem
teori / kuram
teorik / kuramsal
tepër / pek çok
tepëroj (e) / abartmak
tepëroj (e) / aşırıya kaçmak
tepërt (i) / fazla olan
tepri / aşırılık
tepri (me) / bol bol
tepricë / fazlalık
teprim / mübala
teproj / mübalağa etmek
teptis [arma] / geri tepmek
teptis [arma] / tepmek
terepentinë / neftyağı
terezi uji / su terazisi
termal / termal
terminologji / terminoloji
termometër / termometre

termos / termos
territorial / belirli bir bölgeye ait
tespije / tespih
tetë / sekiz
tetëdhjetë / seksen
tetëdhjeti (i) / sekseninci
tetëmbëdhjetë / on sekiz
teti (i) / sekizinci
Tetor / Ekim
tezë / sav
teze / teyze
tezë / tez
tezgë / tezgah
të gjithë / hepsi
të lumtë ! / Aferin !
të Premten / Cuma günü
tëposhtë / meyilli
tërbim / hiddet
tërbohem / çıldırmak
tërbohem / cinnet getirmek
tërbohem / hiddetlenmek
tërbohem / öfkelenmek
tërboj / kızdırmak (çok)
tërboj / öfkelendirmek
tërbuar (i) / çılgın
tërbuar (i) / hiddetli
tërbuar (i) / öfkeli
tërë (i) / hepsi
tërë (i) / tam
tërë (i) / tamamen
tërë (i) / yekpare
tërë (i) / bütün
tërësi / bütünlük
tërësi / tamamen
tërësisht / tepeden tırnağa
tërfil / yonca
tërheq / ayartmak
tërheq / çekmek
tërheq / cezbetmek
tërheq / germek
tërheq / sürüklemek
tërheq / germek
tërheq në grackë / tuzağa çekmek
tërheq prapa [fjalët,.] / geri çekmek
tërheq [premtimin] / geri almak (sözünü)
tërheq [ushtrinë] / geri çekmek [asker]
tërheqës / baştan çıkaran
tërheqës / cazibeli
tërheqës / cazip
tërheqës / çekici
tërheqje / cazibe
tërheqje / çekilme
tërheqje me lajka / baştan çıkarma
tërheqje [e oxhakut] / çekiş [ocak]
tërhiqem / çekilmek
tërhiqem / gerilmek
tërhiqem / sürüklenmek
tërhiqem prapa / geri çekilmek
tërhiqem [nga diçka] / ürkmek
tërmet / deprem
tërshëre / lapa
tërshërë / yulaf
tërthorazi / çapraz
tërthortë (i) / dolambaçlı
tërthortë (i) / karşıdan karşıya
ti / sen
tifoz / müptela
tigan / tava
tiganis / kızartmak
tiganisem / kızarmak
tigër / kaplan
tij (i) [i saj] / onun
tillë (i) / bunun gibi
timon / dümen
timon (pa) / dümensiz
timonier / dümenci
timonier / serdümen
tingëllon / çınlamak
tingëllon / ses vermek
tingëllon / tıkırdamak
tingëllon / tıngırdamak
tingëllon [paraja[/ şangırdamak [para]
tingëllor / akustik
tingëllues / sesi aksettiren
tingull / ses [madeni]
tingull fishkëllues / vızltı
tingull frikativ / sürtme sesi
tingull grykor / gırtlak sesi
tingull hundor / burun sesi
tingull i borisë / boru sesi
tingull i njëllojtë / ses (yeknesak)
tingull qiellzor / damak sesi
tinzar / sinsice
tip [model] / tip [numune]
tipar / hususiyet
tipik / tipik
tiran / despot
tiran / zalim
tiran / zorba
tirani / zulüm
tirë / tekne
titul i perit / asilzadelik payesi
titull / başlık
titull / paye
titull / rütbe [sınıf]
titull / ünvan
titull i kardinalit / kardinal ünvanı
titulloj / ünvan vermek
tjegull / kiremit
tjerr / eğirmek
tjetër / başka
tjetër / diğer
tjetri / sonraki
tjetri / ardışık
tkurrje / büzülme
tmeroj / korkutmak
tmerr / dehşet
tmerr / korku
tmerroj / dehşete düşürmek
tmerrshëm (i) / dehşetli
tmerrshëm (i) / korkunç
tmerrshëm (i) / ürkütücü
tmerrshëm (i) / uğursuz
togë / askeri müfreze
togë kalorie / süvari birliği
toka / toka
tokë / kara
tokë / toprak
tokë / yer
tokë e majme / toprak (kuvvetli)
tokë ugar / nadas

213

tokë (nën) / yeraltı
tokësor / arazi sahibi
tokësor / dünyevi
tokësor / karasal
tolerancë / hoşgörü
ton / ton
tonazh / tonaj
tonelatë / ton
tonik / tonik
top / top
top fushor / sahra topu
topit / körletmek
topitur (i) / keskin olmayan
topografi / topografya
topolak / tombul
torbë / torba
tornitor / tornacı
torno / torna tezgahı
torollak / ahmak
torollak / sersem
torpedë / torpil
torpedinierë / torpidobot
tra / kereste [ince uzun]
tra / kiriş [odun]
tra / kütük
tra hekuri / kiriş [demir]
tradhëtar / hain
tradhëtar / vatan haini
tradhëti / hainlik
tradhëti / hıyanet
tradhëti / zina
tradhëtoj / gammazlık yapmak
tradhëtoj / ihanet etmek
traditë / anane [gelenek]
tragjedi / trajedi
trajektore / yörünge
trajner / antrenör
trajtë / dış görünüş
trajtë (pa) / şekilsiz
traktat / bilimsel inceleme
traktor / traktor
trampolin / tramplen
tramvaj / tramvay
trangull / salatalık
transferoj / nekletmek
transfuzion / aktarma
transformator / transformatör
transmetim / geçirme
transmetim / tefsir
transmetoj / nakletmek
transportim / nakletme
transportim / taşıma
transportoj / taşımak
trap / sal
trapazan / çatı arası
trapazan / tavan arası
trapez / trapez
trashanik / dalkavuk
trashanik / dangalak
trashanik / soytarı
trashanik / terbiyesiz
trashë (i) / ahmak
trashë (i) / budala
trashë (i) / kaba
trashë (i) / kalın
trashë (i) / kalın kafalı
trashë (i) / koyu

trashëgim / miras
trashëgim (lë pa) / mirastan mahrum etmek
trashëgimor / kalıtsal
trashëgimor / miras kabilinden
trashëgimtar / mirasçı
trashëgimtar / varis
trashëgoj / miras almak
trashëgoj / miras bırakmak
trashëgoj / varis olmak
trashem / kalınlaşmak
trashem / şişmanlamak
trashëqimtare / mirasçı (kadın)
trashësı / dolgunluk
trashësi / hantallık
trazoj / rahatsız etmek
tre / üç
tredhje / hadım etme
trefish / üç misli
trefishoj / üç misli yapmak
treg / pazar
tregëtar / tacir
tregëtar / ticari
tregëtar / tüccar
tregëtar / esnaf
tregëtar skllevërish / esir taciri
tregëti / alışveriş
tregëti / ticaret
tregëti e jashtme / ticaret (dış)
tregëti me shumicë / toptan satış
tregëtisë (i) / ticarete ait
tregim / anlatım
tregim / anlatma
tregim / ilan
tregim i hollësishëm / ifade (ayrıntılı)
tregoj / anlatmak
tregoj / arz etmek
tregoj / belirtmek
tregoj / ele vermek
tregoj / göstermek
tregoj / ifade etmek
tregoj / söylemek
tregoj / sunmak
tregoj / hikaye etmek
tregoj keqardhje / acımak
tregoj qartë / ifade etmek (açıkça)
tregon / ifade etmek
tregon diçka (që) / ifade eden (bir şey)
tregues / işaret eden
trekëndësh / üçgen
tremb (i) / korkutmak
trembëdhjetë / on üç
trembëdhjetë (i) / on üçüncü
tremuajsh / üç aylık
tren / tren
tret / eritmek
tret ushqimin (që) / hazmı kolaylaştıran
tret [ushqimin] / hazmetmek
tretë (i) / üçüncü
tretës [solvent] / eritici
tretet / erimek
tretje / eritme
tretshëm (i) / eritilebilir
tretshëm (i) / hazmedilebilir
tretshmëri / erime kabiliyeti
trevjeçar / üç senede bir olan
trëndafil / gül

tri / üç
tri herë / üç kere
tridhjetë / otuz
tridhjeti / otuzuncu
trigonometri / trigonometri
trikëmbësh / darağacı
triko [pëlhure] / jarse kumaş
trikotazh / dokuma
trik-trak [loje] / tavla oyunu
trill / merak (aşırı)
trillim / hile
trim / yiğit
trimëri / cesaret
trimëri / yiğitlik
trimëri / yüreklilik
tringëc / ispinoz [kuş]
tringëllimë / şıngırtı
tringëlloj / şıngırdatmak
trinkë / şakrak kuşu
trio / üçlü
tripalëshe / üç taraflı
trishtil / ispinoz [kuş]
trishtim / kasvet
trishtim / neşesizlik
trishtuar (i) / kasvetli
trishtuar (i) / kederli
trishtueshëm (i) / acıklı
trishtueshëm (i) / kasvetli
trishtur (i) / pişman
trofë / ganimet
troftë / alabalık
trokas / vurmak (hafifçe)
trokëllij / el ile patırtı yapmak
tromcak [harabel] / serçe
trondit / heyacanlandırmak
trondit / keyfini kaçırmak
trondit / sarsmak
trondit / şaşırtmak
tronditem / şaşırmak
tronditës / heyecanlandırıcı
tronditje / sarsıntı
tronditje / titreme (heyecandan)
tropikal / tropikal
trotuar / yaya kaldırımı
tru / beyin
tru (pa) / zeki olmayan
truk / hokkabazlık
truk [marifet] / marifet
trukist / kokkabaz
trullos / sersemletmek
trullos / şaşırtmak
trullos [budalleps] / aptallaştırmak
trup / beden
trup / vücut
trup i anijes / tekne gövdesi
trupit (i) / bedene ait
trupmadh / kocaman
trupor / bedeni
trupor / bedensel
truri i vogël / beyincik
tryezë / masa
tryezë tualeti / tuvalet masası
tub / tüp
tub kanali / kanalizasyon borusu
tuberkuloz / tüberküloz
tufan / kasırga
tufë / demet

tufë / sürü
tufë / bağ [demet]
tufë lulesh / çiçek demeti
tufë [peshqish] / balık sürüsü
tufëz / tutam
tulipan / lale
tullac / kel
tullë / tuğla
tullë refraktare / ateş tuğlası
tullumbë / tulumba
tumor / tümör
tund / sallamak
tund / sarsmak
tund / çalkalamak
tund bishtin / yaltaklanmak
tund gjalpë / dövmek (süt)
tundës / yayık
tundet (që) / sarsıntılı
tundje / sallama
tunel / tünel
tungjatjeta ! / merhaba !
tunikë / tünik
turbinë / türbin
turbullim / huzursuzluk
turbullohet / bulanmak
turbulloj / bulandırmak
turbulloj / bulanıklaştırmak
turbulloj / dehşete düşürmek
turbulloj / sinirlendirmek
turbullt (i) / bulanık
turbullt (i) / donuk
turist / turist
turjelë / burgu
turjelë / matkap
Turk / Türk
turli / türlü yemeği
turmë [njerëzish] / kalabalık [insan]
turne / turne
turne / yarışma
turnësol / turnusol
turp / ar
turp / ayıp
turp / rezalet
turp ! (të kesh) / utan !
turpëroj / mahçup etmek
turpëroj / rezil etmek
turpëroj / utandırmak
turpëruar (i) / utanmış
turpërues / utanç verici
turpshëm (i) / ayıp
turpshëm (i) / utangaç
turrem / koşmak
turshi / turşu
turshi (bëj) / turşu yapmak
turtull / ardıçkuşu
turtull / turtur [yusufçuk]
tuta / pantolon (eski moda)
tutkall / tutkal
tutor / yediemin
tym / duman
tym mjegulle / pus
tym (me) / dumanlı
tymos / tütmek
tymosje / tütsüleme
tymosur (i) / isli
tymtoj / tütsülemek
tyre (i) / onların [onlarınki]

215

tytë [pushke] / namlu

- TH -

thahem / kurumak
thaj / kurutmak
tharë (i) / kurumuş
tharëse / kurutucu
tharje / kuruma
thark derrash / domuz ahırı
thartë (i) / ekşi
thartohet / elşimek
thartohet [vera] / ekşimek [şarap]
thartoj / ekşitmek
thashetheme / dedikodu
thashetheme / söylenti
thatanik / kupkuru
thatanik / kuru [zayıf]
thatanik / sıska
thatë (i) / kıraç
thatë (i) / kuru
thatësirë / kuraklık
thek bukë / ekmek kızartmak
thekër / çavdar
theks / aksan
theksim / şive
theksoj / vurgulamak
thelb / çekirdek içi
thelb / nüve
thelb / öz
thelb [hudhre] / diş [sarımsak]
thelë [shtresë e holë] / dilim
thellë (i) / derin
thellësi / derinlik
thellohem / derinleşmek
thelloj / derinleştirmek
them fjalë të kota / saçmalamak
them fjalë të papëlqyera / küstahlık etmek
them tërthorazi / ima etmek
thembër / topuk
themel / temel
themelim / tesis kurma
themeloj / temel atmak
themeloj / tesis etmek
themelor / asıl
themelor / esaslı
themelor / temel
thep / uç (sivri)
ther / kesmek (hayvan)
ther me maumuze / mahmuzlamak
therës / keskin
therje / kırım
theror / şehit
thertore / mezbaha
thes / çuval
thesar / hazine
thëllëzë / keklik
thërmohem / ufalanmak
thërmohet / ufalanmak
thërmoj / ufalamak
thërras / çağırmak
thërras / çağırmak (yüksek sesle)
thërras / feryat etmek

thërras / seslenmek
thërras në gjyq / çağırmak(mahkemeye)
thërras [në gjyq] / celp etmek
thërras në gjyq / mahkemeye çağırmak
thërras [në kuvend] / çağırmak (toplantıya)
thërras [në ndihmë] / çağırmak (yardıma)
thërrime / zerre
thikë / bıçak
thikë e gjerë / bıçak (enli)
thikë letrash / kağıt açacağı
thikëpunues / bıçakçı
thirrje / bağırış
thirrje / çağırma
thirrje / çağrı
thirrje / davet
thirrje / haykırış
thirrje / nida
thirrje / seslenme
thirrje nën armë / silah altına alma
thirrje për kryengritje / isyana teşvik etme
thirrje për t'u dorëzuar / teslim çağırısı
thirrje [në gara] / meydan okuma
thirrur nën armë (i) / askere çağrılmış
thith / içine çekmek
thith / emmek
thithje / emme
thithkë / meme
thithlopë / kara kurbağa
thjerrë / mercek
thjerrëz / mercimek
thjeshtë (i) / basit
thjeshtë (i) / saf
thjeshtër / kardeş (üvey)
thjeshtësi / basitlik
thjeshtësoj / basitleştirmek
thonjëza / tırnak işareti ["..."]
thumb / tetik
thumbim / arı sokması
thundër / toynak
thur / örmek
thur / sarmak
thurje rrjetash / ağ örme
thyej / kırmak
thwej në copa të vogla / ufalamak
thyerje / kırma
thyerje [në luftë] / yenilgi
thyeshëm (i) / kırılabilir
thyhem / kırılmak

- U -

udhë / yol
udhëheq / önderlik etmek
udhëheq / yol göstermek
udhëheqës / kılavuz
udhëheqës / önder
udhëheqës / yönetici
udhëheqje / öncülük
udhëheqje / yol gösterme
udhëtar / seyyah
udhëtar / yolcu
udhëtim / seyahat

udhëtim / yolculuk
udhëtoj / seyahat etmek
udhëtoj / yolculuk etmek
udhëtoj me autostop / otostop yapmak
udhëtoj [me automobil] / sürmek [otomobil]
udhëzim / hüküm
udhëzim / tembih
udhëzim / yol gösterme
udhëzoj / yol göstermek
udhëzues / kılavuz
ujë / su
ujësjellës / su dağıtım tertibatı
ujësjellës / su tesisatı
ujk / kurt
ujor / suya ait
ujra gjirizi / lağım suyu
ujvarë / şelale
ujvarë [kaskade] / çağlayan
Ukranias / Ukraynalı
ul / düşürmek (değerini)
ul / indirmek
ul / oturtmak
ul çmimin / ucuzlatmak
ul [në ujë] / indirmek (suya)
ul [zërin...] / alçaltmak [ses]
ulcerë / ülser
ulem / çömelmek
ulem / inmek
ulem / oturmak
ulet / tünemek
ulet / çökmek
ulërij / kükremek
ulërij / ulumak
ulërij [era] / uğuldamak [rüzgar]
ulërimë / kükreme [gürleme]
ulërimë / uluma
ulët (i) / alçak
ulët (i) / alt [aşağı]
ulje e çmimeve / fiyat kırma
ulli / zeytin
ulluk / oluk
ulok / felçli
ultësirë / düz arazi
ultimatum / ultimatom
ultraviolet / mor ötesi
umbrellë [çadëra] / şemsiye
unanimitet / ittifak
unazë / halka
unazë / yüzük
unazor / dairesel
unë / ben
uniforme / düzgün
uniforme / yeknesak
uniformë shërbëtori / hizmetçi üniforması
uniformitet / yeknesaklık
universitet / üniversite
uragan / hortum
urdhër / emir
urdhër kontrolli / arama emri
urdhër [arrestimi] / tevkif müzekkeresi
urdhëroj / emir vermek
urdhëroj / emretmek
urdhëroj / hükmetmek

urdhëroni ! / buyurun !
urdhërues / amirane
urdhërues / mütehakkim
urdhërues / zorunlu
urë / köprü
urë notuese / köprü (yüzen)
urë që ngrihet / köprü (açılabilen)
uri / açlık
uri / kıtlık
urith / köstebek
uritur (i) / aç
uritur (i) / aç kalmış
uroj / kutlamak
urrej / iğrenmek
urrej / nefret etmek
urrejtje / nefret
urryer (i) / adi [kişi]
urryer (i) / tiksindirici
urtë (i) / mülayim
urtë (i) / sakin
urtë (i) / uysal
urtë (i) / arif [hikmet sahibi]
urtë (i) [i mençur] / ağırbaşlı [akıllı]
urtësi / ariflik
urtësi / dirayet
urtësi / basiret
ushqehem / şişmanlamak
ushqej / beslemek
ushqej / semirmek
ushqej kathshët / beslemek (hayvanları)
ushqej me sisë / emzirmek
ushqej në zemër / bağrına basmak
ushqej [fëmijën] / beslemek (çocuğu)
ushqej [shpresë..] / beslemek [ümit,..]
ushqim / besin
ushqim / gıda
ushqim / yemek
ushqim / yiyecek
ushqim i pamjaftueshëm / beslenme (yetersiz)
ushqime / erzak
ushqime të zgjedhura / şarküteri
ushqyer (i) / besili
ushqyer (i) / şişman
ushqyes / besleyen [kimse]
ushqyes / besleyici
ushtar / asker
ushtar britanik / İngiliz askeri
ushtarak / askeri
ushtarakisht / askeri
ushton [zëri] / aksetmek [ses]
ushtri / askeri birlik
ushtri / ordu
ushtrim / talim
ushtroj / alıştırmak
ushtroj / talim yaptırmak
uthull / sirke
uzinë shkrirjeje / dökümhane

- V -

vadit / sulamak
vaditje / sulama
vagabond / külhanbeyi
vagabond / serseri

217

vagon / vagon
vagon fjetjeje / yataklı vagon
vagon hekurudhë / vagon
vagon mallrash / yük vagonu
vagon plaçkash / yük vagonu
vagon platformë / açık yük vagonu
vaj / yağ
vaj balena / balina yağı
vaj palme / hurma yağı
vaj parafine / gaz yağı
vaj ulliri / zeytin yağı
vajguri / gazyağı
vajguri / petrol
vajnik / yağdanlık
vajor / yağlı
vajos / yağlamak
vajtoj / ağlamak
vajtoj / yakınmak
vajtues [lotues] / ağlayan
 [gözyaşı dolu]
vajtueshëm (i) / acıklı
vajzë / genç kız
vajzë / kız (genç)
vajzë e paturpshme / aşüfte
vajzëri / kızlık
vakët (i) / ılık
vaksinë / aşı
vaksinoj / aşılamak
valavitës / dalgalanan
valavitet / dalgalanmak
valavitur (i) / dalgalı
valë / dalga
valë deti / deniz yosunu
valë e madhe / dalga (büyük)
valencë / valans
valëpritës / dalga kıran
valëza [uji] / dalgacık
valixhe / bavul
valixhe / valiz
valixhe dore / el çantası
valle / oyun [dans]
vallëzoj / dans etmek
valoj / kaynatmak
valon (që) / kaynayan
vals / vals
valvolë / valf
valvolë sigurimi / emniyet subabı
vapë [zagushi] / boğucu sıcak
vapor / vapur
var / asmak
var / sarkıtmak
var buzët / surat asmak
var buzët / somurtmak
varem / asılmak
varem / bağlı olmak
varem / sarkmak
varëse / askı
varëse / kanca
varësi / bağlılık
varësi / tabi olma
varet / sarkmak
varfër (i) / fakir
varfër (i) / sefil
varfër (i) / yoksun
varfëri / fakirlik
varfëri / sefalet
varfëri / yoksulluk

vargue / pranga
variant / varyant
varr / mezar
varr / türbe
varrezë / mezarlık
varrim / defin
varrim / gömme
varrim / mezara koyma
varrmihës / ölü kaldırıcısı
varros / gömmek
varros / mezara koymak
vartësi reciproke / karşılıklı dayanışma
varur (i) / bağlı
varur (i) / sarkık
vashë [femër e re] / genç kız
vashëri / kızlık
vat / vat
vatër / şömine
vathë / ağıl
vathë / küpe
vathë [për dhentë] / ağıl [koyunlar için]
vazhdim / devam etme
vazhdimësi / ardışıklık
vazhdimësi / devam etme
vazhdoj / devam etmek
vazhdoj / ileri gitmek [devam et.]
vazhdon / sürmek
vazhdoni ! / devam edin !
vazhdues / ardıl
vazhdues / devam eden
vazhdues / sonraki
vazhdues [për ngjarje] / geçerli
vazhdueshëm (i) / sürekli
vazhdueshmëri / devamlılık
vazo / vazo
vdekje / ölme
vdekje / ölüm
vdekjeprurës / felaket getiren
vdekjeprurës / öldürücü
vdekjeprurës / ölümcül
vdekshëm (i) / fani
vdekshëm (i) / öldürücü
vdekshëm (i) / ölümlü
vdekshmëri / ölümlülük
vdekur (i) / ölü
vdes / ölmek
ve kushte / şart koşmak
ve në gjumë / uyutmak
ve peshku / balık yumurtası
ve suva / sıvamak
ve (e) [i ve] / dul kadın [dul erkek]
veç / ayrı
veç e veç / tek tek
veçanerisht / hususiyetle
veçantë (i) / ayrı
veçantë (i) / eşi olmayan
veçantë (i) / hususi
veçantë (i) / hususiyeti olan
veçantë (i) / özel
veçim / ayırma
veçim / bağlantısını kesme
veçim / tecrit
veçim / tefrik
veçoj / ayırmak
veçoj / tecrit etmek
veçoj / yalıtmak
veçori / hususiyet

veçori [karakteristike] / özellik
veçse / meğerse
veçuar (i) / ayrı
vegël / alet
vegël matëse / ölçme aleti
vegim / sanrı
vegim / vehim
vegjetarian / etyemez kimse
vegla fryme / nefesli çalgılar
vegsh / güveç
vel / yelken
velenxe / battaniye
vemendje / dikkat
vemendje / ihtimam
vemendshëm (i) / dikkatli
vemendshëm (i) / tedbirli
vemje / tırtıl
vend / mevki
vend / yer
vend bashkimi / birleşme yeri
vend i afërm / yakınlarda
vend i fshehtë / gizli yer
vend i ngrirë / donmuş yer
vend i ngritur / yüksek yer
vend i ngushtë / darboğaz
vend i paracaktuar / hedef
vend i shenjtë / kutsal yer
vend i strukur / kuytu yer
vend ku priten parafë / darphane
vend malor / dağlık yer
vend pushimi klimaterik / dinlenme yeri
vend qitje / poligon
vend të (në) / yerine (...)
vend zbritjeje / iskele
vendas / mahalli
vendas / yerel
vendas / yerli
vendbanim / ikamet
vendbanim / mesken
vendim / hüküm
vendim / karar
vendim gjyqësor / mahkeme kararı
vendim gjyqi / hüküm [yargı kararı]
vendimtar / karar alıcı
vendimtar / kararlı
vendit (i) / mahalli
vendit (i) / yerel
vendlindje / doğum yeri
vendos / karar vermek
vendos / yerine koymak
vendos / yerleştirmek
vendos / koymak
vendos embargon / ambargo koymak
vendos në pozision / koymak (yerine)
vendos në radhë / sıraya koymak
vendos qetësinë / sükut etmek
vendos [kapital] / para yatırmak
vendosem / yerleşmek
vendosje / yerleştirme
vendosmëri / metanet
vendosur (i) / vaki
vend-burim ari / altın madeni
venë / ven

venerian / cinsel ilişkiye ait
venitem / solmak
ventilator / vantilatör
veprim / ameliye
veprim / faaliyet
veprim / hareket
veprim / işlem
veprim / muamele
veprim [punë] / fiil [iş]
veproj / hareket etmek
veproj / işlemek
vepron (që nuk) / işlemeyen
veprues / etkili
veprues / etkin
veprues / faal
veprues / işleyen
verandë / veranda
verbër (i) / kör
verboj / gözünü kamaştırmak
verdhë (i) / sarı
verdhësi / sarılık hastalığı
verdhosh [në fytyrë] / soluk yüzlü
verë / yaz
verë / şarap
verë e pambarim / pastırma yazı
vere gjermane (lloj) / Alman şarabı [bir cins]
verë portogalie / porto şarabı
veri / kuzey
veri (më në) / kuzeydeki (en)
verifikoj / düzeltmek
verior / kuzeye ait
veri-lindje / kuzey doğu
veri-perëndim / kuzey batı
vernik / vernik
version / uyarlama
vertebrorë (jo) / omurgasız
vesë / çiy
vesh / giydirmak
vesh / giymek
vesh / kulak
vesh diçka / giyinmek
vesh me kore / kabuk çekmek (üstüne)
vesh me panele / pano ile süslemek
vesh [me letra murin,..] / kaplamak (duvar kağıdı)
vesh [mobilje] / donatmak [mobilya]
veshit (i) / kulağa ait
veshje / giysi
veshje / kaplama
veshje / kıyafet
veshkë / böbrek
veshur mirë (i) / şık
veshur pa kujdes (i) / dikkatsizce giyinmiş
veson / çiselemek
vetë / kendi
vetë / kendim
vetë / kendimiz
vetë / kendileri
vetë / kendiniz
vetëdashje / kendini beğenme
vetëdije (me) / bile bile
vetëdije (me) / kasten
vetëgjykim / linç
vetëkënaqësi / gönül rahatlığı
vetëm / ancak

219

vetëm / sadece
vetëm / tek başına
vetëm / yalnız
vetëm me sy / çıplak göz
vetëm (i) / tek
vetëm (i) / yalnız
veten / kendilerini
veten / kendimi
veten / kendimizi
veten / kendini
veten / kendinizi
vetëndezës [në motor] / marş
vetëqeverisje / özerklik
veteriner / veteriner
vetëshërbim / selfservis
vetëtimë / şimşek
vetëvendosje / elindelik
vetëvendosje / hür irade
vetëveprues / kendi kendine işleyen
vetëveten / kendini
vetëvrasës / intihar eden kimse
vetëvrasje / intihar
vetëvrojtim / gözlem (iç)
veti (i) / hususi
veti (j) [i tij] / kendi
vetmi / inziva
vetmi / yalnızlık
vetmuar (i) / ayrı
vetmuar (i) / ayrık
vetmuar (i) / kendi kendine yeten
vetmuar (i) / münzevi
vetmuar (i) / yalnız
veto / veto
vetull / kaş
vetvetishëm (i) / kendi kendine olan
vezë / yumurta
vezë peshku / balık yumurtası
vezë të rrahura / yumurta (çırpılmış)
vezmë / fişeklik
vezullim / parıldama
vezullim / parıltı
vezullim / pırıltı
vezullon / kısık ışık vermek
vezullon / parıldamak
vë / koymak
vë / yerleştirmek
vë bri për bri / koymak (yan yan)
vë damkën / damgalamak
vë etiketë / etiket yapıştırmak
vë këmbën (i) / çelme takmak
vë kufi / sınır koymak
vë mbiemër / lakap takmak
vë mënjanë [para] / bir tarafa koymak [para]
vë në këllëf / koymak (kılıfına)
vë në numër / numara koymak
vë në proporsion / orantı kurmak
vë në provë / tecrübe etmek
vë ne radhë / sıralamak
vë në radhë / sıraya dizmek
vë në radhë / sıraya koymak
vë në rregull / düzene koymak
vë në rrezik / tehlikeye atmak
vë në sergjen / rafa koymak
vë në thes / çuvala koymak
vë në tvrezë / masaya koymak
vë në xhep / cebe koymak
vë nën karantinë / karantinaya almak
vë perde / perdelemek
vë përpara / ileri sürmek
vë pikë / nokta koymak
vë pingul / şaküle vurmak
vë shenjat e pikësimit / noktalamak
vë shenjë / işaret koymak
vë taksa / vergi koymak
vë turshi / turşusunu kurmak
vë vizën / vize vermek
vë xham / cam takmak
vë [flamurin] / asmak [bayrak]
vëlla / erkek kardeş
vëlla i gjetur / erkek kardeş (üvey)
vëlla qumështi / süt kardeş (erkek)
vëllavrasje / kardeş katili olma
vëllazëri / kardeşlik
vëllazërim / kardeşlik etme
vëllazërohem / kardeş gibi olmak
vëllim / cilt [büyük kitap]
vëllim / hacim
vëngër (i) / şaşı
vëngëri / şaşılık
vëngëroj / şaşı bakmak
vënie / ekleme
vërshëllej / ıslık çalmak
vërshëllej / ıslık sesi çıkarmak
vërshëllen / fışırdamak
vërshëllimë / fışırtı
vërshëllyes / ıslık gibi ses çıkaran
vërshim / taşma
vërshon / taşmak
vërteta lakuriq (e) / salt gerçek
vërtetë (e) / gerçek
vërtetë (i) / hakiki
vërtetë (me të) / gerçekten
vërtetë (në të) / gerçekte
vërtetë (në të) / hakikatte
vërtetësi / gerçeklik
vërtetësi / hakikat
vërtetim / doğrulama
vërtetim / gerçekleme
vërtetim / onaylama
vërtetim / teyit
vërtetoj / doğrulamak
vërtetoj / gerçeklemek
vërtetoj / ispat etmek
vërtetoj / onaylamak
vërtetoj / tasdik etmek
vërtetoj [me shkrim] / belgelemek
vërtit / çevirmek
vërtit / döndürmek
vërtitem / dönmek
vështirë (i) / sıkıntılı
vështirë (i) / zahmetli
vështirë (i) / zor
vështirësi / zorluk
vështirësi (me) / güçlükle
vështirësim / güçlük
vështirësoj / güçleştirmek
vëzhgoj / incelemek [gözlemlemek]
viç / dana

vidh / karaağaç
vidhë / vida
vidhos / vidalamak
vigan / azman
vigan / dev
vigan / iri
vigan / kocaman
vigjilencë / tetikte olma
vigjilent / dikkatli
vigjilent / tetikte olan kimse
vigjilent / uyanık
vigjilje / arife
vihem në radhë / sıraya girmek
vij / gelmek
vij në vete / kendine gelmek
vij rrotull kot së koti / yerinde duramamak
vija notash muzikore / müzik notası çizgisi
vijë / çizgi
vijë / su yolu
vijë e drejtë / düz çizgi
vijë (bëj një) / çizgi çekmek
vijosur (i) / çizgili
vilë e madhe / ev (büyük ve güzel)
vinç / vinç
violinë / keman
violinist / kemancı
virgjër [vajzë] / bakire [kız]
virtyt / iffet
virtytshëm (i) / iffetli
vishem / giyinmek
vishnjë / vişne
vishtull / ökseotu
viski / viski
viskozë / tel tel olup kopmayan
viskozë / yapışkan
viskozitet / yapışkanlık
vit / yıl
vit i brishtë / yıl (artık)
vitaminë / vitamin
vitet gjashtëdhjetë / altmışlı yıllar
vitet pesëdhjetë / ellili yıllar
vitet tetëdhetëve / seksenli yıllar
vitrinë / vitrin
vitriol / sülfürik asit
vizatim / çizge
vizatim / çizim
vizatim / resim
vizatoj / çizmek
vizatoj / resmetmek
vizatoj një hartë / harita yapmak
vizatues / plan çizen kimse
vizë / vize
vizë bashkuese / tire [-]
vizhë / mayıs böceği
vizitë / ziyaret
vizitoj / ziyaret etmek
vizitor / misafir
vizitor / ziyaretçi
vizon / vizon
vizore / cetvel
vjedh / çalmak
vjedh / çalmak [aşırmak]
vjedh [fëmijë] / çalmak [fidye için]
vjedhës / hırsız
vjedhës / yankesici
vjedhës kuajsh / at hırsızı
vjedhje / hırsızlık
vjedhurazi / gizlice
vjehërr / kayınpeder
vjehërr / kayınvalide
vjelje e rrushit / bağ bozumu
vjell / kusmak
vjellës / kusturucu
vjen pas (që) / izleyen
vjerdull / porsuk
vjershë / beyit
vjershë tallëse / hiciv
vjeshtë / sonbahar
vjetër (i) / eski
vjetër (i) / eskimiş
vjetëruar (i) / eski
vjetëruar (i) / eskimiş
Vjetnamez / Vietnamlı
vjetor / yıllık
vlefshëm (i) / muteber
vleftë / önem
vleftë / kıymet
vlen asgjë (që nuk) / değersiz
vlen (që) / değerli
vlerë / değer
vlerë / kıymet
vlerësim / değer biçme
vlerësim / değerlendirme
vlerësim / takdir
vlerësoj / değer biçmek
vlerësoj / değerlendirmek
vlerësoj / kıymet takdir etmek
vlerësoj / takdir etmek
vlerësoj [për tatim] / vargilendirmek
Vlora / Vlora
voc / mini
voc / ufaklık
vockël (i) / minicik
vockël (i) / ufacık
vocrrak / bodur
vocrrak / cüce
vocrrak / ufaklık
vogël (i) / kıymetsiz
vogël (i) / ufak
vogël (i) / küçük
vogël (më i) / küçük (daha)
vogëlsi / önemsizlik
vogëlsira / ıvır zıvır şeyler
vogëlsira / kıymetsiz şeyler
vogëlsirë / önemsiz bir şey
volejboll / voleybol
volfram / volfram
volitshëm (i) / elverişli
volitshëm (i) / müsait
volitshëm (i) / uygun
vollan / volan
volt / volt
vonë / geç
vonë (më) / ileride
vonim / oyalanma
vonoj / geç kalmak
vonoj / gecikmek
vonoj / geciktirmek
vonoj / oyalamak
vonuar (i) / geç kalmış
vonuar (i) / gecikmiş

221

vorbë / güveç
vorbull / girdap
votë / rey
votim / seçim
votoj / oy vermek
votoj / seçmek
vozë e madhe / fıçı (büyük)
vozis / kürek çekmek
vozit / kürek çekmek
vozitës / kürekçi
vrapim / koşma
vrapim me pengesa / engelli yarış
vrapim me pengesa / yarış (engelli)
vrapim me stafetë / bayrak yarışı
vrapoj / koşmak
vrapoj me vertik / hareket etmek (hızlı)
vrapon trokthi / tırıs gitmek
vrapues / koşucu
vras / boğazlamak
vras / öldürmek
vras / suikast yapmak
vras me pusi / pusuya yatarak öldürmek
vras me rrymë elektrike / idam etmek [elek. san.]
vrasës / amansız
vrasës / katil
vrasës / suikastçı
vrasje / adam öldürme
vrasje / öldürme (adam)
vrasje / suikast
vrazhdë (i) / küfürbaz
vrazhdë (i) / vahşi
vrer / safra
vrerem / somurtmak
vrerët (i) / asık yüzlü
vrerët (i) / somurtkan
vreshtë / bağ
vrër vetullat / çatmak (kaşlarını)
vrër vetullat / kaşlarını çatmak
vrërët (i) / kasvetli
vrimë / delik
vrimë / gözenek
vrimë çelësi / anahtar deliği
vrimë daljeje [dalje] / çıkış deliği [çıkış]
vrimë e hundës / burun deliği
vrimë ku pikon / sızıntı deliği
vrimë shikimi / gözetleme deliği
vrimë sobe / soba borusu
vrimë [gjilpëre] / iğne deliği
vringëlloj [armët] / savurmak
vritem / vurulmak
vrojtim / gözlem
vrojtimit (i) / gözlemle ilgili
vrojtues / gözlemci
vrull [ere] / bora
vrullshëm (i) / aceleci
vrullshëm (i) / atılgan
vrullshëm (i) / coşkulu
vuaj / ıstırap çekmek
vulë / damga
vulë / mühür
vulë datimi / tarih mühürü
vulë postare / posta damgası
vulgar / bayağı

vulgar / kaba
vullkan / yanardağ
vullkanik / volkanik
vullkanizoj / ebonitleştirmek
vullnet / arzu
vullnetar / gönüllü
vulos / damga veya mühür basmak
vulos / damgalamak
vulos / mühürlemek

- X -

xanxar / kötü huylu [hayvan]
xëc / koyu karanlık
xërxalla / gözlük
xip / diken
xixë / kıvılcım
xixëllimë / kıvılcımlar saçma
xixëlloje / ateş böceği
xurxull / sırılsıklam

- XH -

xhade / şose
xhaketë / ceket
xhaketë e trashë / ceket (kalın)
xhaketë sportive / ceket (spor)
xhaketë vere / ceket (yazlık)
xham / cam
xham dritareje / pancere camı
xhami / cami
xhaxha / amca
xhaz / caz
xhelat / cellat
xhelatinë / jelatin
xhelatinoz / jelatinli
xheloz / kıskanç
xhentëlmën / centilmen
xhep / cep
xhep për sahat / saat cebi
xhepash / yankesici
xhevahir / cevher
xhevahir i kuq / kıymetli taş [kırmızı]
xhezve / cezve
xhin [pije] / cin [içki]
xhindosur (i) / kızmış (çok)
xhindosur (i) / mecnun
xhips / cip
xhokej / cokey
xhufkë / ibik
xhufkë / püskül
xhungë / şiş
xhungël / orman (vahşi)
xhup / tulum
xhup leshi / hırka
xhuxh / cüce
xhvat [paratë] / gaspetmek
xhvat [para] / cebren almak
xhvesh / soymak
xhveshur (i) / çıplak
xhvishem / soyunmak

- Y -

yje (me) / yıldızlı
ylber / gökkuşağı
ylbertë (i) / gök kuşağı gibi
yll / yıldız
yll i mëngjezit / sabah yıldızı
yll ndriçues / ışık veren yıldız
yll polar / kutup yıldızı
yllëz / yıldız işareti
yndyrë / yağ
yni (i) [e jona] / bizim
yni (i) [e jona] / bizimki
yrnek / örnek
yti (i) [e jotja,..] / seninki
yti [e jotja,..] / senin
yzengji / üzengi

- Z -

zabel / çalılık
zagar / tazı
zahire / zahire
zakon / adet
zakon / alışkanlık
zakon / gelenek
zakonisht / çoğunlukla
zakonshëm (i) / alışılmış
zakonshëm (i) / alışkın olma
zakonshëm (i) / bayağı
zakonshëm (i) / olağan
zakonshëm (i) / yaygın
zakonshëm (i) / tabii
zali / baygınlık
zali (më bie) / üzerine baygınlık gelmek
zambak / zambak
zanor / insan sesine ait
zanore / sesli
zanxhafil / zencefil
zaptim / ele geçirme
zaptim / ilhak
zar / zar
zarf / zarf
zarzavatë / zerzevat
zbardh / beyazlatmak
zbardhoj / ağartmak
zbathur (i) / yalın ayak
zbaticë / cezir
zbatim / düzenleme
zbatim / icra
zbatoj / icra etmek
zbatues / icra eden
zbatueshëm (i) / uygun
zbavitem / oyalanmak
zbavitje / eğlenme
zbehem / sararmak
zbehem / solmak
zbehtë (i) / donuk
zbehtë (i) / solgun
zbehtësi / solgunluk
zbërthehet / çözülmek
zbërthej / ayırmak (parçalara)
zbërthej / çözümlemek
zbërthej / düğmelerini çözmek
zbërthej [një maqinë] / sökmek [makina]
zbraz / boşaltmak
zbrazem / boşalmak [ishal]
zbrazësirë / boşluk
zbrazet / boşalmak
zbrazët (i) / boş
zbrazje / boşaltma
zbres / çıkarmak
zbres / indirmek
zbres / inmek
zbres me parashutë / paraşütle inmek
zbres në breg / çıkarmak (karaya)
zbret (që) / inen
zbritje / çıkarma
zbritje / düşme (hesaptan)
zbritje / iniş
zbritje pingul / ani düşüş [uçak]
zbukurim / süsleme
zbukuroj / güzeleştirmek
zbukuroj / süslemek
zbulim / ifşaat
zbulim / tetkikat yapma
zbulim (bëj) / araştırma yapmak
zbulohet / ortaya çıkmak
zbuloj / açığa vurmak
zbuloj / açmak
zbuloj / keşfetmek
zbuloj / ortaya çıkarmak
zbuluar (i) [i hapur] / açık olarak yapılan
zbulues / kaşif
zbus / yumuşatmak
zbut / yatıştırmak
zbut / yumuşatmak
zbut / uysallaştırmak
zbut [kafshë] / evcilleştirmek [hayvan]
zbutem / yumuşamak
zbutës / yumuşatan
zdërhallje / sefahat
zdrukth / rende
zdrukthëtar / marangoz
zdrukthoj / rendelemek
ze frymën / boğmak
zefir / zefir [kumaş]
zeje / el işi
zejtar / esnaf
zekth / at sineği
zell / heves
zell / heyecan
zellshëm (i) / gayretli
zellshëm (i) / hevesli
zemberek / zemberek
zemberek sahati / saat zembereği
zemër / kalp
zemërbutë / iyi kalpli
zemërbutë / yumuşak kalpli
zemërgjerësi / müsamaha
zemërgur / merhametsiz
zemërgur / taş yürekli
zemërhapur / açık yürekli
zemërhapur / samimi
zemërim / darılma
zemërim / gücendirme
zemërim / kızdırma

223

zemërim / kızgınlık
zemërim / öfke
zemërkeq / kötü kalpli
zemërmirë / hayır sever
zemërmirësi / samimiyet
zemërohem / kızmak
zemërohet shpejt (që) / alıngan
zemërohet shpejt (që) / sinirli
zemëroj / darıltmak
zemëroj / gücendirmek
zemëroj / kızdırmak
zemëroj / sıkmak (canını)
zemëroj / sinirlendirmek
zemëroj / üzmek
zemëruar (i) / dargın
zemëruar (i) / darılmış
zemërues / kızdırıcı
zemrës (i) / kalbe ait
zepelinë / zeplin
zero / sıfır
zeshkan / esmer
zeshkane / esmer
zevendësoj / değiştirmek
zezak / zenci
zezë (ngyrë e) / siyah renk
zë / ses
zë i dridhur / ses (titrek)
zë lartë / yüksek ses
zë në grackë / tuzağa düşürmek
zë ngusht / dara sokmak
zë një dhomë / oda tutmak
zë rob / esir almak
zë rrënjë / kökleşmek
zë (e) / yetişmek
zë [një vend,detyrë] / tutmak
 [yer, görev]
zënë (i) / meşgul
zënie / kapışma
zënie / kavga
zënie me fjalë / tartışma (sözlü)
zënie [me fjalë] / münakaşa
zëvendës / vekil
zëvendës [nën] / vekil [yardımcı]
zëvendësmbret / kral vekili
zëvendësoj / vekalet etmek
zëvendësoj / yerine geçmek
zëvendësues / vekalet
zgavër / boşluk
zgavër / çentik
zgedhje të përgjithshme / genel
 seçim
zgjat / uzatmak
zgjat fjalët / konuşmak
 (ağır ağır)
zgjatem / uzamak
zgjatje / uzatma
zgjatohem / uzanmak
zgjatoj / uzatmak
zgjatur (i) / uzatılmış
zgjebe / uyuz hastalığı
zgjebosur (i) / uyuz kimse
zgjedh / seçmek
zgjedhës / seçmen
zgjedhje / seçim
zgjedhje / seçme
zgjedhje përplotse / araseçim
zgjedhje (bëj) / seçim yapmak

zgjedhoj [gram.] / çekmek (fiil)
zgjedhshëm (i) / seçkin
zgjedhur (i) / seçkin
zgjerohem / genişlemek
zgjeroj / genişletmek
zgjidh / çözmek
zgjidh / serbest bırakmak
zgjidh gjalmin / bağını çözmek
zgjidh [një kontratë] / feshetmek
zgjidhet / çözülmek
zgjidhje / çözüm
zgjohem / uyanmak
zgjoj / uyandırmak
zgjoj / uyanmak
zgjua / arı kovanı
zgjuar (i) / uyanık
zgjuar (i) / zeki
zgjuarësi / hazırlıklı olma
zgjyrë [shkrump] / cüruf
zgurdulloj sytë / şaşkın bakmak
zi / matem [yas]
zi si bolzë (i) / is gibi siyah
zi (i) / kara
zi (i) / siyah
ziej / kaynatmak
ziej ngadalë / kaynatmak (ağır ağır)
zihem / kavga etmek
zihem / münakaşa etmek
zihet fryma (më) / nefesi kesilmek
zile / zil
zili (kam) / gözü kalmak
ziliqar / kıskanç
zink / çinko
zinkos / çinko kaplamak
zinxhir / zincir
zjarr / ateş
zjarr / hararet
zjarr sinjalizimi / işaret ateşi
zjarrfikës / itfaiyeci
zjarrfikës / yangın söndürme aleti
zjarrmi / hararet
zjarrtë (i) / ateşli
zjarrtë (i) / hararetli
zjarrvënës / kundakçı [yangın çıkar.]
zmadhim / artma
zmadhim / çoğalma
zmadhohem / artmak
zmadhoj / artırmak
zmadhoj / büyütmek
zmadhoj / çoğaltmak
zmadhoj / mübalağa etmek
zmadhuar (i) / abartılı
zmbraps [sulmin...] / püskürtmek
zog / kuş
zog i ri / kuş (yavru)
zog i ri / palaz
zog këngëtar / ötücü kuş
zog pule / piliç
zog rose të egër / keklik palazı
zog shqiponje / kartal yavrusu
zone / bölge
zonë / mıntıka
zonjë / bayan
zonjë e shtëpisë / pansiyoncu kadın
zonjë shtëpie / ev sahibesi
zonjushe / bayan
zoolog / zoolog

zoologji / zooloji
zorra e hollë [trashë] / bağırsak (ince)
zorrë / bağırsak
zorrë zjarrfikësash / itfaiye hortumu
zorrët / bağırsaklar
zorrëve (i) / bağırsaklara ait
zot / tanrı
zot / sahip
zotëri / bay
zotëri / beyefendi
zotërim / hüküm
zotërim i vetes / kendine hakim olma
zotëroj / ele geçirmek
zotëroj / hakim olmak
zotëroj / malik olmak
zotëroj [sundoj] / tahakküm etmek
zotëron (që) / hüküm süren
zotëron (që) / malik olan
zotërues / mal sahibi
zotërues / mutasarrıf
zotërues / sahip
zotësi / kabiliyet
zoti (i) / becerikli
zoti (i) / hünerli
zoti (i) / muktedir
zoti (i) / usta
zotni / bay
zotohem / kefil olmak
zotohem / söz vermek
zukatës / vızıldayan
zumpara / zımpara
zuzar / alçak adam
zuzar / serseri
zuzar / zalim
zuzar / ahlaksız kimse
zvarranike / sürüngen
zvarris / sürüklemek
zvarrit / sürüklemek
zvarritem / sürünmek
zvogëlim / küçültme
zvogëlohem / küçülmek
zvogëloj / küçültmek
zvogëloj / kısmak
zymtë (i) / asık yüzlü
zymtë (i) / çirkin
zymtë (i) / hazin
zymtë (i) / kasvetli
zymtë (i) / somurtkan
zyrë / büro
zyrë / ofis
zyrë meteorologjke / meteoroloji bürosu
zyrë regjistrimi / kayıt bürosu
zyrë varrimi / cenaze levazımatı
zyrtar / idari
zyrtar / resmi
zyrtar (jo) / resmi olmayan

- ZH -

zhabë / kara kurbağa
zhabinë / düğün çiçeği

zhargon / argo [külhanbeyi dili]
zhargon / konuşmak (anlaşılmadan)
zhavorr / çakıl taşı
zhavorr / moloz taşı
zhdrejtë (i) / dolaylı
zhduk / bertaraf etmek
zhduk / imha etmek
zhduk / ortadan kaldırmak
zhduk / tasfiye etmek
zhduk / yok etmek
zhduk / zulm etmek
zhdukem / gözden kaybolmak
zhdukem / kaybolmak
zhdukem / yok olmak
zhdukje / ortadan kaldırma
zhdukje / tasfiye
zhdukje / yok olma
zhdukje / zeval
zhdukur (i) / yok olmuş
zhivë / cıva
zhubravit / buruşturmak
zhubravitem / buruşmak
zhubros / buruşturmak
zhubroset / büzülmek
zhur / kumluk
zhuri / jüri
zhurmë / gürültü
zhurmë / ses [gürültü]
zhurmë këmbësh / ayak izi
zhurmë (bëj) / ses çıkarmak
zhurmë (pa) / sessiz
zhurmëmbytës / susturucu
zhvillim / gelişme
zhvillohem / gelişmek
zhvilloj / geliştirmek
zhvilloj bisedime / müzakere etmek
zhvilloj [idenë] / tefsir etmek
zhvilluar (i) / gelişmiş
zhxillohet / gelişmek
zhys / daldırmak
zhys [kredh] / batırmak
zhyt në fund / daldırmak (dibe)
zhytem / dalmak
zhytem në mendime / düşünceye dalmak

SÖZLÜK
TÜRKÇE - ARNAVUTÇA

FJALOR
TURQISHT - SHQIP

- A -

abartılı / zmadhuar (i)
abartılı söz / fjalëmadh
abartma / madhështi
abartmak / tepëroj (e)
abone / abonim
abone olmak / abonohem
acayip / çuditshëm (i)
acayip / eksentrik
acayip / mahnitës
acele / ngutshëm (i)
acele edin ! / nxitoni !
acele etmek / ngutem
acele etmek / nxitohem
acele ettirmek / ngut
acele ettirmek / nxitoj
acele ile / nxitim (me)
aceleci / vrullshëm (i)
acelecilik / shpejtësi
aceleye gelen / shpejtë (i)
acemi / axhami
acemi / mitur (i)
acemi / ngathët në punë (i)
acemi / ngathët (i)
acemi / përvojë (pa)
acenta / agjensi
acer / krekë
acı / athët (i)
acı duymak / dhëmb (më)
acı (şiddetli) / dhëmbje e madhe
acıklı / dhëmbshëm (i)
acıklı / mjeruar (i)
acıklı / trishtueshëm (i)
acıklı / vajtueshëm (i)
acıkmak / kam uri
acılık / athtësi
acıma / dhembshuri
acıma / keqardhje
acımak / tregoj keqardhje
acil / ngutshëm (i)
acil olay / gjendje kritike
aç / uritur (i)
aç gözlü / pangopur (i)
aç kalmış / uritur (i)
aç olmak / kam uri
aç (çok) / llupës [grykës]
açı / kënd
açık / çelur (i)
açık / dukshëm (i)
açık / hapur (i)
açık / qartë (i)
açık deniz / det i hapur
açık fikirli / liberal
açık olarak yapılan / zbuluar (i) [i hapur]
açık sözlü / sinqertë (i)
açık yük vagonu / vagon platformë
açık yürekli / zemërhapur
açık [güneşli] / diellor
açıkça / haptas
açıkça söylemek / shpall botërisht
açıkgöz [ihtiyatlı] / syhapur [i matur]
açıklama / spjegim
açıklama / sqarım
açıklamak / spjegoj

açıklamak / sqaroj
açıklayıcı / spjegues
açıklık / fush e lirë [hapësirë]
açıklık / hapësirë
açıklık / qartësi
açıklık (orman içinde) / lëndinë
açılır kapanır / hapet dhe mbyllet (që)
açılış gecesi / premierë
açılma / hapje
açılmak / çpaloset [hapet]
açılmak / hapet
açılmak / përhapet
açılmış / çelur (i)
açığa çıkarmak / nxjerr të fshehtën
açığa vurmak / nxjerr të fshehtën
açığa vurmak / zbuloj
açlık / uri
açlık grevi / grevë urie
açma [düşünceleri] / përhapje [e mendimit]
açmak / çel
açmak / hap
açmak / zbuloj
açmak (bacaklarını) / hap këmbët
ad / emër
ad vermek / quaj
ada / ishull
adabı muaşeret / etikë profesionale
adaçayı / sherbelë
adada oturan kimse / banues në ishull
adale / muskul
adaleli / muskulor
adalet / drejtësi
adaletsiz / padrejtë (i)
adam / burrë
adam öldürme / vrasje
adamak (kendini) / ja kushtoj veten
aday / kandidat
adaya ait / ishullor
adaş / adash
adet / zakon
adı çıkmış / dëgjuar (i)
adım / hap
adım adım / hap pas hapi
adım atmak / eci [bëj hapa]
adım (uzun) / hap i madh
adi [kişi] / maskara
adi [kişi] / poshtër (i)
adi [kişi] / urryer (i)
adilik / poshtërsi
adlandırma / emërim
adlandırmak / quaj
adli / juridik
adres / adresë
af / falje
afacan [cin gibi] / çapkën
Aferin ! / të lumtë !
afet / katastrofë
affedersiniz ! / më falni !
affedilemez / pafalshëm (i)
affetme / falje
affetme / ndjesë
affetmek / shfajësoj
affetmek / fal
affolunabilir / falshëm (i)
affolunamaz / pafalshëm (i)
afiş / afishe

229

ağ örme / thurje rrjetash
ağ (serpme) / rrjetë
agaç / dru
agaç kabuğu / lëvozhgë e drurit
ağaç (körpe) [fidan] / dru i ri [fidan]
ağaç [odun] / pyll [dru]
ağaçkakan / qukapik
ağaçlandırma / pyllëzim
ağaçlandırmak / pyllëzoj
ağaçlı / pyjor
ağaçlık / pyjor
ağartmak / zbardhoj
ağıl / vathë
ağıl [koyunlar için] / vathë [për dhentë]
ağıla kapamak / fut në vathë
ağır / rëndë (i)
ağır gelmek (daha) / peshoj më shumë
ağır iş / punë e rëndë
ağır kokulu / erë të qelbur (me)
ağırbaşlı [akıllı] / urtë (i) [i mençur]
ağırdan alan / ngadalësues
ağırdan almak / ngadalësoj
ağırlaştırmak / rëndoj
ağırlık / peshë
ağırlık vermek / rëndoj
ağırlığı olmayan / papeshë (i)
ağıt / këngë varimi
ağız / gojë
ağız [çaydanlık...] / fyt [çajniku...]
ağız [delik] / dalje [vrimë]
ağıza ait / gojës (i)
ağlamak / qaj
ağlamak / vajtoj
ağlamak (içini çekerek) / qaj me dënesë
ağlamsamak / qaj pa lot
ağlayan (çocuk gibi) / qaraman
ağlayan (gözyaşı dolu) / vajtues
 [lotues]
ağrı / dhembje
ağrı verici / shkakton dhembje (që)
ağrı vermek / shkaktoj dhembje
ağrı (şiddetli) / dhembje e fortë
ağrısız / dhembje (pa)
Ağustos / Gusht
ağzı açık kalmak / rri gojëhapur
ağzı bozuk / gojëlëshuar
ağzından salya akıtan / jargaman
ahenk / melodi
ahenkli / melodik
ahenksiz / harmoni (pa)
ahenksiz / melodi (pa)
ahır / grazhd
ahır / shtallë [katua]
ahlak / moral
ahlak dışı / pa moral
ahlakiyet / etikë
ahlaksız / çthurur (i)
ahlaksız / moral (pa)
ahlaksız / shfrenuar (i)
ahlaksız kimse / zuzar
ahlaksız [kötü huylu] / korruptuar (i)
ahlaksızlık / imoralitet
ahmak / budalla
ahmak / kokëtrashë
ahmak / malok
ahmak / mendjeshkurtër
ahmak / torollak

ahmak / trashë (i)
ahmaklık / marrëzi
ahududu / mjedër
aile / familje
aile hanımı / amvise
ait olmak / përkas (i)
ajur işlemesi / qëndismë me azhure
akademi / akademi
akademik / akademik
akasya / akacje
akciğer / mushkëri
akdarı / mel
akdetmek / marrëveshje (bëj)
akıcı / rrjedhshëm (i)
akıcılık / rrjedhshëm (të qenët)
akıl / mendje
akılda tutmak / mbaj mend
akıllı / mençur (i)
akıllı [zeki] / mendjemprehtë
akılsız / marrë (i)
akılsızlık / marrëzi
akın / sulm
akın etmek / sulmoj
akıntı [akarsu] / rrëke
akıntıya karşı / përpjetë [lumit]
akit (sözleşme) / marrëveshje
akla uygun / kuptueshëm (i)
aklını çelmek / marr mendjen (ja)
akma / rrjedhje
akmak / rrjedh
akmak (coşarak) / derdhet me vrull
akmak (damla damla) / rrjedh
 pika-pika
akmak [nehir] / derdhet [lumi]
akort / akord
akort etmek / harmonizoj
akort etmek / kurdis
akraba / farefis
akraba / kushëri
akraba / një gjak e një fis
akraba [nesep] / fis
akrabalık / farefisni
akran / barabartë (i)
akrobat / akrobat
aksamak / çaloj
aksan / theks
aksetme [yansıma] / pasqyrim
aksetmek / pasqyroj
aksetmek [ses] / ushton [zëri]
aksettiren / pasqyrues
aksettirmek [aksetmek] / kthej
 [kthehet]
aksi / gjaknxehtë
aksi / grindavec
aksi / prapë (i)
aksi iddia edilemez /
 pakundërshtueshëm (i)
aksi takdirde / në rast të kundërt
aksilik / prapësi
aksiliği tutmuş / qaraman
akşam / mbrëmje
akşam vakti / rënia e natës
akşam yemeği / darkë
akşam yemeği yemek / ha darkë
aktarma / citat
aktarma / transfuzion
aktarma ile söylemek / citoj

aktör / aktor
akustik / tingëllor
akvaryum / akuarium
al renk / kuq i çelur (i)
alabalık / troftë
alabora olmak / përmbys
alaca / larosh
alaca karanlık / mugëtirë
alaca menekşe / lule panse
alacaklı kimse [para] / marrës [të hollash]
alaka / interes
alaka / prirje
alakarga / grishlemzë [zog]
alalade / banal
alalade yapmak / bëj dosido
alamet / shenjë
alan / fushë
alan / hapësirë
alan kimse [alıcı] / marrës
alarm (kimyasal) / alarm kimik
alay etme / përqeshje
alay etme / tallje
alay etmek / përqesh
alay etmek / tall
alay etmek / tallem
alaycı / përbuzës
alaycı / sardonik
alaşım / aliazh
alçak / poshtër (i)
alçak / ulët (i)
alçak adam / zuzar
alçak kimse / qelbanik
alçaklık / poshtërsi
alçalmak / poshtërohem
alçaltıcı / poshtërues
alçaltma / përul
alçaltma / poshtërim
alçaltmak / poshtëroj
alçaltmak [ses] / ul [zërin,..]
alçı / gips
aldanan kimse (kolay) / gënjehet lehtë (që)
aldatıcı / mashtrues
aldatma / mashtrim
aldatmak / dredhoj
aldatmak / gënjej
aldatmak / mashtroj
aldırmazlık / moskokëçarje
alenen / haptas
alet / vegël
alev / flakë
alev almak / flakëron
alev almak / merr zjarr
alev almak / ndizet
alev gibi yayılan / flakërues
alev (parlak) / flakë e ndritshme
alevlenmek / flakëron
alevlenmek / merr flakë
alevlenmek / ndizet
aleyhinde bulunmak / kundërshtoj
alfabe / alfabet
alıç / kokërr murriz
alıcı / marrës
alıkoyma / mbajtje
alıkoymak / mbaj
alın / ballë
alıngan / lëndueshëm (i)
alıngan / zemërohet shpejt (që)
alınganlık / prekshmëri
alış verişe çıkmak / psonis
alışılmamış / jashtëzakonshëm (i)
alışılmış / zakonshëm (i)
alışılmış iş / rutinë
alışkanlık / zakon
alışkın olma / zakonshëm (i)
alışmamış / pamësuar (i)
alıştırmak / mësoj
alıştırmak / stërvit
alıştırmak / ushtroj
alışveriş / shitblerjeje
alışveriş / tregëti
alicenaplık / shpirtmadhësi
alim / dijetar
alim / ditur (i)
alimane / skolastik
alkali / alkal
alkışlama / duartrokitje
alkışlamak / brohorit
alkışlamak / duartrokas
alkol / alkol
alkol üreticisi / prodhues alkoli
Allah aşkına / pashë zotin
allık sürmek / lyhem me të kuq
alma / marrje
almak / marr
almak yada satmak [mal] / blej ose shes në treg
almak (bilgi) / marr [informatë]
almak (geri) / rimarr
almak (kaymağını, köpü.) / heq [ajkën, shkumën]
almak (mücadeleyle) / marr me luftë
Alman / Gjerman
Alman şarabı [bir cins] / verë gjermane (lloj)
Almanca / gjuhë Gjermane
alna ait / ballit (i)
alokollü / alkol (me)
alt / nën...
alt kat / kat i poshtëm
alt komisyon / nënkomission
alt üst etme / përmbysje
alt üst etmek / përmbys
alt üst olmuş / përmbysur (i)
alt [aşağı] / ulët (i)
altı / gjashtë
altı kat / gjashtëfish
altı kez / gjashtë herë
altıgen / gjashtëkëndësh
altın / ar
altın / flori
altın arayıcısı / kërkues ari
altın arayıcısı / kërkues floriri
altın madeni / miniera ari
altın madeni / vend-burim ari
altıncı / gjashti (i)
altında / nën
altında / poshtë [përposhtë]
altında imza bulunan / nënshkruar (i)
altını çizmek / nënvizoj
altıpatlar / revole me gjashtë fishe.
altmış / gjashtëdhjetë
altmışıncı / gjashtëdhjeti (i)

231

altmışlı yıllar / vitet gjashtëdhjetë
alüminyum / alumin
amaç / qëllim
amaçlamak / qëlloj
amaçsız / qëllim (pa)
amansız / vrasës
amatör / amator
ambar / drithnik
ambar / hambar
ambar / magazinë
ambargo / embargo
ambargo koymak / vendos embargon
amblem / emblemë
amca / xhaxha
amele / argat
ameliyat etmek / operoj
ameliye / punë
ameliye / veprim
amin / amin
amiral / admiral
amirane / urdhërues
amonyak / amoniak
amortisman / shlyerjë
amortize etmek / shlyej
ampirik / empirik
an / çast
ana / kryesor
ana anahtar / kryeçelës
ana baba / prindër
ana babaya ait / prindëror
ana cadde / rrugë kryesore
ana giriş / hyrje kryesore
ana yay / suste kryesore
ana yol / rrugë kryesore
anadili / gjuhë amtare
anahtar / çelës
anahtar deliği / vrimë çelësi
analık / adoptuese
analık / amësi
analık veya babalık hali / atësi
analitik / analitik
ananas / ananas
anane [gelenek] / traditë
anaokulu / kopsht fëmijësh
anarşi / anarki
anarşık / anarkik
anarşist / anarkist
anatomi / anatomi
anatomik / anatomik
anavatan / atdhe
anavatan / mëmëdhe
anaya ait / nënës (i)
anayasa / kushtetutë
ancak / mezi
ancak / por
ancak / vetëm
anekdot / anekdot
angarya / punë e detyruar
anında / çast (në)
anırmak / pëllet
anıt / përmendore
anıt mezar / përmendore varri
anıtsal / monumental
ani değişim / ndryshim i papritur
ani düşüş [uçak] / zbritje pingul
anjin / angjinë
anket / anketë

anlam / kuptim
anlamak / kuptoj
anlamak (yanlış) / kuptoj gabimisht
anlambilim / semantikë
anlamlı / ekspresiv
anlamlı / kuptimplotë
anlamsal / kuptimor
anlamsız / kuptim (pa)
anlamsızlık / kotësi
anlatılabilir / spjegueshëm (i)
anlatım / tregim
anlatımsız / shprehje (pa)
anlatış / rrëfim
anlatma / rrëfim
anlatma / tregim
anlatmak / tregoj
anlaşılabilir / kuptueshëm (i)
anlaşılır / kuptueshëm (i)
anlaşılmaz / pakuptueshëm (i)
anlaşma / marrëveshje
anlaşma yapmak / bëj marrëveshje
anlaşma (gizli) / marrëveshje e fshehtë
anlaşmak / merrem vesh
anlaşmak / pajtohem
anlaşmamak / merrem vesh (nuk)
anlaşmazlık / mosmarrëveshje
anlaşmazlık / përleshje
anmak / përkujtoj
anmak / përmend
anne / mëmë
anne / nënë
anne tarafından gelen / amëtar
anne (büyük) / gjyshe
anonim / anonim
anormal / anormal
anormal / përbindshëm (i)
anormallik / anomali
anot / anod
ansiklopedi / enciklopedi
ansızın / befas
anten / antenë
antik / antik
antik / motshëm (i)
antimon / antimen
antlaşma / marrëveshje
antrasit / antracit
antre / hajat
antrenör / trajner
antropoloji / antropologji
apandisit / apendicit
apartman / apartament
apartman dairesi / apartament
apolet [omuz nişanı] / spaletë
aptallaştırmak / trullos [budalleps]
aptashane [tuvalet] / nevojtore
ar / turp
ara / antrakt
ara / intermeco
ara / pushim
ara / ndërprerje
ara sıra / herë herë
ara sıra olan / herë pas hershëm (i)
ara vermeden / pa qëndruar
ara vermek / bëj pushim
ara vermek / ndërpres
araba / karrocë
araba / qerre

arabacı / karrocier
arabulucu / ndërmjetës
araç / karrocë
aracı / ndërmjetës
aracı olmak / ndërmjetës (jam)
aracılık / ndërhyrje
aracılık etmek / ndërmjetësoj
arada bulunmak / gjendem midis
aralık / afat
Aralık / Dhjetor
aralık / intermeco
aralık / ndërkohë
aramak / kërkoj
aralık [zaman] / interval [kohe]
arama emri / urdhër kontrolli
aramızda / midis nesh
araseçim / zgjedhje përplotse
arasında / midis
arasında / nëpër
arasıra meydana gelen / rrallë (i)
araya girmak / përzihem
araya girmek / ndërhyj
arazi / pronë
arazi parçası / copë tokë
arazi sahibi / pronar toke
arazi sahibi / tokësor
araştırma / kërkim
araştırma yapmak / kërkime (bëj)
araştırma yapmak / zbulim (bëj)
araştırmacı / kërkues
araştırmak / kërkoj
araştırmak / sondoj
araştırmak (dikkatle) / shikoj
ardıç / dëllinjë
ardıçkuşu / turtull
ardıl / vazhdues
ardışık / njëpasnjëshë (i)
ardışık / tjetri
ardışıklık / vazhdimësi
arena / arenë
argo [külhanbeyi dili] / zhargon
arı / bletë
arı kovanı / zgjua
arı sokması / thumbim
arı (gövdesi tüylü) / brumbull
arıcı / bletar
arif [hikmet sahibi] / urtë (i)
arife / vigjilje
ariflik / urtësi
aristokrasi / aristokraci
aritmetik / arithmetikë
ark / hark
arka / ana e prapme
arka plan / prapaskenë
arkada kalma / prapambetje
arkadaki / prapme (e) [e pasme]
arkadaş / bashkëshort
arkadaş / shok
arkadaş / shoqe
arkadaş olmak / shoqërohem
arkadaşlık / shoqëri
arkadaşlık etmek / bëj shoqëri
arkadaşlık etmek / shoqërohem
arkadaşlık etmek / shoqëroj
arkeoloji / arkeologji
armut / dardhë
Arnavut / Shqiptar

arnavutça / shqip
arpa / elb
arpacık / elbth
arsenik / arsenik
arşiv / arkivë
artık / fundërri
artık / mbetje
artık / mbeturinë
artırmak / zmadhoj
artma / rritje
artma / zmadhim
artmak / zmadhohem
arttırmak / shtoj
arttırmak (fiyatı) / ngre çmimin
arttırmak (kiymetini) / ngre [vleftën]
arttırmak [ışığı] / shtoj [dritën]
arz etmek / paraqes
arz etmek / tregoj
arzu / dëshirë
arzu / vullnet
arzu edilen / dëshirueshëm (i)
arzu etmek / dëshiroj
arzulu / dëshirak
asa / skeptër
asabi / nevrik
asal sayı / numër prim
asalak / parazit
asalak kişi / parazit [njeri]
asalet vermek / fisnikëroj
asansör / ashensor
asbest / asbest
asetik / acetik
asetilen lambası / llambë saldimi
asfalt / asfalt
asık yüzlü / vrerët (i)
asık yüzlü / zymtë (i)
asıl / origjinal
asıl / themelor
asıl / kryesor
asıl kuvvet / forca kryesore
asılmak / varem
asır / shekull
asi / kryengritës
asi / pabindur (i)
asi / rebel
asil / aristokrat
asilzade / fisnik
asilzadelik / aristokraci
asilzadelik payesi / titul i perit
asit / acid
asker / ushtar
askere çağrılmış / thirrur nën armë (i)
askeri / ushtarak
askeri / ushtarakisht
askeri birlik / ushtri
askeri levazım / pajime ushtarake
askeri müfreze / togë
askerlik görevi / detyrim ushtarak
askerlik yapmak / jam në shërbim
  ushtarak
askı / varëse
asla / kurrë
asla [hiç bir şekilde] / kurrsesi
aslan / luan
aslan (dişi) / luaneshë
asma filizi / loze
asmak / var

asmak [bayrak] / vë [flamurin]
assubay / officer me gradë të vog.
astar / astar
astarlamak / astar (i ve)
astronom / astronom
astronomi / astronomi
aşağı / poshtë
aşağı atmak / hedh poshtë
aşağı yukarı / lart e poshtë
aşağıda / përposhtë
aşağılama / poshtërim
aşağılamak / poshtëroj
aşağılatıcı / poshtëronjës
aşağılık / poshtër (i)
aşağıya / përposh
aşağıya giden / shkon poshtë (që)
aşçı / gjellëbërës
aşçı / kuzhinier
aşek / gomar
aşı / vaksinë
aşı kalemi / kalem shartimi
aşık / dashnor [dashnore]
aşık / dashuruar (i)
aşık olmak / bie në dashuri
aşıkane bakmak / hedh shikime të ëmbla
aşılama [bitki] / shartim
aşılamak / vaksinoj
aşılamak [bitki] / shartoj
aşındırmak / brej
aşındırmak / gërvish
aşındırmak / ha
aşınma / brejtje
aşınma / gërvishtje
aşır [ziyade] / mbi..
aşırı / pamasë (i)
aşırı yükleme / mbingarkim
aşırı [itidalsiz] / papërkorë (i)
aşırılık / tepri
aşırıya kaçmak / tepëroj (e)
aşikar / dukshëm (i)
aşikar / qartë (i)
aşiret / fis
aşmak / kapërcej
aşüfte / vajzë e paturpshme
at / kalë
at çiftliği / farmë kuajsh
at hırsızı / vjedhës kuajsh
at nalı / patkua
at sineği / zekth
at (bodur cins) / kalë i vogël
ata / stërgjysh
ata binmek / hipi në kalë
ata [büyük dede] / parë (i) [stërgjysh]
ata [cet] / paraardhës
ataist / ateist
ataizm / ateizëm
atalet / inerci
atardamar / arter
atasözü / fjalë e urtë
atelye / punishte
ateş / zjarr
ateş böceği / xixëlloje
ateş etme / qitje
ateş etmek / pushkatoj
ateş etmek / qëlloj
  [shtie me pushkë]
ateş etmek / shtie
ateş içinde / në zjarr
ateş tuğlası / tullë refraktare
ateşe vermek / ndez
ateşkes / armëpushim
ateşli / zjarrtë (i)
ateşli silah / armë zjarri
atfetmek / atribuoj (i)
atıcılık yarışması / gara në qitje
atılgan / kokëshkrepur
atılgan / shkathët (i)
atılgan / shpejtë (i)
atılgan / vrullshëm (i)
atım / qitje
atlamak / hidhem
atlamak [bırakmak] / le jashtë
  [përjashtoj]
atlas [kumaş] / atllas [pëlhurë]
atlet / atlet
atlet / fanellë
atlı / kalorës
atlı araba (kiralık) / karroc me qira
atlı karınca / karusel
atmak / hedh
atmak [nabız, kalp] / rektoн [rreh]
atmak [toz,un,..] / hedh
  [pluhur,miel,..]
atmosfer / atmosferë
atom / atom
av köpeği / langua
av köpeği / qen gjurmues
av tüfeği / çilte
avans / paradhënie
avare dolaşan / endacak
avare dolaşmak / endem
avare dolaşmak / sorollatem
avcı / gjuetar
avcılık / gjueti
avize / llampadar
avlamak / gjuaj
avlanma / gjueti
avlanmak / gjuaj
avlanmak (ağ ile) / gjuaj me rrjetë
avlanmak (gizlice) / gjuaj fshehtas
avlu / oborr
Avrupalı / Evropian
avuç dolusu (bir) / grusht gjë (një)
avuç içi / shuplakë [pëllëmbë]
avukat / avokat
avutulamaz / pangushullueshëm
ay / hënë
ay / muaj
ay çiçeği [gün çiçeği] / lule dielli
aya ait / hënës (i)
ayak / këmbë
ayak izi / zhurmë këmbësh
ayak parmağı / gisht i këmbës
ayak sesi / çapitje
ayak sürüyerek yürümek / heq këmbët zvarë
ayak taburesi / fron për këmbë
ayak takım / fundërri
ayakkabı / këpucë
ayakkabı bağı / lidhëse këpucësh
ayakkabı boyacısı / lustraxhi
ayakkabı giydirmek / mbath me këpucë

ayakkabı tabanı / gjysmë shollë
ayakkabı tamircisi / këpucar
ayakkabıcı / këpucar
ayaklanma / kryengritje
ayakları çırpmak (suda) / rrah këmbët
   në ujë
ayaklık / këmbëz
ayakta duran / rri në këmbë (që)
ayakta durmak / qëndroj në këmbë
ayarlamak / kalibroj
ayartmak / mashtroj
ayartmak / ndjell
ayartmak / ngas [josh]
ayartmak / tërheq
ayağa kalkmak / ngrihem në këmbë
aydınlatma / ndriçim
aydınlatmak / ndriçoj
aydınlık / ndritshëm (i)
aydınlığa çıkarmak / nxjerr në dritë
aygır / hamshor
aygıt / aparat
ayı / ari
ayı balığı avlamak / mbyt foka
ayıklamak / qëroj
ayıp / turp
ayıp / turpshëm (i)
ayırma / dallim
ayırma / ndarje
ayırma / veçim
ayırmak / çaj
ayırmak / dalloj
ayırmak / ndaj
ayırmak / veçoj
ayırmak (parçalara) / ndaj në pjesë
ayırmak (parçalara) / zbërthej
ayırt etme / dallim
ayırt etmek / dalloj
ayin / meshë
ayin yönetmek / këndoj meshë
aylak / përtac
aylak kimse / endacak
aylık / përmuajshëm (i)
ayna / pasqyrë
aynı / njëllojtë (i)
aynı cinsten olan / homogjen
aynı fikirde / një mendje
aynı seviyeye getirmek / rrafshoj
aynı zamanda / edhe
aynı şekilde [keza] / gjithashtu
aynılık / identitet
aynılık / njëllojshmëri
ayrı / dallüar (i)
ayrı / ndarë (i)
ayrı / veç
ayrı / veçantë (i)
ayrı / veçuar (i)
ayrı / vetmuar (i)
ayrıca / pastaj
ayrıca / plus
ayrık / ndarë (i)
ayrık / vetmuar (i)
ayrılabilir / ndahet (që)
ayrılabilir / ndashëm (i)
ayrılıp gitmek / shpërngulem
ayrılma / ndarje
ayrılma / shkëputje
ayrılma / shmangie
ayrılmak / çahem
ayrılmak / dallohem
ayrılmak / largohem
ayrılmak / ndahem
ayrılmak / shkëputem [nga shoqëria]
ayrılmak [istasyondan] / dal
   [nga stacioni]
ayrılmaz / pandashëm (i)
ayrıntı / hollësi
ayrışma / dekompozim
ayrışmak / dekompozohet
ayva / ftoi [ftua]
ayyaş / pianec
az / pak
az / pakët (i)
azalmak / pakësohem
azalmak / pakësohet
azaltma / pakësim
azaltmak / pakësoj
azar / qortim
azarlama / qortim
azarlama / sharje
azarlamak / qortoj
azarlamak / shaj
azarlamak (şiddetle) / qortoj ashpër
   [shaj]
azarlamak [paylamak] / qortoj
   [heq vërejtje]
azıdışı / dhëmballë
azınlık / pakicë
azim / këmbëngulje
azimut / azimuth
aziz / ndershëm (i)
aziz / shenjt
azman / vigan
azot / azot

- B -

baba / baba [babë]
baba (büyük) / gjysh
babalık / adoptues
babalık / atësi
babası olmak / bëhem baba
babaya ait / atëror
baca / baxhë
baca / oxhak
bacak / këmbë
badem / bajame
badem kurabiyesi / biskotë me bajame
bademcik iltihabı / angjinë
bagaj / bagazh
bağ / lidhëse
bağ / lidhje
bağ / vreshtë
bağ bozumu / vjelje e rrushit
bağ [demet] / tufë
bağımsız / pavarur (i)
bağımsızlık / pavarësi
bağını çözmek / zgjidh gjalmin
bağırıp çağıran / bërtet (që)
bağırış / britmë
bağırış / thirrje
bağırma / britmë
bağırmak / bërtas

235

bağırmak (acı acı) / bërtas [çirrem]
bağırmak (ciyak ciyak) / pıskas
bağırsak / zorrë
bağırsak (ince) / zorra e hollë [trashë]
bağırsaklar / zorrët
bağırsaklara ait / zorrëve (i)
bağış / dhuratë
bağış / ndihmë
bağışık / imunizuar (i)
bağışlamak / dhuroj [diçka]
bağışlamak / fal [para]
bağlamak / lidh
bağlamak (birbirine) / bashkoj
bağlamak (elini ayağını) / lidh duar dhe këmbë
bağlamak (gözlerini) / lidh sytë
bağlamak (kontratla) / lidh me kontratë
bağlamak (palamarla) / lidh me litar
bağlamak (zincirle) / lidh në hekura
bağlanım / konfederatë
bağlanmak / bashkohem
bağlanmak [birbirine] / bashkohet
bağlantı / lidhje
bağlantısını kesme / veçim
bağlantısız / palidhur (i)
bağlı / lidhor
bağlı / lidhur (i)
bağlı / pasues
bağlı / varur (i)
bağlı olmak / varem
bağlılık / besnikëri
bağlılık / lidhje
bağlılık / varësi
bağlılık yemini / besëlidhës
bağnaz / fanatik
bağrına basmak / ushqej në zemër
bahane / shkak
baharat / beharna
baharat / mëlmesë
bahçe / kopsht [bahçe]
bahçıvan / bahçevan
bahçıvan / kopshtar
bahçıvanlık / kopshtari
bahıs / bast
bahise girmek / bast (vë)
bahtı kara / fatkeq
bahtsız / mjerë (i)
bahşiş / bakshish
bak ! / shiko !
bakan / ministër
bakanlık / ministri
bakaya / mbetje
baki / përjetshëm (i)
bakır / bakër
bakır çinko alaşımı / aliazh i bakrit me zink
bakırcı [seyyar] / bakërxhi
bakire [kız] / virgjër [vajzë]
bakış / pamje
bakışık / simetrik
bakışım / simetri
bakkal / bakall
bakmak / shikoj
bakmak / shoh
bakmak (dik dik) / shikoj me ngulm
bakmak (dikkatle) / kujdesem [për ndonjë]

bakmak (hastaya) / kujdesem [për ë sëmurin]
bakmak (öfke ile) / shikoj me zemërim
bakmak (yan) / shikoj shtrembër
bakmak (yiyecekmiş gibi) / shikoj me ngulm
bakmak [çocuğa] / mbaj fëmijën
bakteri / bakterie
bakterioloji / bakteriolgji
bal / mjaltë
bal peteği / hoje mjalti [dylli]
balçık / llumë
baldır / kërci [i këmbës]
baldır / pulpë e këmbës
balet / balet
balgam / gëlbazë
balık / peshk
balık avlama / peshkim
balık sürüsü / tufë [peshqish]
balık tutmak / gjuaj peshk
balık tutmak / peshkoj
balık üretimi / kulturë e peshkut
balık yumurtası / ve peshku
balık yumurtası / vezë peshku
balık (tütsülenmiş) / cironkë e tymosur
balık (yavru) / peshq të vegjël
balıkçı / peshkatar
balıkçı / shitës peshku
balıkçılık / peshkim
balina / balenë
balina yağı / vaj balena
balistik / balistikë
balkabağı / kungull
Balkan / Ballkan
balkon / ballkon
balmumu / dyll bletësh
balon / ballon
balta / sopatë
balya / deng
bambu / banbu
bana kalırsa / nga ana ime
bana [beni] / mua [më]
bando / bandë
banka / bankë
banker / bankjer
banknot / banknotë
banmak [sıvıya batırmak] / njom
banotu / shtarë
bant / shirit
banyo / banjë
bar / bar
baraj / barazh
baraka / barakë
barbar / barbar
barbunya [balık] / barbunjë
bardak / gotë
barikat / barrikadë
barınak / strehë
barış / paqe
barışçı [uzlaştırıcı] / paqësor
barışçıl / paqësor
barışma / pajtim
barışma / paqësim
barışsever / paqedashës
barıştırmak / pajtoj
barıştırmak / paqësoj
barmen / pijeshitës

barmen [kadın] / pijeshitëse
barometre / barometër
baron / baron
barut (dumansız) / barut pa tym
barutluk / qese baruti
baryum / barium
bas / bas
basamak / këmbë shkalle
bası / shtyp
basık burunlu / hundëçip
basık burunlu / hundështypur
basil / bacil
basım / botim
basımcı [yazıcı] / shtypshkrues
basınç / shtypje
basiret / largpamje
basiret / maturi
basiret / mendjehollësi
basiret / urtësi
basit / elementar
basit / thjeshtë (i)
basitleştirmek / thjeshtësoj
basıtlık / thjeshtësi
basketbol / basketboll
baskı / botim
baskı / shtypje
baskı altına almak / shtyp
baskı altında tutma / shtypje
baskı altında tutmak / shtyp
baskı hatası / gabim shtypi
baskı yapmak [zorlamak] / detyroj
baskı [nüfus] / ndikim
baskın [akın] / bastisje [sulm]
basma / basmë
basma / shtypshkrim
basmak / shtyp
basmak (ayakla) / shkel me këmbë
basmakalıp [adi] / banal
bastırmak / shtyp
baston / bastun
baş / kokë
baş aşağı / kokëposhtë
baş ağrısı / dhëmbje koke
baş belası / murtajë
baş direği / dyrek e përparmë
baş döndürücü / merr mentë (që të)
baş dönmesi / marrje mendësh
baş kaldırmak / ngre krye
baş kumandanlık / komanda e lartë
başak / kalli
başaramamak / bie
başaramamak / dështoj
başaramamak [sınav] / rrëzohem [në prodhim]
başarı / sukses
başarı kazanamamak / dështoj
başarılı / mbarë (i)
başarılı / plot sukses [i mbarë]
başarısızlandırmak / dështoj
başarısızlık / dështim
başarmak / kryej
başarmak / realizoj
başbakan / kryeministër
başını kesmek / pres kokën
başka / ndryshe
başka / përveç
başka / tjetër
başka bir yerde / diku në një vend tjetër
başka olmak / ndryshoj
başkaldıran [isyancı] / kryengritës
başkan / kryetar
başkan / president
başkan yardımcısı / nënkryetar
başkanlık etmek / kryesoj
başkumandan / kryekomandant
başlama / nisje
başlama noktası / pikënisje
başlama [savaş] / fillim [i luftës]
başlamak / filloj
başlamak / nisem
başlamak (yeniden) / rifilloj
başlamak [girişmek] / hyj (i) [i përvishem]
başlangıç / fillestar
başlangıç / fillim
başlangıç / nisje
başlangıç hali / pozicion fillestar
başlangıç noktası / pikënisje
başlatan / nisës
başlatmak / filloj
başlatmak / nis
başlayan (yeni) / fillestar
başlayan (yeni) / porsafilluar (i)
başlayıcı / fillestar
başlıca / kryesisht
başlıca / kryesor
başlık / kapuç
başlık / titull
başmakale / kryeartikull
başörtüsü [eşarp] / shami [kokë]
başparmak [el] / gishti i madh [i dorës]
başpıskopos / kryepeshkop
başrahip / kryemurg
baştaki (en) / ballë (në)
baştaki (en) / përparimtar
baştan çıkaran / tërheqës
baştan çıkarma / joshje
baştan çıkarma / tërheqje me lajka
baştan çıkarmak / josh
başvuran / lutës
başşehir / kryeqytet
bataklık / baltovinë
bataklık / kënetë
bataklık / moçal
bataklık gazı [metan] / gaz kënete [metan]
bataklık kumu / rërë e lëvizëshme
bataklığa gömülmek / fundosem në kënetë
batı / perëndim
batıl itikat / bestytni
batırmak / zhys [kredh]
batırmak (gemiyi) / mbyt [një anije]
batısal / perëndimor
batıya ait / perëndimor
batmak [güneş] / perëndon [dielli]
battaniye / velenxe
bavul / valixhe
bay / zotëri
bay / zotni
bayan / zonjë
bayan / zonjushe

237

bayat / bajat
bayatlamak / bëhet bajat
bayağı / vulgar
bayağı / zakonshëm (i)
bayağılık / banalitet
bayginlık / zali
bayır / kreshtë mali
baykuş / kukuvajkë
baykuş [cüce] / hutin [hut, but]
bayrak / flamur
bayrak bezi / pëlhurë për flamuj
bayrak direği / shtizë flamuri
bayrak yarışı / vrapim me stafetë
bayrakla işaret vermek / jap
   shenja me flamuj
bayraktar / flamurtar
bayram / festë
baz / bazë
bazen / nganjëherë
bazen / ngandonjëherë
bazı / disa
bebek / fëmijë
bebek / foshnjë
bebeklik / foshnjëri
becerikli / shkathët (i)
becerikli / zoti (i)
beceriklilik / mençuri
beceriklilik / shkathtësi
beceriksiz / pazoti (i)
beceriksiz kişi / njeri i ngathët
beceriksiz [aciz] / paaftë (i) [i pazoti]
bedava / dhuruar (i)
bedava / falas
bedava / pa para
bedbin / pesimist
beddua / mallkim
bedelini verip kurtarmak / liroj me
   shpërblesë
beden / trup
beden gücü / fuqi trupore
beden ölçüsü [büyüklük] / masë
   [madhësi]
bedene ait / trupit (i)
bedeni / trupor
bedensel / trupor
beğeni / pëlqim
beğenilmeyen / papëlqyeshëm (i)
beğenme / pëlqim
beğenmeme / mospëlqim
beğenmemek / pëlqej (nuk)
beğenmemek / pëlqen (nuk më)
bek / pipth
bekar / beqar
bekarlık / beqari
bekçi kulübesi / kabinë [roje]
bekçi odası / odë e rojes
bekçilik etmek / bëj roje
bekleme odası / dhomë pritjeje
beklemek / pres
beklemek (misafir) / pres [një mik]
beklenen / pritur (i)
beklenilmedik / papritur (i)
beklenti / pritje
bel / bel
bel / mes
bela / fatkeqësi
bela / fatzi

bela / murtajë
belalı / rrugaçi
Belçikalı / Belgjian
belediyeye ait / bashkiak
belediye reisi / kryetar bashkie
beleşçi [çanak yalayıcı] / sahanlëpirës
belge / dokument
belgelemek / vërtetoj [me shkrim]
belgesel / dokumental
belirlemek / caktoj
belirlemek / përcaktoj
belirleyici / përcaktonjës
belirli / caktuar (i)
belirli / dalluar (i)
belirli / përcaktuar (i)
belirli bir bölgeye ait / territorial
belirli olmayan / pacaktuar (i)
belirsiz / pacaktuar (i)
belirsiz / padukshëm (i)
belirsizlik / paqartësi
belirteç / reaktiv
belirti / shenjë
belirti / simptomë
belirtme / cilësim
belirtmek / përcaktoj
belirtmek / tregoj
belit / aksiomë
belki / mbase
belki / ndoshta
belki / duket
belki de / mundësisht
bellemek / lëroj
ben / unë
bencil / egoist
bencil / pangopur (i)
bencillik / egizëm
benek benek / mbuluar me   pika
beneklemek / larasoj
beneklemek / laros
benekli / pikalec
benekli / pikalosh
benekli at / kalë laragan
benekli at / kalë larosh
benim / imi [imja]
benim / mitë (të) [të mjat]
benimki / imi (i) [e imja]
benimkiler / mitë (i) [të mijat]
henimsemek / përvetësoj
benlikçi / egocentrik
benzemek / ngjaj ndokujt (i)
benzememe / mosngjasim
benzer / ngjashëm (i)
benzer / përngjashëm (i)
benzer olmak / gjasoj
benzer (tamamen) / farefis
benzerlik / analogji
benzerlik / gjasim
benzetmek / simuloj
benzeyiş / gjasim
benzin / benzinë
benzin / gazolinë
benzol / benzol
beraat ettirmek / përligj
beraber çalışmak / bashkëpunoj
beraber yaşamak / bashkëjetoj
berber / berber
bereketli / begatshëm (i)

bereketli / bollëk (me)
berelemek / gërvish
berrak / kulluar (i)
bertaraf etmek / zhduk
besbelli / qartë (i)
besili / ushqyer (i)
besin / ushqim
beslemek / ushqej
beslemek (çocuğu) / ushqej [fëmijën]
beslemek (hayvanları) / ushqej kafshët
beslemek [ümit...] / ushqej [shpresë..]
beslenme (yetersiz) / ushqim i
   pamjaftueshëm
besleyen [kimse] / ushqyes
besleyici / ushqyes
besteci / kompozitor
bestelemek / kompozoj [muzikë]
beş / pesë
beşer / njerëzim
beşgen / pesëkëndësh
beşik / djep
beşinci / pesti (i)
beşlik [para] / pesëshe [para]
beton / beton
betonarme / betonarme
betonlamak / betonoj
beyan etme / shpallje
beyan etmek / deklaroj
beyan etmek / shpall
beyaz / bardhë (i)
beyaz renk / ngjyrë e bardhë
beyazlatmak / zbardh
beyefendi / zotëri
beygir / kalë
beygir gücü / kalë fuqi
beyin / tru
beyincik / truri i vogël
beyinsiz / pa tru
beyit / vjershë
beysbol / bejsboll
bez parçası / leckë
bezelye / bizele
bezelye tanesi / kokërr bizeleje
bıçak / brisk [biçak]
bıçak / thikë
bıçak ağzı / teh i thikës
bıçak (enli) / thikë e gjerë
bıçakçı / thikëpunues
bıçaklamak / shpoj
bıçkıhane / sharrishtë
bıktırmak / mërzit
bırakılmış / lënë (i)
bırakmak / dorëzoj
bırakmak / le
bırakmak / lëshoj
bırakmak [yer, görev] / liroj
   [vend, detyrë]
bıyık / mustaqe
biber / pipër [spec]
biber kutusu / kuti piperi
biberli / kripur me piper (i)
biberon / biberon
biblo / lodër
biblo rafi / raft për vogëlsira
biçer döver / korrës
biçerdöğer / maqinë korrëse
biçim / formë

biçimlendirici / formues
biçimlendirmek / formoj
biçimli / formuar mirë (i)
biçimsel / formal
biçmek / korr
biçmek / kosit
biçmek (ürün) / korr prodhimin
biftek / biftek
bilardo / bilardo
bildirme / lajmërim
bildirmek / lajmëroj
bildiğime göre / me sa di unë
bile / bile
bile bile / vetëdije (me)
bilemek / mpreh
bilen / njohës
bilet / biletë
bilet gişesi / arkë e biletave
bileyıcı / mprehës
bilezik / bylyzyk
bilge / dijetar
bilge / ditur (i)
bilgelik / dituri
bilgi / dituri
bilgi / informatë
bilgi veren kimse / njoftues
bilgi vermek / njoftoj
bilgi (geniş ve çeşitli) / dituri e madhe
bilgiçlik taslayan / pedant
bilgilenmek / informohem
bilgili / mësuar (i)
bilgin / ditur (i)
bilhassa / sidomos
bilim / shkencë
bilimsel / shkencor
bilimsel araştırma / studim shkencor
bilimsel inceleme / traktat
bilinir / njohshëm (i)
bilinmeyen / panjohur (i)
billurlaşmak / kristalizohet
billurlaştırmak / kristalizoj
bilmek / di
bin / njëmijë
bin yıllık devre / mijëvjeçar
bina / ndërtesë
bina yapmak / ndërtoj
bina (büyük) / godinë
binbaşı / major
binek atı / kalë shale
binici / kalorës
bininci / njëmijtë (i)
binmek (gemiye) / hipi në anije
binmek (trene) / hipi në tren
bir / një
bir arada varolmak / gjendem bashkë
bir araya getirmek / kombinoj
bir araya toplamak / mbledh së bashku
bir başından öbür başına / tejpërtej
bir başka açıdan / nga një
   pikëpamje tjetër
bir çuval dolusu [ölçü] / një thes plot
   [si masë]
bir daha / edhe një
bir dakika bekleyiniz / pritni një
   minutë
bir deri bir kemik / kockë e lëkurë
bir diğeri / njëri tjetrin

239

bir diğerini / njëri tjetrin
bir kaç / ca
bir kimse / dikush [ndokush]
bir olma / njësi
bir tarafa koymak [para] / vë mënjanë [para]
bir yana / mënjanë
bir yer / diku
bir şey / diçka
bir şey değil / s'ka përse
bira / birrë
bira arpası / elb birre
bira fabrikası / fabrikë birre
bira mayası / maja birre
bira (siyah) / birrë e zezë
birahane / birrari
biraz / ca
birazdan [şimdi] / së shpejti [tani]
birbiri ardına / një pas një
birbirine bağlı olma / lidhje reciproke
birbirine tesir etme / bashkëveprim
birbirine yapışmak / ngjitem
birbirini takip etmek / pasoj
birbiriyle temas / ndërlidhje
birdenbire / papritur
birer birer / njëri pas tjetrit
bireycilik / individualizëm
bireysel / personal
biri / dikush
birikme / grumbullim
biriktirip saklamak / mbaj në depo
biriktirmek / grumbulloj
birim / njësi
birinci / parë (i)
birkaç / disa [ca]
birleşik / bashkuar (i)
birleşim / sintezë
birleşme / bashkim
birleşme yeri / pikë takimi
birleşme yeri / vend bashkimi
birleşmek / bashkohem
birleştirme / bashkim
birleştirmek / bashkoj
birleştirmek / lidh
birli / njësh
birlik / bashkim
birlik / komunitet
birlik / shoqatë
birlikte / bashkë
bisiklet / biçikletë
bisiklete binmek / eci me biçikletë
bisküvi (kuru) / biskotë e thatë
bisküvi [tatlı] / biskotë
bit / morr
bitirmek / kryej
bitirmek / mbaroj
bitirmek / përfundoj
bitirmek / sos
bitirmek (süratle) / kryej shpejt [punën]
bitişik / ngjitur (i)
bitişik olmak / puthitem me
bitki / bimë
bitki özü / lëng [i bimëve]
bitki (çok senelik) / bimë shumëvjeçare

bitki (sarılgan) / bimë zvarritëse
bitkin / këputur (i)
bitkin / rraskapitur (i)
bitkinlik / kapitje
bitkisel / bimor
bitmek / mbaron
bitmemiş / pambaruar (i)
bitmez / pambarueshëm (i)
bitmez tükenmez / pambarim (i)
bitmiş / është i përfunduar
bitmiş / përsosur (i)
biyografi / biografi
biyografi [kısa] / biografi e shkurtër
biyoloji / biologji
biz / bizë
biz / ne
bize [bizi] / ne [neve]
bizim / yni (i) [e jona]
bizimki / yni (i) [e jona]
bizmut / bismut
bloknot / bloknot
blöf yapmak / frikësoj
bluz / blluzë
boa / boa
bobin / bobinë
bodur / shkurtabiq [i frytë]
bodur / vocrrak
bodur [funda] / shkurre
boğa / dem
boğa yılanı / bollë
boğaz / fyt
boğaz / grykë
boğazlamak / vras
boğmak / mbyt
boğmak / ze frymën
boğmak (suda) / mbyt [në ujë]
boğucu sıcak / vapë [zagushi]
boğulmak / mbytem
boğum [parmak] / nyje [e gishtit]
boks / boks
boks eldiveni / dorashkë boksi
boksör / boksier
bol / bollshëm (i)
bol bol / tepri (me)
bolluk / begati
bolluk / bollëk
bolluk içinde olmak / kam me bollëk
bomba / bombë
bomba atıcı / bomba-hedhës
bombardıman / bombardim
boncuk / rruazë
bora / furtunë
bora / stuhi
bora / vrull [ere]
borç / borxh
borç / hua
borçlu / borxhlli
borcu olmak / ja kam borxh [dikujt]
borcunu ödemek / kthej borxhin [paguaj]
borozan / borizan
borsa / bursë fondesh
borsa spekülatörü / spekulator i bursës
borsa tellalı / senkser burse
boru / bori
boru / gyp

boru çalmak / bie borisë (i)
boru sesi / tingull i borisë
bostan korkuluğu / gogol [dordolec]
boş / kotë (i)
boş / shkarkuar (i)
boş / zbrazët (i)
boş gezen kimse / njeri i papunë
boş laf / fjalë boshe
boş laf / gjepura
boş laf etmek / llomotit
boş yere / kotësi
boş [şişirilmiş] / fryrë (i)
boşa uğraşmak / sillem kot
boşa vakit geçirmek / rri duar kryq
boşa vakit harcamak / sillem kot andej këndej
boşalmak / zbrazet
boşalmak [ishal] / dal jashtë
boşalmak [ishal] / pastrohem
boşalmak [ishal] / zbrazem
boşaltım kanalı / kanal jashtëqitjeje
boşaltma / zbrazje
boşaltmak / shkarkoj
boşaltmak / zbraz
boşaltmak (havayı) / nxjer [ajrin]
boşaltmak (yük) / shkarkoj
boşamak / çkurorëzoj
boşanma / çkurorëzim
boşluk / boshllëk
boşluk / zbrazësirë
boşluk / zgavër
boşluk (havasız) / hapësirë pa ajër
boşta / lirim (në)
boşuna / kot
botanik / botanikë
boy atmak (fazla) / rritem tepër shpejt
boya [kumaş boyası] / ngjyrë
boyacı / bojaxhi
boyama / lyerje
boyama / ngjyrosje
boyamak / bojatis
boyamak / lyej
boyamak / lyej me boj
boyamak / ngjyros
boyamak (hafifçe) / lyej lehtë
boykot etmek / bojkotoj
boylam / gjatësi
boyna küreği / lopatë e pupës [rrem]
boynunu vurmak / pres kokën (i)
boynuz / bri
boynuzlu / brirë (me)
boynuzlu [aldatılmış] / brinjar [i ënjyer]
boyun / qafë
boyun atkısı / shall
boyun eğdirmek / mposht
boyunca / gjatë
boyut / madhësi
boyut / masë
boz renk / ngjyrë e kuqërremë
bozgun / shpartallim
bozguna uğratmak / shpartalloj
bozgunculuk / disfatizëm
bozmak / ngatërroj
bozmak / prish
bozmak / shprish
bozmak (düzeni) / prish rregullin
bozmak (güzelliğini) / shëmtoj
bozmak (planları) / prish planet
bozmak [iş.plan..] / çrregulloj
bozmak [iş...] / prish [punën...]
bozmak [sağlık] / prish [shëndetin etj.]
bozmak [sinirlerini] / prish [nervat, planet..]
bozmak [zarar vermek] / dëmtoj
bozmak [şeklini] / shëmtoj
bozuk / prishur (i)
bozulma / prishje
bozulma / shpartallim
bozulmak / prishem
bozulmak / prishet
bozulmaz / prishet (që nuk)
bozulmuş / prishur (i)
böbrek / veshkë
böcek / brumbull
böcek / insekt
böcek / tartabiq
böcek [boynuzlu] / kacadre
böcekler ilmi / entomologji
böğürme / pëllitje
böğürmek / pëllas
böğürtlen / kapinë
böğürtlen / manaferrë
bölen / pjesëtues
bölge / krahinë
bölge / zone
bölgelere ayırmak / ndaj në zona
bölgesel / krahinor
bölme / pjesëtim
bölmek / ndaj
bölmek (yarı yarıya) / ndaj përgjysëm
bölmek [konuşmayı] / ndërpres [bisedimet]
bölüm / kapitull
bölüm / pjesë
bölünebilir / pjesëtueshëm (i)
bölünen / pjesëtuari (i)
bölünme / ndarje
bölünme (dinde) / përçarje në fe
bölünmek / ndahem
bölüştürme / shpërndarje
bölüştürmek / shpërndaj
bön bakışlı / hutuar (i)
börek / byrek
böyle / kështu
böylece / kështu
brända bezi / pëlhurë e trashë
briç / brixh [lojë me letra]
briket / briket
bronz / bronz
broş / karficë
broşür / broshurë
broşür yazmak / shkruaj pamfleta
brüt / bruto
bu / ky [kjo]
bu gece / sonte
bu münasebetle / në lidhje me këtë
bu sebepten / prej këndej
bu zamandan / kohë (që nga kjo)
bu şartla ki / me kusht që
budak / nyje [në dru]
budaklı / bullunga (me)
budaklı / nyje (me)

241

budala / budalla
budala / gjysmak
budala / marrë (i)
budala / trashë (i)
budalalık / budallallëk
budalalık / marrëzi
budamak / krasit
budamak [dal] / pres degët [krasit]
budizm / budizëm
bugün / sot
buğday / grurë
buhar / avull
buhar kazanı / kazan avulli
buhar makinası / maqinë me avull
buhar salıvermek / avulloj
buharlaşabilen / avullues
buharlaşabilme gücü / aftësi avullimi
buharlaşma / avullim
buharlaşmak / avullohet
buharlaşmak / avullon
buharlaştırmak / avulloj
buhran / dëshpërim
bulamak / ndyj
bulandırmak / turbulloj
bulanık / turbullt (i)
bulanıklaştırmak / turbulloj
bulanmak / turbullohet
bulaşıcı / molepsës
bulaşık suyu / këllirë
bulaşma / molepsje
bulaştırmak / moleps
bulaştırmak / ndot
bulaştırmak / ndyj
bulaştırmak (yüzüne gö.) / bëj dosido
buldog / bulldog
buldog köpeği / qen hundështypur
buldozer / buldozer
Bulgar / Bullgar
Bulgarca / gjuhë Bullgare
bulgu / gjetje
bulgur / bullgur
bulmak / gjej
bulucu / përcaktues
bulut / re
bulutlarla kaplı / mbuluar me re (i)
bulvar / bulevard
bunaklık / matufllëk
bundan / kështu pra
bundan başka / përveç kësaj
bundan başka / përveç [kësaj]
bundan dolayı / mes (në këtë)
bundan ötürü / këndej (prej)
bunun gibi / tillë (i)
bunun içinde / brenda (këtu)
bununla beraber / megjithëse
bununla beraber / megjithkëtë
bununla birlikte / megjithatë
burada [orada] / këtu
    [atje]
buralarda / këtu afër
buraya [beriye] / këndej
burgu / turjelë
burjuva / borgjez
burkmak / ndrydh
burkmak / përdredh
burmak / dredh
burmak / përdredh

burnundan konuşmak / flas nëpër
    hundë
burs / bursë
burun / hundë
burun deliği / vrimë e hundës
burun sesi / tingull hundor
burun sürtmek / fut hundën
burundan gelen / hundor
buruşmak / fishkem
buruşmak / rrudhem
buruşmak / zhubravitem
buruşturmak / rrudh
buruşturmak / zhubravit
buruşturmak / zhubros
buse / puthje
buyurun ! / urdhëroni !
buz / akull
buz adası / ajsberg
buz kıran / akullthyese
buz kitlesi (yüzen) / akulli lundrues
buz saçağı / krongjill
buz süsleri (camda) / lajle ngrice
    [në xham]
buza ait / akullit (i)
buzdan tıkanmış / bllokuar prej
    akulve (i)
buzdolabı / frigorifer
buzul / akullnajë
buzul devri / periudhë e akullnajave
büfe / bufe
bükmek / lakoj
bükmek / përdredh
bükmek / përkul
bükülme / shtrembërim
bülbül / bilbil
bülten / buletin
büro / zyrë
bürokrasi / burokraci
büst / bust
bütçe / buxhet
bütün / krejt
bütün / tërë (i)
bütünlemek / përbëj një të tërë
bütünlük / tërësi
büyü / magji
büyü yapmak / bëj magji
büyü yapmak / magjeps
büyücü / magjistar
büyücü kadın / magjistare
büyük / madh (i)
büyük kilise / kryekishë
büyük (çok) / madhështor
büyük şehir / metropol
büyüklük / madhështi
büyüklük / madhësi
büyüleme / magjepsje
büyülemek / magjeps
büyülenme / magjepsje
büyülenmiş / magjepsur (i)
büyüleyici / magjepsës
büyülü / magjik
büyüme / rritje
büyümek / rritem
büyümüş / rritur (i)
büyütmek / rrit
büyütmek / zmadhoj
büyüyen / rritet (që)

büzgü / rrudhë
büzmek / ndrydh
büzmek / rrudh
büzülme / tkurrje
büzülmek / rrudhet
büzülmek / zhubroset

- C -

cadde / rrugë e gjerë
cahil / paditur (i)
cahil (kara) / analfabet
caiz / pranueshëm (i)
caka / mburrje
caka satmak / mbahem i madh
caka satmak / shes mend
cam / xham
cam sürahi / bocë uji
cam takmak / vë xham
cami / xhami
can / shpirt
cana yakın / dashamirës
canavar / përbindësh [lugat]
canavar [kadın ve kuş] / Kuçedër
candan / përzemërt (i)
canı sıkılmış / mërzitur (i)
canımı sıkmak / brengos
canımı sıkmak / mërzit
cankurtaran kemeri / brez shpëtimi
cankurtaran sandalı / lundër shpëtimi
cankurtaran simidi / rreth shpëtimi
canlandırmak / frymëzoj
canlandırmak / gjallëroj
canlandırmak (yeniden) / ringjall [shpresat,...]
canlanmak (yeniden) / ringjallem
canlı / gjallë (i)
canlılık / gjallëri
cansız / pashpirt (i)
cariye / grua pa kurorë
casus / spiun
casusluk / spiunazh
casusluk etmek / spiunoj
caz / xhaz
cazibe / tërheqje
cazibeli / tërheqës
cazip / tërheqës
cebe indirmek [çalmak] / përvetësoj [vjedh]
cebe koymak / vë në xhep
cebir ilmi / algjebër
cebirsel / algjebrik
cebren almak / xhvat [para]
cehalet / analfabetizëm
cehalet / mosdije
cehalet / padituri
cehennem / skëterrë
ceket / xhaketë
ceket (kalın) / xhaketë e trashë
ceket (spor) / xhaketë sportive
ceket (yazlık) / xhaketë vere
cellat / xhelat
celp etmek / thërras [në gjyq]
cemiyet / bashkësi
cemiyet / grup
cemiyet / shoqëri
cenaze arabası / katafalk
cenaze levazımatı / zyrë varrimi
cenaze töreni / ceremoni e varrimit
cenkçi / luftëdashës
cennet / qiell
cennet gibi yer / parajsë
centilmen / xhentëlmën
cep / xhep
cep kitabı / libër shënimesh
cep saati / orë xhepi
cephe [bina] / fasadë
cerahat / qelb
cerahat toplamak / mbledh qelb
cerahat toplamak / qelbëzohet
cerahatli / qelbëzuar (i)
cerrah / kirurg
cerrahi / kirurgjik
cerrahlık ilmi / kirurgji
cesaret / guxim
cesaret / trimëri
cesaret vermek / jap zemër
cesaretle / guxim (me)
cesaretle karşılamak / përballoj me guxim
ceset / kufomë
cesur / guximshëm (i)
cet / stërgjysh
cetvel / vizore
cevap / përgjigje
cevap vermek / përgjigjem
cevher / xhevahir
ceviz / arrë
ceviz kabuğu / lëvozhgë arre
ceza / ndëshkim [dënim]
ceza vermek / ndëshkoj [dënoj]
cezaevi / burg
cezalandırıcı / ndëshkimor
cezalandırmak / dënoj
cezalandırmak / ndëshkoj
cezasını çekerek ödeme / larje [e fjalit]
cezbetmek / marr mendësh [tërheq]
cezbetmek / tërheq
cezır / zbaticë
cezve / xhezve
cımbız / cimbidhe
cıva / zhivë
cıvar / rrethe
cıvarında / rreth
cıvıl cıvıl / hedhur (i)
cıvıldamak / cicëron
cıvıldaşmak / cicëroj
ciddi / me gjithë mend
ciddi / serioz
cihaz / mekanizëm
cik cik sesi çıkarmak / cicëron
cila / lustër
cilalama / lustrim
cilalamak / lustroj
cilalı / lustër (me)
cilt bezi / lëkurë artificiale
cilt [büyük kitap] / vëllim
ciltçi / libralidhës
cimri / dorështrënguar
cimri / dorëthatë
cimri / koprrac

243

cimri / kursimtar
cimri / neqez
cimri / shtrënguar (i)
cimrilik / kursim
cimrilik etmek / kursej
cin / djall
cin [içki] / xhin [pije]
cinaslı / ironik
cinnet / marrëzi
cinnet getirmek / tërbohem
cins / farë
cins / lloj
cinse ait / gjinisë (i)
cinsel arzu uyandıran / erotik
cinsel ilişkiye ait / venerian
cinsiyet / gjini
cip / xhips
civ civ çıkarmak / çel zogj
civelek kız / çapkëne
coğrafya / gjeografi
coğrafyacı / gjeograf
cokey / xhokej
cop / çomagë polisi
coşkulu / vrullshëm (i)
coşkulu kutlama / përshëndetje me brohori
coşturmak / ngre moralin
cömert / bujar
cömert / dorëhapur
cömertlik / bujari
Cuma / Martë (e)
Cuma / Premte (e)
Cuma günü / të Premten
Cumartesi / Shtunë (e)
cumhuriyet / republikë
cüce / shkurtabiq
cüce / vocrrak
cüce / xhuxh
cüce [cin] / karkanxholl
cümle / ljali
cüppe / mantel
cüppe / rrobë prifti
cüret / sjellje e pahieshme
cüret etmek / lejoj veten
cüret etmek / marr guxim
cüruf / zgjyrë [shkrump]
cüsseli / pashëm (i)
cüz / pjesë përbërëse
cüzdan / portofol

- Ç -

çaba / mundim
çabalama / mundim
çabalamak / luftoj
çabuk / shpejtë (i)
çabuk geçen / kalon shpejt (që)
çabukluk / shpejtësi
çaça balığı / lloj sardeleje
çadır / çadëre
çadır / shatore
çadır / tendë
çağ / shekull
çağa uygun / kohës (i)
çağdaş / kohës (i) [modern]

çağıldama / gurgullimë
çağıldamak / gurgulloj
çağıldamak / gurgulon
çağırma / thirrje
çağırmak / thërras
çağırmak (mahkemeye) / thërras në gjyq
çağırmak (toplantıya) / thërras [në kuvend]
çağırmak (yardıma) / thërras [në ndihmë]
çağırmak (yüksek sesle) / thërras
çağlayan / ujvarë [kaskade]
çağrı / thirrje
çakal / çakall
çakal eriği / kullumbri
çakı (iri) / brisk
çakıl taşı / guralec
çakıl taşı / zhavorr
çakmak / çakmak
çakmak / ngul
çakmak taşı / gur zjarri
çakmak taşı / strall
çalar saat / orë me zile
çalı / kaçube
çalı / shkurre
çalı ile kuşatmak / rrethoj me gardh
çalı [sopa] / shqopë
çalılık / shkurre
çalılık / stepë
çalılık / zabel
çalılık (sık) / korije [zabel]
çalışkan / punëtor
çalışma / studim
çalışma (ders) / mësim
çalışmak / punoj
çalışmak (ağır işte) / punoj rëndë
çalışmak (köle gibi) / punoj si skllav
çalışmak (gündelikle) / punoj me ditë
çalkalamak / shplaj
çalışmak [makina] / punon [maqina]
çalıştırmak (makinayı) / nis [maqinën]
çalkalamak / llokoçit
çalkalamak / tund
çalkalanmak / llokoçitet
çalmak / vjedh
çalmak (davar) / grabit [bagëtinë]
çalmak (harp) / bie harpës (i)
çalmak [aşırmak] / vjedh
çalmak [fidye için] / vjedh [fëmijë]
çalmak [saat] / bie [ora]
çam / pishë
çam ağacı / bredh
çam kozalağı / boçë pishe
çam sakızı / rrëshirë
çamaşırcı kadın / rrobalarëse
çamaşırhane / lavanderi
çamur / baltë
çamur / llucë
çamur atmak / spërkat me baltë
çamurla kirlenmek / ndot me baltë
çamurlu / baltë (me)
çan çalmak / bie kumbona
çan çiçeği / lule këmbore
çan kulesi / kumbonare
çanak çömlek / enë dheu
çanak çömlek / enë majolike

çanak (küçük) / çanak i vogël
çanların çalması / rënie e kumbonës
çanta / çantë
çap / diametër
çapa / shat
çapalamak / punoj me shat
çapraz / kryq
çapraz / tërthorazi
çaprazlamak / kryqëzoj
çapulculuk etmek / plaçkit
çar / car
çarçaf / çarçaf
çarçaf / pëlhurë
çarmıha germek / kryqëzoj
çarpık / pjerrët (i)
çarpık / shtrembër (i)
çarpık bacaklı / këmbë-shtrembër
çarpıklık / shtrembërim
çarpıtmak / shtrembëroj
çarpışma / ndeshje
çarpışmak / luftoj
çarpışmak / ndeshem
çarpmak / përplas [derën]
çarpmak (hafif) [dalga] / llokoçit [vala]
çarpmak [kapı..] / përpjek [derën...]
Çarşamba / Mërkurë (e)
çatal / furk
çatal / pirun
çatı / çati
çatı arası / trapazan
çatı kemeri / kube
çatı penceresi / dritare në baxhë
çatık kaşlı / me vetulla të rëna
çatırdamak / kërcas
çatırdı / kërcitje
çatlak / plasë (e)
çatmak (kaşlarını) / vrër vetullat
çavdar / thekër
çavuş / rreshter
çay / çaj
çay demliği / çajnik
çay fincanı / kupë çaji [tas çaji]
çay kaşığı / lugë çaji
çay kutusu / kuti çaji
çay üzümü [dağ üzümü] / boronicë
çaydanlık [büyük] / çajnik i madh metalik
çayır / livadh
çayırlık (büyük) / preri [stepë]
çehre / fytyrë
çehre / shprehje [e fytyrës]
Çek / Çek
çek / çek
Çek dili / gjuhë Çeke
çekiç / çekiç
çekiç (ağır) / çekan farkëtari
çekici / tërheqës
çekiçlemek / rrah me çekiç
çekilme / tërheqje
çekilmek / heq dorë
çekilmek / largohem
çekilmek / tërhiqem
çekilmek [teslim olmak] / nënshtrohem (i)
çekilmez / padurueshëm (i)
çekingen / ndrojtur (i)

çekirdek / bërthamë
çekirdek içi / thelb
çekirdeksel / bërthamor
çekirge / karkalec
çekirge kuşu / gargull
çekiş [ocak] / tërheqje [e oxhakut]
çekişme (hafif) / grindje e vogël
çekişmek / grindem
çekişmek / hahem
çekişmek / luftoj me njësi të vogla
çekme / heqje
çekme halatı / litar për tërheqje
çekmek / heq
çekmek / nxjerr [shortin]
çekmek / tërheq
çekmek (fiil) / zgjedhoj [gram.]
çekmek [diş] / heq [dhëmbin]
çekmek [kumaş] / mblidhet [pëlhura]
Çekoslovakyalı / Çekosllovak
çelenk / kurorë
çelik / çelik
çelimsiz / dobët (i)
çelme takmak / vë këmbën (i)
çember / rreth
çene / mjekër
çene altı / gushë
çene kemiği / kockë e nofullës
çene (alt) / nofull
çengelli iğne / karficë
çentik / ashkla
çentik / zgavër
çerçöp / plehëra
çeşit / lloj
çeşitli (çok) / shumëllojshëm (i)
çete / bandë
çeteci / luftëtar çete
çetele / çetele
çevik / shpejtë (i)
çeviklik / shpejtësi
çeviri / përkthim
çevirmek / kthej
çevirmek / rrotulloj
çevirmek / vërtit
çevirmek (çitle) / rrethoj
çevirmen / përkthyes
çevre / rreth
çevreleme / rrethim
çevrelemek / rrethoj [një copë tokë]
çevreleyen / ambient
çeyrek / çerek
çeyrek daire / kuadrant
çıban / çiban
çığırtkan / tellall
çığlık / piskatje
çığlık atmak / bërtas sa mund
çığlık atmak / piskas
çıkarcı / mercenar
çıkarılabilir / nxjerrshëm (i)
çıkarma / shkarkim
çıkarma / zbritje
çıkarmak / nxjerr
çıkarmak / qes
çıkarmak / qit
çıkarmak / zbres
çıkarmak (balgam) / nxjerr [ballgam]

245

çıkarmak (dışarı) / nxjerr jashtë
çıkarmak (göklere) / ngre në qiell
çıkarmak (gün ışığına) / nxjerr në dritë
çıkarmak (işten) / nxjerr nga puna
çıkarmak (işten) / pushoj [nga puna]
çıkarmak (karaya) / zbres në breg
çıkarmak (kepçe ile) / nzjerr me garuzhdë
çıkarmak (pamuk çekir.) / pastroj pambukun
çıkarmak (sonuç) / nxjerr [konkluzion]
çıkarmak (tulumba ile) / nxjerr me pompë
çıkarmak (yapraklan) / heq lëvoren
çıkarmak [buhar] / lëshoj [avullin]
çıkarmak [kitap,...] / nxjerr [libra...]
çıkarmak [para] / nxjerr [para]
çıkarmak [sonuç] / nxjerr [përfundimin]
çıkıntı / dalë (e)
çıkıntı yapmak / dal
çıkış / dalje
çıkış deliği [çıkış] / vrimë daljeje [dalje]
çıkmak / dal
çıkmak / del
çıkmak (kaynaktan) / buron
çıkmak (meydana) / dal mbi ujë
çıkmak [diş] / dalin [dhëmbët]
çıkrık / çikrik
çıkrık iği / rrotkë
çıldırmak / luaj mendësh
çıldırmak / tërbohem
çıldırmış / çmendur (i)
çıldırtmak / çmend
çılgın / tërbuar (i)
çınar / çinar
çınar / rrap
çıngırak / dajre
çınlamak / kumbon
çınlamak / tingëllon
çıplak / lakuriq
çıplak / xhveshur (i)
çıplak göz / vetëm me sy
çıplaklık / lakuriqësi
çırak / nxënës [në një zanat]
çırpınmak / rreh krahët
çırpma makinası / maqinë shprishëse
çırpmak / frushkulloj
çırpmak / shprish [brizoj li]
çırpmak [kanat] / rreh [krahët]
çıtlatmak / kërcet [gishti]
çiçek / lule
çiçek açma / lulëzim
çiçek açmak / lulëzon
çiçek bahçesi / lulishte
çiçek demeti / tufë lulesh
çiçek hastalığı / li
çiçek hastalğı kabarcığı / poçërr lie dhensh
çiçek satıcısı / shitës lulesh
çiçek sergisi / ekspozitë lulesh
çiçek tarhı / postal
çiçek tozu / polen
çiçek yetiştiricisi / rritës i luleve
çiçek yetiştirme / kultivim i luleve
çiçekçi kız / shitëse lulesh

çiçeklenme / lulëzim
çiçeklenmek / lulëzon
çiçekli / lulëzuar
çiçeğe ait / lules (i)
çift / çift
çift / dyfishtë (i)
çift / palë
çift olmak / bashkohen çifte
çift sayı / çift [për numrat]
çiftçi / bujk
çiftçi / fermier
çiftçi [hayvan yetişti.] / blegtor
çiftçilik / bujqësi
çiftçilik etmek / merrem me bujqësi
çiftlere ayrılmak / ndahen çift
çiftleştirmek / bashkoj dy e nga dy
çiftlik / fermë
çiftlik evi / shtëpi [në fermë]
çiftlik sahibi / çifligar
çiftlik (büyük) / pronë e madhe
çiğnemek / përçap
çiğnemek / përtyp
çiğnemek / shkel
çiğnemek (kanun) / shkel [ligjën]
çiğnenmiş / shtypur (i)
çikolata / çokollatë
çil / pikë nën fytyrë
çile / shkul
çilek / dredhëz
çilek / luleshtrydhe
çilli / pikalec
çimdik / pickim
çimdiklemek / cimbis
çimdiklemek / pickoj
çimen / bar
çimenlik / lëndinë
çimento / çimento
çimentolamak / çimentoj
çin ipeği / pëlhurë mëndafshi
çingene [erkek] / jevg [evgjit]
çingene [kadın] / jevge [evgjite]
çini mürekkebi / bojë kineze
çinko / zink
çinko kaplamak / zinkos
Çinli [erkek] / Kinez
Çinli [kadın] / Kineze
çirkin / shëmtuar (i)
çirkin / zymtë (i)
çirkin görünen / pahieshëm (i)
çirkinleştirmek / çorodit
çirkinleştirmek / shëmtoj
çiselemek / veson
çit / gardh
çit çevirmek / rrethoj me gardh
çivi / gozhdë
çivilemek / gozhdoj
çivilemek / mbërthej me gozhdë
çiv / vesë
çizge / vizatim
çizgi / vijë
çizgi çekmek / heq vija
çizgi çekmek / vijë (bëj një)
çizgilemek / heq vija
çizgili / vijosur (i)
çizim / vizatim
çizim tahtası / dërrasë vizatimi
çizme / çizme

çizme (kısa) / galloshe
çizme (lastik) / çizme gome
çizmek / vizatoj
çoban / bari
çoban köpeği / qen stani
çoban püskülü [bitki] / ashe
çoban (kadın) / bareshë
çobanlara ait / baritor
çocuk / fëmijë
çocuk arabası / karrocë fëmijësh
çocuk bezi / pelenë
çocuk odası / dhomë fëmijësh
çocuk önlüğü / përparëse fëmijësh
çocuk oyunu / lojë fëmijësh
çocuk yatağı / krevat fëmijësh
çocuk (buluntu) / fëmijë i gjetur
çocuk (erkek) / çun
çocuk (erkek) / djalë
çocukça / djaloshar
çocukça / fëminor
çocukluk / fëmijëri
çocukluk arkadaşı / shok fëmijërie
çocukluk devresi / djalëri
çoğalma / shumëzim
çoğalma / zmadhim
çoğalmak / rritet
çoğalmak / shtohem
çoğaltma / shumëzim
çoğaltmak / shumëzoj
çoğaltmak / zmadhoj
çoğaltmak / shumëfishoj
çoğul / shumtë (i)
çoğunluk / shumicë
çoğunlukla / zakonisht
çok / shumë
çok büyük / sasi e madhe
çok fazla / shumë
çok geçmeden / për së shpejti
çok güçlü / plotfuqishëm
çok ucuz / shumë i lirë
çok yönlü / shumanshëm (i)
çok yönlülük / shumanshmëri
çok zayıf [deri kemik] / kockë e lëkurë
çoklu / shumëfishtë (i)
çomak / kopaçe
çorap / çorape
çorap bağı / lidhëz çorapi
çorap jartiyeri / mbajtëse çorapesh
çorba / supë
çorba kasesi / çanak supe
çorca kasesi / pjatë e thellë
çökme / rënie
çökmek / ulet
çökmek (korkuyla) / përulem
çöküntü / shkatërrim
çöl / shkretëtirë
çömelmek / rri galuc
çömelmek / ulem
çömlek / enë dheu
çömlekçi / poçar
çöp / plehëra
çöp yığını / grumbull vjeturinash
çöpçü / fshesar
çöpçü / mbledhës plehrash
çöpçülük etmek / mbledh plehrat [e rrug.]

çöplük / fundërri
çörek / kulaç
çörek (sütlü) / çyrek me qumësht
çörek (zencefilli) / kulaç me zanxhafil
çözmek / shpërthej
çözmek / zgjidh
çözülemez / pazgjidhshëm (i)
çözülmek / zbërthehet
çözülmek / zgjidhet
çözüm / zgjidhje
çözümlemek / zbërthej
çubuk / purtekë
çubuk / shufër
çubuk / shkop
çuhaçiçeği / aguliçe
çukur / gropë
çukur / llogare
çukur açmak / gropos
çukur açmak / hap gropa
çukur açmak / hap llogare
çukurlu / me gropa
çuval / thes
çuvala koymak / vë në thes
çünkü / nga se
çünkü / sepse
çürük / kalbur (i)
çürüme / kalbje
çürümek / kalbet
çürümekte olan / kalbet (që)

- D -

dağ / mal
dağ sıçanı / marmotë
dağcı / alpinist
dağılım / shpërndarje
dağılma / përhapje
dağılmak / shpërndahet
dağınık / shpërndarë (i)
dağınık saçlı / flokleshuar
dağıtan / shpërndarës
dağıtma / shpërndarje
dağıtmak / shkatërroj
dağıtmak / shpërndaj
dağlamak / damkos
dağlı / malor
dağlı kimse / malësor
dağlık / malësi
dağlık yer / vend malor
daha / akoma
daha çok / më shumë
daha iyi / më i mirë
daha sonra / më pastaj
daha sonra / më vonë
daha uzak / më i largët
dahili / brendshëm (i)
daima / gjithmonë
daima / për gjithmonë
daimi / përjetshëm (i)
daire / rreth
daire / suitë
dairesel / unazor
dakik / saktë (i)
dakik [titiz] / përpiktë (i)
dakika / minutë

247

daktilo [yazı makinası] / maqinë shkrimi
dal / degë
dal (ince) / degëz
dalak / shpretkë
dalavere / dallaverë
daldırmak / zhys
daldırmak (dibe) / zhyt në fund
dalga / dallgë
dalga / valë
dalga geçme / tallje
dalga geçmek / përqesh
dalga geçmek / tall
dalga kıran / valëpritës
dalga (büyük) / valë e madhe
dalgacı / tallës
dalgacık / dallgëzë
dalgacık / valëza [uji]
dalgalanan / valavitës
dalgalandırmak (saçları) / dredh flokët
dalgalanmak / dallgëzohet
dalgalanmak / dallgëzon
dalgalanmak / valavitet
dalgalı / valavitur (i)
dalgıç / palombar
dalgın / menduar (i)
dalgın / soditës
dalgın [endişeli] / kredhur në mendime (i)
dalkavuk / dallkauk
dalkavuk / lajkatar
dalkavuk / puthador
dalkavuk / sahanlëpirës
dalkavuk / trashanik
dallanma / degëzim
dallanmak / degëzohem
dallanmak / degëzohet
dallı budaklı / degëzuar (i)
dalmak / zhytem
dalmak / kridhem
dam / pullaz
dama [oyun] / damë [lojë]
damak sesi / tingull qiellzor
damar / damar
damat / dhëndër
damağa ait / qiellzor
damga / damkë
damga / vulë
damga veya mühür basmak / vulos
damga vurmak / shtampoj
damgalamak / vë damkën
damgalamak / vulos
damı sazla örtmek / mbuloj me kashtë
damıtmak / distiloj
damla / pikël
damlama / pikim
damlamak / pikon
damping / dumping
damping yapmak / dumping (organizoj)
dan eksik (...) / më pak se
dan (...) / prej nga
dana / viç
dana eti / mish viçi
dangalak / trashanik
Danımarka dili / gjuhë Daneze
Danımarkalı / Danez

danışmak / këshillohem
danışman / këshilltar
danışman / konsultant
danışmanlık yapmak / këshilloj
dans etmek / vallëzoj
dantel / dantellë
dar / ngushtë (i)
dar fikirli / kufizuar (i) [në mendim]
dar geçit / grykë
dar geçit / ngushticë
dar yer / ngushticë
dar yol / rrugicë
dara / tarë
dara sokmak / zë ngusht
daralmak / ngushtohem
daraltmak / ngushtoj
darağacı / karamanjollë
darağacı / trikëmbësh
darbe / goditje kryesore
darboğaz / vend i ngushtë
darcanlı / shpirtngushtë
darcanlı / shpirtvogël
dargın / zemëruar (i)
darılma / zemërim
darılmak / fyhem
darılmış / zemëruar (i)
darıltmak / fyej
darıltmak / zemëroj
darlık / rrethana të vështira
darphane / vend ku priten paratë
darülaceze / azil i pleqve
darülaceze / strehë varfënore
dava / padi
dava / padi [proçes gjyqësor]
dava açmak / ndjek me rrugë gjyqësore
davacı / paditës
davet / thirrje
davet etmek / ftoj
davetsiz / paftuar (i)
davranış / sjellje
davranmak / sillem
davul / daulle
davul / lodër
davulcu / lodërtar
dayak / dajak
dayak atmak / rrah
dayamak / mbështet
dayanak / mbështetëse
dayanak noktası / pikëmbështetje
dayanıklı / fortë (i)
dayanıklı / qëndrueshëm (i)
dayanıksız / paqëndrueshëm (i)
dayanılabilir / durueshëm (i)
dayanılmaz / padurueshëm (i)
dayanışma / solidaritet
dayanma / mbështetje
dayanmak / duroj
dayanmak / mbështetem
dayanmak / qëndroj
dayanmak / qëndron
dayı / daj
de (..), da (..) / në
dede / gjysh
dede (büyük) / stërgjysh
dedikodu / thashetheme
dedikodu yapmak / pëshpërit

defetmek / largoj
defin / varrim
defne ağacı / dafinë
defolun! / ikni! [qërohuni!]
defter / fletore
defteri kebir / libër llogarish
değer / meritë
değer / vlerë
değer biçme / vlerësim
değer biçmek / çmoj
değer biçmek / vlerësoj
değer vermek (fazla) / mbivlerësoj
değerini arttırmak / përmirësoj
değerlemek / çmoj
değerlendirme / vlerësim
değerlendirmek / vlerësoj
değerli / vlen (që)
değersiz / vlen asgjë (që nuk)
değersiz şey / gjë pa vlerë
değil / nuk [s', mos]
değirmen / mulli
değirmen taşı / gur mulliri
değirmen taşı / mokër
değirmenci / mullis [mullixhi]
değişebilir / ndryshueshëm (i)
değişik hale sokmak / ndryshoj
değişiklik / ndryshim
değişiklik yapmak / ndryshime (bëj)
değişim / alternim
değişim / ndryshim
değişme / ndryshim
değişmek / ndryshoj
değişmek / ndryshon
değişmeyen / pandryshueshëm (i)
değişmez / pandryshuar (i)
değişmez / pandryshueshëm (i)
değişmezlik / pandryshueshmëri
değiştirilemez / pakthyeshëm (i)
değiştirme (yer) / çvendosje
değiştirme [para] / ndërrim [të hollash]
değiştirmek / ndryshoj
değiştirmek / zevendësoj
değiştirmek (biraz) / ndërroj pak
değiştirmek (şeklini) / shndërroj
değnek / purtekë
değnek / shkop
değnek / skeptër
deha / gjeni
dehşet / lebeti
dehşet / tmerr
dehşete düşürmek / tmerroj
dehşete düşürmek / turbulloj
dehşetli / tmerrshëm (i)
dekan / dekan
dekore etmek / dekoroj
delalat etmek / domethënë
delalet etmek / prandjej
delfin / delfin
deli / çmendur (i)
deli / marrë (i)
delik / brimë
delik / vrimë
delik açmak / brimoj
delikanlı / djalë
delikanlı / djalosh
delikleri tıkamak / mbyll vrimat
delil / dëshmi

delil / provë
delil göstermek / dëshmoj
delilik / çmenduri
delip geçmek / shpoj përtej
delirmek / luaj mendësh
delirtmek / marros
delme / shpim
delme makinası / makinë shpimi
delmek / brimoj
delmek / shpoj
demet / duaj
demet / tufë
demetlemek / lidh duaj
demeye gelmek / domethënë
demir / hekur
demir filizi / mineral hekur
demir kaplamak / mbuloj me hekur
demir sülfat / sulfat ferrik
demirci / farkëtar
demirden yapılmış / hekuri (prej)
demirhane / farkëtore
demirli / hekur (që përmban)
demiryolu / hekurudhë
demokrasi / demokraci
den beri (...) / prej [që nga]
den (..) / se
den (...) [...dan] / prej [nga]
deneme / provë
deneme / sprovim
deneme devresinde olan / sprovues
denemek / provoj
denenmemiş / papërvojë (i)
denetçi / kontrollor
deney / provë
deney borusu / epruvetë
deney hayvanı / kafshë eksperimenti
deney yapmak / provë (bëj)
deneysel / empirik
denge / ekuilibrim
denge / kunderpeshë
denge kurmak / ekuilibroj
denge meydana getirmek / kundërpeshoj
denge sağlamak / ekuilibroj
dengelemek / ekuilibroj
dengeli [insan] / akuilibruar
deniz / det
deniz aygırı / lopë deti
deniz aşırı / tej detit
deniz haritası / hartë detare
deniz ineği / lopë deti
deniz kıyısı [sahil] / breg deti
deniz manzarası / peizazh deti
deniz savaşı / luftë detare
deniz tutması / sëmundje deti
deniz uçağı / hidroplan
deniz yosunu / leshterik
deniz yosunu / valë deti
denizaltı / nëndetëse
denizanası / meduzë
denizci / detar
denizci / marinar
denizci olmak / bëhem detar
denizciliğe ait / detar
denize ait / detit (i)
denize yakın / bregdetar
denk / deng

249

denk / ekuivalent
denk / pako
denklik / ekuivalencë
depo / depo
depolama / akumulim
depozito / depozitë
deprem / tërmet
derebeylik / feudalizëm
derebeyliğe ait / feudal
derece / gradë
derece / nivel
derece / shkallë
derecelendirme / shkallëzim
derecelendirmek / shkallëzoj
dergi / revistë
dergi (resimli) / revistë e ilustruar
dergi [süreli] / revistë [e përkohëshme]
derhal / heret
derhal / menjëherë
derhal / pa vonsë
derhal / shpejt
deri / gëzof
deri / lëkurë
deri kayış / rryp lëkure
derin / thellë (i)
derin çukur / gropë e thellë
derinleşmek / thellohem
derinleştirmek / thelloj
derinlik / thellësi
derinliği ölçmek / mat thellësinë
derisini soymak / rjep lëkurën
derleme / përpilim
derlemek / mbledh
derlemek / përpiloj
ders / lekcion
ders / mësim
ders almak / mësoj
ders kitabı / libër mësimi
ders vermek / mbaj lekcion
ders vermek / mësim (jap)
dert olmak / më mundon
desimetre / decimetër
despot / tiran
destan / epos
destan / sagë
destansı / epik
destek / mbështetëse
destek / përkrahje
destek olmak / përkrah
destek yapmak / mbështet
desteklemek / mbështet
desteklemek / ndihmoj
destroyer / destrojer
dev / vigan
devalüasyon / çvleftësim i parasë
devam eden / vazhdues
devam edin ! / vazhdoni !
devam etme / vazhdim
devam etme / vazhdimësi
devam etmek / vazhdoj
devam etmemek / ndërpres
devamlı / pandërprerë (i)
devamlı / përhershëm (i)
devamlılık / vazhdueshmëri
deve / devë
deve kuşu / struc
devedikeni / gjembaç

devimsel / kinetik
devingen / lëvizëshëm (i)
devir / cikël
devir / epokë
devir / periodë
devirmek / përmbys
devirmek / rrëzoj
devirmek (yere) / rrëzoj për tokë
devlet / shtet
devlet adamı / burrë shteti
devlet hazinesi / arkë e shtetit
devlet vergisi / taksë shtetërore
devlete ait / qeveritar
devletler birliği / bashkim shtetesh
devretme / alternim
devretmek (görevi) / dorëzoj [detyren]
devrillmek / rrëzohem
devrilmek / përmbyset
devrim / revolucion
devrimci / revolucionar
devriye gezmek / patrulloj
deyim / shprehje idiomatike
dezenfekte etmek / dizinfektoj
dırdır etmek / gërgas
dış / jashtëm (i)
dış bükey / konveks
dış çevre / periferi
dış görünüş / pamje e jashtme
dış görünüş / trajtë
dış taraf / ana e jashtme
dışarı / jashtë
dışarı / përjashta
dışarı akma / derdhje
dışarı atmak / nxjerr jashtë
dışarı çıkma / dalje
dışarı çıkmak / dal
dışarıda / jashtë
dışarıda / jashtë atdheut
dışarıda / përjashta
dışarıda bırakma / lënie jashtë
dışarıda olan / jashtëm (i)
dışarıya / përjashta
dışında / jashtë
diabet / diabet
didinmek / mundohem
didişme / grindje [zënie]
diğer / tjetër
diğer taraftan / në atë anë
diğer taraftan / nga ana tjetër
dik / rrëpirë (i)
dik açı / kënd i drejtë
dik açılı olan / këndrejtë
dik başlı / kokëfortë
dik dörtgen / katërkëndësh
  këndrejtë
diken / ferrë
diken / gjemb
dikey / pingule
dikey / pingultë (i)
dikiş / qepje
dikiş makinası / maqinë qepëse
dikiş yeri / tegel qepjeje
dikkat / kujdes
dikkat / vëmendje
dikkat etmek / kam parasysh
dikkat etmek / kujdesem
dikkate değer / rëndësishëm (i)

dikkatini dağıtmak / largoj [vemendjen]
dikkatle incelemek / shqyrtoj
dikkatle izleme / mbikëqyrje
dikkatle okuma / lexim me vemendje
dikkatli / kujdesshëm (i)
dikkatli / vemendshëm (i)
dikkatli / vigjilent
dikkatsiz / çkujdesur (i)
dikkatsiz / pakujdesshëm (i)
dikkatsiz / pavëmendshëm (i)
dikkatsizce giyinmiş / veshur pa kujdes (i)
dikkatsizlik / pakujdesi
dikmek / qep
dikmek [bitki] / mbjell [bimë]
diksiyon / diksion
diktatör / diktator
dikte etmek / diktoj
dil / gjuhë
dil balığı / barbunjë
dil bilgini / filolog
dil çıkarmak / nxjerr gjuhën
dil uzmanı / linguist
dilbilim / filologji
dilbilim / gjuhësi
dile ait / gjuhësor
dilek / lutje
dilekçe / lutje
dilemek / lus
dilenci / lypës
dilenmek / lyp
dili tutulmuş / gojëmbajtur
dilim / thelë [shtresë e holë]
dilimlemek / pres në thela
dilsiz / gojë (pa)
dilsiz / memec
din / fe
dinamik / dinamik
dinamit / dinamit
dinamo / dinamo
dinç / shëndoshë (i)
dindar / fetar
dindirmek [ağrı] / pushoj [dhëmbjen]
dininden dönmüş kimse / renegat
dinlemek / dëgjoj
dinlemek (istemeden) / dëgjoj padashur
dinlendirici / qetësues
dinlenme / çlodhje
dinlenme / pushim
dinlenme yeri / vend pushimi klimaterik
dinlenmek / çlodhem
dinlenmek / pushoj
dinleyici / dëgjues
dinmek / qetësohet [era..]
dip / fund
dip / fundërri
dip koçanı / kupon [çeku,..]
diploma / diplomë
dipnot / shënim
dipsiz / pafund
dirayet / dituri
dirayet / mëndjehollësi
dirayet / urtësi
dirayetli / ditur (i)
direk / direk

dirençsizlik / pasivitet
direnme / këmbëngulje
direnmek (fırtınaya) / qëndroj stuhisë
diretmek / ngul këmbë
dirhem / gur peshe
dirsek / bërryl
disk / disk
diş / dhëmb
diş ağrısı / dhëmbje dhëmbi
diş çıkarma / dalje e dhëmbëve
diş diş etmek / dhëmbëzoj
diş eti / mish i dhëmbëve
diş fırçası / furçë dhëmbësh
diş hekimi / dentist
diş (takma) / dhëmb i vënë
diş [çentik] / dhëmbëz
diş [sarımsak] / thelb [hudhre]
diş [testere] / dhëmbëz [sharre]
dişi / femër
dişli / dhëmbëzuar (i)
dişli çark / rrotë me dhëmbëza
dişli takımı / mekanizëm
dişli [sivri uçlu] / dhëmbëz
divan / divan
divan [devlet meclisi] / divan [këshilli i sht.]
diyafram / diafragmë
diyagram / diagramë
diyakoz / dhjak
diyalog / dialog
diz / gju
diz boyu derinliğinde / deri në gju
diz çökmek / bie në gjunjë
diz kapağı / kupë e gjurit
dizanteri / dizenteri
dizgici / radhitës
dizgin / kapistall
dizginlemek / frenoj
dizmek / rreshtoj
dizmek (boncuk) / përshkoj [ruaza]
dizmen / radhitës
do [nota] / do [nota]
doçent / docent
doğa / natyrë
doğal / natyror
doğal / natyrshëm (i)
doğal güzellik / bukuri natyrore
doğal kaynaklar / pasuri natyrore
doğal olarak / natyrisht
doğaüstü / mbinatyrshëm (i)
doğma / dogmë
doğmak / lind
doğmak [güneş] / lind [dielli]
doğmuş / lindur (i)
doğrama / ngrënie
doğramak [et] / grij
doğru / drejtë (i)
doğrudan doğruya / drejtpërdrejtë
doğrulama / justifikim
doğrulama / vërtetim
doğrulamak / përligj
doğrulamak / vërtetoj
doğrulmak / drejtohem
doğrultmak / drejtoj
doğrultmak (silahı) / drejtoj [armën]
doğrultusunda / rreth
doğruluk / drejtësi

251

doğrusal / linear
doğrusunu anlamak / konstatoj
doğu / lindje
doğudan gelen / lindor
doğulu / aziatik
doğulu / oriental
doğum / lindje
doğum günü / ditëlindje
doğum sayısı / numër i lindjeve
doğum yeri / vendlindje
doğurgan / pjellor
doğurganlık / pjellori
doğurganlık / pjellshmëri
doğurma / lindje
doğurma / pjellje
doğurmak / lind
doğurmak / pjell
doğuştan / lindjes (i)
dok / dok
doksan / nëntëdhjetë
doktora / doktoratë
doktrin / dogmë
doktrin / doktrinë
dokuma / tekstil
dokuma / trikotazh
dokuma tezgahı / avlëmend
dokumacı / endëse
dokumak / end
dokunaklı / prekës
dokunmak / prek
dokunulabilir / prekshëm (i)
dokunulamaz / paprekshëm (i)
dokunulmamış / paprekur (i)
dokunulmaz / paprekshëm (i)
dokunulur / prekshëm (i)
dokuz / nëntë
dokuz misli / nëntëfishtë (i)
dokuzuncu / nënti
dolambaçlı / tërthortë (i)
dolandırıcı / batakçi
dolandırıcı / gënjeshtar
dolandırıcı / hileqar
dolandırıcı / mashtronjës
dolandırıcı / mashtrues
dolandırmak / mashtroj
dolanıp durmak / endem kot
dolap / dollap
dolar / dollar
dolaylı / zhdrejtë (i)
dolaşık / dredhon (që)
dolaşım / qarkullim
dolaşma / qarkullim
dolaşmak / dredhoj
dolaşmak / gjarpëroj
dolaşmak / kaloj për rreth
dolaşmak (avare) / endem
dolaşmak (aylakça) / sillem kot
dolaşmak (başı boş) / hallkatem
doldurma / mbushje
doldurmak / mbush
doldurmak / plotësoj
doldurmak (ağzına kadar) / mbush deri në grykë
doldurmak (sıkıca) / rras
doldurmak (tamamen) / mbush plot
doldurmak (tıka basa) / mbush plot e përplot

dolgu maddesi [yumuşak] / material për mbushje
dolgu [diş] / plumb [në dhëmb]
dolgun / frytalak
dolgun / mbushur (i)
dolgun / plot [me pasoja]
dolgunluk / trashësi
dolma kalem / stilograf
dolmak / mbushet
dolu / breshër
dolu / mbushur (i)
dolu / plotë (i)
dolu yağmak / bie breshër
doluşmak / futemi
domates / domate
dominyon / dominion
domuz / derr
domuz ahırı / katua derri
domuz ahırı / thark derrash
domuz butu / kofshë derri
domuz çobanı / bari derrash
domuz eti / mish derri
domuz pastırması / proshutë
domuz yavrusu / derkuc
domuz yağı / dhjamë derri
domuz (yabani) / derr i egër
domuz [dişi] / dosë
donanım / pajime
donanma / flotë
donatma / pajime
donatmak / pajis
donatmak [mobilya] / vesh [mobilje]
dondurma / akullore
dondurma (kremalı) / akullore me jkë
dondurmak / ngrij
donma noktası / pikë e ngrirjes
donmak / ngrin
donmuş / ngrirë (i)
donmuş yer / vend i ngrirë
donuk / mjegulluar (i)
donuk / turbullt (i)
donuk / zbehtë (i)
donuklaşmak / humbet ngjyrën
donyağı / dhjamë
dopdolu / plot e përplot
doru / dori
doruk / pikë më i lartë
doruk / pjesë e sipërme
dosdoğru / drejtpërdrejtë
dost / dashamirës
dost / mik
dost (yakın) / mik i ngushtë
dostça / miqësor
dostlar ve akrabalar / njohur dhe farefis (të)
dostluk / miqësi
dosya / dosje
dosyalamak / ngjit letrat [në dosje]
doyma / ngopje
doymak bilmez / pangopur (i)
doymak [aşırı] / ngopem
doyurmak / ngop
doz / dozë
döğüşmek (göğüs göğüse) / kapem
dökme / derdhje
dökme (içini) / shfrim
dökmek / derdh

dökmek (tüy) / ndërron pendët
dökmek [kan, gözyaşı] / derdh [gjak, lotë]
dökülen / bie (që)
dökülmek / derdhet
dökülmek [saç] / bien (me) [flokët]
dökümhane / uzinë shkrirjeje
dölleme / mbarsje
döndürmek / rrotulloj
döndürmek / vërtit
döndürmek (geri) / kthej
dönek / dredhues
dönem / afat
dönemeç / kthesë
dönen (ekseni üzerinde) / rrotullues
dönme / rrotullim
dönme noktası / pikë rrotullimi
dönme [bir başka dine] / kthim [në fe tjetër]
dönme [makina] / rrotullim i maqinës
dönmek / rrotullohem
dönmek / sillem për qark
dönmek / vërtitem
dönmek (geri) / kthehem
dönmüş [din değiştiren] / kthyer (i)
dönüm noktası / kthesë
dönüm noktası / pikë kthimi
dönüş / kthim
dönüştürmek / kthej
dönüştürmek / shndërroj
dönüştürülemez / pakthyeshëm (i)
dörde bölmek / ndaj katërsh
dördüncü / katërti (i)
dört / katër
dört ayaklı / katër dyrekë (me)
dört ayaklı / katërkëmbësh
dört kat / katërfish
dörtgen / katërkëndësh
dörtlü / katërsh
dörtte bir / katërt (e)
dörtyüzlü / katërfaqesh
döşeme / dysheme
döşemeci / tapicier
döşemek (asfalt) / shtroj [një rrugë]
döşemek (taban) / shtroj dyshemenë
dövme / tatuazh
dövme yapmak / bëj tatuazh
dövmek / rrah
dövmek (iyice) / kopanis
dövmek (iyice) / rrah mirë e mirë
dövmek (kayışla) / rrah me rryp
dövmek (süt) / tund gjalpë
dövülür [metal] / farkëtueshëm (i)
dövüp işlemek (demiri) / farkëtoj
dövüş / përleshje
dram / dramë
dram şekline sokmak / dramatizoj
dua etmek / përlutem
duba / ponton
dublaj yapmak / dubloj
dublör / dublues
dudak / buzë
dul kadın [dul erkek] / ve (e) [i ve]
duman / tym
duman perdesi / perde tymi
duman salmak / lëshon tym
dumanlı / tym (me)

durak / ndalesë
duraklamak / ndalem për pushim
duraksamak / ngadalësoj
durağan / palëvizshëm (i)
durdurmak / frenoj
durdurmak / ndaloj
durgun olmak / amullohet
durgun [su] / amulluar (i) [ujë]
durgunluk / amulli
durma / amulli
durma / mosveprim
durma / ndalesë
durma / pushim
durmak / qëndroj
durmak / ndalem
durmak [saat] / ndalet [ora]
durmaksızın / ndalim (pa)
duru / kulluar (i)
durum / gjendje
durum / rast
duş / dush
dut / man
duvar / mur
duvar ayrası (büyük) / pasqyrë muri
duvar çekmek (etrafına) / rrethoj me mur
duvar kağıdı / letër muri
duvar süsü / stoli muri
duvara ait / murit (i)
duvarcı / murator
duyarlı / ndijor
duyarlı / ndjeshëm (i)
duyarlık / ndijim
duyarlılık / ndjesjmëri
duyarsız / ndjenja (pa)
duyarsızlık / pandjeshmëri
duygu / mallëngjim
duygu / ndjenjë
duygulu / mallëngjyes
duygulu / ndjenja (plot)
duygusal (aşırı) / përlotur (i)
duygusuz / mpirë (i)
düello / duel
düet / duet
düğme / kopsë
düğme / sustë
düğmelemek / kopsit
düğmelerini çözmek / çkopsit
düğmelerini çözmek / zbërthej
düğüm / nyje
düğümlemek / lidh nyje
düğümlü / plot nyje
düğün / dasmë
düğün böreği / byrek i dasmes
düğün çiçeği / zhabinë
dükkan / dyqan
dükkancı / dyqanxhi
dümdüz / rrafsh
dümen / timon
dümenci / timonier
dümensiz / timon (pa)
dün / dje
dünya / botë
dünyevi / botë (i kësaj)
dünyevi / tokësor
düpedüz / haptas
dürbün / dylbi

dürtme / shtytje
dürtmek / shtyj
dürtü / nxitje
dürüst / drejtë (i)
dürüst / ndershëm (i)
dürüstçe / drejtësi (me)
dürüstlük / drejtësi
dürüstlük / ndërshmëri
düşman / armik
düşmanca / armiqësor
düşme / rënie
düşme (hesaptan) / zbritje
düşmek / bie
düşmek / rrëzohem
düşmek (sırt üstü) / bie në kurriz
düşünce / mendim
düşünce (boş) / ide e kotë
düşünce (temel) / mendimkryesor
düşünceli / menduar (i)
düşüncesiz / mendjelehtë
düşüncesiz / pamenduar (i)
düşüncesizlik / mendjelehtësi
düşünceye dalmak / mendohem
düşünceye dalmak / zhytem
  në mendime
düşünen / mendon (që)
düşünen / mendues
düşünmek / mendoj
düşünmek (üzerinde) / mendohem
düşünür (özgür) / mendimdar i lirë
düşürmek / poshtëroj
düşürmek / rrëzoj
düşürmek (derecesini) / degradoj
düşürmek (değerini) / keqësoj
düşürmek (değerini) / ul
düz / lëmuar (i)
düz / rrafshtë (i)
düz arazi / ultësirë
düz çizgi / vijë e drejtë
düz etmek / rrafshoj
düz etmek / sheshoj
düz taban / taban dyst (me)
düzelme / përmirësim
düzelmez / pandreqshëm (i)
düzeltilebilir / ndreqshëm (i)
düzeltilemez / pandreqshëm (i)
düzeltme / korrigjim
düzeltme / ndreqje
düzeltmek / korrigjoj
düzeltmek / ndreq
düzeltmek / redaktoj
düzeltmek / rregulloj
düzeltmek / verifikoj
düzeltmen / korektor
düzen / rregull
düzene koymak / vë në rregull
düzenini bozmak / çrregulloj
düzenleme / organizim
düzenleme / rregullim
düzenleme / zbatim
düzenlemek / organizoj
düzenlemek / rregulloj
düzenlemek / sistematizoj
düzensiz / parregullt (i)
düzensiz / çrregullt (i)
düzensizlik / çrregullim
düzgün / disipilinuar (i)

düzgün / uniforme
düzgün / lëmuar (i)
düzgün hale getirmek / lëmoj
düzgün hale getirmek / lëpij
düzme / duzinë
düzlemek / lëmoj
düzlemek / rrafshoj
düzleştirmek / rrafshoj
düzlük / rrafshinë
düzlük (yüksek) / rrafshnaltë

- E -

ebe / mami
ebedi / përjetshëm (i)
ebedi ve ezeli / përjetshëm (i)
ebedileştirmek / përjetësoj
ebediyen / për jetë
ebediyet / përjetësi
ebonitleştirmek / vullkanizoj
ecdat / prejardhje
eczacı / farmacist
eczacılık ilmi / farmakologji
eczane / farmaci
edat / parafjalë
edebi / letrar
edebiyat / letërsi
edepsiz / ndyrë (i)
edepsiz / paturpshëm (i)
efsane kabilinden / qenie mitologjike
efsanevi / përrallor
egoist / egoist
ege / limë
ege talaşı / pluhur metalik sharre
eğelemek / lëmoj
eğer / në qoftë se
eğilebilir / përkulshëm (i)
eğilim / prirje
eğilir [bükülür] / epur (i)
eğilir [bükülür] / përkulshëm (i)
eğilme / përkulje
eğilmek / lakohem
eğilmek / përkul
eğilmek / përkulem
eğilmek / prirem
eğilmez / papërkulshëm (i)
eğirmek / tjerr
eğitim / arësim
eğitim ve öğretim / mësim
eğitmek / edukoj
eğlence / dëfrim
eğlenme / zbavitje
eğlenmek / dëfrehem
eğlenmek / qesh
eğlenmek / tall
eğlenmek / tallem
eğmek / lakoj
eğmek / përkul
eğmek / shtrembëroj
eğmek [bir yana yatırm.] / pjerr
eğrelti otu / fier
eğri / shtrembër (e)
eğri büğrü / dredharak
ehemmiyet / rëndësi
ejderha / drangua

ek / afiks
ek / shtesë
ek / shtojcë [në rrobe]
ek vergi / shtesë tatimi
Ekim / Tetor
ekim makinası / maqinë mbjellëse
ekin vakti / kohë e mbjelljes
ekip / ekip
ekleme / vënie
eklemek / shtoj
eklenilen / shtuar (i)
ekmek / bukë
ekmek kızartmak / thek bukë
ekmek (bitki) / mbjell
ekonomi / ekonomi
ekonomi yapmak / kursej
ekonomik / ekonomik
ekran / ekran
eksen / bosht
ekseriya / kryesisht
eksi / minus
eksi işaret / shenjë minus
eksik / metë (i)
eksik / pamjaftueshëm (i)
eksik olan / mungon (që)
eksiklik / mungesë
eksilme / pakësim
ekskavatör / ekskavator
ekspres / ekspres
ekşi / thartë (i)
ekşimek [şarap] / thartohet [vera]
ekşimik / gjizë
ekşimiş / athët (i)
ekşitmek / thartoj
ekvator / ekuator
el / dorë
el arabası / karrocë
el baltası / satër
el bileği / kyçi e dorës
el bombası / granatë
el çantası / valixhe dore
el feneri / elektrik dore
el ile patırtı yapmak / trokëllij
el işi / punë dore
el işi / punuar me dorë (i)
el işi / zeje
el kitabı / manual
el koymak (haklarına) / heq të drejtat
el sıkma / trokje duarsh
el silahları / armë qitjeje
el yazısı / dorëshkrim
el yazısı / shkruar me dorë (i)
elastik / elastik [i epur]
elbette / natyrisht
elbise / petka
elbise / rrobë
elbise kolu / mëngë
elbise (sivil) / rroba civile
elbise (uzun) / fustan
elçi / dërguar (i)
eldiven / dorashkë
eldiven / dorezë
ele avuça sığmaz / kokëkrisur
ele geçirme / zaptim
ele geçirmek / fitoj
ele geçirmek / zotëroj

ele geçirmek (tekrar) / marr përsëri
ele geçirmek (tekrar) / rifitoj
ele vermek / tregoj
elek / shoshë
elek / sitë
elektrik / elektrik
elektriklemek / elektrifikoj
elektrod / elektrod
elektroliz / elektrolizë
elektron / elektron
eleman / element
elemek / shosh
elemek / sit
elemek (kalburla) / shosh
eleştirmek / kritikoj
eleştirmek / shqyrtoj
eleştirmen / shqyrtues
eli açık / dorëhapur
eli sıkı / dorështrënguar
elindelik / vetëvendosje
elle vermek / dorëzoj
elle yapılan / bëhet me dorë (që)
eller yukarı ! / duart lart !
ellerini bağlamak / lidh duart
elli / pesëdhjetë
ellili yıllar / vitet pesëdhjetë
ellinci / pesëdhjeti (i)
elma / mollë
elmas / diamant
elşimek / thartohet
elverişli / volitshëm (i)
emanetçi / depozitues
elzem olmayan / detyrueshëm (jo i)
emanet etmek / le në dorë (ja)
emare / shenjë
emare / simptomë
emaye / smalt
emaye ile kaplamak / mbuloj me smalt
embriyon / embrion
emekçi / proleter
emekli / pensionist
emekli asker / ish-luftëtar
emekli aylığı / pension
emekliye çıkarmak / nxjerr në pension
emin / bindur (i)
emin / sigurt (i)
emir / porosi
emir / urdhër
emir vermek / urdhëroj
emisyon / emision
emme / thithje
emmek / thith
emniyet / siguri
emniyet etmek / besoj (ja)
emniyet kemeri / brez shpëtimi
emniyet subayı / valvolë sigurimi
emnivete almak / siguroj
emniyetsiz / pasigurt (i)
emniyetsizlik / pasiguri
emniyette / sigurt (i)
emretmek / urdhëroj
emri iptal atmak / anuloj urdhërin
emsal / barabartë (i)
emsalsiz / pakrahasueshëm (i)
emülsiyon / emulsion
emzirmek / ushqej me sisë

255

en az / minimal
en az / pak (sa më)
en iyi / më i mirë
en kötüsü / më i keqi
en öndeki / më i parï
en uygun / optimal
en uzak / largëti (më i)
encik / këlysh
Endonezyalı / Indonezian
endüstri / industri
enerji / energji
enerjik / energjik
enfiye kutusu / kuti burnoti
enflasyon / inflacion
engel / ndalesë
engel / pengesë
engel olmak / ndaloj
engel olmak / pengoj
engelleme / ndalim
engellemek / ndaloj
engellemek / pengoj
engellerin kalkması / heqje e pengesave
engelli yarış / vrapim me pengesa
engerek yılanı / nepërkë
eninde sonunda / fund të fundit (në)
enine kesme / prerje tërthore
enjektör / injektor
enkaz / gërmadha
ense / qafë
enstitü / institut
enternasyonalizm / internacionalizëm
enterne ediliş / internim
enterne etmek / internoj
entrika / intrigë
entrika / komplot
envanter / inventar
envanter yapmak / inventarizoj
er yada geç / herët ose vonë
ergenlik çağı / pubertet
erginleşme / pjekje seksuale
erik / kumbull
erik (yabani küçük) / kullumbri
eril cins / gini mashkullore
erime / shkrirje
erime kabiliyeti / tretshmëri
erime noktası / pikë e shkrirjes
erimek / shkrihem
erimek / shkrihet
erimek / shkrin
erimek / tretet
erimez / patretshëm (i)
erimiş / shkrirë (i)
eritici / tretës [solvent]
eritilebilir / shkrishëm (i)
eritilebilir / tretshëm (i)
eritme / tretje
eritmek / shkrij
eritmek / tret
eriyik / solucion
erişilemez / paarritshëm (i)
erişkin / rritur (i)
erkek / mashkull
erkek kardeş / vëlla
erkek kardeş (üvey) / vëlla i gjetur
erkekçe / burrëror

erkekler manastırı / manastir burrash
erkeklik / burrëri
erken / hershëm (i)
erken gelişmiş / parakohshëm (i)
ertelemek / shtyj
erzak / ushqime
esans / esencë
esaret / sklavëri
esas / bazë
esas / kryesor
esas olarak / kryesisht
esaslı / themelor
esaslı olmayan / karakteristik (jo)
esassız / pabazuar (i)
esinti / afsh
esinti / erë e lehtë
esinti / fllad
esir / rob
esir almak / zë rob
esir etme / sklavërim
esir etmek / skllavëroj
esir taciri / tregëtar skllevërish
esirgemek / fal
esirgemeyen / pakursyer (i)
eski / vjetër (i)
eski / vjetëruar (i)
eski haline gelme / riaftësim
eski halini almak / përtërij
eski püskü / përdorur shumë (i)
eskiden kalmış olan / mbeturinë
eskimiş / vjetër (i)
eskimiş / vjetëruar (i)
Eskimo / Eskimez
esmer / flokzi
esmer (erkek) / zeshkan
esmer (kadın) / zeshkane
esnaf / dyqanxhi
esnaf / tregëtar
esnaf / zejtar
esnasında / gjatë
esnek / elastik
esnek / epur (i)
esnek / lakueshëm (i)
esneklik / elasticitet
esneklik / përkulshmëri
esnemek / hap gojën
esrarlı / fshehtë (i)
Estonya dili / gjuhë Estone
Estonyalı / Eston
eş / partner
eş [erkek] / bashkëshort
eş [kadın] / bashkëshorte
eşanlam / sinonim
eşanlamlı / sinonimik
eşek / gomar
eşekarısı / grenxë
eşi olmayan / veçantë (i)
eşik / prag
eşit / barabartë (i)
eşit olarak / barabar
eşit uzaklıkta / me largësi të barabartë
eşitlemek / barazoj
eşitlenmek / barazohem
eşitlik / barazi
eşitsiz / pabarabartë (i)
eşitsizlik / pabarazi
eşkenar / barabrinjës

eşkenar dörtgen / romb
eşkiya / kusar
eşleştirmek (çapraz) / kryqëzoj
eşlik eden / shoqërues
eşsiz / pashëmbullt (i)
eşsız / pashok (i)
eşya / plaçka
eşya (giyim) / rrobë
et / mish
et suyu / lëng mishi
etap / etapë
eter / eter
etiket / etiketë
etiket yapıştırmak / ngjit etiketa
etiket yapıştırmak / vë etiketë
etimoloji / etimologji
etken / faktor
etkilemek / bëj efekt
etkilemek / ndikoj
etkilemek / përshtypje (bëj)
etkileyici / shumë i shijshëm
etkili / efektiv
etkili / veprues
etkin / veprues
etnografya / etnografi
etnoloji / etnologji
etrafında / rreth
etrafını çevirmek / rrethoj
etrafını gezmek / endem
etyemez kimse / vegjetarian
ev / shtëpi
ev sahibesi / zonjë shtëpie
ev sahibi / pronar i shtëpisë
ev (büyük ve güzel) / vilë e madhe
ev (mühteşem) / pallat
evcil / shtëpiak
evcilleştirmek / kultivoj
evcilleştirmek [hayvan] / zbut [kafshë]
evden taşınmak / shpërngulem
evet / po
evlada ait / birëror
evlatlık / fëmijë i adoptuar
evlendirmek / martoj
evlenmeye ait / bashkëshortor
evli / martuar (i)
evlilik / martesë
evrak çantası / portofol
evren / botë
evrensel / botëror
evrensel / kozmik
evrensel / përgjithshëm (i)
evrimsel / evolucioni
evvelki / kaluar (i)
evvelki / mëparshëm (i)
evvelki gün / pardje
eyalet / krahinë
eyer / shalë
eyerlemek / shaloj
Eylül / Shtator
eza etmek / ndjek
ezberden okumak / recitoj
ezbere / përmendsh
ezbere öğrenmek / mësoj përmendësh
ezberlemek / mësoj përmendësh
ezici / shtypës
eziyet etmek / marr nëpër këmbë
eziyet etmek / mundoj

ezmek / dërmoj
ezmek / shtyp

- F -

faal / veprues
faaliyet / veprim
fabrika / fabrikë
fabrikatör / fabrikant
fahişe / prostitutë
fahişe / kurvë
fahişelik / prostitucion
fail / fajtor
fail / kriminel
faiz / fajde
faiz / përqindje
faizci [tefeci] / fajdexhi
fakat / por
fakir / varfër (i)
fakirlik / varfëri
fakülte / fakultet
fal bakmak / shtie fall
falcı / falltar
falcı / fallxhi
fanfar / fanfarë
fani / vdekshëm (i)
fanila / fanellatë
fanila / fanellë
fantazi / fantazi
far / far
faraş / qyrek plehrash
farbala / rrudha
fare / mi
fare avlamak / gjuaj mij
fare kapanı / kurth për mij
fare (iri) / mi gjirizesh
fark / ndryshim
farkedilemez / padallueshëm (i)
farkedilmek / dallohem
farkedilmek [öne çıkmak] / spikat [del përjashta]
farkedilmeyen / padukshëm (i)
farklı / ndryshëm (i)
farklı / pangjashëm (i)
farklı olmak / dallohem
farklılaştırmak / ndryshoj
farklılık / ndryshim
Farsça / gjuhë Persiane
farz etmek / mendoj
farz etmek / pandeh
farz etmek / supozoj
fasıla / ndërprerje
fasulya / bathë
fasulya / grosh
fasulya (yeşil) / fasule
faşist / fashist
faşızm / fashizëm
fatih / pushtues
fatura / faturë
fayda / dobi
fayda / leverdi
faydalı / dobishëm (i)
faydasız / padobishëm (i)
faydasızlık / kotësi
fazla / ekstra

257

fazla derecede / në sasi të madhe
fazla imalat / mbiprodhim
fazla olan / tepërt (i)
fazlalık / tepricë
fedakarlık / flijim i vetes
federal / federal
federasyon / federatë
federasyona dahil olmak / bashkohem
   në federatë
felaket / fatkeqësi
felaket getiren / vdekjeprurës
felç / paralizë
felçe uğratmak / paralizoj
felçli / paralitik
felçli / ulok
felsefe / filozofi
fen adamı / dijetar
fenalaşmak / keqësohet
fenalaştırmak / keqësoj
fener / fener
fener kulesi / far
fenomen / fenomen
feragat etmek / heq dorë
feragat (tahttan) / dorëheqje
ferahlama / lehtësim
ferahlatmak (gönlünü) / lehtësoj
ferdiyetini vermek / jap karakter
   individual
feryat etmek / thërras
fesat / kobshëm (i)
fesh etmek / heq
feshetme / anulim
feshetmek / anuloj
feshetmek / zgjidh [një kontratë]
festival / festival
fethetmek / pushtoj
fetih / pushtim
feveran / plasje [prej inati]
fevkalade / jashtëzakonisht
fevkalade / madhështor
fıçı / bucelë
fıçı / fuçi
fıçı tahtası / dërrasë fuçie
fıçı (büyük) / vozë e madhe
fındık / lajthi
fırça / furçë
fırçalamak / pastroj me furçë
fırfır / rrudha
fırıldak / fluger
fırıldak / fugë
fırın / furrë
fırın (yüksek) / furrë e lartë
fırıncı / furrtar
fırınlı ocak / shporet
fırka / sekt
fırkateyn / fregatë
fırlamak (yerinden) / hidhem
fırlatıcı [bomba..] / predhë [bombë..]
fırlatmak / hedh
fırsat düştükçe yapılan / rastësishëm (i)
fırsat [uygun an] / rast i volitshëm
fırsat [vesile] / rrethanë
fırsatçı kimse / oportunist
fırsatçılık / shfrytëzim i rastit
fırtına / furtunë
fırtına / stuhi
fırtınalı / stuhishëm (i)

fısıldamak / pëshpërit
fıstık / kikirik [lajthi toke]
fışırdamak / fëshfërit
fışırdamak / vërshëllen
fışırtı / vërshëllimë
fışkırmak / rrjedh çurkë
fışkırmak [çıkmak] / buron
fidanlık / fidanishte
fidanlık / plantacion
fide / filiz
fidelik / fidanishte
fidye / shpërblesë
figan etmek / ankohem
fiil / folje
fiil [iş] / veprim [punë]
fikir / ide
fikir ayrılığı / përçarje
fil / elefant
filanca / filani
fildişi / dhëmb elefanti
fildişi / fildish
filika / fellukë
film çekmek / marr në film
filiz / filiz
filiz / lastar
filiz vermek / mbin
filiz vermek / nxjerr bifka
filiz vermek / nxjerr filiza
filizlenmek / lëshon filiza
film / film
filozof / filozof
filtre / filtër
filtre etmek / filtroj
Fin dili / gjuhë Finlandeze
final / finale
fincan / filxhan
Finlandiyalı / Finlandez
firar / ikje
firar etmek / iki [nga burgu]
firari / arratisur (i)
firavun inciri / fik
fire / firë
fiske / goditje e vogël me gisht
fişek / fishek
fişeklik / vezme
fitil / fitil
fitnelemek / intigroj
fiyat / çmim
fiyat belirlemek / caktoj çmimin
fiyat kırma / ulje e çmimeve
fiyat koymak / çmoj
fiyatını kırmak / çvlerësoj
fizik ilmi / fizikë
fizikçi / fizikan
fizyolog / fiziolog
fizyoloji / fiziologji
fizyonomi / fizionomi
flora / florë
flotilla / flotilje
flört etmek / flirtoj
flüt / flaut
flüt çalmak / bie flautit (i)
fok / fokë
folikül / folikul
folklor / folklor
fonetik / fonetik
fonksiyon / funksion

formül / formulë
formüllendirmek / formuloj
forum / forum
fosfat / fosfat
fosil / fosil
fotoğraf / fotografi
fotoğraf çekmek / fotografoj
fotoğraf makinası / aparat fotografik
Fransız / Francez
Fransızca / gjuhë Frënge
fren yapmak / frenoj
frenlemek / frenoj
fresk / fresk
fresk yapmak / pikturoj freske
frikatif / frikativ
fuaye / fuaje
funda / ferrë
funda / shkurre
fundalık / shkurrishte
futbol / futboll

- G -

gaddar / mizor
gaddarlık / barbarizëm
gaga / sqep
gagalamak / çukit
gaklamak / gërras
gala / premierë
galeri / galeri
galiba / duket
galiba / mundësisht
galip / fitimtar
galip / mundës
galip gelmek / dal fitues
galip gelmek / mund
galon / gallon
galip gelmek (ustalıkla) / mund me dredhi
galvanik / galvanik
galvanizle kaplamak / galvanizoj
galvanizlemek / galvanizoj
gam / gamë
gammazlık yapmak / tradhëtoj
gamze / qukë
gangster / gangster
ganimet / plaçkë lufte
ganimet / trofe
garaj / garazh
garanti / garanci
garanti etmek / garantoj
garanti etmek / siguroj
garaz / garaz
gardırop / garderobë
gardiyan / rojtar burgu
gargara yapmak / bëj gargarë
garip / çuditshëm (i)
garip / fantastik
garnitür / garniturë
garnizon / garnizon
garson / kamerier
gasp etmek / përvetësoj
gasp etmek / rrëmbej
gaspetmek / xhvat [paratë]
gayret / mundim

gayret / ngulm
gayret / përpjekje
gayret etmek / orvatem
gayret sarfetmek / përpiqem
gayretli / mundimshëm (i)
gayretli / ngulmues
gayretli / zellshëm (i)
gayri meşru / bastard
gayri meşru / paligjshëm (i)
gayri meşru doğan / lindur jashtë ligjës (i)
gaz / gaz
gaz maskesi / maskë kundër gazit
gaz yağı / vaj parafine
gaz (zehirli) / gaz mustarde
gazal / gazelë
gazete / gazetë
gazete dağıtıcısı / shpërndarës azetash
gazete muhabiri / korespondent gazete
gazete tezgahı / qoshk gazetash
gazeteci / gazetar
gazeteci / reporter
gazeteci [satıcı] / shitës gazetash
gazetecilik / gazetari
gazlaşmak / shndërroj në gaz
gazyağı / vajguri
gebe / mbarsur (e)
gebe bırakmak / mbars
gebelik / mbarsje
gece / natë
gece başlığı / kësulë nate
gece bekçisi / roje [nate]
gece nöbeti / roje nate
gece okulu / shkollë natë
gece yarısı / mesnatë
geceleyin / natën [gjatë natës]
gecelik / këmishë nate
geceye ait / natës (i)
gecikmek / vonoj
gecikmiş / vonuar (i)
geciktirmek / ngadalësoj
geciktirmek / vonoj
geç / vonë
geç kalmak / vonoj
geç kalmış / vonuar (i)
geç uyanmak / ngrihem vonë nga gjumi
geçerek (...den) / nëpër
geçerli / përshtatshëm (i)
geçerli / vazhdues [për ngjarje]
geçerli olmak / mbetet në fuqi
geçersiz / pavleftë (i)
geçici / kalimtar
geçici / përkohshëm (i)
geçilebilir / kalueshëm (i)
geçilemez / pakalueshëm (i)
geçinmek / jetoj
geçinmek / rroj
geçirgenlik / përshkueshmëri
geçirme / transmetim
geçirmek [zaman] / kaloj [kohën]
geçit / grykë
geçit / shteg
geçit töreni / parakalim
geçiş / kalim
geçivermek [nehir...] / kapërcej
geçiş izni / leje kalimi
geçiş vergisi / taksë doganore

259

geçme / kalim
geçmek / kaloj
geçmek / kapërcej
geçmek (arasından) / kaloj përmes diçkaje
geçmek (yanından) / kaloj anës
geçmiş / shkuar (e)
geçmiş zaman / kohë e shkuar
gedik / plasë
geğirmek / gromësij
gelecek / ardhsjme (e)
gelecek zaman / kohë e ardhshme
gelen / ardhshëm (i)
gelenek / zakon
gelin / nuse
gelincik / lulekuqe
gelincik / nuse e falës
geline ait / nusëror
gelir / ardhur (e)
gelir vergisi / tatim fitimi
gelişi güzel / mbarë e prapë
gelişme / rritje
gelişme / zhvillim
gelişmek / lulëzoj
gelişmek / përparoj
gelişmek / zhvillohem
gelişmek / zhxillohet
gelişmiş / zhvilluar (i)
geliştirmek / rrit
geliştirmek / zhvilloj
gelme / ardhje
gelmek / vij
gemi / anije
gemi arkadaşı / shok lundrimi
gemi bacası / baxhë anieje
gemi jürnali / ditar ekipazhi
gemi omurgası / karenë
gemi seferi / lundrim
gemici / detar [marinar]
gemicilik / detari
geminin enkaz olması / fundosje e anijes
geminin izi / gjurmë anijeje
gemlemek / frenoj
genç / djalosh
genç / ri (i)
genç kız / cuçe
genç kız / vajzë
genç kız / vashë [femër e re]
gençlik / djalëri
gençlik / rini
genel / përgjithshëm (i)
genel af / falje e përgjithshme
genel ev patroniçesi / kodoshe
genel grev / grevë e përgjithshme
genel olarak / përgjithësisht
genel seçim / zgjedhje të përgjithshme
genelleştirmek / përgjithësoj
genellik / gjithësia
genellikle / përgjithësisht
geniş / gjerë (i)
genişlemek / zgjerohem
genişletmek / zgjeroj
genişlik / gjerësi
geometri / gjeometri
gerçek / vërtetë (e)
gerçekçi / realist

gerçekleme / vërtetim
gerçeklemek / realizoj
gerçeklemek / vërtetoj
gerçeklik / vërtetësi
gerçekte / vërtetë (në të)
gerçekten / faktikisht
gerçekten / vërtetë (me të)
gerçi / por
gerdan / gushë
gerdanlık / gjerdan
gerek / nevojë
gerekli / nevojshëm (i)
gerekli olan [zorunlu] / domosdoshëm (i)
gereksinim duymak / kam nevojë
gereksinme / mungesë
gereksiz / panevojshëm (i)
gerektirmek / bëj të nevojshëm
gergedan / rinoqeront
geri almak / marr prapa
geri almak (sözünü) / tërheq [premtimin]
geri çekilme / shkuarje prapa
geri çekilme [uzaklaşma] / largim
geri çekilmek / prapsem
geri çekilmek / tërhiqem prapa
geri çekmek / tërheq prapa [fjalët..]
geri çekmek [asker] / tërheq [ushtrinë]
geri kalma / prapambetje
geri kalmak / mbetem prapa
geri tepme / hedhurit prapa (të)
geri tepmek / teptis [arma]
geri zekalı kimse / idiot
geri (en) / fundit (më i)
geride kalma / prapambetje
gerilebilir / tendosshëm (i)
gerilmek / tërhiqem
geriye doğru / prapa
geriye doğru / retrospektiv
germe / tendosje
germek / tërheq
germek / tërheq
getirmek / bie
getirmek / sjell
geveze / fjalaman
geveze / kokëfyell
geveze / llafazan
gevezelik / llafazan (të qenët)
gevezelik / llomotitje
gevezelik etmek / dërdëllis
gevezelik etmek / llomotit
geviş getirme / mllaçitje
geviş getirmek / përtyp [me zhurmë]
geviş getirmek / ripërtyp
gevrek / brishtë (i)
gevşek / dobët (i)
gevşek / lëshuar (i)
gevşek / lirë (i)
gevşemek / lëshohem
gevşemek / lirohet
gevşemek / dobësohem
gevşetmek / liroj
gevşetmek / dobësoj
geyik / dre
geyik boynuzu / brirë dreri
geyik derisi / lëkurë dreri
geyik eti / mish dreri

geyik yavrusu / këlysh dreri
geyik (dişi) / drenushë
gezegen / planet
gezgin / shetitës
gezi / shetitje
gezici hastane / spital fushor
gezilebilir / lëvizëshem (i)
gezinmek / shetit
gezinti / shetitje
gezme / shetitje
gıcırdatmak [dişleri] / kërcëllij [dhëmbët]
gıda / ushqim
gıdaklamak / kakarit
gıdıklamak / gudulis
gıpta edilen / lakmueshëm (i)
gırtlak / gurmaz
gırtlak sesi / tingull grykor
gibi / si
girdap / gjir
girdap / vorbull
girdapta dönmek / rrotullohet në vorbull
girilecek yer / hyrje
giriş / hyrje
girmek / hyj
girmek (zorla) / futem me forcë
gitar / kitarë
gitmek / eci
gitmek / shkoj
gitmek (dört nala) / eci me galop
gitmek (gönüllü) / shkoj vullnetarisht
gitmek (önde) / prij
gitmek (uyumaya) / shkoj të fle
giydirmak / vesh
giyinme odası / dhomë tualeti
giyinmek / vesh diçka
giyinmek / vishem
giymek / vesh
giysi / veshje
gizem / fshehtësi
gizemli / fshehtë (i)
gizleme / fshehje
gizlemek / fsheh
gizlemek / maskoj
gizlenmek / fshihem
gizli / bërë fshehtas (i)
gizli / fshehtë (i)
gizli / sekret
gizli yer / vend i fshehtë
gizlice / vjedhurazi
gizlice gözetlemek / shikoj vjedhurazi
gizlilik / fshehtësi
gliserin / glicerinë
goblen / gobellë
gol / gol
golf / golf
gondol / gondolë
gong / gong
Got / Got
Gotik / Gotik
göbek / kërthizë
göç / imigracion
göç / mërgim
göç / shpërngulje
göç etmek / emigroj
göç etmek / mërgohem

göç etmek / shpërngulem
göçebe / nomad
göçmen / emigruës
göğüs / kraharor
göğüs boşluğuna ait / kraharori
göğüs kafesi / kafazi i kraharorit
göğüslük / përparëse
gök kubbe / kupë e qiellit
gök kuşağı gibi / ylbertë (i)
gök mavisi / kaltërt (i)
gökdelen / qiellgërvishtës
gökkuşağı / ylber
göktaşı / meteor
gökyüzü / qiell
gölcük [su birikintisi] / hurdhë
gölet / pellg
gölge / hie
gölge düşürmek / lëshoj hie
gölge [hayalet] / hie [fantazmë]
gölgelemek / hedh hie [errësoj]
gölgelemek / hiesoj
gölgeli / hie (me)
gömlek / këmishë burrash
gömme / varrim
gömmek / ngul
gömmek / varros
göndermek / dërgoj
gönül rahatlığı / vetëkënaqësi
gönüllü / vullnetar
göre / sipas
görev / detyrë
görev / porosi
görevi yerine getirmek / kryej detyrën
görevini yapmak / kryej detyrën
görgü şahidi / dëshmitar
görkemli / madhështor
görme / shikim
görmek / shikoj
görmek (bir an için) / shikoj fluturimthi
görmek (önceden) / parashikoj
görmek (uzaktan) / shoh nga larg
görülemez / padukshëm (i)
görümce / kunatë
görünmek / dukem
görünmeyen (göze) / paparë (i)
görüntü / hije
görünür / dukshëm (i)
görünüş / dukje
görünüş / pamje
görüş / shikim
görüş mesafesi / fushë e të parit
görüş noktası / pikëpamje
görüşme / bisedim
görüşme / takim
görüşme yapmak / intervistë (bëj)
görüşmek / bisedoj
gösteri / demonstrim
gösteri / paradë
gösteri yapmak / demonstroj
gösteriş / ekspozim
gösteriş / mburrje
gösteriş yapmak / shes mend
göstermek / demonstroj
göstermek / paraqes
göstermek / paraqit
göstermek / tregoj

261

götürmek / çoj
göz / sy
göz alıcı / ndriçues
göz atmak / shikoj
göz atmak (alelacele) / hedh një sy [përciptas]
göz çukuru / gropë e syrit
göz damlası / pika për sy
göz dikmek / kam zili
göz kapağı / kapak i syrit
göz kırpmak / kapsit sytë
göz küresi / kokërdhok
göz önünde bulundurarak / duke marrë parasysh
göz önünde tutmak / mendoj se
göz yumma / pranim në heshtje
göz yummak / bëj sikur nuk shoh
göz yummak / fal
gözbebeği / bebe e syrit
gözdağı / kanosje
gözdağı / kërcënim
gözdağı vermek / kanos
gözdağı vermek / kërcënoj
gözden geçirmek (tekrar) / rishikoj
gözden kaybolmak / zhdukem
göze ait / syut (i)
göze almak / marr guxim [rrezikoj]
göze çarpan / dalluar (i)
göze çarpan / spikatur (i)
göze çarpan [aşırı] / që bie tepër në sy
gözenek / vrimë
gözenekli / poroz
gözetleme deliği / vrimë shikimi
gözetlemek / shoh
gözlem / vrojtim
gözlem (iç) / vetëvrojtim
gözlemci / dëshmitar
gözlemci / vrojtues
gözleme / llokma
gözleme / petullë
gözlemle ilgili / vrojtimit (i)
gözlerini kapamak / mbyll sytë [nga diçka]
gözlük / syza
gözlüklü / syza (me)
gözönüne almak / marr parasysh
gözü bağlı / sy të lidhur (me)
gözü kalmak / zili (kam)
gözükmek / dukem
gözükmek / duket
gözükmeyen (gizli) / fshehtë (i)
gözünü açmak / hap dikujt sytë (i)
gözünü dikmek / ngul sytë
gözünü kamaştırmak / verboj
gözüpek kimse / guximshëm (i)
gözyaşı / lot
grafik / grafik
grafik / diagramë
grafit / grafit
gram / gram
gramafon / gramafon
gramer / gramatikë
gramer olarak incelemek / bëj analizë gramatikore
gramere ait / gramatikor
granit / granit
gravür / gravurë

grev / grevë
grev kırıcı / grevë-thyes
grev yapmak / grevë (bëj)
grevci / grevist
greyfurt / nerënxë
gri / gri
gri [kül rengi] / përhirtë (i)
grip / rrufë
grup / grup
gruplaşmak / mblidhem në grupe
guatr / gushë
guguk kuşu / qyqe
gulyabani / karkanxholl
gurabiye / gurabije
gurur / krenar
gurur / mendjemadhësi
gururlu / krenar
gut / cermë
gut hastalığına tutulmuş / cermar
gübre / pleh
gübre yığını / grumbull plehrash
gübrelemek / plehëroj
gücendirme / zemërim
gücendirmek / fyej
gücendirmek / zemëroj
gücenme / fyerje
gücenme / lëndim
gücenme / mërzitje
gücenmek / fyhem
gücenmek / prekem
güç / fuqi
güç bela vermek [sınav] / mezi jap [prodhimin]
güçlendirme / forcim
güçlendirmek / forsoj
güçleştirmek / vështirësoj
güçlü / fuqishëm (i)
güçlük / vështirësim
güçlükle / vështirësi (me)
güçsüz / pafuqishëm (i)
güçsüz olma / qenia e dobët
gükyüzü / qiell
gül / trëndafil
gül bahçesi / kopsht trëndafilash
gül rengi / bojë trëndafili
güldürücü / qesharak
güldürücü / përqeshës
Güle güle / mir u pafshim
güleç / qesharak
gülen / qesh (që)
güler yüz göstermek / sillem me dashamirësi
gülle / plumb
gülmek / qesh
gülmek (kıkır kıkır) / qesh nën hundë
gülümsemek / buzëqesh
gülünç / qesharak
gülüş / qeshje
gülüş (kaba) / qeshur trashanik (të)
gümbürdemek / bubullon
gümbürdemek / gjëmon
gümbürdemek / kërcet
gümbürtü / gjëmim
gümrük / doganë
gümrük kaçakçısı / kontrabandist
gümrük vergisi / taksë doganore
gümüş / argjend

gümüş eşya / artikuj argjendarie
gümüş kaplamak / argjendoj
gümüş üzerine çalışan / argjendar
gün / ditë
gün batımı / perëndim i diellit
gün dönümü / solstic
gün doğumu / lindje e diellit
gün ışığı / dritë e diellit
günah / mëkat
günah çıkartan [papaz] / rrëfyes [prift]
günah işlemek / mëkatoj
günaha teşvik etme / ngasje
günahkar / mëkatar
günahsız / mëkate (pa)
günce / ditar
gündelikçi / mëditës
gündelikçi kadın / grua pastruese me ditë
gündem / kronikë
güney / jug
güney batı / jug-perëndim
güney doğu / jug-lindje
güneş / diell
güneş banyosu / banjë dielli
güneş batması / perëndim dielli
güneş çarpması / pikë e diellit
güneş gülü / lule vizhe
güneş ışını / rreze dielli
güneş ışığı / dritë dielli
güneş lekesi / njollë dielli
güneş saati / orë dielli
güneş yanığı / djegie nga dielli
güneş şemsiyesi / çadëre dielli
güneşle ilgili / diellor
güneşlenmek / ngrohem në diell
güneşli / diellor [me diell]
güneşlik / çadëre dielli
günlük / ditar
günlük / përditshëm (i)
günlük tutmak / mbaj ditar
gür [saç] / leshtor
Gürcü / Gjeorgjian
gürgen / shkozë
gürlemek / bubullon
gürlemek / kërcet
gürlemek / pëllcet
gürlemek / gjëmon
gürültü / potere
gürültü / zhurmë
gürültü etmek / potere (bëj)
gürültü yapmak / bëj potare
gürültü yapmak / bëj zhurmë
gürültücü / potrexhi
gürültülü / plot zhurmë
gütmek (sürüyü) / shkoj me kope
güve / molë
güve yemiş / ngrënë prej moles (i)
güveç / poçe
güveç / vegsh
güveç / vorbë
güven / besë
güven / besim
güvenilir / besës (i)
güvenilir / besnik
güvenilir / besuar (i)
güvenilir / besueshëm (i)
güvenilir / sigurt (i)

güvenilmez / pasigurt (i)
güvenli / sigurt (i)
güvenlik / sigurim
güvenme / besim
güvenmek / besoj
güvenmek / besoj (i)
güvenmemek / besoj (nuk i)
güvensizlik / mosbesim
güvercin / pëllumb
güverte / kuvertë urë [e anijes]
güya / ashtuquajtur (i)
güzel / bukur (i)
güzel konuşma sanatı / art i të folurit bukur
güzel (son derece) / stërholluar (i)
güzel [çekici] / bukur (i) [tërheqës]
güzelleştirmek / zbukuroj
güzellik / bukuri

- H -

haber / lajm
haber almak / marr lajme
haber verme / lajmërim
haber verme (önceden) / paralajmërim
haber vermek / lajmëroj
haber vermek (önceden) / paralajmëroj
haberci / kasnec
haberci / lajmëtar
haberdar / që di
habersiz / di (që nuk)
hacı / pelegrin [haxhi]
hacılık / pelegrinazh [haxhillëk]
hacım / vëllim
haçlı seferi / kryqëzatë
hadde makinası / maqinë petëzuese
hadım etme / tredhje
hadise / ngjarje
hafif / lehtë (i)
hafif meşrep / mendjelehtë
hafifletici / qetësues
hafifletme / dobësim
hafifletmek / lehtësoj
hafıza / kujtesë
hafriyat yapmak / nxjerr dhe
hafta / javë
haftalık / përjavshme (e)
hain / tradhëtar
hainlik / tradhëti
hak kazandırmak / jap të drejtë (i)
hak kazanmak / meritoj
hakaret / fyerje
hakaret etmek / fyej
hakaret etmek / shaj
hakem / arbitër
hakem / gjykatës
hakem / gyqtar arbitrazhi
haketmek (kalemle) / skalis
hakikat / vërtetësi
hakikatte / vërtetë (në të)
hakiki / vërtetë (i)
hakim / mbizotërues
hakim olmak / mbizotëroj
hakim olmak / zotëroj

263

hakim [baskın gelen] / mbizotërues
hakim [üstün] / mbizotërues
hakimane / gjyqësor
hakimiyet / hegjemoni
hakimiyet / pushtet
hakir [aşağılık] / sahanlëpirës
hakketmek [kazmak] / gdhend
hakkında / në lidhje me ..
haksız / padrejtë
haksızlık / padrejtësi
hal / gjendje
hal / mënyrë
hal / rast
hal / situatë
hala / hallë
halat / litar
halat ile bağlamak / lidh me litar
halbuki / kurse
halbuki / ndërsa
halef / parardhës
halen / tashmë
haliç / estuar
halk / popull
halk şarkısı / këngë popullore
halka / hallkë
halka / unazë
halka (küçük) / rrotëz
halsız bırakma / rraskapitje
halsiz bırakmak / dërmoj
halsız bırakmak (çok) / rraskapit
halsiz olmak / dobësohem
halter / gantele
ham / papjekur (i)
ham / papunuar (i)
ham madde / lëndë e parë
ham [işlenmemiş] / papërpunuar (i)
hamal / hamall
hamam böceği / brumbull
hamilik / patronazh
hamur / brumë
hamur işi / brumi (prej)
han / bujtinë
hane halkı / njerëzit e shtëpisë
hanedan / dinasti
hangar / hangar
hangi / cili
hanım böceği / mizë pikëse
hanımeli çiçeği / lule mustak
hantal / ngathët (i)
hantallık / trashësi
hap / tabletë [hap]
hap kutusu / kuti hapash
hapishane / burg
hapse atmak / burgos
hapse atmak / hedh në burg
hapsetme / burgosje
hapsetmek / burgos
hapsetmek / hedh në burg
haraç / haraç
harap / rrënuar (i)
harap etmek / rraskapit
harap etmek / rrënoj
harap etmek / shkatërroj
harap etmek / shkretoj
harap olma / rrënim
hararet / zjarr
hararet / zjarrmi

hararetli / zjarrtë (i)
harcama / shpenzim
harcamak / prish
harcamak / shpenzoj
harcamak (bol bol) / shpenzoj pa kursim
hardal / mustardë
hareket / lëvizje
hareket / veprim
hareket etmek / veproj
hareket etmek (hızlı) / vrapoj me vërtik
hareket ettirici / që ve në lëvizje
hareket ettirmek / lëviz
hareket gücü / fuqi lëvizëse
hareket halinde / lëvizje (në)
hareket memuru [tren] / shpërndarës
hareket şekli / mënyrë veprimi
harekete geçirici / nxitës
harekete geçirmek / lëviz
harekete geçirmek / nxit
harekete geçirmek / nis [maqinën...]
harekete geçmek / nisem
harekete getirmek / jap shkas (i)
hareketsiz / inert
hareketsiz / palëvizshëm (i)
hareketsiz hale sokmak / bëj të palëvizshëm
hareketsizlik / mosveprim
hareketsizlik / palëvizshmëri
harem / harem
harf / shkronjë
hariç / jashtë
hariç / përveç
hariç tutma / përjashtim
hariç tutmak / eliminoj
hariç tutmak / përjashtoj
hariç (...den) / përveçse
harici / jashtëm (i)
harikulade / mrekullueshëm (i)
haris / koprac
harita / hartë
harita yapmak / vizatoj një hartë
harman döveni / dygeç
harman dövme makinası / maqinë shirëse
harman dövmek / shij
harman savurmak / hedh në erë [drithin]
harp / luftë
harp gemisi / luftanije
harp hilesi / dredhi ushtarake
hasadı toplama / grumbullim i prodhimit
hasar / dëmtim
hasar / shkretim
hasat etmek / korr prodhimin e tokës
hasıl etmek / lind
hasıl etmek / nxjerr
hasıl etmek / prodhoj
hasılat / prodhim
hasım / kundërshtar
hasır / hasër
hasret çekmek / dua me gjithë shpirt
hasret çekmek / përmallohem
hassasiyet / ndjesjmëri
hasta / sëmurë (i)
hasta olmak / jam i sëmurë

hasta yatağı / krevat i të sëmurit
hasta yüzlü / shëndetlig
hastalık / sëmundie
hastane / spital
haşarat / parazitë
haşarı çocuk / djallush
haşça kalın ! / lamtumirë !
haşlamak / përvëloj
haşmet / madhështi
haşmetli / madhështor
hata / gabim
hata yapmak / gaboj
hatalı / gabuar (i)
hatasız / gabime (pa)
hatasız / pagabueshëm (i)
hatasızlık / saktësi
hatip / orator
hatipliğe ait / oratorik
hatıra / dhuratë për kujtim
hatıra / kujtim
hatıra / përkujtim
hatıra / kujtesë
hatıra gelmek / më bie ndërmend
hatıra getirmek / kujtoj (i)
hatırda tutmak / mbaj mend
hatırlama / kujtim
hatırlamak / kujtoj
hatırlanamayan / mbahet mend (që nuk)
hatırlatan / kujton (që të)
hatırlatıcı / përmendore
hatırlatmak / kujtoj (i)
hatta / edhe sikur
hava / ajër
hava hucumu / sulm ajror
hava kuvvetleri / forca ushtarake-ajrore
hava tahmini / parashikim i kohës
havaalanı / aerodrom
havacılık / aviacion
havadar / freskët (i)
havai / qiellor
havalandırmak / ajros
havalandırmak / freskoj
havalanmak / fluturoj lart
havan / havan
havan tokmağı / dorëzë havani
havayı yarmak / çaj ajrin
havlamak / leh
havlamak (kesik kesik) / kuis
havlu / rizë
havuç / karotë
havuç (yabani) / pastinakë
havuç (yabani) / stërpujë
havuz / pellg
havyar / havjar
hayal / iluzion
hayal / imagjinatë
hayal etmek / imagjinoj
hayal etmek / përfytyroj
hayal kurmak / ëndërroj
hayal kurmak / parafytyroj
hayal mahsülü / përfytyruar (i)
hayalet / fantazmë
hayalet / lugat
hayalet gibi / lugat (si)
hayali / fiktiv

hayali / imagjinuar (i)
hayalperest / ëndërronjës
hayat vermek / frymëzoj
hayat [ömür] / jetë
hayatı / jetësor
hayatiyet / gjallëri
haydut / bandit
haydut / hajdut
haydut / kusar
hayıflanmak / ankohem
hayır / jo
hayır sever / zemërmirë
haykırış / thirrje
haylaz / përtac
haylaz kimse / çapkën
haylazlık etmek / rri pa punë
hayli [pek çok] / një sasi mjaft e madhe
hayret etmek / habitem
hayret etmek / mahnitem
hayret uyandıran şey / çudi
hayret uyandıran şey / habi
hayret verici / çuditshëm (i)
hayrete düşürmek / habit
hayrete düşürmek / hutoj
hayvan / kafshë
hayvan gibi / brutal
hayvan gübresi / pleh kafshësh
hayvan ini / strofkë
hayvan izi (vahşi) / gjurmë egësire
hayvan pençesi / putër
hayvan yemi / tagji
hayvan [yabani] / egërsirë
hayvanat bahçesi / kopsht zoologjik
haz / shije
hazımsızlık / çrregullim i stomakut
hazımsızlık / dispepsi
hazin / zymtë (i)
hazine / arkë shteti
hazine / thesar
hazır / gatshëm (i)
hazır olma / gatishmëri
hazır ve nazır / qenësishëm (i)
Haziran / Qershor
hazırlama / pregatitje
hazırlamak / pregatit
hazırlanmak / pregatitem
hazırlayıcı / paraprak
hazırlayıcı / pregatitor
hazırlık okulu / shkollë pregatitore
hazırlıklı olma / zgjuarësi
hazmedilebilir / tretshëm (i)
hazmetmek / tret [ushqimin]
hazmı kolaylaştıran / tret ushqimin (që)
hazne / rezervuar
hece / rrokje
hece hece / rrokje (me)
hecelemek / lexoj me rrokje
hedef / cak
hedef / vend i paracaktuar
hediye / dhuratë
hekim / mjek
hekimlik / mjekësi
hektar / hektar
helikopter / helikopter
helyum / helium

265

hem de / përveç kësaj
hemen / menjëherë
hemen hemen / gati
hemen olan / ngutshëm (i)
hemşire / infermier
hendek / hendek
hendek / llogore
hendekle çevirmek / rrethoj me llogore
henüz / akoma
hepsi / çdo gjë
hepsi / gjithsejt
hepsi / të gjithë
hepsi / tërë (i)
her / çdo
her bir / cilido
her bir / secili
her biri / çdo njeri
her gün / përditshëm (i)
her gece / për natë [natë për natë]
her halde / mënyrë (më çdo)
her halde / në çdo rast
her hangi bir şey / diçka
her kim / cilido qoftë
her nasılsa / dosido
her nasılsa / sido-kudo
her ne kadar / megjithëse
her ne kadar / sadoqë
her ne zaman / kurdoherë që
her nerede [her nereye] / kudo që
her yerde / kudo
her yerde / në çdo vend
her yerde bulunan / gjendet kudo (që)
her zaman / për herë
her zaman taze / me blerim të përhershëm
her şekilde / në të gjitha drejtimet
her şey / gjithçka
her şeye gücü yeten / fuqi e pakufizuar
her şeyi bilen / di çdo gjë (që)
her şeyi yiyen / ha çdo gjë (që)
her şeyin ustası / mjeshtër për çdo gjë
herhangi / cilido
herhangi bir zamanda / ndonjëherë
herif / djalë
herkes / çdo [njeri]
herkes / kushdo
hesap / llogari
hesap edilemez / pallogaritshëm (i)
hesap etmek / llogarit
hesap görme / llogaritje
hesap kontrolu / kontrollim i llogarive
hesap vermek / jap llogari
hesaplama / llogaritje
hesaplamak / llogarit
heves / zell
hevesini kırmak / ftoh
hevesli / zellshëm (i)
heyacan / ndjenjë
heyacanlandırmak / trondit
heybetli / hierëndë
heybetli / madhështor
heyecan / zell
heyecanlandırıcı / trondites
heykel / skulpturë
heykel / statujë
heykeltıraşlık / skulpturë
heykeltraş [erkek] / skalitës

heykeltraş [erkek] / skulptor
heykeltraş [kadın] / skulptore
hezeyan / kllapi
hıçkırık / lemzë
hıçkırmak / lemza (më ze)
hınç / mëri
hırçın / gjaknxehtë
hırçın / idhnak
hırçın / prapë (i)
hırıldamak / hungroj
hırıltı / gërhitje
hırıltı / hungrimë
Hıristiyan / Krishterë (i)
Hıristiyanlık / Krishterim
hırka / xhup leshi
hırlamak / hungroj
hırs / kopraci
hırs / lakmi
hırsız / hajdut
hırsız / vjedhës
hırsızlık / vjedhje
hırslı / lakmues
hışırdamak / fëshfërin
hışırdamak / shushurin
hışırdatmak / frushkulloj [ajrin]
hışırtı / shushurimë
hıyanet / tradhëti
hız / shpejtësi
hız ölçme aleti [gemi] / matës shpejtësie
hız yarışı / gara shpejtësise
hızı azalmak [kaynak] / shteron [burimi]
hızlandırmak / nxitoj
hızlı / shpejtë (i)
hiciv / parodi
hiciv / satirë
hiciv / vjershë tallëse
hicvetmek / parodizoj
hicvetmek / përqesh
hiç / asgjë
hiç / aspak
hiç / fare
hiç / hiç
hiç bir suretle / në asnjë mënyrë
hiç bir yerde / asgjëkundi
hiç bir zaman / kurrë asnjëherë
hiç bir şey / asgjë
hiç kimse / askush
hiç olmazsa / paku (së)
hiç [hiç bir şey] / hiç [asgjë]
hiddet / acarim
hiddet / tërbim
hiddetlendirmek / egërsoj
hiddetlenmek / tërbohem
hiddetli / tërbuar (i)
hidrat / hidrat
hidrojen / hidrogjen
hidrojen bombası / bombë me hidrogjen
hidrokarbon / hidrokarbur
hidrolik / hidraulikë
hijyen / higjenë
hikaye / përrallë
hikaye etmek / rrëfej
hikaye etmek / tregoj
hilal / hënë e re
hile / dredhi

hile / mashtrim
hile / trillim
hile yapmak / bëj hile
hile yapmak / mashtroj
hilekar / dredharak
hilekar / mashtrues
himaye / mbajtje
himaye etmek / përkrah
hindi / gjel deti
hindi / pulë deti
hindistan cevizi / arrë kokosi
hindistan cevizi ağacı / palmë kokosi
hint domuzu / derr indie
Hintli / Indus
hiperbol / hiperbolë
hipodrom / hipodrom
his / ndjenjë
hisse / ngastër
hisse / pjesë
hissedar / aksionist
hisselere ayırmak / ndaj në ngastra
hisselere ayırmak / ndaj në pjesë
hisselere ayırmak / pjesëtoj
hissesi olmak / kam pjesë në diçka
hissetmek / ndiej
hissi / ndjeshëm (i)
hissiz / ndjenja (pa)
hissiz / mpirë (i)
hissizlik / pandjeshmëri
hitabet / ligjërim
hitabet yeteneğine sahip / gojëmbël
hiyeraşi / hierarki
hiyeroglif / hieroglif
hizip / klikë
hizipçi / përçarës
hizmet / shërbim
hizmet etmek / shërbej
hizmetçi / shërbyese
hizmetçi üniforması / uniformë shërbëtori
hizmetçi [erkek] / shërbëtor
hizmetçi [kadın] / shërbëtore
hizmetçilik yapmak / shërbej
hizmete almak (zorla) / rekrutoj me zor
hokey / hokej
hokkabazlık / truk
hokkabazlık yapmak / bëj truke
hol / paradhomë
Hollanda dili / gjuhë Hollandeze
Hollandalı / Hollandez
homurdanma / murmuritje
homurdanmak / hungëroj
homurdanmak / murmurit
homurdanmak / murmuroj
hoparlör / altoparlant
hoppa / pafytyrë (i)
horda / hordhi
horlamak / gërhas
horoz / gjel
horoz / këndez
hortlak / lugat
hortum / uragan
hortum [böceklerde] / feçkë [insecti]
hostes / shërbyese
hostes (erkek) / shërbyes

hoş / këndshëm (i)
hoş geldiniz ! / mirë se erdhët !
hoş karşılanmayan / papëlqyer (i)
hoş mizaç / shpirtmirë
hoşça kal / mirë u pafshim
hoşgörü / tolerancë
hoşgörülü / indulgjent
hoşgörüsüz / duron (që nuk)
hoşlanmak / pëlqen (më)
hoşnutsuzluk / pakënaqësi
hoşuna gitmek / pëlqej (i)
hububat / drithë
hududu aşmak / kapërcej kufijt
hudut / kufi
hudut sahası / krahinë kufitare
hudutların belirlenmesi / caktim i kufijve
hudutsuz [çok büyük] / pafund (i)
hukuk ilmi / drejtësi
hukukçu / jurist
hukuki / gjyqësor
humma / ethe
hurma / hurmë
hurma yağı / vaj palme
husumet / armiqësi
hususi / veçantë (i)
hususi / veti (i)
hususiyet / specialitet
hususiyet / tipar
hususiyet / veçori
hususiyeti olan / veçantë (i)
hususiyetle / veçanerisht
huy / huq
huy / karakter [i njeriut]
huysuz / grindavec
huysuz / kokëfortë
huysuz / prapë (i)
huysuzluk / kokëfortësi
huysuzluk nöbeti / shfrim zemërimi
huzur / qetësi
huzursuz / nuk e ndjen veten mirë
huzursuzluk / shqetësim nervor
huzursuzluk / turbullim
hücre / qelizë
hücre bölünmesi / ndarje e qelizave
hücum / sulm
hükmetmek / urdhëroj
hükmetmek / qeveris
hükmü kalmamak / kalon [interesi]
hüküm / udhëzim
hüküm / vendim
hüküm / zotërim
hüküm altına alma / nënshtrim
hüküm altına almak / nënshtroj
hüküm süren / zotëron (që)
hüküm sürme / mbizotërim
hüküm sürmek / sundoj
hükümi verilmiş (peşin) / paravendosur (i)
hüküm vermek (önceden) / paragjykoj
hüküm [yargı kararı] / vendim gjyqi
hükümdar / sundimtar
hükümdarlık / regjencë
hükümdarlık etmek / mbretëroj
hükümet / qeveri
hükümet sürmek / qeveris
hükümsüz / pavlefshëm (i)

267

hükümsüz kılmak / anuloj
hükümsüz kılmak / pavlefte (bëj të)
hükümsüzlük / nulitet
hümanizma / humanizëm
hünerli / shkathët (i)
hünerli / zoti (i)
hür irade / vetëvendosje
hürmet / nderim
hürmet / respekt
hürmet etmek / nderoj
hürmete layık / ndershëm (i)
hürmetkar / nderon (që)
hürriyet / liri
hüviyetini tespit etme / identifikim

- I -

ıhlamur ağacı / bli
ılıca [kaplıca] / Ilixhë
ılık / ngrohtë (i)
ılık / vakët (i)
Iraklı / Irakas
ırgat / argat
ırksal / racial
ırmak kenarı / breg lumi
ırmak yatağı / shtrat lumi
ırmak [çay] / rrëke
ırmak [nehir] / lumë
ısı / nxehtësi
ısı kaynağı / burim nxehtësie
ısınmak / ngrohem
ısırgan / hithër
ısırma / kafshim
ısırmak / kafshoj
ısıtmak / nxeh
ısıtmak (fazla) / ngroh jashtë mase
ıslah / ndreqje
ıslah etmek / ndreq
ıslah etmek (tamamen) / përtërihem
ıslah evi / institut korektimi
ıslah evi / shtëpi korrektimi
ıslah olunmaz / pandreqshëm (i)
ıslak / lagët (i)
ıslanmış (iyice) / qullur (i)
ıslatmak / lag
ıslatmak / njom
ıslatmak (iyice) / qull
ıslık çalmak / vërshëllej
ıslık gibi ses çıkaran / vërshëllyes
ıslık sesi çıkarmak / vërshëllej
ısmarlama yapılmış / bërë me porosi (i)
ısmarlamak / porosit
ıspanak / spinaq
ısrar / këmbëngulje
ısrar eden / këmbëngulës
ısrar etmek / ngul këmbë
ısrarla isteyen / këmbëngulës
ıstaka [bilardo] / stekë [bilardoje]
ıstampa ile basmak / shtampoj
ıstırap / hidhërim i thellë
ıstırap çekmek / vuaj
ışık / dritë
ışık halkası / kurorë drite
ışık saçmak / ndriçon

ışık veren yıldız / yll ndriçues
ışık vermek / dritë (jap)
ışık yayan / ndriçonjës
ışıl ışıl / ndezur (i)
ışıldak / projektor
ışıldama / ndriçim
ışıldayan / ndriçues
ışın / rreze
ışın kaynağı / burim drite
ışın saçmak / ndriçoj
ışın yaymak / rrezatoj
ışınlamak / ndriçoj
ışığı yakmak / hap dritën
ıvır zıvır şeyler / vogëlsira
ızgara / skarë
ızrar niyeti / qëllim i keq

- İ -

iade etmek / kthej
iane / dhuratë
iaşe subayı / magazinier ushtrie
ibadet etmek / adhuroj
ibadet etmek / falem
ibaret olmak / konsistencë
ibik / xhufkë
iblis / dreq
icat / shpikje
icat etmek / shpik
icra / zbatim
icra eden / përmbarues
icra eden / zbatues
icra etmek / zbatoj
icra etmek (çabuk) / kryej shpejt [punën]
icra memuru / përmbarues
icracı / ekzekutues
iç / brendi
iç astarı (ayakkabının) / shtroje [këpuce]
iç bölge / brendësi e një vendi
iç çamaşırı / rroba të brendshme
iç çekme / psherëtimë
iç çekmek / psherëtij
iç taraf / ana e brendshme
iç yağı (sığır) / dhjamë veshkash ose bar.
içbükey / lugët (i)
içe ait / brendshëm (i)
içeride bulunan / brendshëm (i)
içeride olan (en) / brendshmi (më i)
içeride [dahilde] / brenda [në kufij]
içerik / brendi (e enës)
içerik [kitap] / përmbajtje [e librit]
içermek / përmbaj
içgüdü / instinkt
içgüdüsel / pavetëdijshëm (i)
için / për
içinde / në
içinden / nëpër
içinden geçmek [nüfuz] / depërtoj
içinden geçmek [nüfuz] / përshkoj
içine / në
içine çekmek / thith
içki / pije

içmek / pi
içmek (arzu ile) / pi me etje
içmek (aşırı) / pi pa masë
içmek (kana kana) / pij me
  gllënka të mëdha
içte / përbrenda
içtenlik / sinqeritet
idam etmek [elek. san.] / vras me
rrymë elektrike
idare / kursim
idare / qeverisje
idare / regjim
idare edilebilir / drejtueshëm (i)
idare etmek / drejtoj
idare etmek / qeveris
idare etmek (ustalıkla) / bëj dredhi
idarecilik / ekonomi
idareli / pakët (i)
idari / zyrtar
iddia / dëshmi [me gojë]
iddia / pohim
iddia etmek / pohoj
iddiacı / pohues
iddianame / akt padie
idealizm / idealizëm
ideallestirmek / idealizoj
ideolog / ideolog
ideoloji / ideologji
ideolojik / ideologjik
idil / idil
idrak / kuptim
idrak / perceptim
idrak etmek / kuptoj
idrak kabiliyeti / aftësi njohëse
idrar / shurrë
ifa / kryerje
ifade / përshkrim
ifade / shprehje
ifade eden (bir şey) / tregon diçka (që)
ifade edilebilir / shprehshëm (i)
ifade edilemez / patregueshëm (i)
ifade etmek / shpreh
ifade etmek / tregon
ifade etmek / tregoj
ifade etmek (açıkça) / tregoj qartë
ifade tarzı / mënyrë shprehjeje
ifade (ayrıntılı) / tregim i hollësishëm
iffet / virtyt
iffetli / virtytshëm (i)
iffetsiz / korruptuar (i)
iflas / falimentim
ifrit / lugat
iftihar etmek / mburrem
iftira / përfolje
iftira / shpifje
iftira eden / shpifës
iftira etmek / përflas
iftira etmek / shpif
iftiracı / shpifarak
ifşaat / zbulim
iğne / gjilpërë
iğne deliği / vrimë [gjilpëre]
iğne sapĺamak / shpoj me gjilpërë
iğne [kalın] / shtizë
iğrenç / gjë e neveritshme
iğrenç / ndytë (i)
iğrenç / neveritshëm (i)
iğrenme / gërdi [të pështirë]
iğrenme / neveritje
iğrenmek / më neveritet
iğrenmek / ndjej të pështirë
iğrenmek / urrej
ihanet etmek / tradhëtoj
iharç edici / qitës
ihlal / cenim
ihlal / dhunë
ihlal / shkelje
ihlal etmek / cenoj
ihlal etmek / shkel
ihmal etmek / le pas dore
ihmalci / çkujdesur (i)
ihraç edici / dëbues
ihraç edici / përjashtues
ihraç etme / nxjerrje përjashta
ihraç etmek / nxjerr jashtë
ihracat / eksportim
ihtar / paralajmërim
ihtilaf / mosmarrëveshje
ihtimal / rast
ihtimam / vemendje
ihtimam göstermek / llastohem
ihtisas kazanmak / specializohem
ihtiva etmek / përmbaj
ihtiyaç / nevojë
ihtiyaç göstermek / më duhet
ihtiyaç [zorunlu) / nevojë e madhe
ihtiyacı olmak / kam nevojë
ihtiyacı olmak / nevojë (kam)
ihtiyar / plakaman
ihtiyar / plakë
ihtiyarlık / plakje
ihtiyarlık / pleqëri
ihtiyat / kujdes
ihtiyat / kujdesi
ihtiyat / parashikim
ihtiyatlı / matur (i)
ihtiyatlı (aşırı) / kujdesshëm (tepër i)
ihtiyatsız / çkujdesur (i)
ihtiyatsız / pakëshillueshëm (i)
ihtişam / madhështi
ihtişam / shkëlqim
ikamet / banesë
ikamet / vendbanim
ikamet eden kimse / banues
ikamet etmek / banoj
ikametgah / banesë
ikaz / paralajmërim
ikaz etmek (önceden) / paralajmëroj
iki / dy
iki anlamlı / kuptime (me dy)
iki ayaklı [hayvan] / dykëmbëshe
  [kafshë]
iki hafta / dy javë
iki haftalık / dyjavor
iki kat / dyfishtë (i)
iki kere / dy herë
iki kere / dyfishtë (i)
iki kez / dyfishtë (i)
iki misli / dyfish
iki misli yapmak / dyfishoj
iki misline çıkarmak / dyfishoj
iki taraflı / dyanshëm (i)
iki yanlı / dyanshëm (i)
iki yıllık / dyvjeçar

269

iki yüzlü / dy faqe
iki yüzlü / hipokrit
iki yüzlülük / hipokrizi
ikili / dysh
ikinci / dytë (i)
ikincil / dorës së dytë (i)
ikincil / dytë (i)
ikincil olarak / së dyti
ikisinden biri / cilido [prej dyve]
ikiye ayırmak / ndaj dysh
ikiye bölmek / ndaj në dysh
ikiz / binjak
iklim / klimë
ikna / bindje
ikna edici / bindës
ikna etme / bindje
ikna etmek / bind
ikon / ikonë
ikram etme / gostitje
ikramiye / shtesë
iks-ışını / rreze iks
iktibas / referim
iktibas etmek / nxjerr fragmente
iktidarsızlık / paaftësi
ilaç / ilaç
ilaç (hazır) / preparat
ilahi / himn
ilahi / psalm
ilahiyatçı / teolog
ilahlaştırmak / hyjnizoj
ilan / shpallje
ilan / tregim
ilan etmek / shpall
ilan tahtası / tabelë e shpalljeve
ilave / shtesë
ilave / shtim
ilave / shtojcë
ilave etmek / bashkangjit
ilaveten / përveç kësaj
ile [...den] / me [nga]
ileri / me tej
ileri / ngritur (i)
ileri / përpara
ileri giden / përparimtar
ileri gitmek / përparoj
ileri gitmek / shkoj përpara
ileri gitmek [devam et.] / vazhdoj
ileri sürme / shtyrje përpara
ileri sürmek / shtroj për sgqyrtim
ileri sürmek / vë përpara
ileride / përpara
ileride / vonë (më)
ileriye doğru giden / drejtuar përpara (i)
ilerleme / përparim
ilerleme / shkuarje përpara
ilerleme [zaman] / kalim [i kohës]
ilerlemek [mücadeleyle] / përparoj me ngulm
iletki / goniometër
ilgi / interes
ilgilendirmek / interesoj
ilgilenmek / interesohem
ilgilenmek / merrem
ilgili olarak / në lidhje me
ilgili olmak / kam marrëdhënie
ilginç / interesant

ilgisiz / indiferent
ilhak / zaptim
ilham / frymëzim
ilham etmek / frymëzoj
ilik / palcë e kockës
ilik / svth
ilim / dituri
ilim / shkencë
ilim [irfan] / dituri
ilişikte / bashkë (këtu)
ilişki / marrëdhënie
ilişmek / ngjitet
iliştirmek / bashkangjit
ilk / fillestar
ilk / pari (i)
ilk çocuk / fëmijë e parë
ilk olarak / në radhë të parë
ilkbahar / pranverë
ilkbahar çiçeği / lule shqerre
ilkokul / shkollë fillore
ilksel / fillestar
ilksel / qëmoçëm (i)
ilmik / lak
ilmik / laso
ilmikle tutmak / kap me laso
iltifat / kompliment
iltihaplanmak / qelbëzohem
ima / aluzion
ima / përmendje
ima etmek / përmend
ima etmek / them tërthorazi
imal etmek / përpunoj
imal etmek / prodhoj
iman / besim
imansız / beson (që nuk)
imansızlık / pabesi
imha etmek / asgjësoj
imha etmek / rrënoj
imha etmek / zhduk
imkansız / pamundur (i)
imla / ortografi [drejtshkrim]
imla kılavuzu / libër ortografie
imparator / perandor
imparatora ait / perandorak
imparatoriçe / perandoreshë
imparatorluk / perandori
imparatorluk sistemi / imperializëm
imrenmek / lakmoj
imtiyaz / privilegj
imza / nënshkrim
imza atmak / nënshkruaj
imza eden / nënshkrues
imza etmek / nënshkruaj
in / strofull [egërsire]
inanç / besim
inançsızlık / mosbesim
inandırıcılık / bindje
inanılır / pranueshëm (i)
inanılmaz / pabesueshëm (i)
inanmak / besoj
inanmama / mosbesim
inanmamak / besoj (nuk)
inanmamak / pranoj (nuk)
inanmazlık / mosbesim
inat / inat
inatçı / inatçi
inatçı / këmbëngulës

inatçı / kokëfortë
inatçı / kryeneç
inatçı / ngurtë (i)
inatçı [esnek olmayan] / paepur (i)
inatçılık / kokëfortësi
inatçılık / ngurtësi
inatlaşmak / inatos
ince / hollë (i)
ince kağıt / letër cingareje
ince kumaş / pëlhurë e hollë
ince [toz] / imtë (i)
inceleme / studim
incelemek / hetoj
incelemek / shikoj
incelemek [gözlemlemek] / vëzhgoj
incelik / elegancë
incelik / hollësi
incelik / medjehollësi
inceltmek / holloj
inceltmek / lëngëzoj
inci / margaritar
inci / perlë
inci avcısı / gjuejtës perlash
inci avlamak / kap perla
inci istiridyesi / midhje margaritare
incik [ön baldır] / kërci
incinme / lëndim
incitme / acarim
incitme / fyerje
incitmek / acaroj
incitmek / fyej
incitmek / lëndoj
indeks / indeks
indirim yapmak / bëj zbritje
indirmek / ul
indirmek / zbres
indirmek (suya) / ul [në ujë]
indirmek [tahttan] / rrëzoj
inek / lopë
inek (doğurmamış genç) / mëshqerrë
inen / zbret (që)
infilak / plasje
infilak etmek / shpërthej
Ingiliz / Anglez
Ingiliz askeri / ushtar britanik
Ingiliz lirası / sterlinë
Ingilizce / gjuhë Angleze
ingiliz anahtarı / çelës dadosh
inilti / rënkim
iniş / zbritje
inkar etmek / mohoj
inlemek / rënkoj
inlemek [sızlanmak] / ankohem
inme / paralizë
inmek / ulem
inmek / zbres
inmek / bie
inorganik / inorganik
insan / njeri
insan sesine ait / zanor
insana ait / njerëzor
insanla doldurmak / popullëzoj
insanlar / njerëz
insanlık / sjellje e njerëzishme
insanlık dışı / çnjerëzor
insanüstü / mbinjerëzor
integral / integral

intihar / vetëvrasje
intihar eden kimse / vetëvrasës
intikam / hakmarrje
intikam almak / marr hakën
intikam almak / shpagoj
intikam almak / shpaguhem
intikam [öç] / ahmarrje
inzibat subayı / oficer i policisë ushta.
inziva / vetmi
inşa etme / ndërtim
inşa etmek / ndërtoj
ip / pe
ipek / mëndafsh
iplik / pe
ipek böceği / krimb i mëndafshit
ipekli kumaş / pëlhurë e mëndafshtë
iplik geçirmek / shkoj perin
iplik teli / fije
iplik [yün] / pe [leshi]
ipnotize etmek / hipnotizoj
ipnoz / hipnozë
ipotek / hipotekë
ipotek etmek [rehin bı.] / le peng
ipotek [rehin] / peng
iptal / heqje
iptal etmek / anuloj
iptal etmek / heq
iptila göstermek / jepem pas një gjëje
iradesine bırakmak / nënshtrohem
iradesiz / karakter të dobët (me)
iri / kaba
iri / vigan
irin / qelb
irmik / grizë
irticali / menjëhershëm (i)
irtifa / lartësi
Iranlı / Iranian
Irlanda dili / gjuhë Irlandeze
Irlandalı / Irlandez
is gibi siyah / zi si bolzë (i)
is [kurum] / blozë
isilik / puçrra
isim / emër
isim vermek / emëroj
isimlendirmek / emërtim
isimlendirmek / quaj
iskan eden / banues
iskele / shtyllë
iskele / skelë
iskele / vend zbritjeje
iskelet / skelet
iskemle / karrigë
iskemle / stol
iskolatik felsefe / skolaticizëm
iskonto yapmak / skontoj
isli / tymosur (i)
ismen mevcut olan / nominal
ispat / provë
ispat etmek / provoj
ispat etmek / vërtetoj
ispat etmek (aksini) / përgënjeshtroj
ispinoz [kuş] / tringëc
ispinoz [kuş] / trishtil
israf / prishje pa kursim
israf etmek / prish kot [pasurinë]
israf etmek / shkapaderdh
israf etmek / shpenzoj

israf (boşuna) / shpenzim i kotë
istakoz / karavidhe
istatistik ilmi / statistikë
istatistikçi / statistik
istatistiksel / statistikor
istek / dëshirë
istek / kërkesë
istek / lutje
istek belirten / dëshirore
istekli [susamış] / etshëm (i)
isteksiz / pavendosur (i)
isteksiz [gönülsüz] / mosdashës
istemek / bëj lutje
istemek / dua
istemek / kërkoj
istemeyerek / qejf (pa)
istemeyiş / mosdashje
istenilmeden yapılan / pavetëdijshëm (i)
ister istemez / dashur-padashur
ister istemez / domosdoshëm (i)
isteri / histeri
isterik / histerik
istif etmek / mbledh
istifa etmek / jap dorëheqjen
istihbarat teşkilatı / shërbim i zbulimit
istihkam / fortesë
istihkam / mburojë
istihkam hendeği / llogare
istikrar kazandırmak / stabilizoj
istikrarlı / qëndrueshëm (i)
istila etmek / pushtoj
istila etmek [yayılmak] / përshkon
istimlak [/ shpronësim
istimlak etmek / shpronësoj
istimlak etmek (zorla) / rekrutoj me forcë
istirahat etme / pushim
istiridye / gocë
istismar etmek / shfrytëzoj
istisnai / jashtëzakonshëm (i)
isyan / kryengritje
isyan etmek / kryengritje (bëj)
isyan etmek / ngre krye
isyan taraftarı / kryengritës
isyana teşvik etme / thirrje për kryengritje
isyankar / kryengritës
İskoçyalı / Skocëz
İslamiyet / Islamizëm
İspanyol / Spanjoll
İspanyolca / gjuhë Spanjolle
İsveç dili / gjuhë Suedeze
İsveçli / Suedez
İsviçreli / Sviceran
iş / punë
iş adamı / afarist
iş tulumu / rrobë pune
iş veren / punëdhënës
iş vermek / jap punë
iş (yarım günlük) / ditë pune jo e plotë
işaret / nishan
işaret / shenjë
işaret ateşi / zjarr sinjalizimi
işaret eden / tregues
işaret etmek / shënoj
işaret koymak / vë shenjë

işaret parmağı / gisht dëftues
işaret sistemi / sistem shënimi
işaret vermek / jap shenjë
işaretlemek / shënoj
işbirliği / bashkëpunim
işbirliği yapmak / punoj në harmoni
işçi / punëtor
işçi temsilcisi / përfaqësues i puntorëve
işgal etmek / pushtoj
işgalci / pushtues
işi iyi gitmek / shkon puna mbarë (më)
işine son vermek / nxejrr [nga puna]
işitilebilir / dëgjueshëm (i)
işitilemez / padëgjueshëm (i)
işitme / dëgjim
işkenceci / mundues
işlem / veprim
işlem tarzı / mënyrë veprimi
işlemek / veproj
işlemek (ayrıntılı) / përpunoj me hollësira
işlemek (toprağı) / punoj [tokën]
işlemeli süs / punë me azhur
işlemeyen / vepron (që nuk)
işlenmemiş / papunuar (i)
işlevsel / funksional
işleyen / veprues
işsiz / papunë (i)
işsizlik / papunësi
iştah / oreks
iştirak / pjesëmarrje
iştirak eden / pjesëmarrës
iştirak etmek / marr pjesë
iştirak taahhüdü / nënshkrim [në dokument]
iştirakçi / pjesëmarrës
itaat etme / bindje
itaat etmek / bindem
itaatkar / bindur (i)
itaatsız / pabindur (i)
itaatsız / pashtruar (i)
itaatsızlık / mosbindje
itaatsızlık etmek / bindem (nuk)
itfa sermayesi / kapital për amortizim
itfaiye / skuadër zjarrfikëse
itfaiye arabası / maqinë zjarrfikëse
itfaiye hortumu / zorrë zjarrfikësash
itfaiyeci / zjarrfikës
ithal etmek / importoj
ithal etmek / sjell nga jashtë
itham eden kimse / paditës
itham etmek / gjykoj
itham etmek / padit
itibar etmek / çmoj
itibarsız / që nuk meriton nderim
itici / shtytës
itimat / besim
itip kakma / ndeshje
itip kakmak / shtyj
itiraf etmek / rrëfehem
itiraz edilemez / padiskutueshëm (i)
itizar / keqardhje
itiş / shtytje
itişip kakışmak / kacavirem
itme / shtytje

itme / shtyrje
itmek / shtyj
ittifak / lidhje
ittifak / unanimitet
Italyan / Italian
Italyanca / gjuhë Italiane
iyi / mirë
iyi hal / mirëqenia
iyi kalpli / zemërbutë
iyi niyet / dashamirësi
iyileşme / përmirësim
iyileşmek / shërohem
iyileştirmek / përmirësoj
iyileştirmek / shëroj
iyilik / mirësi
iyilik sever / filantropik
iyilik yapan / mirëbërës
iyiliksever / mirëdashës
iyilikseverlik / mirëdashje
iyimser kimse / optimist
iyimserlik / optimizëm
iyon / jon
iyot / jod
iz / gjurmë
iz sürmek / gjurmoj
izah / spjegim
izale etmek / shlyej [borxhin]
izdiham / ngushtësi
izhal / bark
izin / leje
izin / lejim
izin tezkeresi / leje
izin vermek / jap lejë
izin vermek / lejoj
izin vermemek / lejoj (nuk)
izin vermemek / lëshoj (nuk)
izini kaybetmek / humb gjurmët (i)
izlemek / gjurmoj
izlemek / ndjek
izlemek (adım adım) / ndjek këmba-këmbës
izlenim / përshtypje
izleyen / ndjekës
izleyen / vjen pas (që)
izolatör / izolator
izole bant / shirit izolues
izzetinefis / sedër

- J -

jaguar / jaguar
jambon / proshutë
Japon / Japonez
Japonca / gjuhë Japoneze
jarse kumaş / triko [pëlhurë]
jelatin / xhelatinë
jelatinli / xhelatinoz
jeneratör / gjenerator
jeodezi / gjeodezi
jeolog / gjeolog
jeoloji / gjeologji
jest / gjest
jubile / jubile
jüri / zhuri
jüri üyesi / anëtar zhuria

- K -

kaba / ashpër (i)
kaba / papërpunuar (i)
kaba / papunuar (i)
kaba / trashë (i)
kaba / vulgar
kaba adam / halldup
kaba kimse / njeri i vrazhdë
kaba saç / flokë të ashpër
kabahat / faj
kabak / kungull
kabakulak hastalığı / shyta
kabalık / ashpërsi
kabalık / harbutllëk
kabara / gozhdë patkojsh
kabarcık / flluskë
kabarık / shtëllungë
kabarma / baticë
kabarmak / gufohem
kabarmak / gufon
kabartma işi yapmak / skalis
kabartmak (maya ile) / mbruj
kabiliyet / talent
kabiliyet / zotësi
kabiliyetli / talentuar (i)
kabiliyetsiz / paaftë (i)
kabiliyetsizlik / paaftësi
kabine / kabinë
kabızlık / kapsllëk
kablo / kabllo
kabuk / cipë
kabuk / korë
kabuk / lëvore
kabuk / lëvozhgë
kabuk bağlamak / formim i kores
kabuk bağlamak [yara] / formon kore [plaga]
kabuk bağlamak [yara] / shërohet [plaga]
kabuk çekmek (üstüne) / vesh me kore
kabuklu hayvan / molusk
kabuklu yemiş (sert) / arrë
kabul / pranim
kabul edilebilir / pranueshëm (i)
kabul edilemez / papranueshëm (i)
kabul etme / pritje
kabul etmek / pranoj
kabul etmemek / nuk pranoj
kabul olunmaz / papranueshëm (i)
kabus / ankth
kabus / makth
kabuğunu soymak / qëroj
kaçak / ikur (i)
kaçak mal / kontrabandë
kaçakçılık yapmak / kontrabandë (bëj)
kaçınılmaz / pashmangshëm
kaçınmak / kthehem
kaçınmak / largohem nga
kaçınmak / përmbahem
kaçınmak / ruhem
kaçırma / largim
kaçırmak (elinden) / shpëton (më)

273

kaçış / ikje
kaçma (paniğe kapılarak) / ikje me rrëmujë
kaçmak / iki
kadar / deri sa
kadar / se
kadeh / dolli
kadeh / gotë
kadeh / kupë
kader / fat
kadife / kadife
kadife / plush
kadın / grua
kadın çantası / çantë grashë
kadın elbisesi / fustan
kadın iç gömleği / këmishë grash
kadın terzisi / modiste
kadın (ahlaksız) / grua e pandershme
kadınlık / feminilitet
kadınsı / femëror
kadırga / galerë
kadro / kuadro
kafa / kokë
kafa derisini yüzmek / heq lëkurën e kokës
kafa vuruşu / goditje me kokë
kafasını doldurmak / mbush mendjen
kafatası / kafkë
kafes / kafaz
kafes / kotec
kafese koymak / mbyll në kafaz
kafi gelmek / mjafton
kafi gelmemek / mjafton (nuk)
kafir / pagan
kafiye / rimë
kağıt / letër
kağıt açacağı / thikë letrash
kağıt fabrikası / fabrikë letre
kağıt hamuru / brum letre [druri]
kağıt para / banknotë
kağıt para / kartmonedhë
kahin / profetizues
kahraman (kadın) / heroinë
kahramanca / heroik
kahramanlık / heroizëm
kahvaltı / bukë e mëngjezit
kahve / kafe
kahve değirmeni / mulli kafeje
kahve telvesi / llum i kafesë
kahvehane / kafene
kahverengi / ngjyrë kafe
kahya / administrator [pasurie,]
kakao / kakao
kakım / hermelinë
kalabalık / mizëri
kalabalık etmek / mizëron
kalabalık (aşırı) / popullëzuar tepër (i)
kalabalık [insan] / grumbullim [i popullit]
kalabalık [insan] / turmë [njerëzish]
kalan / metë (i)
kalay / kallaj
kalay madeni / minierë kallaji
kalaylamak / kallajis
kalaylanmış kap / enë e kallaisur
kalbe ait / zemrës (i)

kalbi çarpmak / rreh zemra
kalbur / shoshë
kalbur / sitë
kalburdan geçirmek / shosh
kalça / kofshë
kaldırmak / ngre
kaldırmak (örtüyü) / heq mbulesën
kaldırmak (vinçle) / ngre me vinç
kale / fortesë
kale / kala
kale burcu / kështjellë
kale [satranç] / kala [shah]
kaleci / portier
kalem kurşunu / grafit
kalem kutusu / kuti kalemash
kalem (kurşun) / kalem
kalibre / kalibër
kalın / trashë (i)
kalın kafalı / kokëfortë
kalın kafalı / kokëtrashë
kalın kafalı / trashë (i)
kalınlaşmak / trashem
kalıntı / mbeturinë
kalıntı / mbetje
kalıp / kallëp
kalıtım / gjenetikë
kalıtsal / trashëgimor
kalkan / mburojë
kalkış / nisje
kalkma / ngritje
kalkmak / ngrihem
kalkmak / nisem
kalmak / mbetem
kalori / kalori
kalp / kallp
kalp / zemër
kalp atışı / rrahje [e zemrës]
kalp çarpıntısı / rrahje [e zemrës]
kalpazan / falsifikator parash
kalpazanlık etmek / falsifikoj
kalsiyum / kalcium
kama / kamë
kambur / gungë
kambur / kurriz
kambur duruş / kërrusje
kambur kimse / gungaç
kambur kimse / kurrizo
kamburlaştırmak / kërrus
kamçı / frushkull
kamçı / kamxhik
kamçılamak / frushkulloj
kamçılamak / fshikulloj
kamçılamak / rrah [me kamxhik]
kameriye / pjergull
kamış / kallam
kamp / fushim
kamp kurmak / fushoj
kamp kurmak / krijoj [kamp]
kampana / kambanë
kamu / komunal
kamu hizmeti / shërbime komunale
kamu yararı / mirë e përgjithshme (e)
kamyon / kamion
kan / gjak
kan bağı / lidhje gjaku
kan davası / armiqësi [për vdekje]
kan dökme / gjakderdhje

kan içen / gjakpirës
kan kaybetmek / më rrjedh gjak
kan veren / dhurues gjaku
kana susamış / gjakatar
kana susamış / gjakpirës
Kanadalı / Kanadez
kanal / kanal
kanal / ngushticë
kanalizasyon / kanalizim
kanalizasyon borusu / tub kanali
kanape / kanape
kanarya / kanarinë
kanat / fletë
kanat / pendë
kanat çırpmak / rrah krahët
kanaviçe / kanavacë
kanca / kanxhë
kanca / varëse
kandini beğenmiş / mendjemadh
kandırmak / mashtroj
kangren / gangrenë
kanguru / kangur
kanlı / gjakosur (i)
kanlı / përgjakshëm (i)
kanlı / përgjakur (i)
kanser / kancer
kansız / anemik
kansızlık / anemi
kantar / kandar
kanton / kanton
kanun / ligjë
kanun dışı ilan etmek / shpall jashtë ligje
kanun yapmak / nxjerr ligjë
kanun (yazılı) / ligjë e shkruar
kanuna aykırı / paligjshëm (i)
kanuna aykırılık / paligjshmëri
kanuna uygun / ligjor
kanuni / ligjor
kanuni takipte bulunmak / ndjek rregullat gjyqëso.
kanunla belirlenmiş / caktuar me ligjë (i)
kanunsuz / paligjshëm (i)
kanyon / kanjon
kaos / kaos
kap / enë
kap / kontejner
kap / mbajtës
kapak / kapak
kapak / mbulesë
kapalı / mbuluar (i)
kapama / mbyllje
kapamak / mbërthej
kapamak / mbyll
kapan / grackë
kapan / kurth
kapan ile tutmak / kap në grackë
kapanmak / mbyllem
kaparo / kapar
kapatmak / mbyll
kapı / derë
kapı / portë
kapı mandalı / reze
kapıcı / derëtar
kapıcı / portier
kapitalizm / kapitalizëm

kapışma / përleshje
kapışma / zënie
kaplama / veshje
kaplamak (deri ile) / mbuloj me lëkurë
kaplamak (duvar kağıdı) / vesh [me letra murin...]
kaplamak (kaymakla) / mbuloj me kajmak
kaplan / tigër
kaplumbağa / breshkë
kapmak / kap
kapmak / rrok
kapris / kapriç
kaprisli / kapriçioz
kapsama / përfshirje
kapsamak / mbaj në vete
kapsamak / përfshij
kapsamak / përmbaj
kapsayan / përfshin (që)
kapsul / kapsule
kaptan / kapiten
kaptanlık etmek / drejtoj [anijen...]
kar / dëborë
kar / dobi
kar / fitim
kar / përfitim
kar etmek / fitoj
kar fırtınası / stuhi me dëborë
kar getirmek / sjell fitim
kar sağlamak / sjell [të ardhura]
kar tanesi / flok dëborë
kar temizleyicisi / pastrues dëbore
kar yağmak / bie dëborë
kara / tokë
kar yığıntısı / grumbull dëbore
kar (yağmurla karışık) / dëborë me shi
kara / zi
kara hindibaba çiçeği / lule radhiqe
kara kurbağa / thithlopë
kara kurbağa / zhabë
kara liste / listë e zezë
kara tahta / dërrasë e zezë
kara tavuk / mëllenjë
karaağaç / vidh
karabin / karabinë
karaciğer / mëlçi
karadan / nëpër tokë
karakol / patrullë
karakol / rajon i policisë
karakter / karakter
karaktersiz / karakter (pa)
karalamak / nxjerr nam të keq
karalamak / shkarravit
karalamak / shkruaj keq
karalanmış yazı / shkarravina
karamela / karamele
karamsar / mërzitur (i)
karamsar olmak / errësohem
karaname / dekret
karanfil / behare
karanfil / karafil
karanlık / errësirë
karanlık / errët (i)
karantina / karantinë
karantinaya almak / vë nën karantinë
karar / dekret

275

karar / vendim
karar alıcı / vendimtar
karar vermek / vendos
karargah / shtab
kararlı / vendimtar
kararma / errësim
kararmak / errësohet
kararsız / paqëndrueshëm (i)
kararsız / pavendosur (i)
kararsızlık / paqëndrueshmëri
kararsızlık / pavendosmëri
karartmak / errësoj
karasal / tokësor
karayel / nordurest [erë]
karbon / karbon
karbon kağıdı / letër kopjative
karbüratör / karburator
kardelen / lule bore
kardeş gibi olmak / vëllazërohem
kardeş katili olma / vëllavrasje
kardeş (üvey) / thjeshtër
kardeşlik / vëllazëri
kardeşlik etme / vëllazërim
kardinal ünvanı / tituli i kardinalit
kare / katror
kare kök / rrënjë katrore
karesini almak / ngre në katror
karga / galë
karga / stërqokë
kargaşa / rrëmujë
karides / karavidhe
karık / brazhdë
karikatür / karikaturë
karın / bark
kariyer / karierë
karış / pëllëmbë
karışık / ngatërruar (i)
karışık / përzier (i)
karışık soylu / gjak të përzier (me)
karışıklık / çrregullim
karışıklık / ngatërrim
karışıklık / rrëmujë
karışım / përzierje
karışma / përzierje
karışmak / ngatërrohet
karışmak / përzihem
karışmak / përzihet
karışmış / ngatërruar (i)
karıştırma / përzierje
karıştırmak / ngatërroj
karıştırmak / përziej
karıştırmak / shpupurish
karlı / fitimprurës
karlı olmayan / paleverdi
karma eğitim / arësim i përbashkët
karmakarışık / ngatërruar (tepër i)
karmakarışık / rregull (pa)
karmakarışık etmek / ngatërroj
karmakarışık etmek / shpupurish
karmakarışık olmak / ngatërrohem
karmakarışıklık / çrregullim
karmaşık / kompleks
karmaşık / ngatërruar (i)
karmaşık hale gelmek / ngatërrohem
karna ait / barkut (i)
karnaval / karnavale
karnıbahar / lule lakër

karpuz / shalqi
karşı / kundër
karşı ağırlık / kunderpeshë
karşı çıkmak / kundërshtoj
karşı durmak / kundërshtoj
karşı durmak / qëndroj përballë (i)
karşı gelme / kundërshtim
karşı gelmek / kundërshtoj
karşı gelmek (kanuna) / shkel [ligjën]
karşı hareket [kanun] / kundravajtje
karşı karşıya gelme / përpjekje
karşı koymak / bëj ballë
karşı koymak / kundërshtoj
karşı saldırıda bulunmak / kundërsulmoj
karşı suçlama / kundërfajësim
karşıda olan / kundërt (i)
karşıdan karşıya / tërthortë (i)
karşıki / kundërshtar
karşılamak (cesaretle) / pres pa frikë [kritikën]
karşılaşmak / takoj
karşılaştırılabilir / krahasueshëm (i)
karşılaştırma / krahasim
karşılaştırmak / krahasoj
karşılık / shpërblim
karşılık vermek / kundërshtoj
karşılıklı dayanışma / vartësi reciproke
karşılıklı etkileme / bashkëveprim
karşılıklı konuşma / bashkëfjalim
karşılıklı konuşma / bisedim
karşılıklı münasebet / bashkëveprim
karşılıklı münasebet / marrëdhënie reciproke
karşılıkta bulunma / shpagim
karşılığını vermek / shpërblej
karşıt / kundërshtar
karşıt / kundërt (i)
kart / kartë
kartal / shqiponjë
kartal yavrusu / zog shqiponje
kartel / kartel
karton / karton
kartoteks / kartotekë
kartpostal / kartë postare
karyola / krevat
kas / muskul
kas (fleksör) / muskul fleksor
kasa / kasë
kasaba / qytet i vogël
kasap / mish-shitës
kase / kupë
kasılarak yürümek / kapardisem
kasılmak / mbahem i madh
Kasım / Nëntor
kasırga / tufan
kask / kaskë
kast / kastë
kasten / vetëdije (me)
kasten [bile bile] / qëllimisht [me dashje]
kastetmek / domethënë
kasvet / trishtim
kasvetli / buzëplasur
kasvetli / trishtuar (i)
kasvetli / trishtueshëm (i)
kasvetli / vrërët (i)

kasvetli / zymtë (i)
kaş / vetull
kaşif / gjurmues
kaşif / zbulues
kaşık / lugë
kaşıma / kruajtje
kaşımak / kruaj
kaşınma / kruarje
kaşınmak / ha (më)
kaşınmak / kruhet
kaşlarını çatmak / vrër vetullat
kat / palë
kat [bina] / kat
kat [eşya] / palë [në rrobë]
katalog / katalog
katarakt / katarrë
katedral / katedrale
kategori / kategori
katı / fortë (i)
katı / kokëfortë
katil / katil
katil / vrasës
katılık / fortësi
katılımcı / pjesëmarrës
katılma / pjesëmarrje
katılmak / marr pjesë
katır / mushkë
katışıksız / përzierje (pa)
katlamak / kthej
katlamak / palos
katlanır / paloset (që)
katletmek / organizoj masakër
katliam / masakër
Katolik / Katolik
katran / katran
katran sürmek / lyej me katran
katsayı / koeficient
kauçuk / kauçuk
kavak / plep
kaval / fyell
kavga / grindje
kavga / përleshje
kavga / zënie
kavga etmak / grindem
kavga etmek / përleshem
kavga etmek / zihem
kavgacı / grindavec
kavrama / shtrëngim
kavramak / kap
kavramak / kuptoj
kavun / pjepër
kavuşturmak [elleri] / kryqëzoj [duart]
kavşak / kryqëzim
kavşak / kthesë
kaya / shkëmb [shkrep]
kayak / ski
kayakçı / skiator
kayalık / shkëmbor
kaybetme / humbje
kaybetmek / humb
kaybolmak / zhdukem
kaybolmuş / humbur (i)
kaydetme / regjistrim
kaydetmek / regjistroj
kaydetmek / shenoj
kaygan / lëpirë (i)

kaygı / shqetësim
kaygılı / shqetësuar (i)
kaygısız / qetë (i)
kayık / kaike
kayık / lundër
kayıkçı / lundërtar
kayın ağacı / ah
kayınbirader / kunat
kayınpeder / vjehërr
kayınvalide / vjehërr
kayıp / humbje
kayısı / kajsi
kayıt / regjistrim
kayıt / rekord
kayıt bürosu / zyrë regjistrimi
kayıtsız / çkujdesur (i)
kayıtsız / indiferent
kayıtsız / pakujdesshëm (i)
kayıtsızlık / çkujdesje
kayış / rryp
kayma / rrëshqitje
kaymak / rrëshqas
kaynak / burim
kaynak göstermek / citoj
kaynak yapmak / ngjit
kaynak yapmak / saldoj
kaynatmak / valoj
kaynatmak / ziej
kaynatmak (ağır ağır) / ziej ngadalë
kaynatmak (yarı) / përvëloj
kaynayan / valon (që)
kaynaşmak / mizëron
kaynaşmak / ngjitem
kaynaştırmak [metal] / ngjit [metale]
kaytan / gjalmë
kaz palazı / bibë pate
kaz (erkek) / patok
kaza / fatkeqësi
Kazak / Kazak
Kazak dili / gjuhë Kazake
kazak (yün) / fanellë leshi
kazan / kazan
kazan / kusi
kazanan / fitues
kazanç / fitim
kazanç / përfitim
kazançlı / fitimprurës
kazançlı / leverdisshëm (i)
kazanmak / fitoj
kazanmak / marr
kazanmak (yeniden) / rifitoj
kazı / gërmime
kazı yapmak / gërmoj
kazıcı / gërmues
kazık / kunj
kazık / shtyllë
kazık (sivri uçlu) / hu
kazıma / gërryerje
kazımak / gërryej
kazımak / kruaj
kazıp çıkartmak [maden] / shfrytëzoj minierën
kazma / kazmë
kazmak / gërmoj
keçe / shajak
keçi / dhi
keçi çobanı / bari dhish

277

keder / mallëngjim
keder / mjerim
keder vermek / mjeroj
kederlenmek / mjerohem
kederli / brengosur (i)
kederli / buzëplasur
kederli / mërzitur (i)
kederli / mjeruar (i)
kederli / trishtuar (i)
kedi / mace
kedi miyavlaması / mjaullimë
kedi yavrusu / këlysh maceje
kefaret etmek / laj [fajin...]
kefe [terazi gözü] / kupë e peshores
kefen / qefin
kefen ile sarmak / mbështjell me qefin
kefil / dorëzënës
kefil olmak / garantoj
kefil olmak / hyj dorëzanës
kefil olmak / zotohem
kehanet / paralajmërim
kehanet / profeci
kehanet etmek / profetizoj
kehanette bulunmak / paralajmëron
kehanette bulunmak / parathem
kehribar / qelibar
kehribar (siyah) / agat
kek / kek
kekeleme / belbëzim
kekelemek / belbëzoj
kekeme / belbëzues
keklik / thëllëzë
keklik palazı / zog rose të egër
kel / tullac
kelebek / flutur
kelepçe / pranga
kelepçe / prangë dore
kelime / fjalë
kelime oyunu / lodër fjalësh
kelime zenginliği / pasuri fjalësh
kelimesi kelimesine / fjalë për fjalë
kelimeyi kısaltmak / shkurtoj fjalën
kelle vergisi / tatim për frymë
keman / violinë
keman çalmak / bie violinës (i)
kemancı / violinist
kemer / qemer
kemer / rryp
kemikleşme / eshtërim
kemikli / kocka (me)
kemirici / brejtës
kemirmek / brej
kemirmek / grij
kemirmek / ha
kenar / anë
kenar / breg
kenar / buzë
kenar / rreth
kenar / skaj
kenara ayrılmak / hiqem mënjanë
kendi / vetë
kenara çekilmek (bir) / mënjanohem
kenarda yazılı / shkruar anës (i)
kendi / veti (i) [i tij]
kendi kendine işleyen / vetëveprues
kendi kendine olan / vetvetishëm (i)

kendi kendine yeten / vetmuar (i)
kendileri / vetë
kendilerini / veten
kendiliğinden / që është prej natyrë
kendim / vetë
kendimi / veten
kendimiz / vetë
kendimizi / veten
kendinden geçme / dalldisje
kendinden geçmek / humb ndjenjat
kendine benzetmek / përvetësoj
kendine gelmek / vij në vete
kendine güvenen / besim në vete (që ka)
kendine güvenen / sigurt në vete (i)
kendine hakim / përmbajtur (i)
kendine hakim olma / zotërim i vetes
kendine hakim olmak / marr veten në dorë
kendine hakim olmak / mbaj gjakftohtësinë
kendine mal etmek / përvetësoj
kendini / veten
kendini / vetëveten
kendini beğenme / vetëdashje
kendini beğenmişlik / mendjemadhësi
kendini bilmez / pavetëdijshëm (i)
kendini tutamayan / papërmbajtur (i)
kendini tutma / përmbajtje e vetes
kendini tutmak / përmbahem
kendiniz / vetë
kendinizi / veten
kene / këpushë
kenevir / kërp
kent / qytet i madh
kentli / qytetar
kep / kësulë
kepçe / garuzhdë
kepek / krunde
kepenk / qepen
keramet göstermek / profetizoj
kere (bir) / herë (një)
kereste / lëndë druri
kereste [ince uzun] / tra
kereviz / selino
kerpeden / darë
kerpiç / qerpic
kertenkele / hardhje
kertenkele / harducë
kese / qese
kesici / prerës
kesif / errët (i)
kesilme [intika] / këputje
kesin / padyshimtë (i)
kesin / përcaktuar (i)
kesin / përpiktë (i)
kesin / saktë (i)
kesin olarak / patjetër
kesin olarak / pikërisht
kesin olmayan / papërcaktuar (i)
kesinlik / përpikmëri
kesinlik / qartësi
kesinlik / saktësi
kesinlikle / pikërisht
kesişmek / kryqëzohet
kesiştirmek / kryqëzoj
keski / daltë

keskilemek / daltoj
keskin / mprehtë (i)
keskin / prerë (i)
keskin / therës
keskin gözlü / symprehët
keskin kısım [bıçak] / teh
keskin olmayan / topitur (i)
keskin zekalı / mendjemprehtë
keskinletmek / mpreh
keskinlik / mprehtësi
kesme / prerje
kesmek / ndërpres
kesmek / pres
kesmek (dilim dilim) / pres thela-thela
kesmek (hayvan) / ther
kestane / gështenjë
kestane rengi / ngjyrë gështenje
keşfe çıkmak / shkoj për zbulim
keşfetmek / gjurmoj
keşfetmek / zbuloj
keşiş / murg
keten / li
keten tohumu / farë liri
kevgir / lugë qëruese
keyfi / arbitrar
keyfini kaçırmak / dëshpëroj
keyfini kaçırmak / trondit
keyif / kënaqësi
keyif / dëfrim
keyifli / gëzueshëm (i)
keyifsiz / qejf (pa)
keza / gjithashtu
kıç / bythë
kıdemli kimse / banor i vjetër
kıdemlilik / prioritet
kıdemlilik [yaşça] / parësi moshe
kıkırdak / kërcë
kıkırdamak / gëgëris
kıkırdamak / kakaris
kıl / qime
kılavuz / udhëheqës
kılavuz / udhëzues
kılavuzluk / pilotim
kılavuzluk etmek / pilotoj
kılı kırk yarma / stërhollim
kılıbık / nën thundrën e gruas
kılıç / shpatë
kılıç kayışı / rryp shpate
kılıf / këllëf
kımıldamaz / paluejtshëm (i)
kımıldanamaz / palëvizshëm (i)
kın [kılıç] / këllëf
kınakına ağacı / dru knine
kınama / dënim
kınamak / dënoj
kır yatağı / shtrat fushor
kıraç / thatë (i)
kırağı / brymë
kırağı / ciknë
Kırgız / Kırgız
Kırgız dili / gjuhë Kirgize
kırıcı / fyes
kırılabilir / thyeshëm (i)
kırılmak / thyhem
kırılmak (kibri) / poshtërohem
kırım / kërdi

kırım / therje
kırıntı / grimë
kırıp dökmek / shpartalloj
kırışık / rrudhur (i)
kırk / dyzet
kırkıncı / dyzeti (i)
kırklı yıllar / dyzetat (të)
kırkmak / qeth
kırlangıç / dallëndyshe
kırma / thyerje
kırmak / thyej
kırmak (kibrini) / poshtëroj
kırmak [ışık] / përthyej
kırmızı / kuq (i)
kırmızı balmum / dyll i kuq
kırmızı (koyu) / kuq i mbyllët (i)
kırmızılaşmak / skuqem
kırpma / qethje
kırpmak / qeth
kırtasiye / pajime shkresorie
kısa / shkurtë
kısa devre / qark i shkurtër
kısa ömürlü / jetëshkurtër
kısa süre / interval i shkurtër
kısa ve özlü / përmbledhur (i)
kısa (oldukça) / shkurtabiq
kısaca / shkurtimisht
kısalık / shkurtësi
kısalma / shkurtim
kısalmak / shkurtohet
kısaltılmış / përmbledhur (i)
kısaltılmış / shkurtër (i)
kısaltmak / shkurtoj
kısas / ahmarrje
kısas / shpagim
kısık ışık vermek / vezullon
kısım / degë
kısım / pjesë
kısım kısım / pjesërisht
kısır / shterpë
kısırlık / shterpësi
kısıt / rrethanë
kısıtlamak / kufizoj
kıskaç / kllapë
kıskaç / darë
kıskanç / xheloz
kıskanç / ziliqar
kıskanmak / kam zili
kıskı / pykë
kısmak / shkurtoj
kısmak / zvogëloj
kısmak / kufizoj
kısmen / pjesërisht
kısmet / kismet
kısmi / pjesshëm (i)
kısrak / pelë
kış / dimër
kışkırtıcı / nxitës
kışkırtma / ngacmim
kışkırtmak / ngacmoj
kışkırtmak / nxit
kışkırtmak / shqetësoj
kışla / qytezë
kıt / pakët (i)
kıta / kontinent
kıtlık / uri
kıvılcım / shkëndijë

279

kıvılcım / xixë
kıvılcım saçmak / lëshon shkëndija
kıvılcımlar saçma / xixëllimë
kıvırcık / dredhur (i)
kıvırcık / flokë-kaçurrel
kıvırmak / dredh
kıvırmak / përkul
kıvrak / lakueshëm (i)
kıvranmak (ağrıdan) / përdridhem [nga dhëmbja]
kıvrılma / dredhje
kıvrılmak / dridhem
kıvrılmak / dridhet
kıvrılmak / përdridhem
kıvrılmak / përdridhet
kıvrılmak / përkulem
kıyafet / kostum
kıyafet / veshje
kıyas kabul etmez / pakrahasueshëm (i)
kıyı / breg
kıyı / bregdet
kıyma [et] / mish i grirë
kıymak [et] / grij [mishin]
kıymatlı / çmueshëm (i)
kıymet / vleftë
kıymet / vlerë
kıymet biçmek / çmoj
kıymet takdir etmek / vlerësoj
kıymetli / çmueshëm (i)
kıymetli taş [kırmızı] / xhevahir i kuq
kıymetsiz / vogël (i)
kıymetsiz şeyler / vogëlsira
kıymık / ashkël
kız evlat / bijë
kız kardeş (üvey) / motër e gjetur
kız (genç) / cucë
kız (genç) / çupë
kız (genç) / goce
kız (genç) / vajzë
kızak / saje
kızak (yelkenli) / saje me vela
kızamık / fruth
kızarmak / kuqet
kızarmak / skuqem
kızarmak / tiganisem
kızarmak (yüzü) / skuqem
kızartmak / kuq
kızartmak / skuq
kızartmak / tiganis
kızartmak (hafif ateşte) / përcëlloj
kızartmak (hafif ateşte) / përzhis
kızdırıcı / zemërues
kızdırma / zemërim
kızdırmak / mërzit
kızdırmak / nervozoj
kızdırmak / ngacmoj
kızdırmak / nguc
kızdırmak / zemëroj
kızdırmak (çok) / tërboj
kızgın / idhnak
kızgın / skuqur (i)
kızgınlık / zemërim
kızıl / dori
kızıl akbaba / gjyp
kızıl gerdan / gushëkuq
kızılderili kadın / indiane
kızkardeş / motër

kızlık / vajzëri
kızlık / vashëri
kızmak / nxehem
kızmak / zemërohem
kızmış (çok) / xhindosur (i)
ki / që [i cili]
kibar / elegant
kibar / njerëzishëm (i)
kibarca / elegancë
kibir / krenar
kibir / mendjemadhësi
kibirlenmek / mburrem
kibirli / kryelartë
kibirli / mendjemadh
kibirli / përbuzës
kibirli / sqimatar
kibrit / shkrepëse
kibrit kutusu / kuti shkrepësesh
kil / argjilë
kil bileşimi / mastic
kil bileşimi / stuko
kiler / qilar
kilim / qilim
kilise / kishë
kilise şarkısı / këngë kishtare
kiliseden kovmak / përjashtoj nga kisha
kilitlemek / mbyll
kilogram / kilogram
kilometre / kilometër
kilometre taşı / gur për të shënuar mil.
kilovat / kilovat
kim / kush
kimi / cilin
kimin / kujt (i)
kimsesiz / lënë (i)
kimsesiz çocuk / fëmijë pa strehë
kimyasal / kimik
kimyon / qimion
kinematik / kinematikë
kinin / kininë
kir / ndryshk
kira / qira
kira beygiri / kalë me qira
kira ile tutmak / marr me qira
kiraç taşı / gur qelqereje
kiracı / qiramarrës
kiralamak / marr me qira
kiraya vermek / jap me qira
kireç / qelqere
kireç (sönmemiş) / qelqere e pashuar
kireçle badana yapmak / lyej me qelqere
kiremit / tjegull
kiriş / pejzë
kiriş [demir] / tra hekuri
kiriş [odun] / tra
kirlenmek / ndyhem
kirletme / përdhosje
kirletmek / fëlliq
kirletmek / ndot
kirletmek / ndyj
kirletmek / përdhos
kirletmek / përlyej
kirli / ndotë (i)
kirli / ndyrë (i)
kirli / papastër (i)

kirpi / iriq
kirpik / qerpik
kişi (geri kalmış) / njeri i prapambetur
kişisel / personal [vetiak]
kişisel olmayan / pavetor
kişneme / hingëllim
kişnemek / hingëlloj
kitabe / epigraf
kitabe / mbishkrim
kitap / libër
kitap kurdu / krimb librash
kitapçı / librari
kitapçı / librashitës
kitaplık / dollap librash
klapa / filiqe
klasik / klasik
klavye / klaviaturë
klavye / tastierë
klinik / klinikë
klor / klor
kloroform / kloroform
koalisyon / koalicion
koca / burrë
koca karı / plakë
kocaman / madhështor
kocaman / trupmadh
kocaman / vigan
koç / dash
kod / kod
kodaman / magnat
koğuş / pavion [spitali]
kokarca / qelbës
kokart / kokardë
kokkabaz / trukist
koklamak / nuhas
koklamaya ait / nuhatës
koktevl / koktej
koku / aromë
koku / erë
koku almak / marr erë
kokusunu almak / nuhas
kokuşmak / bie erë
kokuşmuş / me erë të keqe
kokuşmuş / qelbur (i)
kol / krah
kol / mëngë
kol ağzı / manshetë
kol kemiği / kockë e krahut
kolalı / kollisur (i)
kolay / lehtë (i)
kolaylaştırmak / lehtësoj
kolaylık / lehtësi
kolej / kolegj
kolları sıvamak / përvesh mëngët
kolleksiyon / kolekcion
kolon / kolonë
kolon [atlar için] / nënbarkëz
koloni / koloni
kolordu / korpus
koltuk / kolltuk
koltuk değneği / patericë [e të sëmurit]
kolza / repë fushe
komedi / komedi
komedyen / komik [aktor]
komiser / komisar
komisyon / komision
komisyoncu / komisionar
komite / komitet
komplikasyon / ndërlikim
kompliman (anlamsız) / komplimenta bosh
komplo / intrigë
komplo / komplot
komunizm / komunizëm
komutan / komandant
komşu / fqi [fqinjë]
komşuluk / fqinjësi
kondaktör / konduktor
kondansatör / kondansator
konfeksiyon / konfekcion
konferans / konferencë
konfigürasyon / konfiguracion
kongre / Kongres
koni / kon
konik / konik
konser / koncert
konserve yapmak / konservoj
konsolosluk / konsullatë
konsül / konsull
kont / kont
kontes / konteshë
kontraplak / kompensatë
kontrol / kontroll
kontrol etme / kontrollim
kontrol etmek / kontrolloj
konu / temë
konu dışı / pavend (i)
konuk / mik
konuksever / mikpritës
konukseverlik / mikpritje
konuşan / folës
konuşkan / llafazan
konuşma / bisedë
konuşma tarzı / mënyrë shprehjeje
konuşmacı / orator
konuşmak (anlaşılmadan) / zhargon
konuşmak (ağır ağır) / zgjat fjalët
konuşmak (can sıkarak) / flas mërzitshëm
konuşmak (güçlükle) / flas me vështirësi
konuşmak (karşılıklı) / bisedoj
konuşmak [bahsetmek] / flas [bisedoj]
konyak / konjak
koparmak / këput
koparmak / shkëput
koparmak / shkul
koparmak (kökleriyle) / shkul me rrënjë
kopça / kopsë
kopuk / shkëputur (i)
kopya / kopje
kopya etme / kopjim
kopya etmek / kopjoj
kopya kalemi / kalem kopjativ
kopyasını yapmak / bëj kopjen
kordele / kordele
kordon / kordon
Kore dili / gjuhë Koreane
korelasyon / korelacion
Koreli / Korean
koridor / koridor
korkak / burracak

281

korkak / frikacak
korkak / frikaman
korkak / shpirtvogël
korkmak / druaj
korkmak / kam frikë
korkmayın ! / mos kini frikë !
korkmuş / frikësuar (i)
korku / frikë
korku / tmerr
korku veren / frikësues
korkuluk / kangjella
korkuluk / parmak mbrojtës
korkunç / tmerrshëm (i)
korkusuz / pafrikshëm (i)
korkutmak / frikësoj
korkutmak / tmeroj
korkutmak / tremb (i)
korna / korn
kornet / kornetë
korniş / kornizë
koro / kor
korsan / kusar
korse / korset
kortej / kortezh
koru / korije
korucu / rojtar pylli
koruma / mbrojtje
koruma / roje
koruma / ruajtje
korumak / ruaj
korumak / strehoj
korumak (hakkını) / mbroj [të drejtat,.]
korumasız bırakmak / mbrojtje (lë pa)
korunmak / ruhem
koruyan / mbrojtës
koruyan / rojtës
koruyucu / mbrojtës
koruyucu / rojtës
koşma / vrapim
koşmak / turrem
koşmak / vrapoj
koşu meydanı / hipodrom
koşucu / vrapues
koşul / kusht
kotlet / kotletë
kova / kovë
kovalama / ndjekje
kovalamak / ndjek
kovalanan av / egësirë e ndjekur
kovma / dëbim
kovmak / dëboj
kovmak / largoj
kovmak / përzë
kovmak / shporr
kovmak (işten) / shkarkoj nga puna
koyak / grykë e thellë
koyak / luginë
koymak / vë
koymak / vendos
koymak (bir eve) / strehoj
koymak (bir tarafa) / le mënjanë
koymak (içine) / fut
koymak (kılıfına) / vë në këllëf
koymak (yan yan) / vë bri për bri
koymak (yerine) / vendos në pozicion
koyu / trashë (i)

koyun / dele
koyun eti / mish dashi
koyun postu / lëkurë deleje
koza / boçë
kozmetik / kozmetikë
kozmopolit / kozmopolit
kök / rrënjë
kök teli / rrënjëz
köken / origjinë
köken / prejardhje
kökleşmek / zë rrënjë
kökleşmiş / rrënjosur (i)
köklü / rrënjësor
kökünden sökmek / shkul me rrënjë
kökünü araştırmak / përcaktoj prejardhjen
kökünü kazıma / çrrënjosje
kökünü kazımak / çrrënjos
köle / rob
köle / skllav
köle (toprağa bağlı) / bujkrob
kölelik / robëri
kölelik / skllavëri
kömür tozu / pluhur qymyri
kömürleştirmek / shkrumboj
köpek / qen
köpek balığı / peshkaqen
köpek yavrusu / këlysh qeni
köpek [sokak] / kone
köprü / urë
köprü ayağı / këmbëz ure
köprü (açılabilen) / urë që ngrihet
köprü (yüzen) / urë notuese
köprübaşı / krveurë
köprücük kemiği / kockë e supit
köpük / shkumë
köpük çıkarmak / nxjerr shkumë
köpükle kaplı / mbuluar me shkumë (i)
köpüklü / shkumë (me)
köpürmek / shkumëzon
köpürmek [kaynatmada] / nxjerr flluska gazi
köpürtmek / shkumëzoj
kör / verbër (i)
körfez (küçük) / gji i vogël
körletmek / topit
köstebek / urith
köstekleme / pengim
kösteklenmek / pengohem
köşe / kënd
köşe / qoshe
köşegen / diagonale
kötü / keq
kötü davranma / sjellje e keqe
kötü davranmak / sillem keq
kötü durum / gjendje e keqe
kötü durum / hall
kötü durumda / gjendje të keqe (në)
kötü idare etme / qeverisje e keqe
kötü işaret / shenjë e keqe
kötü kalpli / zemërkeq
kötü koku / erë e keqe
kötü kullanmak / përdor keq
kötü niyetli / keq (i)
kötü ün / nam i keq
kötü şöhretli / nam të keq (që ka)
kötücül / keqdashes

kötülemek / dënoj
kötülemek / flas me mospërfillje
kötülemek / shaj
kötüleştirmek / keqësoj
kötülük eden kimse / keqbërës
kötülük etmek / keq (bëj)
kötüye gitmek / shkoj tëposhtë
kötüye kullanmak / shpërdoroj
köy / katund
köy / fshat
köylü / fshatar
köylü / katundar
köylü takımı / fshatarësi
köz / hi i nxehtë
kral / mbret
kral gibi / mbretëror
kral vekili / zëvendësmbret
krala yakışır / mbretëror
kraliçe / mbretëreshë
krallık / mbretëri
kramp / spazmë
krater / krater
kravat / kravatë
kravat iğnesi / karficë [për kravatë]
kredi / kredi
krema / krem
kreş / çerdhe fëmijësh
kriko / krik
kristal / kristal
kritik / kritik
kriz / krizë
kroke [oyun] / kroket [lojë]
kruvazör / kryqëzor
ksilofon / ksilofon
kuaför / frizurë
kubbe / kube
kucak dolusu / një krah
kucaklama / përqafim
kucaklamak / përqafoj
kucaklaşma / përqafim
kucaklaşmak / përqafohem
kudret / fuqi
kudretsiz hale getirmek / paaftë (bëj të)
kuğu / mjellmë
kukla / kukull
kukla hükümet / qeveri kukull
kukla oyunu / teatër kukllash
kulak / vesh
kulak memesi / bulë veshi
kulak misafiri olmak / përgjoj
kulağa ait / veshit (i)
kulağa kaçan / krimbalesh
kule / kullë
kule (ufak) / kullëz
kullanılmayan / papërdorshëm (i)
kullanılmış / mbajtur (i)
kullanılmış / përdorur (i)
kullanış / përdorim
kullanmak / përdor
kullanmak / shfrytëzoj
kullanmama / mospërdorim
kulp / dorëz
kuluçka / kllocë
kuluçkaya yatmak / kllocit
kulübe / kasolle
kulübe / shtëpizë

kulübe (derma çatma) / kasolle e dhjetër
kulüp / klub
kum / rërë
kum fırtınası / samun
kum rengi / ngjyrë rëre
kum saati / orë rërë
kumanda / komandë
kumandan / komandant
kumar oynamak / luaj për fitim
kumarbaz / kumarxhi
kumaş / pëlhurë
kumaş / stof
kumlu / rërë (me)
kumluk / ranishtë
kumluk / zhur
kumsal / plazh
kumtaşı / shkëmb prej rëre
kundakçı [yangın çıkar.] / zjarrvënës
kundakçılık / ndezje
kundağa sarmak / mbështjell me pelena
kundura boyacısı / lustraxhi
kunduracı / këpucar
kupa / kupë
kupkuru / thatanik
kupon / kupon
kuraklık / thatësirë
kural dışı / parregullt (i)
kuram / teori
kuramcı / doktrinar
kuramsal / teorik
kurban / fli
kurban / kurban
kurban etme / flijim
kurban etmek / fli (bëj)
kurban etmek / flijoj
kurbağa / bretkocë
kurmak / krijoj
kurmak [saat] / kurdis [orën]
kurnaz / dinak
kurnazlık / dinakëri
kuron [para birimi] / koronë [njësi monetare]
kurs / kurs
kursak / gushë [zogu]
kurşun / plumb
kurşun (serseri) / plumb në erë
kurşuna ait / plumbit (i)
kurt / krimb
kurt / larvë
kurt / ujk
kurt denizci / detar i vjetër
kurt gibi yemek / përlaj
kurt insan / lubi
kurtarıcı / shpëtimtar
kurtarış / shpëtim
kurtarmak / çliroj
kurtarmak / liroj
kurtarmak / ruaj
kurtarmak / shpëtoj
kurtçuk / bubë
kurtçuk / larvë
kurtulmak / shpëtoj
kurtuluş / çlirim
kurtuluş savaşı / luftë çlirimtare
kuru / thatë (i)
kuru üzüm / rrush i thatë

283

kuru [zayıf] / thatanik
kurulama bezi (tabak) / rizë
kurum / institucion
kurum [is] / blozë
kuruma / tharje
kurumak / thahem
kurumuş / tharë (i)
kurutmak / thaj
kurutucu / tharëse
kuruş / grosh
kusmak / vjell
kusturucu / vjellës
kusur / defekt
kusur / metë (e)
kusur / gabim
kusurlu / fajshëm (i)
kusursuz / meta (pa të)
kusursuz / përsosur (i)
kuş / zog
kuş aveısı / gjuetar shpendësh
kuş beyinli / mendjelehtë
kuş kafesi / kafaz zogjsh
kuş tüyü / push
kuş (yavru) / zog i ri
kuşak / brez
kuşatma / kufizim
kuşatma / rrethim
kuşatmak / kufizoj
kuşatmak / rrethoj
kuşku / dyshim
kuşku / hamendje
kutbi / polar
kutbiyet / polaritet
kutlama / festim
kutlama / kremtim
kutlama / përgëzim
kutlama / përshëndetje
kutlamak / festoj
kutlamak / kremtoj
kutlamak / përgëzoj
kutlamak / uroj
kutsal / shenjtë (i)
kutsal yazı / bibël
kutsal yazı / shkrim i shenjt
kutsal yer / vend i shenjtë
kutsallaştırmak / shenjtëroj
kutsamak / bekoj
kutup / pol
kutup geyiği / dre polar
kutup yıldızı / yll polar
kuvars / kuarc
kuvvet / forcë
kuvvet vermek / forcë (jap)
kuvvetini kırmak / heq fuqinë
kuvvetlendirme / fuqizim
kuvvetlendirmek / forcoj
kuvvetlendirmek / fuqizoj
kuvvetlenmek / forcohem
kuvvetlenmek / forcohet
kuvvetli / fortë (i)
kuvvetli / fuqishëm (i)
kuvvetli his / pasion
kuvvetsiz / pafuqishëm (i)
kuvvetten düşürmek / cfuqizoj
kuvvetten düşürmek / dobësoj
kuyruk / bisht
kuyruklu yıldız / kometë

kuyrukta durmak / rri në radhë
kuytu yer / vend i strukur
kuyu / pus
kuyumcu / argjendar
kuyumcu / mjeshtër argjendarie
kuyumculuk / argjendari
kuzen / kushëri
kuzey / veri
kuzey batı / veri-perëndim
kuzey doğu / veri-lindje
kuzeydeki (en) / veri (më në)
kuzeye ait / verior
kuzeyli / banor i veriut
kuzin / kushërirë
kuzu / qengj
kuzu kulağı [bitki] / lëpjetë
kuzulamak / pjell qengja
küçük / vogël (i)
küçük çocuk / foshnjë
küçük görmek / përbuzje
küçük (daha) / vogël (më i)
küçük (yaşça) / ri (më i)
küçüklük / mituri
küçülmek / zvogëlohem
küçültme / zvogëlim
küçültmek / zvogëloj
küçültücü / nënvlerësues
küçümseme / përbuzje
küçümsemek / përbuz
küçümsemek / përçmoj
küçümseyici / sarkastik
küf / myk
küf kokulu / erë myku (me)
küflü / mykur (i)
küfür / fjalë fyese
küfür / sharje
küfürbaz / vrazhdë (i)
kükreme [gürleme] / ulërimë
kükremek / ulërij
kül / hi
kül rengi / bojë hiri
kül suyu / linjë
kül tablası / takatuke
kül tablası / tavllë
külçe / copë
külçe / metal i papunuar
külhanbeyi / vagabond
kültür / kulturë
kültürel / kultural
kümelenmek / grumbullohet
kümes / kafaz zogjsh
kümes hayvanı / shpezë shtëpiake
kümes hayvanları / shpend shtëpiak
küp / kub
küp / qyp
küpe / vathë
kür / kurë
kürdan / kuj dhëmbësh
küre / glob
küre / rruzull
kürecik / ruazë
kürek / lopatë
kürek çekmek / vozis
kürek çekmek / vozit
kürek kemiği / shpatull
kürekçi / vozitës
küresel / lëmshor

küresel / sferik
kürevi / sferik
kürk / gëzof
kürsü / katedër
küstah / guximtar
küstah / mendjemadh
küstah / papërmbajtur (i)
küstah / paturp (i)
küstah / paturpshëm (i)
küstahlık / guxim
küstahlık / mosnderim
küstahlık / paturpësi
küstahlık etmek / them fjalë të papëlqyera
kütük / tra
kütüphane / bibliotekë
kütüphaneci / bibliotekar

- L -

labirent / labirint
laboratuar / laborator
laf etmek / fjalosem
lağım çukuru / pus
lağım çukuru / pus i ujrave të zeza
lağım suyu / ujra gjirizi
lahana / lakër
lahza / çast
lakap / emër i ngjitur
lakap / mbiemër
lakap takmak / vë mbiemër
lale / tulipan
lamba / llambë
lamba isi / blozë llambe
lamba (ispirtolu) / llambë me alkol
lanet / mallkim
lanet okumak / mallkoj
lanet okumak / nëm
lanetlemek / mallkoj
lanetlenmiş / mallkuar (i)
lanetlenmiş / nëmur (i)
lapa / qiriç
lapa / qull
lapa / tërshërë
lapa / qull himesh
lastik / gomë
lastik patlaması / shpuarje [e gomës]
Latince / gjuhë Latine
lavabo / lavaman
lavabo / lavapjatë
lazımlık / ndejtëse [në nevojtore]
leğen / legen
lehçe / dialekt
lehimlemek / ngjit me kallaj
leke / njollë
leke sürmek / njollos
leke [benek] / njollë [pullë]
lekelemek / njollos
lekesiz / panjollosur (i)
lekesiz / papërlyer (i)
leş / coftinë
Leton dili / gjuhë Letone
Letonyalı / Leton
Letonyalı / Letonez
levazım / pajisje

leylak / jargavan
leylak rengi / ngjyrë jargavani
leylek / lejlek
lezzet / shije
lezzet vermek / jap shije
lezzet vermek / lezetoj
lezzet vermek / shijoj
lezzetli olmak / ka shije
lezzetli / shijshëm (i)
lider / lider
lif / fije
lilli / lijor
liken / likenë
likide etmek / liquidoj
liman / liman
liman / port detar
liman / skelë
limana sığınmak / hyn në liman
limon / limon
limonluk / serrë
linç / vetëgjykim
linç etmek / linçoj
lirik / lirik
lise / gjimnaz
liste / listë
listeye dahil etmek / shënoj [në listë]
litre / litër
Litvanya dili / gjuhë Lituane
Litvanyalı / Lituan
liyakat / kualifikim
loca [mason] / lozhë [masonike]
lokanta / gjelltore
lokanta / restorant
lokavt / lokaut
lokma / kafshitë
lokma / kafshatë
lokomotif / lokomotivë
lolipop [şeker] / lebetsheqer
lonca / bashkim
lord / lord
lügatçe / fjalorth
lüks / lluks
lütfetmek / denjoj
lüzumsuz / panevojshëm (i)

- M -

maaş / pagë
maaş / rrogë
maaş günü / ditë rrogash
Macar / Hungarez
Macar dili / gjuhë Hungareze
Macarca / Hungarisht
maceraperest / aventurier
maceraperest / endacak
maceraperest kadın / aventuriere
macun / stuko
macunlamak / mbyll me stuko
madalya / medalje
madalyon / medaljon
madde / lëndë
madde [malzeme] / material
maddecilik / materializëm
mademki / derisa
mademki / mbasi

mademki / meqenëse
maden / minierë
maden arayıcısı / kërkues mineralesh
maden cevheri / mineral
maden cevheri yıkamak / laj rërë floriri
maden damarı / damar minerali
maden işletmek / minoj
madenci / minator
madencilik / industri e minierave
madeni / metalik
madeni eşya / hekurishte
madeni para / monedhë
mağara / shpellë
mağaza / magazinë
mağnezyum / magnez
mağrur / krenar
mağrur / mendjemadh
mahalle / lagje
mahalle / mëhallë
mahalli / vendas
mahalli / vendit (i)
maharet / mjeshtëri
mahçup / ndrojtur (i)
mahçup etmek / turpëroj
mahkeme / gjykatë
mahkeme / gjyq
mahkeme ilamı / fletë-thirrje [në gjyq]
mahküm etmek / dënoj
mahkeme kararı / vendim gjyqësor
mahkeme üyesi / anëtar gjyqi
mahkemeye çağırmak / thërras në gjyq
mahkum / burgosur (i)
mahmuz / maumuze
mahmuzlamak / ther me maumuze
mahrum bırakmak / le pa [jete,shpresë]
mahrum etme / përjashtim
mahrum etmek / heq [të drejtën]
mahrumiyet / shkretim
mahvedici / shkatërrimtar
mahvetmek / rrënoj
mahvetmek / shpartalloj
mahvolma / shkatërrim
majör / maxhore
makale / artikull
makam / prefekturë
makara / makara
makara / masur
makara / çikrik
makara / rrotkë
makarna / makarona
makas / gërshërë
makina / maqinë
makina ilmi / mekanikë
makinalaştırmak / mekanizoj
makinist / maqinist
maksatla yapılmış / bërë me qëllim (i)
maksatlı / qëllim (me)
maksatsız / qëllim (pa)
maksimum / maksimum
makul / matur (i)
makul / normal [nga mendja]
makyaj / makjazh
mal / mall
mal / pasuni
mal / pasuri
mal sahibi / pronar
mal sahibi / zotërues

mal (taşınır) / plaçkë
mala / mistri
Malayalı / Malajas
Malezya dili / gjuhë maleze
mali / financier
malik olan / zotëron (që)
malik olmak / zotëroj
malikane / çiflik
malikane / konak
maliye / financë
maliyeci / financier
maliyet / kosto
malt / malt
malta taşı / rërë e butë
malül / invalid
malül kılmak / invalid (bëj)
maluliyet / paaftësi
malum / padiskutueshëm (i)
mamafih / por
mamafih / prapë se prapë
mamafih / sidoqoftë
mamülat / prodhim
mana / kuptim
mana vermek / paracaktoj
manastır / manastir
manda / mandat
manda derisi / lëkurë bualli
mandalina / mandarinë
mandıra / bulmetore
manevi / shpirtëror
maneviyat / gjendje morale
maneviyatını bozmak / demoralizoj
manevra / manevër
manevra yapmak / manovroj
mangal / mangall
manganez / manganez
mani olmak / pengoj
mani olmak / pengoj lëvizjen
mania / pengesë
manidar / kuptimplotë
manivela / levë
mankafa / kokëbosh
mankafa kimse / kokë budallai
manken / maniken
mantar / kërpudhë
mantık / logjikë
mantıklı / arësyeshëm (i)
mantıklı / racional
mantıklı kılmak / racionalizoj
mantıklılık / racionalitet
mantıksız / paarësyeshëm (i)
mantıksız / palogjikshëm (i)
manto / mantel
manzara / peizazh
manşon / manshon
marangoz / zdrukthëtar
mareşal / feldmarshal
mareşal / marshal
margarin / margarinë
marifet / truk [marifet]
mark [Alman parası] / mark [para]
markiz / markezë
marmelat / marmelatë
Mart / Mars
martı / pulëbardhë
maruz bırakmak / rrezikoj
marş / vetëndezës [në motor]

masa / tryezë
masa örtüsü / mbulesë tryeze
masaj / masazh
masaj yapmak / bëj masazh
masal / legjendë
masal / përrallë
masaya koymak / vë në tyrezë
maske / maskë
maskelemek / maskoj
maskeli balo / ballo me maskë
maskesini kaldırmak / demaskoj
maskesini kaldırmak / heq maskën
mason / mason
masraf / shpenzim
masum / pafajshëm (i)
maşa / mashë
maşrapa / mashtrapë
mat / mat
mat / mjegulluar (i)
matbaa provası / fletë korektimi
matem tutmak / mbaj zi
matem [yas] / zi
matematik / matematikë
matkap / turjelë
maun [kırmızı odun] / mogan [dru i kuq]
mavi / kaltër (i)
mavi renk / blu
mavna / maunë
maya / maja
mayalama / fermentim
mayalamak / fermentoj
mayasız / ndormë (i)
maydanoz / majdanoz
mayı / lëng
Mayıs / May
mayıs böceği / vizhë
maymun / majmun
mazgal / mazgallë
meal / domethënie
mecaz / metaforë
mecazi / figurativ
mecbur etmek / detyroj
mecburiyet / detyrim
meclis / këshill
mecmua / revistë
mecnun / xhindosur (i)
medeni / njerëzishëm (i)
medeni hukuk / drejtë civile (e)
mefruşat / pajime
megafon / megafon
meğerse / veçse
mehtap / dritë e hënës
mekanik / mekanik
mekanizma / mekanizëm
Meksikalı / Meksikan
mektup / letër
mektup almak / marr letra
mektup kağıdı / letër postare
mektup kutusu / kuti për letra
melankoli / melankoli
melas / melasë
melek / engjëll
melek / kerubin
melemek / blegërij
melez / bastard
melez / hibrid
melez / përzier (i)
meli (..) [..mali] / duhet [duhen]
melodi / melodi
meltem [batı rüzgarı] / erë perëndimi
memba / burim
meme / sisë
meme / thithkë
memeli sınıfından / sisor
memleket / atdhe
memnun / kënaqur (i)
memnun etmek / kënaq
memnun olmak / kënaqem
memnuniyet / kënaqësi
memnuniyet verici / kënaqshëm (i)
memnuniyetsizlik / mërzitje
memnuniyetsizlik / pakënaqësi
memur / nëpunës
mendil / shami dore
menekşe / manushaqe
menekşe rengi / ngjyrë manushaqe
menetmek / ndaloj
menfaatçı / mashtrues
mengene / shtrënguese
meni / spermë
menzil / kufi i arritjes
menzil / largësi fluturimi
menzil / largësi qitjeje
merak / kujdes
merak (aşırı) / trill
meraklı / kureshtar (tepër)
merasim / ceremoni
mercan / koral
mercek / thjerrë
mercimek / thjerrëz
merdiven / mbështetëse
merdiven / shkallë
merdiven basamağı / këmbë shkalle
merdiven (yürüyen) / shkallë lëvizëse
merhaba ! / tungjatjeta !
merhamet / mëshirë
merhamet etmek / mëshiroj
merhametli / dhembshur (i)
merhametli / mëshirshëm (i)
merhametsiz / pamëshirshëm (i)
merhametsiz / zemërgur
merhem / balsam
merhem / melhem
merhum / ndjerë (i)
meridyen / meridian
merinos koyunu / merinos
merinos yünü / lesh merinosi
merkez / qendër
merkezcil / centripetal
merkezi / qëndror
merkezileştirmek / centralizoj
merkezileştirmek / përqëndroj
merkezleşmek / përqëndrohem
mermer / mermer
mermi / plumb
mersin balığı / bli [peshk]
mersiye / elegji
mersiye / përshpirtje
mert / burrëror
mertebe / radhë
mertebe / shkallë
mertlik / burrëri
mesafe / largësi

mesaj / mesazh
mesele / çështje
mesken / shtëpi
mesken / vendbanim
meslektaş / baskëpunëtor
mesul / detyruar (i)
mesut / lumtur (i)
meşale / pishtar
meşe ağacı / lis
meşgul / zënë (i)
meşhur / famshëm (i)
meşhur / njohur (i)
meşru / drejtësje
meşru / ligjor
meşru olmayan / paligjshëm (i)
meşrulaştırmak / legalizoj
meşum / mbinatyrshëm (i)
meşum / kërcënues
met / baticë
metafizik / metafizikë
metal [maden] / metal
metalurji / metalurgji
metanet / fortësi karakteri
metanet / fuqi shpirtërore
metanet / vendosmëri
metanet / pendesë
meteoroloji / meteorologji
meteoroloji bürosu / zyrë meteorologjike
methiye / lavdërim
methiye / lëvdatë
metin / tekst
metre / metër
metre şeridi / metër shirit
metres / dashnore
metreye göre / metrik
mevcudiyet / qenie
mevcut olmak / gjendem
mevki / pozitë
mevki / vend
mevsim / stinë
mevsimlik / stinor
meydan okuma / thirrje [në gara]
meydan okumak / sfidoj
meydan savaşı / betejë vendimtare
meydana gelmek / ngjan
meydana gelmek / përbëhem prej
meydana getiren / përbërës
meydana getirme / përbërje
meydana getirmek / krijoj
meydana getirmek / përbëj
meyhane / pijetore
meyil / anim
meyil / prirje
meyilli / pjerrët (i)
meyilli / teposhtë
meyletmek / anoj
meyletmek / përkulem
meyletmek / prirem
meylettirmek / ndikoj
meyva / fryta
meyva ağacı / dru frytor
meyva bahçesi / kopsht frytor
meyvesiz / pafrytshëm (i)
mezar / varr
mezar kitabesi / epitaf
mezar taşı / gur varri

mezara koyma / varrim
mezara koymak / varros
mezardan çıkarmak / çvarros
mezarlık / varrezë
mezat / ankand
mezbaha / thertore
meze / meze
mezhep / fe
meziyet / kualifikim
mıhlamak / gozhdoj në vend
mıhlamak / mbërthej [me gozhdë]
mıhlamak (tahta çivisi.) / fiksoj [me huth]
mıknatıs / magnet
mıknatıs taşı / magnet natyror
mıntıka / zonë
mıntıka / lagje
mırıldanma / gugurimë
mırıldanmak / murmuris
mırıldanmak / murmuroj
mırıltı / murmuritje
mısır / misër
mısır koçanı / koçan misri
Mısırlı / Egjyptian
mızrak / heshtë
mızrak / shtizë
mızraklı süvari eri / shtizar
mide / stomak
mideye ait / stomakut (i)
mika / mikë
mikrofon / mikrofon
mikrop / mikrob
mikroplu / septik
mikroskop / mikroskop
mil / bosht
mil / milje
miligram / miligram
milimetre / milimeter
milis / milici
militan / militan
militarist / militarist
millet / komb
milletvekili / deputet
milli / kombëtar
milli ekonomi / ekonomi kombëtare
milli marş / himn shtetëror
millileştirmek / shtetëzoj
milliyet / kombësi
milliyetçilik / nacionalizëm
milliyetçilik (aşırı) / shovinizëm
milyar / miliard
milyon / milion
milyoner / milioner
mimar / arkitekt
mimari / arkitektural
mimarlık / arkitekturë
mineral / mineral
mineraloji / mineralogji
mini / voc
minicik / vockël (i)
minimum [en küçük] / minimum
minnettar / mirënjohës
minyatür / miniaturë
miras / trashëgim
miras almak / trashëgoj
miras bırakmak / le trashëgim
miras bırakmak / trashëgoj

miras kabilinden / trashëgimor
mirasçı / trashëgimtar
mirasçı (kadın) / trashëqimtare
mirastan mahrum etmek / trashëgim
 (të pa)
misafir / vizitor
misafir etmek / pres miq
misafir kabul etmez / mikpritës (jo)
misafir odası / dhomë pritje
misilleme / ahmarrje
misilleme / shpagim
misket limonu / qitro
miskin / përtac
miskin / ngathet (i)
misyon / mision
misyoner / misionar
mit [efsane] / mit
miting / miting
mitralyöz / mitraloz
miyop / miop
mizaç / karakter
mizah / humor
mobilya / mobilje
moda / modë
modaya uygun / modës (i)
model / model
model / shëmbëll
model / mostër
model yapmak / modeloj
modern / modern
Moğol / Mongol
Moğol dili / gjuhë Mongole
mola vermek / pushoj
Moldavya dili / gjuhë Moldaviane
Moldavyalı / Moldavian
moloz taşı / zhavorr
monoksit / monoksid
monolog / monolog
monte etmek / mbërthej [maqinën]
monte temek / montoj
mor ötesi / ultraviolet
morg / morg
motif / motiv
motor / motor
motorsiklet sepeti / kosh motoçiklete
motosiklet / motoçikletë
mozole / mauzole
muaf tutmak / liroj
muaf tutmak / shkarkoj
muamele / veprim
muamma / gjëzë
muazzam / madhështor
mucir kimse / pronar banese
mucit / shpikës
mucize / mrekulli
muğlak / errët (i)
muğlak / paqartë (i)
muhafaza / përkrahje
muhafız / roje
muhakeme etmek / arësyetoj
muhakeme yeteneği / aftësi për të
 dalluar
muhalefet / kundërshtim
muhalif / kundërshtar
muhasebeci / llogaritar
muhasebecilik / llogari
muhtaç / nevojtar

muhtaç olmak / kam nevojë
muhtasar [kısa ve öz] / përmbledhur (i)
muhtelif / ndryshëm (i)
muhtemel / mundshëm (i)
muhtemelen / ndoshta
muhterem [ünvan] / përhirshëm (i)
 [titul]
muhteşem / madhështor
mukavele / marrëveshje
mukavele şartı / kusht [të marrëveshjes]
mukavemet / qëndresë
mukavemet etmek / qëndroj
mukavva / karton
mukayese etmek / krahasoj
muktedir / aftë (i)
muktedir / zoti (i)
muktedir kılmak / jap mundësi
 [për diçka]
mum / dyll
mum / parafinë
mum / qiri
mumlamak / lyej me dyll
mumyalama / balsamim
mumyalamak / balsamoj
muntazam / rregullt (i)
muntazaman / më së miri
musibet / fatkeqësi
musibet / murtajë
muska / nusk
muson / muson
muşamba / mushama
mutaassıp / fanatik
mutabık / që pajtohet
mutasarrıf / pronar
mutasarrıf / zotërues
muteber / vlefshëm (i)
mutedil / matur (i)
mutfak / kuzhinë
mutlaka / sigurisht
mutlu / lumtur (i)
mutluluk / lumturi
mutsuz / fatkeq
mutsuz / mjerë (i)
muvaffak olmak / arrij qëllimit (ja)
muvaffakiyet / mirëqenie
muz / banane
muzaffer / ngadhënjimtar
mübadele edilebilir / shkëmbyeshëm (i)
mübadele etmek / ndërroj
mübadele etmek / shkëmbej
mübala / teprim
mübalağa etmek / teproj
mübalağa etmek / zmadhoj
mücadele / betejë
mücadele / luftim
mücadele etmek / bëj luftë
mücadele etmek / luftoj
mücadeleci / luftëtar
mücellit / libralidhës
mücevher kutusu / kuti [për unaza etj]
mücevherat / gjëra të çmueshme
mücevherat / gur i çmueshëm
müdafi / mbrojtës
müdahale etmek / ndërhyj
müdür / drejtor
müdüriyet / drejtori
müdüriyet / sekretariat

289

müfettiş / kontrollor
müfredat programı / program mësimor
mühendis / inxhinier
mühendislik / inxhinieri
mühimmat / municion
mühür / vulë
mühürlemek / vulos
müjdeci / paralajmërues
mükemmel / mrekullueshëm (i)
mükemmel / shhkëlqyer (i)
mükemmel / shkëlqyeshëm (i)
mükemmel / shumë i mirë
mülayim / qetë (i)
mülayim / urtë (i)
mülk / pasuri
mülk sahibi / pronar toke
mülkiyet hakkı / drejtë e pronësisë (e)
mülteci / emigrant
mümkün / mundshëm (i)
mümtaz / dalluar (i)
mümtaz / shquar (i)
münakaşa / grindje
münakaşa / zënie [me fjalë]
münakaşa etmek / hahem
münakaşa etmek / përleshem
münakaşa etmek / zihem
münakaşacı / kundërshtar
münasebet / marrëdhënie
münasebetsiz / papërshtatshëm (i)
münasip / rregullt (i)
münevver kimse / intelektual
münhal [boş] / lirë (i)
münzevi / vetmuar (i)
münzevi kimse / oshënar
müphem / paqartë (i)
müptela / tifoz
müracaat eden / kërkues
müracaat etmek / drejtohem (i) [dikujt]
mürekkep / bojë shkrimi
mürekkep balığı / kalmar
mürettip / radhitës
mürver ağacı / shtog
müsaade / leje
müsaade / lejim
müsaade edilebilir / lejueshëm (i)
müsaade etmek / lejoj
müsabaka / kapje
müsabaka / përleshje
müsade etmemek / pranoj (nuk)
müsait / volitshëm (i)
müsamaha / zemërgjerësi
müsamahasızlık / padurueshëm (të qenët i)
müshil / mjet që të dalë jashtë
müshil / purgativ
Müslüman / Musliman
müspet / pozitiv
müsrif / dorëhapur
müsrif / prish pa hesap (që)
müsrif / shkapaderdhës
müsrif / shkapërdar
müstahkem yer / fortesë
müstechen / ndyrë (i)
müstechen / paturpshëm (i)
müstechenlik / paturpësi
müsvedde / dorëshkrim

müşfik / mirëdashës
müşkülpesent / bezdisshëm (i)
müşterek / kolektiv
müşteri / blerës
mütalaa etmek / bëj propizim
müteessif olmak / më vjen keq
mütehakkim / urdhërues
mütehassıs / specialist
mütevazi / përkorë (i)
mütevazi / prirur (i)
müteşebbis / sipërmarrës
müteşekkir / mirënjohës
müzakere / shqyrtim
müzakere etmek / shqyrtoj
müzakere etmek / zhvilloj bisedime
müze müdürü / kujdestar muzeu
müzik / muzikë
müzik notası çizgisi / vija notash muzikore
müzisyen / muzikant

- N -

nadas / tokë ugar
nadir / rrallë (i)
nadir şey / gjë e rrallë
nahoş / papëlqyeshëm (i)
nahoş / shëmtuar (i)
nakavt yapmak / mposht
nakit / para në dorë (me)
nakış işleme / qëndisje
nakış işlemek / qëndis
nakletmek / çoj
nakletmek / mbaj
nakletmek / transmetoj
nalbant / farkëtar
namaz kılmak / falem
namlı / famshëm (i)
namlı / njohur (i)
namlu / tytë [pushke]
nane / mëntë
nar / shegë
narin / elegant
narin [çabuk kırılır] / brishtë (i)
nasıl ? / si ?
nasip / fat
nasır / kallo
navlun / navllo
nazik / butë (i)
nazik / dashamirës
nazik / njerëzishëm (i)
nazik / sjellshëm (i)
nazik / takt (me)
ne / çka
ne bu ne öteki / as ky as ai
ne de / as
ne iyi ne kötü / as i mirë as i keq
ne kadar ? / sa ?
ne oldu ? / ç'ndodh ?
ne suretle / në ç'mënyrë
ne var ? / si është puna ?
ne zaman / kur
neden / arësye
neden / shkak
neden olmak / shkaktoj

nefes alma / frymëmarrje
nefes almak / marr frymë
nefes darlığı olan / sëmurë nga gulçmi (i)
nefes nefese kalmak / gulçoj
nefes verme / nxjerrje fryme
nefes vermek / nxjerr frymën
nefes vermek [buğu] / lëshoj afsh
nefesi kesilmek / zihet fryma (më)
nefesli çalgılar / vegla fryme
nefessiz / pa frymë
nefret / urrejtje
nefret etmek / urrej
nefsani / lakmues
neftyağı / naftë
neftyağı / terepentinë
negatif / negativ
nehir / lumë
nehirle ilgili / lumor
nekletme / transportim
nekletmek / transferoj
nemli / njomë (i)
nerede / ku
nereye / ku
nergis / narcis
nesep / gjini
nesep / origjinë
nesep tetkiki / gjenealogji
neşe / gëzim
neşelendirmek / gëzoj
neşelenmek / gëzohem
neşeli / gëzuar (i)
neşeli / gëzueshëm (i)
neşesi kaçmak / dëshpërohem
neşesizlik / trishtim
neşretmek / botoj
neşretmek / përhap me radio
neşter / nishtër
net / dlirë (i)
net / neto
net / pastër (i)
net / qartë (i)
neticesiz / përfundim (pa)
netlik / qartësi
nezaket / mirësjellje
nezaket / njerëzi
nezaket / takt
nezaketsiz / panjerëzishëm (i)
nezaketsiz / takt (pa)
nezaketsizlik / sjellje e pahieshme
nezaret / mbikëqyrje
nezaret eden / mbikëqyrës
nezaret etmek / mbikëqyr
nezaret etmek / shikoj
nezih / ndershëm (i)
nezle / rrufë
nicel / sasior
niceleyici / sasior
nicelik / sasi
niçin ? / përse ?
nida / thirrje
nihai / fundit (i)
nihayet / mbarim
nihayete kadar / fund (deri në)
nikel / nikel
nikel ile kaplamak / nikeloj
nine / gjyshe
nine (büyük) / stërgjyshe
ninni / këngë djepi
Nisan / Prill
nispet / proporcion
nispi / lidhor
nispi / relativ
nişan / emblemë
nişan / nishan
nişan / shenjë
nişan alametleri / shenjë dallimi
nişan almak / marr nishan
nişancı / nishanxhi
nişancı / pushkatar
nişanlamak / fejoj
nişanlanma / fejesë
nişanlı / fejuar (i.e)
nişasta / nisheste
nitel / cilësor
nitel olarak / cilësi (në)
niteleyici / cilësor
nitelik / cilësi
nitrik / nitrik
niyet etmek / paracaktoj
niyet etmek / kam qëllim
nizam / ligjë
nizam / rend
nizam / rregull
nizama koymak / rregulloj
Noel / Krishtlindje
noel baba / plaku i krishtlindjeve
noksan / mungues
nokta / pikë
nokta koymak / vë pikë
nokta (en aşağı) / pika më e ulët
noktalama / pikësim
noktalamak / vë shenjat e pikësimit
noktalı virgül / pikëpresje
norm / normë
normal / normal
normal olmayan / normal (jo)
Norveç dili / gjuhë Norvegjeze
Norveçli / Norvegjez
not / shënim
not almak / shënime (bëj)
not defteri / libër shënimesh
nota / nota
nota / notë
noter / noter
nöbetçi / roje
nöbetçi kulübesi / kabinë roje
numara koyma / numërim
numara koymak / vë në numër
numaralamak (sayfaları) / numëroj faqet
numaralandırmak / numërtoj
numarasız / panumërt (i)
numune / model
numune / mostër
nutuk çekmek / deklamoj
nutuk çekmek / ligjëroj
nutuk çekmek / mbaj [ljalë]
nutuk [hitabet] / deklamim
nüans / nuancë
nüfus / popullësi
nüfus sayımı / regjistrim [i pop.]
nüfuslaştırmak / populloj
nüfusu azaltmak / çpopullzoj

291

nüfuz edilebilir / depërtueshëm (i)
nüfuz etmek / depërtoj
nüksetme / përsëritje
nükte / epigramë
nüve / thelb

- O -

o cıvarda / aty afër
o kadar ki / aq...sa
o sebepten / prej andej
o vakit / në atë kohë
o zaman / atëherë
o [dişil] / ajo
o [erkek] / ai
objektif / objektiv
obüs / obus
obur / grykës
obur / llupës
obur / pangopur (i)
oburluk / grykësi
ocak / oxhak
ocak yan çıkıntısı / buzë vatre
Ocak [ay] / Janar
oda / dhomë
oda tutmak / zë një dhomë
odak / fokus
odun / dru
odun çekici / kopan [çekiç druri]
odun kömürü / qymyr druri
oduncu / druvar
ofis / zyrë
oğlak / kec
oğul / bir
oğul (üvey) / bir i gjetur
ok / shigjetë
oklava / kallam
oklava / kallm
oklava / okllai
okside etmek / oksidoj
oksijen / oksigjen
oksit / oksid
oksitlenmek / oksidohet
okul / shkollë
okul arkadaşı / shok shkolle
okul yönetim kurulu / këshill i shkollës
okul (yatılı) / internat
okuma / lexim
okuma kitabı / abetare
okuma salonu / sallë leximi
okumak / lexoj
okumuş (çok) / mësuar (i)
okunmaz / palexueshëm (i)
okunmazlık / palexueshmëri
okunur / lexueshëm (i)
okur / lexues
okutmak [öğretmek] / mësoj
okutman / lektor
okuyucu / lexues
okuyup yazma / shkrim dhe këndim
okyanus / oqean
okşama / ledhatim
okşama / përkëdhelje
okşamak / ledhatoj
okşamak / llastoj
okşamak / përkëdhel
olanak / mundësi
olası / mundshëm (i)
olasılık / mundësi
olay / çeshtje
olay / rast
olağan / zakonshëm (i)
olağan dışı / jashtëzakonshëm (i)
oldu bitti / fakt i kryer
olduğu gibi / kështu...që
olduğu halde / megjithëse
olgun / arrirë (i)
olgun / pjekur (i)
olgunlaşmak / piqet
olgunluk hali / pjekuri
olmak / bëhem
olmak / gjendem
olmak / jam
olmak / ndodh
olmasın diye / se mos [që të mos]
olta kamışı / kallam grepi
oluk / ulluk
olup olmadığını / ose...ose
oluş / ndodhje
om / om
omurgasız / vertebrorë (jo)
omuz / shpatull
omuzlamak / ngarkoj në kurriz
on altı / gjashtëmbëdhjetë
on altıncı / gjashtëmbëdhjeti (i)
on beş / pesëmbëdhjetë
on beşinci / pesëmbëdhjeti (i)
on bir / njëmbëdhjetë
on birinci / njëmbëdhjeti (i)
on dördüncü / katërmbëdhjeti (i)
on dört / katërmbëdhjetë
on dokuz / nëntëmbëdhjetë
on dokuzuncu / nëntëmbëdhjeti (i)
on iki / dymbëdhjetë
on ikinci / dymbëdhjeti (i)
on kat / dhjetëfish
on sekiz / tetëmbëdhjetë
on üç / trembëdhjetë
on üçüncü / trembëdhjeti (i)
on yedi / shtatëmbëdhjetë
on yedinci / shtatëmbëdhjeti (i)
on yıllık / dhjetor
ona [onu] [dişil] / saj (i) [asaj]
ona [onu] [eril] / atë [atij]
onarma / përtëritje
onarma / riparim
onarmak / arnoj
onarmak / ndreq
onarmak / përtërij
onarmak / riparoj
onay / aprovim
onaylama / vërtetim
onaylamak / aprovoj
onaylamak / pranoj
onaylamak / vërtetoj
onda bir / dhjeta pjesë (e)
ondalık / decimal
ondalık / dhjetore
ondan dolayı / ja përse
onlara [onları] / ata [ato]
onlardan biri / njëri prej tyre
onların [onlarınki] / tyre (i)

onu [ona] / atë [atij, asaj]
onun / tij (i) [i saj]
onun için / prandaj
onun üzerine / pastaj
onuncu / dhjeti (i)
onurlu / ndershëm (i)
opera / opera
opera binası / teatër i operas
opera dürbünü / dylbi teatri
operatör / operator
optik / optikë
orada / atje
orak / drapër
orakçı / korrës
oralarda / rreth kësaj
oran / përpjesë
oran / proporcion
orantı kurmak / vë në proporsion
orantılı / proporcional
ordu / ushtri
organ / organ
organik / organik
organizma / organizëm
organun / organo
orkestra / orkestër
orman / pyll
orman korucusu / rojtar pylli
orman (vahşi) / xhungël
orospu / kurvë
orospu / prostitutë
orta / mes
orta / mesatar
orta okul / shkollë e mesme
ortaç / pjesore
ortadan kaldırma / zhdukje
ortadan kaldırmak / zhduk
ortak / përbashkët (i)
ortak / pjesëtar
ortalama / mesatar
ortanca / hortensë
ortanca / ndërmjetëz
ortaya çıkarmak / zbuloj
ortaya çıkmak / zbulohet
ortodoks / ortodoks
oruç / kreshmë
oruç tutmak / mbaj kreshmë
ot / bar
ot yığını / mullar
ot (kuru) / sanë
otel / hotel
otlak / kullotë
otlatmak / kullot [bagëtinë]
otobüs / autobus
otokrasi / autokraci
otomatik / automatike
otomobil / automobil
otonom / autonom
otopark / park [automobilash]
otopsi / autopsi
otorite / autoritet
otostop yapmak / udhëtoj me autostop
oturma / banim
oturmak / rri
oturmak / ulem
oturmak [ikamet etmek] / banoj
oturtmak / ul
oturum / seancë

oturum / sesion
otuz / tridhjetë
otuzuncu / tridhjeti
ova / fushë e gjerë
ova / luginë
oval / oval
ovalamak / fërkoj
ovar / ovar
ovma / fërkim
ovmak / fërkoj
oy kullanma hakkı / drejtë votimi (e)
oy pusulası / kokërr votimi
oy toplamak / mbledh vota
oy verme hakkı / drejtë votimi (e)
oy vermek / votoj
oyalamak / vonoj
oyalanma / vonim
oyalanmak / humb kohën kot
oyalanmak / zbavitem
oyma / gdhendje
oymak / gdhend
ovmak / skalit
oynak / hedhur (i)
oynama / kërcim
oynamak / kërcej
oynamak / luaj
oynatmak (yerinden) / luaj nga vendi
oysa / kurse
oysa / ndërsa
oyuk / gropë
oyuk / strofull
oyun / lojë
oyun [dans] / valle
oyuncak / çakël
oyuncak / lodër
ozon / ozon

- Ö -

öç alan / hakmarrës
ödeme / pagesë
ödeme / pagim
ödeme gücü / aftësi pagimi
ödeme listesi / listë pagesash
ödeme makbuzu / dëftesë pagimi
ödemek / paguaj
ödemek / shpërblej
ödemek (peşin) / parapaguaj
ödemek [borç] / shlyej [borxhet]
ödenebilir / pagueshëm (i)
ödenmemiş / papaguar (i)
ödeşmek / shpaguhem
ödlek / shpirtvogël
ödlek / frikaman
ödül vermek / jap dhuroti [diçka]
ödünç almak / marr hua
ödünç vermek / jap hua
öfke / zemërim
öfke / acarim
öfkelendirmek / tërboj
öfkelenmek / tërbohem
öfkeli / tërbuar (i)
öfkeli / rrëmbyer (i)
öfkeli kimse / gjaknxehtë
öğe / pjesë

293

öğle vakti / mesditë
öğle yemeği / drekë
öğle yemeği yemek / ha drekën
öğleden evvel / paradreke
öğleden sonra / pasdreke
öğrenci / student
öğrenci (erkek) / nxënës
öğrenci (kız) / nxënëse
öğrenim / mësim
öğrenme / mësim
öğretim / mësim
öğretme / mësim
öğretmek / mësoj
öğretmen (erkek) / mësues
öğretmen (kadın) / mësuese
öğün / gjellë
öğütmek / bluaj
ökseotu / vishtull
öksürmek / kollitem
öksürük / kollë
öküz / ka
ölçme / matje
ölçme aleti / vegël matëse
ölçmek / mat
ölçü / kriter
ölçü / madhësi
ölçü / masë
ölçülebilir / matshëm (i)
ölçülemeyen / pamatshëm (i)
ölçülemez [çok büyük] / pamatur (i)
ölçülü / matur (i)
ölçülülük / maturi
ölçüm yapmak / matje (bëj)
ölçünmek / kujtoj
ölçünmek / peshon
ölçüsünü almak / marr masën
ölçüsüz / pamasë
ölçüt / kriter
öldürme (adam) / vrasje
öldürmek / çoj në botën tjetër
öldürmek / vras
öldürücü / vdekjeprurës
öldürücü / vdekshëm (i)
öldürücü darbe / goditje vdekjeprurëse
ölme / vdekje
ölmek / vdes
ölmek üzere / duke vdekur
ölü / vdekur (i)
ölü doğmuş / dështuar (i)
ölü kaldırıcısı / varrmihës
ölü nokta / pikë e vdekur
ölüler listesi / listë e të vdekurve
ölüm / vdekje
ölüm çanı / kumbonë e vdekjes
ölüm hızı / përqindje e vdekjeve
ölümcül / vdekjeprurës
ölümden sonra / pas vdekjes
ölümlü / vdekshëm (i)
ölümlülük / mortalitet
ölümlülük / vdekshmëri
ölümsüz / pavdekshëm (i)
ölümsüz olarak / pavdekësi
ömür boyu / gjatë tërë jetës
ön / ball
ön ayak / këmbë e përparme
ön ek / parashtesë
ön taraf / anë e përparme

önce / para
önceden / më parë
önceden / më përpara
önceden / përpara
önceden bilen / parashikues
önceden bilme / paradije
önceden hazırlanmış / pregatitur me kohë (i)
önceki / mëparshëm (i)
önceki / që vjen përpara
öncel / parë (i)
öncelik / paraardhje
öncü / pioner
öncü kolu / pararojë
öncül / kusht paraprak
öncülük / udhëheqje
önde / para
önde / parë (i)
önde / përpara
önder / udhëheqës
önderlik etmek / udhëheq
öne sürmek / çoj përpara
önem / vleftë
önem vermek (çok) / çmoj shumë
önem vermemek / përlill (nuk)
önemi olmak / ka rëndësi
önemli / rëndësishëm (i)
önemli / shquar (i)
önemsemeden / duke mos marrë parasysh
önemsemeye değmez / papërfillshëm (i)
önemsemeye değmez / parëndësishëm (i)
önemsiz / palëndët (i)
önemsiz / parëndësishëm (i)
önemsiz bir şey / vogëlsirë
önemsizlik / vogëlsi
öneri / këshillë
öneri / propozim
önermek / ofroj
önermek / propozoj
önleme / parandalim
önlemek / parandaloj
önlemek / shmang [rrezikun]
önlük / gjoks këmishe
önlük / mantel
önlük / përparëse
önsezi / parandjenjë
önsöz / hyrje
önsöz / parathënie
önüne geçmek / dal përpara (i)
önyargı / paragjykim
öpmek / puth
öpmek (şapır şupur) / puth pllug e pllug
öpüş / puthje
ördek / rosë
ördek palazı / bibë rose
ördek tüyü / push rose
örgü örmek / gërshetoj
örgü şişi / shtizë
örmek / gërshetoj
örmek / thur
örnek / mostër
örnek / shembull
örneğin / përshembëll
örs / kudhër
örtmek / mbuloj

örtü / mbulesë
örtü / pëlhurë
örtü görevi görmek / shërbej si mbulesë
örtülü / ngushtë (i)
örülmek / gërshetohet
örümcek / merimangë
örümcek ağı / fije marimange
öte yandaki / andejshëm (i)
ötede / andej
ötmek / gugat
ötmek (baykuş gibi) / bërtas si kukuvajkë
ötmek [horoz] / këndon [gjeli]
ötücü kuş / zog këngëtar
övgü / lavdërim
övgü / lavdi
övgü dolu / plot lëvdata
övme / lavdërim
övmek / lavdëroj
övmek / lëvdoj
övülebilir / lavdërueshëm (i)
övüngen kimse / mburravec
övünmek / lavdërohem
öyle / ashtu
öz / lëng
öz / përmbledhur (i)
öz / thelb
özdeş / njëjtë (i)
özel / privat
özel / special
özel / veçantë (i)
özellik / veçori [karakteristike]
özellikle / sidomos
özenli / kujdesshëm (i)
özerk / pavarur (i)
özerklik / vetëqeverisje
özet / parashtrim i shkurtër
özet / përmbledhje
özet / shkurtim
özetlemek / përmbledh
özgeçmiş / jetëshkrim
özgü / specific
özgül ağırlık / peshë specifike
özgün / origjinal
özgünlük / origjinalitet
özgür / lirë (i)
özgür kılma / çlirim
özgür kılmak / çliroj
özgürlük / liri
özindükleme / autoindukcion
özlem / mall
özlemek / merr malli (më)
özlü / përmbledhës
özlü [sulu] / lëngshëm (i)
öznel / kryefjalor
özsu / lëng
özür / shfajësim
özür dilemek / shfajësohem

- P -

paçayı kurtarmak / shpëtoj [nga halli]
paha biçilmez / paçmueshëm (i)
pahalı / kushtueshëm (i)
pahalı / shtrenjtë (i)

paket / paqetë
paketleme / mbështjellje
paketlemek / lidh nyje
paketlemek / mbështjell
paketlemek / paketoj
paketlenmek / paketohet
pakt / pakt
palavra / dokrra
palavra / pallavra
palaz / zog i ri
palet [boyama tahtası] / paletë
palmiye / palmë
palto / pallto
palyaço / bufon
palyaço / palaço
pampa / pampas
pamuk / pambuk
pamuk barutu / piroksilinë
panayır / panair
pancar (kırmızı) / rrepë e kuqe
pancere canı / xham dritareje
pancere kanadı / kanatë
pandomima / pantomimë
panik / lemeri
panik / panik
paniğe kapılmış / lebetitur (i)
pankreas / pankreas
pano / panel
pano ile süslemek / vesh me panele
panorama / panoramë
pansiyon / shtëpi pensioni
pansiyoncu kadın / zonjë e shtëpisë
pansiyoner / qiraxhi
panter / panterë
pantolon / pantallona
pantolon (eski moda) / tuta
papa / papë
papaz / prift
papaz evi / shtëpi prifti
papazlık / kler
papağan / papagall
para / para
para bulmak / gjej para
para cezası / gjobë
para cezasına çarptırmak / gjobit
para havalesi / dërgim të hollash
para kazanmak / fitoj para
para kesesi / kuletë
para kesesi / qese
para koyma / investim i kapitalit
para yardımı / ndihmë në të holla
para yardımı vermek / ndihmoj [me të holla]
para yatırmak / vendos [kapital]
para (ufak) / monedhë me vlerë të vog.
parabol / parabolë
parabolik / parabolik
paradoks / paradoks
parafin / parafinë
paragraf / paragraf
paralel / paralel
paralelkenar / paralelogram
paralelyüz / paralelopiped
paralı asker / mercenar
parantez işareti / kllapa të rrumbullakta
parasız / para (pa)

295

paratoner / rrufepritës
parazit / parazit
paraşüt / parashutë
paraşütçü / parashutist
parça / copë
paraşütle inmek / zbres me parashutë
parça / pjesë
parça parça / copa copa
parça parça etmek / bëj copë copë
parça (kesilmiş) / pjesë e prerë
parça (ufak) / copë e prerë
parçalama / copëtim
parçalamak / copëtoj
parçalanmak / bëhet copë copë
parçalara ayırma / ndarje pjesë pjesë
parçalara ayrılmış / copëtuar (i)
parfüm / parfum
parfümeri / parfumeri
parıldama / shkëlqim
parıldama / vezullim
parıldamak / shkëlqej
parıldamak / shkëlqen
parıldamak / vezullon
parıltı / shkëlqim
parıltı / vezullim
park / park
parke / parket
parlak / ndritshëm (i)
parlak / shkëlqyer (i)
parlak / shkëlqyeshëm (i)
parlak ve kaygan / lëmuar (i)
parlaklık / ndriçim
parlaklık / shkëlqim
parlamak / shkëlqen
parlamento / parlament
parlatmak / lëmoj
parlatmak / lustroj
parmak / gisht
parmak ucu / mollëz e gishtit
parmaklık / grila
parmaklık / kangjella
parmaklık / parmakë
parodi / parodi
parola / parullë
parsel / parcelë [toke]
parti / parti
partisiz / paparti (i)
partizan / partizan
parşömen / pergamen
pas / ndryshk
pasaj / pasazh [nga libri]
pasaklı / lloshko
pasaklı kadın / grua e çrregullt
pasaport / pasaportë
pasif / pasiv
paslanmaz çelik / çelik i pandryshkshëm
paslı / ndryshkur (i)
pasta / pastë
pastacı / pastiçer
pastahane / pastiçeri
pastırma / pastërma
pastırma yazı / verë e pambarim
patates / patate
paten / patinë
patika / rrugicë
patika / shteg

patinaj alanı / fushë patinazhi
patinaj sahası / shesh patinazhi
patinaj yapan kimse / patinator
patlama / plasje
patlamak / pëlcas
patlamak / shpërthej
patlatıcı / fitil ndezës
patlatıcı / plasës
patlatmak / plas
patlayıcı madde / lëndë plasëse
patron / patron
patron / pronar
pay / numerator
payda / pjesëtues
paye / titull
paylaşmak [iki kısma] / ndaj përgjysëm
paylaştırmak / përpjesëtoj
pazar / pazar
pazar / treg
Pazar [gün] / Djelë (e)
pazarlık yapmak / pazarllëk (bëj)
Pazartesi / Hënë (e)
peçe ile örtmek / mbuloj me perçe
peçete / pecetë
pedagoji ilmi / pedagogji
pedagojik / pedagogjik
pedal / pedal
peder [baba] / atë
pejmürde / rreckosur
pek çok / tepër
pekişmek / forcohem
pekiştirmek / forcoj
peksimet / peksimadhe
pelin / pelin
pelte / pelte
peltekçe konuşmak / bëlbëzoj
pelvis / komblik
pelvis / legen
pembe renk / ngjyrë rozë
penaltı / penallti
pençe atmak / prek me putër
pençe vurmak (ayakkabı.) / hedh gjysma
pencere / dritare
pencere çerçevesi / kornizë dritareje
pencere kafesi / parmakë
pense / pinca [kirurgjike]
pepelemek / bëlbëzoj
pepsin / pepsinë
perakende satıcı / shitës me pakicë
perakende satış / shitje me pakicë
perakende satmak / shes me pakicë
perçem / balluke
perçin çivisi / gozhdë
perçin çivisi / shajkë
perçinlemek / mbërthej
perde / perde
perde önü / paraskenë
perde (geçici tahta) / gardh dërrasash
perdelemek / vë perde
perdelik kumaş [sert] / pëlhurë e ashpër
perhiz / dietë
perişan / shkretë (i)
perişan etmek / shkretoj
perküsyon / perkusion
peroksit / peroksid
personel / personel

perspektif / perspektivë
peruka / parukë
pervasız / çkujdesur (i)
peryodik / periodik
Perşembe / Enjte (e)
peşin ödeme / parapagim
petrol / naftë
petrol / vajguri
petrol hattı / naftësjellës
petrol kuyusu / pus nafte
peygamber / profet
peygamber çiçeği / kokoçel
peynir / djathë
peyzaj / peizazh
pezevenk / kodosh
pıhtılaşmak / pikset
pınar / burim
pırasa / pras
pırıltı / ndriçim
pırıltı / shkëlqim
pırıltı / vezullim
piç / kopil
pide / lakror
pijama / pizhame
piknik / piknik
pikrik asit / acid pikrik
pil / bateri
pilav / gjellë me oriz
piliç / zog pule
pilot / pilot
pilot (yardımcı) / pilot i dytë
pinti / neqez
piramit / piramidë
piramit şeklinde / piramidal
pire / plesht
pirinç / bakër i verdhvë
pirinç / oriz
pis / ndyrë (i)
piskopos / peshkop
pislik / ndyrësirë
pistil / pistil
piston / piston
piston kolu / biellë
pişirmek / pjek
pişirmek (hafif) / përvëloj
pişman / pendimtar
pişman / pendur (i)
pişman / trishtur (i)
pişman olmak / pendohem
pişmanlık / pendim
pişmemiş (iyi) / papjekur (i)
piyade / këmbësor
piyade / pedinë
piyango / llotari
piyanist / pianist
piyano / piano
plan / plan
plan / skemë
plan çizen kimse / vizatues
plan yapma / projektim
plan yapmak / planifikoj
plan (ön) / plan i parë
planör / planer
plastik / plastik
platform / platformë
plağa almak / incizoj në pllakë

pli / palë
pohpohlamak / llastoj
poker / poker [bixhoz]
polarlamak / polarizoj
polen / polen
poliçe / policë [sigurimi]
poligon / vend qitje
polis / polic
polis idaresi / polici
polis müdürü / shef i policisë
polis müfrezesi / njësi policore
politika / politikë
Polonya dili / Polonisht
Polonyalı / Polak
pompa / pompë
pompa ile şişirmek / pompoj
popüler / popullor
porselen / porcelanë
porsiyon / porcion [gjelle]
porsuk / baldosë
porsuk / vjerdull
portakal / portokall
portakal ağacı / dru portokalli
portakal rengi / ngjyrë portokalli
portatif / portativ
Portekiz dili / gjuhë Portogeze
Portekizli / Portegez
porto şarabı / verë portogalie
portre / portret
posa / fundërri
post / gëzofa
posta / postë
posta arabası / karrocë postare
posta damgası / vulë postare
posta havalesi / çek postar
posta ile göndermek / dërgoj me postë
posta kutusu / kuti postare
posta pulu / pullë postare
posta ücreti / taksë postare
postacı / postier
postane müdürü / drejtor poste
potas / potasë
potasyum / kalium
potensiyel / potencial
poyraz rüzgarı / erë e fortë veriu
poz / pozë
poz vermek / pozoj
pozitif / pozitiv
pörsümüş / rrudhur (i)
pranga / pranga
pranga / vargue
prangaya vurmak / lidh me pranga
pratik / praktik
prens / princ
prenses / princeshë
prensip / parim
prestij / prestigj
priz / prizë
profesor / profesor
profesyonel / profesional
profil / profil
prognoz / prognozë
program / program
proje / projekt
projeksiyon / projeksion
projektör / projektor
projelendirmek / bëj projektin

297

projelendirmek / projektoj
propaganda / propagandë
propagandacı / propagandist
protestan / protestant
protesto / protestë
protesto etmek / protestoj
protez / protezë
protokol / protokol
protokol yapmak / protokoloj
prova [piyes] / provë [teatrale]
pruva [gemi] / ballë [anijeje]
psikiyatr / psikiatër
psikiyatri / psikiatri
psikiyatrist / psikiatër
psikolog / psikolog
psikoloji / psikologji
pudra / pudër
pudra kutusu / kuti pudre
pul / pullë
pul yapıştırmak / ngjit pulla
pul (madeni) / pikël
pul [balık] / luspë
punç / punç
pupa / krizalidë
pupa / pupë
puro / puro
pus / tym mjegulle
pusu / pritë
pusuya yatarak öldürmek / vras me pusi
pusuya yatmak / fshihem në pritë
pusuya yatmak / rri në pritë
put / idhull
putperest / pagan
putperestlik / paganizëm
püflemek / çfryj
püre / pure
püre yapmak / bëj pure
pürüzlendirmek / ashpërsoj
pürüzlü / ashpër (i)
pürüzsüz / lëmuar (i)
püskül / xhufkë
püsküren / shpërthen (që)
püskürgeç / pulverizator
püskürme / shpërthim
püskürmek [volkan] / shpërthen [vullkani]
püskürtmek / zmbraps [sulmin,...]

- R -

rabıta / këpujë
raca / raxhë
radar ile bulma / radiolokacion
radyatör / radiator
radyo / radio
radyo dinlemek / dëgjoj radion
radyografi / radiografi
radyum / radium
raf / raft
rafa koymak / vë në sergjen
rafine şeker / sheqer i rafinuar
rafineri / rafineri
rağmen / kundër në kundërshtim
rahat / komod

rahat / rehatshëm (i)
rahat durmayan / rehat (që nuk rri)
rahat ettirmek / qetësoj
rahat vermez / shqetësues
rahatsız / parehatshëm (i)
rahatsız / sëmurë lehtë (i)
rahatsız etmek / mërzit
rahatsız etmek / ngacmoj
rahatsız etmek / shqetësoj
rahatsız etmek / trazoj
rahatsızlık / sëmundje e lehtë
rahatsızlık / shqetësim
rahibe / murgeshë
rahibe manastırı / manastir grash
rahim / mitër
rahip / murg
rahip / prift
rakabet / shemëri
raket / raketë
rakı kazanı / kazan rakie
rakip / që ka hyrë në garë
rakip / shemër
rakip olmak / shemroj
randevu / takim
randıman / rendiment
ranza / shtrat [portativ]
rapor / raport
rapor yazmak / raportoj
rapsodi / rapsodi
rasathane / observator
rasgele / rastësishëm (i)
raslantısal / rastësishëm (i)
rastgelmek / takoj [rastësisht]
rastlantıya bağlı / rastësishëm (i)
rastlaşmak / puthiset
raşitizm / rakitizëm
razı olma / nënshtrim
razı olmak / nënshtrohem (i)
reçete / recetë
reçine / kolofan
reçine / rrëshirë
reddetmek / hedh poshtë
reddetmek / heq dorë [nga diçka]
reddetmek / kundërshtoj
reddetmek / mohoj
redingot / redingot
refah / mirëqenia
refakat / shoqërim
refakat etmek / shoqëroj
reform / reformë
reform yapmak / reformoj
rehber kitabı / libër udhëzues
rehin / peng
rehin bırakmak / le peng
rekabet / garë
rekabet / konkurencë
rekabet etmek / bëj gara
rekabet etmek / hahem
rekabet etmek / konkurroj
rekabet etmek / matem
reklam / reklamim
reklam ajansı / agjent reklamimi
reklamını yapmak / reklamoj
rektör / rektor
rende / rende
rende / zdrukth

rendelemek / gërryej
rendelemek / zdrukthoj
rengarenk / larosh
renk / ngjyrë
renk renk / plot ngjyra
renk (kapalı) / ngjyrë e mbyllur
renklendirmek / ngjyros
renksiz / ngjyrë (pa)
resim / figurë
resim / pikturë
resim / vizatim
resim yapmak (boya ile) / pikturoj me ngyra
resimli iskambil kağıdı / figura [në letra]
resmetmek / bëj një vizatim
resmetmek / figuroj
resmetmek / vizatoj
resmi / zyrtar
resmi emir [istek] / kërkesë zyrtare
resmi gazete / gazetë zyrtare e qever.
resmi olmayan / zyrtar (jo)
resmi rapor / raport zyrtar
resmiyet / formalitet
respiratör / maskë kundër gazeve
ressam / piktor
ret / kundërshtim
ret / mohim
ret / mospranim
ret / refuzim
revak / hajat
reverans yapma / nderim me përkulje
rey / votë
rezalet / turp
rezil / famëkeq
rezil / poshtër (i)
rezil etmek / turpëroj
rıhtım / mol
rıhtım / skelë
rıza / lejim
rica / lutje
rica etmek / lut
rica etmek / lutem
rica etmek / lutje (bëj)
ring / ring
ringa / rrëngë
risale / fletushkë
risk / rrezik
riske girmek / rrezikoj
ritim / ritm
rivayet / gojëdhanë
roket / raketë
rol / rol
rol oynamak / luaj rolin
rom / rum
Romalı / Romak
roman / roman
roman yazarı / romancier
romantik / romantik
Romanyalı / Roman
romatizmalı / reumatik
Romen / Rumun
Romence / gjuhë Rumune
rota / drejtim udhëtimi
rotayı şaşırmak / shmangem nga drejtimi
rölyef / reljev

röntgen ışını / rreze rontgen
ruam / kërmjotë
ruh / esencë
ruh / shpirt
ruhsal / shpirtëror
ruhsuz [cansız] / shpirt (pa)
Rus / Rus
Rusça / gjuhë Ruse
rutubet / lagështi
rutubet / lagështirë
rutubetli / lagësht (i)
rüşvet / mitë
rüşvet / ryshfet
rüşvet almak / marr ryshfet
rüşvet verme / mitosje
rüşvet vermek / jap ryshfet
rüşvetçi / ryshfetçi
rüşvetçilik / mitosje
rütbe [sınıf] / titull
rüya / ëndërr
rüya görmek / shoh në ëndërr
rüzgar / erë
rüzgarlı / erë (me)

- S -

saadet / lumturi
saadet / mirëqenie
saat / orë
saat / sahat
saat başı (her) / çdo orë
saat cebi / xhep për sahat
saat zembereği / zemberek sahati
saatçi / orëndreqës
sabah / mëngjez
sabah yıldızı / yll i mëngjezit
saban / plug
saban demiri / plor
saban izi / brazhdë
saban süren kimse / lërues
sabır / durim
sabır / qëndresë
sabırlı / durueshëm (i)
sabırsız / paduruar (i)
sabırsız / paqendrueshëm (i)
sabırsızlık / paqëndrueshmëri
sabit / konstant
sabit / pandryshueshëm (i)
sabit / qëndrueshëm (i)
sabit eşya / send i mbërthyer
sabite / madhësi
sabitleşmiş / ngulitur (i)
sabitleştirmek / forcoj
sabitlik / qëndresë
sabotaj / sabotim
sabotaj yapmak / sabotoj
sabotajcı / sabotator
sabretmek / duroj
sabun / sapun
sabun köpüğü / shkumë sapuni
sabun kutusu / kuti sapuni
sabunlamak / sapunis
sabunlu su veya köpük / shkumë ose ujë sapuni
saç / flok

299

saç lülesi [örgü] / kaçurrel [gërshetë]
saç örgüsü / gërshetë [flokësh]
saç tokası / karficë
saç tuvaleti / krehje
saçma / absurd
saçma / saçme
saçma iş / punë pa mend
saçma konuşma / llomotitje
saçma sapan [söz] / gjëra pa rëndësi
saçmak / hedh
saçmak / shkapaderdh
saçmalama / llomotitje
saçmalamak / llomotit
saçmalamak / mbaj me pallavra
saçmalamak / them fjalë të kota
saçmalık / kotësi
saçmalık / pallavra
sadakat / besnikëri
sadakat yemini / nderim
sadece / vetëm
sadeleştirilemez / pazvogëlueshëm (i)
sadık / besnik
sadık / bestar
saf / keq (pa të)
saf / padjallëzuar (i)
saf / pastër (i)
saf / thjeshtë (i)
safha / fazë
safileştirmek / pastroj
saflık / pastërti
saflık / rafinim
safra / vrer
safran / shafran
sağ kalmak / mbetem gjallë
sağ salim / shëndosh e mirë
sağanak / rrëke
sağanak / shi i madh
sağanak halinde yağmek / bie shi i madh
sağduyu / mençuri
sağgörü / maturi
sağgörülü / matur (i)
sağır / shurdhër (i)
sağır dilsiz alfabesi / alfabet i shurdhëmemecë.
sağır ve dilsiz / shurdhë memec
sağırlaştırmak / shurdhoj
sağkalım / mbeturit gjallë (të)
sağlam / shëndoshë (i)
sağlamak / sjell
sağlamlaştırmak / forcoj
sağlık / shëndet
sağlıklı / shëndoshë (i)
sağlığa zararlı / kundër shëndetit
sağmak (süt) / mjel
sağmal / qumështi
saha / fushë
sahil boyu / bregdet
sahip / pronar
sahip / zot
sahip / zotërues
sahip olmak / kam
sahne / skenë
sahne amiri / regjizor
sahne dekoru / dekoracione
sahra topçusu / artileri e lehtë fushore
sahra topu / top fushor

sahte / falsifikim
sahte / gënjeshtërt (i)
sahte / kallp
sahtekarlık / falsifikim
sahtekarlık / mashtrim
sahtekarlık / mashtronjës
sahtesini yapmak / falsifikoj
sakal / mjekër
sakar / ngathët (i)
sakarin / sakarinë
sakarlık / ngathtësi
sakat etmek / sakatoj
sakin / banues
sakin / butë (i)
sakin / qetë (i)
sakin / urtë (i)
sakinleşmek / qetësohem
sakinleşmek / qetësohet [era,.]
sakinleştirici / qetësues
sakinleştirmek / qetësoj
sakinlik / qetësi
sakınmak / hap sytë
sakınmak / largohem
sakınmak / ruhem [nga]
sakınmak / shmangem (i)
saklama / ruajtje
saklamak / fsheh
saklamak (avuç içinde) / fsheh në duar
saklamak (ihtiyaden) / rezervoj
saklamak (ihtiyaden) / ruaj
saklambaç [oyun] / kukamçefthi
saklanmış / fshehtë (i)
saklayan / ruajtës
saklı / fshehtë (i)
saksağan / laraskë
saksı / saksi
sal / trap
salah / përmirësim
salata / sallatë
salata / sallatë marule
salatalık / kastravec
salatalık / trangull
salça / salcë
salça ilave etmek / hedh salcë (i)
saldırgan / agresiv
saldırgan / sulmues
saldırı / depërtim
saldırı / pushtim
saldırı / sulm
saldırı (şiddetli) / sulm i tërbuar
saldırmak / sulmoj
salgın / epidemi
salınma / luhatje
salınmak / lëkundem
salınmak / luhatet
salınmak [su yüzeyinde] / lundroj [në sipërfaqe]
salıvermek / lëshoj
sallama / tundje
sallamak / lëkund
sallamak / tund
sallamak (beşik) / përkund
sallandırmak / lëkund
sallandırmak / kolovit
sallanmak / lëkundem
salon / sallë
salon / sallon

salt gerçek / vërteta lakuriq (e)
saltanat / mbretërim
salya / jargë
salya akamak (ağzından) / jargëzoj
salya akıtmak / lëshoj jargë
salya saçmak / spërkas me jargë
salyangoz / kërmill
saman / kashtë
saman tırmığı / furkë
saman yatağı / dyshek kashte
saman yığını / mullar
samanlık / mullar
Samanyolu / Kashta e kumtrit
samimi / përshpirtshëm (i)
samimi / përzemërt (i)
samimi / sinqertë (i)
samimi / zemërhapur
samimi / bindur (i)
samimi dost / miq i ngushtë
samimiyet / sinqeritet
samimiyet / zemërmirësi
samimiyetsiz / pasinqertë
samur / samur
samur kürkü / gëzof samuri
sanat / art
sanatçı / artist
sanatkar / artizan
sanatoryum / sanatorium
sancak / flamur
sancı (şiddetli) / sëmbim
 [dhëmbje therëse]
sandal / sandall
sandal (hafif) / lundër
sandal [çarık] / sandale
sandalye / karrige
sandalye (salıncaklı) / karrige
 lëkundëse
sandık / arkë
sandık / sënduk
sandviç / sandviç
sanı / mendim
sanki / sikur
sanma [farz etme] / pandehje
sanmak / pandeh
sanrı / vegim
santigrad / centigrad
santral / kuadri i shpërndarjes
santrifüj / centrifugal
santur / çembalo
sap / bisht
sap [kama,bıçak] / dorëz [kame,thike]
saplamak / fut
saplamak / ngul
saplamak / shpoj
sapma / shmangie
sapmak / shmang
sapmak / shmangem
sapsağlam / shëndosh e mirë
saptırma / shmangie
saptırmak / shmang
sara / epilepsi
saraç / saraç
sararmak / zbehem
sardalye / sardelë
sardunya çiçeği / elbarozë
sarfetmek / shpenzoj
sarfetmek (boşuna) / shpenzoj kot

sargı kağıdı / letër mbështjelljeje
sarhoş / dehur (i)
sarhoş / pianec
sarhoş / pirë (i)
sarhoşluk / dehje
sarı / verdhë (i)
sarı papatya / lule shqerre
sarı renk / ngjyrë e verdhë
sarih / qartë (i)
sarih / saktë (i)
sarılık hastalığı / verdhësi
sarılma / përqafim
sarılmak / përqafoj
sarımsak / hudhër
sarışın / flokëverdhë
sarkaç / lavjerës
sarkık / varur (i)
sarkıtmak / var
sarkmak / nxjerr kokën
sarkmak / varem
sarkmak / varet
sarmak / mbështjell
sarmak / thur
sarmak (kuşakla) / ngjesh
sarmak [yara] / lidh [plagën]
sarmaşık / drethkë
sarnıç / kade
sarnıç / rezervuar
sarnıç / saranxhë
sarp / shkëmbor
sarp kayalık / shkëmb
sarp [yamaç] / rrëpirë (i)
sarsılmaz / palëkundshëm (i)
sarsıntı / tronditje
sarsıntı / përpëlitje
sarsıntılı / tundet (që)
sarsmak / shkund
sarsmak / trondit
sarsmak / tund
sathi / cekët (i)
sathi / përciptë (i)
sathi / sipërfaqësor
sathi bilgi / njohuri të përcipta
satıcı / shitës
satıcı (seyyar) / shitës ambulant
satıh / sipërfaqe
satılabilir / shitet (që)
satın alan / blerës
satın alma / blerje
satın almak / blej
satır / rresht
satır / sopatë
satış / shitje
satmak / shes
satmak (bütün malını) / shes krejt
satranç / shah
sav / tezë
savak [su kanalı] / shlizë
savaş / betejë
savaş alanı / fushë lufte
savaş arabası / qerre lufte
savaş gemisi / luftanije
savaş kışkırtıcısı / luftënxitës
savaş öncesine ait / paraluftës (i)
savaş sonrasına ait / pasluftës (i)
savaş yapmak / luftë (bëj)
savaşçı / luftëtar

301

savaşma / luftim
savaşmak / luftoj
savsaklama / mospërfillje
savunma / mbrojtje
savunmak / mbroj
savunmak / mbroj çështjen
savunmasız / pambrojtur (i)
savunulamaz / mbrohet
 (që nuk mund të)
savurmak / vringëlloj [armët]
savurmak [tahıl] / hedh [drithin]
sayaç / kontator
sayfa / faqe
sayfalama / faqosje
saygı / nder
saygı / nderim
saygı duymak / nderoj
saygı gösteren [kanun.] / nderon (që)
 [ligjën]
saygıdeğer / nderuar (i)
saygılı / nderues
saygın / ndershëm (i)
saygısız / nderon (që nuk)
saygısızlık / mosnderim
sayı / numër
sayı cinsinden olan / numëror
sayıca fazla gelmek / kaloj në numër
 (ja)
sayılamaz / panumërt (i)
sayma / numërim
saymak / numëroj
saymak [kanun...] / respektoj [ligjen...]
saz / kallam
sazan / krap
sazlı dam / çati prej kashte
sazlık / shavar
sebat / durim
sebat / qëndrueshmëri
sebat etmek / duroj
sebep / shkak
sebep / arësye
sebep olmak / jap shkas [për diçka]
sebze / perime
sebze bahçesi / bahçe
seccade / sixhade
seçilemez / padallueshëm (i)
seçim / votim
seçim / zgjedhje
seçim merkezi / qendër votimi
seçim yapmak / zgjedhje (bëj)
seçim yapmak (hileli) / falsifikoj
 zgjedhjet
seçip toplamak eğilimi / ekletizëm
seçkin / dalluar (i)
seçkin / shquar (i)
seçkin / zgjedhshëm (i)
seçkin / zgjedhur (i)
seçme / zgjedhje
seçme yetkisi / mundësi zgjedhjeje
seçmek / votoj
seçmek / zgjedh
seçmek (uzaktan görüp) / dalloj
seçmeler / omnibus
seçmen / zgjedhës
seçmen listesi / listë e zgjedhësve
sedef / sedef
sedir / sofa

sefahat / zdërhallje
sefalet / varfëri
sefarethane / ambasadë
seferber etmek / mobilizoj
seferber olmak / mobilizohem
seferberlik / mobilizim
sefih / mendjelehtë
sefil / mjerë (i)
sefil / poshtër (i)
sefil / varfër (i)
sefil kimse / maskara
seğirmek / dridhem
sehpa / këmbalec
sek sek oyunu / lojë kacipupthi
sekant / sekante
sekiz / tetë
sekizinci / teti (i)
seks / seks
seksen / tetëdhjetë
sekseninci / tetëdhjeti (i)
seksenli yıllar / vitet tetëdhetëve
seksüel / seksual
sektör / sektor
sel / rrëke
selamlama / përshëndetje
selamlamak / përshëndet
selamlamak (baş eğerek) /
 përshëndes me kokë
selef / paraardhës
selfservis / vetëshërbim
selüloid / celuloid
selüloz / celulozë
selvi / selvi
sema / kupë e qiellit
sema / qiell
semaver / samovar
semavi / qiellor
sembol / simbol
sembolik / simbolik
semirmek / ushqej
sempati / simpati
sempatik / dashamirës
sen / ti
senaryo / skenar
senato / senat
senatör / senator
sendeleme / marrja këmbësh
sendelemek / eci duke u lekundur
sendelemek / eci pasigurt
sendelemek / lëkundem
sendelemek / merren këmbët (më)
sendika / sindikatë
senfoni / simfoni
senin / yti [e jotja...]
seninki / yti (i) [e jotja...]
sepet / kosh
sepet (kapaklı büyük) / kaçile me
 kapak
septisemi / sepsi
ser / serrë
seramik / keramike
serbest / lirë (i)
serbest / pakufizuar (i)
serbest bırakmak / çliroj
serbest bırakmak / çpengoj
serbest bırakmak / le të lirë
serbest bırakmak / lëshoj

serbest bırakmak / liroj
serbest bırakmak / zgjidh
serbest [bol] / liri (në)
serçe / tromcak [harabel]
serdümen / timonier
serenat / serenatë
serenat çalmak / serenatë (bëj)
sergi / ekspozitë
seri halinde çıkan / del me seri (që)
serin / freskët (i)
serinlemek / freskohet
serkeş kimse / pabindur (i)
sermaye / kapital
sermaye temin etmek / financoj
sermek (yere) / shtrij
serpinti / spërka
serpinti [yağmur] / shi i imtë
serpiştirmek [yağmur] / bie shi i imtë
serpme / spërkatje
serpmek / derdh aty këtu
serpmek / spërkas
serpmek [un...] / krip [me miell...]
sersem / leshko
sersem / njeri bosh
sersem / sylesh
sersem / torollak
sersemlemek / dehem
sersemletmek / deh
sersemletmek / shushat
sersemletmek / trullos
serseri / endacak
serseri / vagabond
serseri / zuzar
sert / ashpër (i)
sert / ngurtë (i)
sert / fortë (i)
sertleşme / kalitje
sertleşmek / ashpërsohet
sertleşmek / kalitet
sertleştirmek / nguros
sertleştirmek (çelik g.) / kalit
sertlik / ashpërsi
sertlik / ngurtësi
sertlikle / ashpërsi (me)
servet / pasuri
ses / zë
ses ahengi / eufoni
ses çıkarmak / zhurmë (bëj)
ses titremesi / dridhje zëri
ses veren / kumbues
ses vermek / kumbon
ses vermek / tingëllon
ses (titrek) / zë i dridhur
ses (yeknesak) / tingull i njëllojtë
ses [gürültü] / zhurmë
ses [madeni] / tingull
sesbilim / fonetikë
sesi aksettiren / kumbues
sesi aksettiren / tingëllues
seslenme / thirrje
seslenmek / thërras
sesli / zanore
seslilik / kumbim
sessiz / heshtur (i)
sessiz / zhurmë (pa)
sessizlik / heshtje
set / shluzë

set [toprak,taş] / pendë
sevdirmek (kendini) / bëj që t'më duan
sevgi / dashuri
sevgili / dashnor
sevgili / dashnore
sevgili / dashur (i,e)
sevgili / dashuruar (i,e)
sevimli / dashur (i)
sevimlilik / dashamirësi
sevinç / defrim
sevinç / gaz
sevinç / gëzim
sevinç / ngazëllim
sevinç izhar etmek / ngazëllohem
sevinçli / gëzuar (i)
sevindirmek / gëzoj
sevinmek / gëzohem
seviye / nivel
sevk etmek / shtyj
sevk etmek (mal) / dërgoj mallra
sevkiyat / ngarkesë
sevmek / dashuroj
sevmek / dua
sevmek (aşırı derecede) / idhull (bëj)
seyahat / udhëtim
seyahat etmek / udhëtoj
seyehat programı / program udhëtimi
seyirci / dëshmitar
seyirci / shikues
seyis / kujdestar kuajsh
seyrek / rrallë (i)
seyrekleştirmek / rralloj
seyreltmek / holloj
seyretmek / sodit
seyyah / udhëtar
seyrü sefer etmek / lundroj [nëpër det]
seyyar satıcılık yapmak / shes derë më derë
seyyar satıcılık yapmak / shes rrugash
sezgi / intuitë
sezinleme / parashikim
sezinlemek / gjej me mend
sezinlemek / parashikoj
sezinlemek / profetizoj
sezmek / ndijoj
sezmek / ndjej
sıcak / ngrohtë (i)
sıcak (bunaltıcı) / shumë i nxehtë
sıcak (çok) / nxehtë (i)
sıcaklık / temperatyrë
sıçrama / kërcim
sıçramak / hidhem
sıçramak / këcej
sıçramak / kërcej
sıçramak (üzerine) / spërkatem
sıçratmak / spërkas
sıçratmak / spërkat
sıçrayıp oynamak / kërcej
sıçrayıp oynamak / përhidhem
sıfat / mbiemër
sıfır / zero
sığ / cekët (i)
sığınak / bunker
sığınak / strehim
sığır / gjedh
sığır çobanı / lopar
sığır eti / mish kau

303

sığlık yer / cektësirë
sıhhatli / shëndetshëm (i)
sıhhatli / shëndoshë (i)
sıhhatsiz / ligshtë (i)
sıhhatsiz / shëndetlig
sıhhi / higjienie
sık / shpeshtë (i)
sık sık / dendur
sık sık / shumë herë
sıkı / shtrënguar (i)
sıkı kurallar koyan / jep direktiva (që)
sıkıcı / merzit (që të)
sıkıcı / mërzitshëm (i)
sıkıcı / buzëplasur
sıkıcı (ean) / mërzitshëm (i)
sıkılmak / mërzitem
sıkıntı / mërzi
sıkıntı / mërzitje
sıkıntı / mungesë komodieti
sıkıntı / shqetësim
sıkıntı vermek / mërzit
sıkıntılı / vështirë (i)
sıkıntılı hava / mbytës (i)
sıkıştırmak / shtrëngoj
sıklık / shpeshtësi
sıkma / shtrydhje
sıkmak / shtrëngoj
sıkmak / shtyp
sıkmak (canını) / mërzit
sıkmak (canını) / zemëroj
sıkmak [meyva] / shtrydh
sıkmak [sulu bir şeyi] / ndrydh
sınamak / provoj
sınav / provim
sınav (ön) / provim paraprak
sınava tabi tutmak / marr në pyetje
sınavdan geçmek / jap [prodhimin]
sınıf / kategori
sınıf / shkallë
sınıf [okul] / klasë [shkolle]
sınıf [sosyal] / klasë [shoqërore]
sınıflama / klasifikim
sınıflamak / klasifikoj
sınıflandırmak / klasifikoj
sınıfsız / pa klasë
sınır / kufi
sınır bölgesi / brez kufitar
sınır dışı etmek / internoj
sınır koymak / vë kufi
sınır taşı / shenjë kufiri
sınırı aşmak / dal jashtë kufijve
sınırlama / kufizim
sınırlamak / kufizoj
sınırlandırmak / kufizoj me
sınırlayıcı / kufizues
sınırlı / kufizuar (i)
sınırsız / pa kufi
sınırsız / pakufishëm (i)
sır / fshehtësi
sır / smalt
sır saklayan / sekretues
sıra / fron
sıra / radhë
sıra / rresht
sıra gösteren / rendor
sıraca illeti / skrofull [breshkëz]
sıralamak / radhis

sıralamak / rreshtoj
sıralamak / vë ne radhë
sıralamak / niveloj [vendin]
sıraya dizme / radhitje
sıraya dizmek / vë në radhë
sıraya girmek / vihem në radhë
sıraya koymak / radhit
sıraya koymak / vë në radhë
sıraya koymak / vendos në radhë
sırdaş / njeri i besuar
sırık gibi / shalëgjatë
sırılsıklam / njomë (i) [i lagësht]
sırım / rryp
sırıtma / buzëqeshje
sırıtmak / qesh nën hundë
sırma tel / gajtan
sırt / kurriz
sırt / shpinë
sırt çantası / çantë shpine
sırt üstü yatmış / shtrirë në kurriz (i)
sırtlan / hienë
sıska / thatanik
sıtma (tropikal) / ethe tropikale
sıva tirizi / përvazë
sıvamak / suvatoj
sıvamak / ve suva
sıvamak (çamurla) / lyej [me baltë]
sıvı / lëng
sıvı haline getirmek / lëngëzoj
sıvısız / aneroid
sıvışmak / hiqem vjedhurazi
sıvışmak / iki me vrap
sıvışmak (hile ile) / dredhoj
sıyrılmak (...dan) / iki prej
sıyrılmak [deri] / rjep
sızdırmak (dışarı) / nxjerr lagështirën
sızıntı / pikim uji
sızıntı deliği / vrimë ku pikon
sızıp akma / kullim
sızlama (soğuktan...) / ngjethje
sızlama (soğuktan...) / rrënqethje
sızmak / kullon
sızmak / lëshon ujë
sicim / kordë
sidik / shurrë
sidik torbası / fshikëz urine
sifon / sifon
sigara / cigare
sigara içmek / pi duhan
sigara kağıdı / letër cigareje
sigara kutusu / kuti cigaresh
sigorta / sigurec
sigorta / sigurim
sigorta poliçesi / policë sigurimi
sigortalı / siguruar (i)
sigil / lyrdhëz
sihir / magji
sihirbaz / magjistar
siklon / ciklon
silah / armë
silah altına alma / thirrje nën armë
silah kaçakçılığı / kontrabandë armësh
silahlandırma / armatim
silahsız / paarmatosur (i)
silahsızlandırmak / çarmatos
silahsızlanma / çarmatosje
silahşör / kalorës

silindir / cilindër
silinemaz [leke] / pashlyeshëm (i)
silis / silicë
silkmek / dridh
silkmek / shkund
silme / fshirje
silme / pastrim
silmek / fshij
siluet / siluetë
simetrik / simetrik
simgelerle ifade etmek / simbolizoj
simit / simite
simsiyah / shumë i zi
sincap / ketër
sinek kağıdı / letër mizash
sinek tuzağı / kapëse mizash
sinema / kinema
sinema haber filmi / kinozhurnal
sinir / nerv
sinir eden / nervozon (që të)
sinirlendirici / ngacmues
sinirlendirmek / acaroj
sinirlendirmek / shqetësoj
sinirlendirmek / turbulloj
sinirlendirmek / zemëroj
sinirlendirmek / ngacmoj
sinirli / idhnak
sinirli / nevrikosur (i)
sinirli / zemërohet shpejt (që)
sinsice / tinzar
sinüs / sinus
sinyal / sinjal
sinyal veren / sinjalizues
sipariş / porosi
siper / beden
siper / llogore
siper / mburojë
siper / paramur
siperlik / strehë [kaskete..]
siren / sirenë
sirk / cirk
sirke / uthull
sis / mjegull
sis kaplamak / mbulohet me mjegull
sisli / mjegulluar (i)
sismograf / sizmograf
sistem / sistem
sistematik / sistematik
sistemleştirmek / sistemoj
sistemli / sistematik
sivil / civil
sivilce / puçërr
sivilce ile dolmak / mbulohem me puçrra
sivri / majosur (i)
sivriltmek / majë (bëj me)
sivriltmek / majos
sivrisinek / mickonjë
siyah / zi (i)
siyah renk / zezë (ngyrë e)
siyanür / cianur
siyasal / politik
siyasetçi / politikan
siyatik / shiatik
siz / ju
siz (...) [...sız] / pa

size [sizi, sana, seni] / ju [juve, ty]
sizin / juaji (i) [e juaja]
sizinki / juaji (i) [e juaja...]
skandal / skandal
skeç / skeç
smokin / smoking
soba / sobë [stufë]
soba borusu / vrimë sobe
soda / sodë
sodyum / natrium
sofizm / sofizëm
sofra arkadaşı / shok tryeze
sofra bezi / sofrabez
sofu / asketik
soğan / qepë
soğuk / ftohët (i)
soğuk hava deposu / frigorifer
soğuk silahlar / armët e ftohta
soğukkanlı / gjakftohtë
soğukkanlılık / gjakftohtësi
soğukluk / ftohtësi
soğuma / ftohje
soğumak / ftohem
soğutmak / ftoh
soğutucu / frigorifer
soğutucu / ftohës
soj / gjini
sokak çocuğu / fëmijë i rritur rrugëve
sokmak / fut
sokmak (aklına) / shtie në mend
sokmak (içine) / fut brenda
sokmak [kökleştirmek] / rrënjos
sokulmak (sinsice) / afrohem tinëz
sokuşturmak / fut
sokuşturmak / rras
sol / majtë
sol / mëngjër (i)
sol notası / nota sol
solak / mëngjarash
solcu / majtë (i)
solda / majtë (në të)
soldurmak / fishk
solgun / zbehtë (i)
solgunluk / zbehtësi
solist / solist
solmak / fishkem
solmak / fishket
solmak / venitem
solmak / zbehem
solucan / krimb
soluk yüzlü / verdhosh [në fytyrë]
solungaç / mëshikëz notuese
som balığı / salmon
somurtkan / vrerët (i)
somurtkan / zymtë (i)
somurtmak / var buzët
somurtmak / vrerem
somut / konkret
son / fund
son / fundit (i)
son bulma / mbarim
son vermek / jap fund (i)
son zamanlarda / pak kohë më parë
sonbahar / vjeshtë
sonda / sondë
sonda olan / fundit (i)

305

sonek / prapashtesë
sonlandırma / mbarim
sonlandırmak / përfundoj
sonlanmış / përfunduar (i)
sonra / mbas
sonra / pas
sonra / pastaj
sonra gelen / ardhshëm (i)
sonra gelen / prapmë (i)
sonradan / më vonë
sonradan / pastaj
sonraki / pastajmë (i)
sonraki / pastajshëm (i)
sonraki / tjetri
sonraki / vazhdues
sonsuz / pafund
sonsuzluk / pafundësi
sonuç / mbarim
sonuç / përfundim
sonuç / resultat
sonuç çıkarmak / nxjerr përfundimin
sonuç çıkarmak / përfundoj
sonuç verme / përfundim
sonuçlandırmak / përfundoj
sonuçlanmak / merr fund
sonuncu / fundit (i)
sonunda / fund (më në)
sopa / shkop
sopa [kısa ve kalın] / kopaçe
sopa [oyun] / shkop [sport]
soprano / soprano
sorgulama / pyetje
sorguya çekmek / marr në pyetje
sormak / pyes
soru / pyetje
soru çizelgesi / listë pyetjesh
soru işareti / pikë pyetje
soru sorma / pyetje
sorumlu / përgjegjës
sorumluluk / përgjegjësi
sorumsuz / papërgjegjshëm (i)
sorun [mesele] / problem
soruşturma / hetim
sosyal / shoqëror
sosyal / social
sosyal bilim / shkenca shoqërore
sosyal olmayan / antishoqëror
sosyalizm / socializëm
soy / soj
soyadı / mbiemër
soyguncu / kusar
soylu tabaka / aristokraci
soylu tabaka / fisnikëri
soyluluk / fisnikë
soyma / rjepje
soymak / grabit
soymak / plaçkit
soymak / xhvesh
soymak (kabuğunu) / heq (lëvozhgën)
soymak (kabuğunu) / qëroj (lëvoren)
soymak [deri] / rjep
soytarı / dordolec
soytarı / trashanik
soyulmak / ripet
soyunmak / xhvishem
soyut / palëndët (i)
söğüt / shelg

söğüt dalı / purteka shelgu
sökmek [makina] / zbërthej
[një maqinë]
sömestr / semestër
sömüren / shfrytëzues
sömürge kurmak / kolonizoj
sömürgeci / imperialist
sömürmek / shfrytëzoj
söndürmek / shuaj
söndürülemez / pashueshëm (i)
sönmek / shuhet
sönmüş / shuar (i)
sövme / sharje
sövmek / shaj
sövüp sayan / sharës
sövüp sayma / sharje
söylemeden anlaşılan / nënkuptuar (i)
söylemek / flas
söylemek / rrëfej
söylemek / tregoj
söylemek (tekrar tekrar) / shurdhoj
söylenme / murmuritje
söylenti / thashetheme
söylev / fjalim
söyleşi / bisedë
söz / fjalë
söz dinlemez / kokë me vete
söz vermek / zotohem
sözcü / orator
sözcü / përfaqësues
sözcük / fjalë
sözde / sikur
sözde / ashtuquajtur (i)
sözdizimi / sintaksë
sözle ifade etmek / shpreh me fjalë
sözleşme / marrëveshje
sözlü / gojë (me)
sözlü olarak [ağızdan] / gojarisht
sözlük / fjalor
sözü bitmez / fjalaman
sözü edilemez / parrëfyeshëm (i)
sözü edilemez / patregueshëm (i)
spazm / spazmë
spiker / lajmëtar
spiral / spiral
spor / sport
spor salonu / sallë gjimnastike
sporcu / sportist
sporcuya yakışır / sportiv
stadyuim / stadium
stajyer / stazhier
standardize etmek / standardizoj
standart / standard
stenograf / stenograf
stenografi / stenografi
stok / rezervë
strateji / strategji
strateji ilmi / strategji
strateji uzmanı / strateg
stratejik / strategjik
stratosfer / stratosferë
stüdyo / studio
su / ujë
su aygırı / hipopotam
su dağıtım tertibatı / ujësjellës
su haznesi / rezervuar [sternë]
su kaplumbağası / breshkë uji

su kürü / kurim me ujë
su kulesi / kullë hidraulike
su perisi / nimfë
su terazisi / terezi uji
su tesisatı / ujësjellës
su üzerinde / mbi ujë
su yolu / kanal
su yolu / vijë
sual / pyetje
sual sormak / bëj pyetje
subay / oficer
sucuk / suxhuk
suç / faj
suç / krim
suç işlemek / bëj një krim
suç işlemek / shkel ligjën
suç ortaklığı / bashkëfajësi
suç ortağı / bashkëfajtor
suçlama / fajësim
suçlama / padi
suçlamak / fajësoj
suçlamak / ngarkoj me faj
suçlamak / padit
suçlamak / qortoj
suçlamalardan kurtarmak / shfajësoj
suçlu / fajtor
suçlu / kriminel
suçlular tabakası / fundërri të shoqërisë
suçluyu iade etmek / dorëzoj një fajtor
suçsuz / pafajshëm (i)
suçsuz çıkarma / shfajësim
suçsuz çıkarmak / shfajësoj
suçsuzluk / pafajësi
suçu kabul etmek / pranoj fajësinë
suçu üstüne yıkmak / ngarkoj fajin (i)
suflör / sufler
suikast / vrasje
suikast yapmak / vras
suikastçı / komplotist
suikastçı / vrasës
suistimal / shpërdorim
suistimal etmek / shpërdoroj
sukabağı / kungull
sulama / vaditje
sulamak / lag
sulamak / vadit
sultan / sulltan
sulu / lëngshëm (i)
sulu / qullët (i)
sulu çamur / llucë
sulu çamur / llum
sulu çamur / lym
suluboya / akuarel
sundurma / hajat
sundurma / strehë
suni / artificial
suni / sintetik
sunma / paraqitje
sunmak / paraqit
sunmak / tregoj
sunulabilir / paraqitshëm (i)
surat asmak / var buzët
Suriyeli / Sirian
susamak / etje (kam)
suskun / heshtur (i)
suskun / fjalëpak
susturmak / detyroj të heshtë

susturucu / zhurmëmbytës
suya ait / ujor
süit / suitë
sükunet / qetësi
sükut / qetësi
sükut etmek / vendos qetësinë
sülfürik asit / vitriol
sülün / fazan
sünger / sfungjer
sünger taşı / gur shpa
süngü / bajonetë
sünnet / synet
süphe etmek / dyshoj
süpheli / dyshimtë (i)
süpründü / fundërri
süpründü / mbeturinë
süpründü / plehra
süpürge / fshesë
süpürge (ufak) / fshesë e vogël
sürahi / shishe tryeze
sürat / shpejtësi
sürat teknesi / anije e shpejtë
süratli / shpejtë (i)
süre / afat
süreç / proces
sürekli / përhershëm (i)
sürekli / vazhdueshëm (i)
sürgün etmek / mërgoj
sürmek / lyej
sürmek / vazhdon
sürmek (memleket dışına) / mërgoj
sürmek [merhem] / lyej [me balsam]
sürmek [otomobil] / udhëtoj
[me automobil]
sürpriz / surprizë
sürtme / fërkim
sürtme sesi / tingull frikativ
sürü / kope
sürü / tufë
sürücü / drejtues
sürüde toplanmak / mblidhen në tufa
sürüklemek / shtyj
sürüklemek / tërheq
sürüklemek / zvarris
sürüklemek / zvarrit
sürüklenmek / tërhiqem
sürüklenmek (akıntıyla) / shkon mbas rrjedhës
sürüklenmek (rüzgarla) / merret nga era
sürülebilir [toprak] / lërueshëm (i)
sürüngen / zvarranike
sürünmek / zvarritem
süsleme / stolisje
süsleme / zbukurim
süslemek / pajis
süslemek / stolis
süslemek / zbukuroj
süslenmek / stolisem
süslü / stolisur (i)
süslü (çok) / pispillosur (i)
süt / qumësht
süt kardeş (erkek) / vëlla qumështi
süt salgılama / nzjerrje qumështi
süt veren / qumësht (që jep)
sütçü / qumështshitës
süte ait / qumështit (i)

307

süthane / qumështore
süvari / kalores
süvari birliği / togë kalorie
süveter / pulovër
süzgeç / filtër
süzgeç / kullesë
süzgeç / kullore
süzmek / filtroj
süzmek / kulloj
süzülerek yükselmek / fluturoj lart
süzülme / kullim
süzülmek / kullon
süzülmüş / kulluar (i)

- Ş -

şablon / shabllon
şafak / agim
şafak sökmek / agon
şahadet / dëshmi
şahadet etmek / deponoj
şahadet etmek / dëshmoj
şahaser / kryevepër
şahıs / person
şahit / dëshmitar
şahsi / personal
şahsi / personalisht
şahsi eşyalar / plaçka
şahsiyet / personalitet
şahsiyet / personazh
şahsiyet vermek / mishëroj
şaka / shaka
şaka / tallje
şaka yapmak / shaka (bëj)
şaka yapmak / tallem
şakacı / shakaxhi
şakacı kimse / humorist
şakalaşmak / tall
şakayık / bozhure
şakıma / cicërim
şaklatmak [kamçı ile] / kërcas [me kamxhik]
şakrak kuşu / trinkë
şakül kurşunu / plumb thellësie
şakül sicimi / pe me plumbç
şaküle vurmak / vë pingul
şal / shall
şalgam / rrepë i bardh
şalvar / shallvare
şamata / potere
şamata / shamatë
şamdan / llampadar
şamdan / shandan
şampanya / shampanjë
şampiyon / kampion
şampuan / shampo
şan / famë
şangırdamak [para] / tingëllon [paraja]
şanlı / lavdishëm (i)
şans / fat
şans / rast
şans oyunu / lojë kumari
şantaj / kërcënime
şantaj / shantazh
şantaj yapmak / kërcënoj

şap / alum
şapka / kapelë
şaplak / shuplakë
şapşal insan / njeri i ngathët
şarap / verë
şarap kadehi / kupë vere
şarjör / krehër fishekësh
şarkı / këngë
şarkı söylemek / këndoj
şarkı (basit) / këngëz
şarkıcı / këngëtar
şarküteri / ushqime të zgjedhura
şarlatan / sharlatan
şarlatanlık / sharlatanizëm
şart / kusht
şart koşmak / kushtëzoj
şart koşmak / ve kushte
şarta bağlı / kushtor
şartsız / kushte (pa)
şase / shasi
şaşı / vëngër (i)
şaşı bakmak / vëngëroj
şaşılık / vëngëri
şaşırma / habitje
şaşırmak / trondítem
şaşırmış / habitur (i)
şaşırmış / hutuar (i)
şaşırmış / mahnitur (i)
şaşırtıcı / habitshëm (i)
şaşırtmak / çudit
şaşırtmak / habit
şaşırtmak / hutoj
şaşırtmak / mahnit
şaşırtmak / marr mendjen (i)
şaşırtmak / shushat
şaşırtmak / trondit
şaşırtmak / trullos
şaşkın / hutuar (i)
şaşkın bakmak / zgurdulloj sytë
şaşkınlık / hutim
şaşmak / habitem
şaşmak / mahnitem
şato / kështjellë
şayet / në qoftë se
şebboy / shebojë
şebeke [demiryolu ağı] / rrjetë [hekurudhash]
şecere / gjenealogji
şecereye ait / gjenealogjik
şeffaf / dukshëm (i)
şeffaf / tejdukshëm (i)
şeffaf olmayan [donuk] / padepërtueshëm (i)
şeftali / pjeshkë
şehevi / epshor
şehir / qytet
şehirlerarası telefon / telefonim interurban
şehit / theror
şehriye / makarona petë
şehvet / epsh
şehvetli / epshor
şeker / sheqer
şeker kamışı / kallam sheqeri
şeker katmak / ëmbëlsoj [sheqeros]
şeker kreması / cipë sheqeri
şeker kutusu / kuti sheqeri

şeker pancarı / panxhar sheqeri
şeker pekmezi / melasë
şekerci / pastiçier
şekerleme / bonbona
şekerleme / sheqerkë
şekerleme imalatı / ëmbëlsirë
şekerletmek / sheqeros
şekerli / ëmbël (i)
şekil / figurë
şekil verme / formim
şekil vermek / jap formë
şekillendirmek / formoj
şekillenmek / merr formë
şekilsiz / formë (pa)
şekilsiz / trajtë (pa)
şekle ait / modal
şeklini bozmak / deformoj
şeklini çizmek / përvijos
şelale / ujvarë
şema / skemë
şempanze / shimpanze
şemsiye / umbrellë [çadëra]
şen / gazmor
şen / gëzueshëm (i)
şenlik / gaz
şenlik / gëzim
şeref / nder
şeref sözü / besë
şeref vermek / nderoj
şerefsiz / pandershëm (i)
şerit / rryp
şerit / shirit
şevk / dëshirë e madhe
şevkatlilik / dashamirësi
şey / çështje
şey / diçka
şey / gjë
şey / send
şeytan / djall
şeytan / dreq
şeytan / gogol
şeytan / lugat
şeytan / shejtan
şeytan görsün ! / djalli të marrë !
şeytanca / djallëzor
şık / elegant
şık / skik
şık / veshur mirë (i)
şık giyinen / pispillosur (i)
şıklık / elegancë
şıngırdatmak / tringëlloj
şıngırtı / tringëllimë
şırıldamak / gurgulloj
şırınga / shiringë
şırınga etmek / injektoj
şiddetli / fortë (e)
şifa bulmaz / pashërueshëm (i)
şifa verici / shërues
şifa vermek / shëroj
şifre / shifër
şifre çözmek / deshifroj
şifre etmek / shifroj
şiir / poemë
şiir / poet
şiir sanatı / poezi
şikayet / ankesë
şikayet eden / ankues

şikayet etmek / ankohem
şikayet etmek [ağlayar.] / kuis
şikayetçi / ankues
şilin / shiling
şimdi / tani
şimdiki / sotëm (i)
şimdiki / tanishëm (i)
şimdiki zaman / kohë e tanishme
şimdiye kadar / deri tani
şimşek / vetëtimë
şırret kadın / grua grindavece
şış / hell
şış / xhungë
şış / gungë
şışe / shishe
şişirme / fryrje
şişirmek / fryj
şişkin / fryrë (i)
şişman / barkmadh
şişman / ushqyer (i)
şişman (çok) / dhjamtë (i)
şişmanlamak / trashem
şişmanlamak / ushqehem
şişmanlık / ngjallje
şive / theksim
şok / shok
şort / brekë të shkurtëra spo.
şose / xhade
şoson [lastik] / galloshe
şovenist / shovinist
şöfer / shofer
şöhret / nam
şöhretli / përmendur (i)
şömine / vatër
şömine rafi / raft oxhaku
şövalye / kalorës
şövalyelik / kalorësi
şövle ki / domethënë
şube / nënstacion
Şubat / Shkurt
şurup / shurup
şükran bilmez / mosmirënjohës
şüphe / dyshim
şüphe etmek / dyshoj
şüpheli / dyshimtë (i)
şüphesiz / natyrisht
şüphesiz / padyshimtë (i)

- T -

tabak / pjatë
tabak [fincan altlığı] / tabaka
tabaka / pllakë
tabaka / pllocë
tabaka / shtresë
tabaklamak [deri] / regj
   [lëkurën]
taban [deniz...] / fund [i detit...]
tabanca / kobure
tabancalık / këllëf revolveri
tabela / tabelë
tabi kılmak / nënshtroj
tabi olma / varësi
tabiat / karakter [gjendje shpi.]
tabiat / natyrë

309

tabiat bilgisi / histori e natyrës
tabiat bilgisi uzmanı / naturalist
   [në art]
tabiatında var olan / gjenësishëm (i)
tabiatıyla / natyra (nga)
tabii / lindur [(e)
tabii / natyrshëm (i)
tabii / natyrisht
tabii / zakonshëm (i)
tabla / tabaka
tabii büyüklükte / madhësinë natyrore
   (në)
tablet / tabletë
tablo / pikturë
tablo / tabelë
tabur / batalion
tacir / tregëtar
taciz etmek / mërzit
taciz etmek / nguc
taç / kurorë
taç yaprağı / petal
tadı olmak / ka shije
tadına varmak (önceden) / shijoj që
   më parë
tadını çıkarmak / kënaqem
tahakküm etmek / zotëroj [sundoj]
tahammül / durim
tahammül etmek / duroj
tahammüllü / duruar (i)
tahavyül etmek / paralytyroj
tahıl / drithë
tahıl ambarı / grunar
tahıl ambarı / hambar
tahıl tanesi / kokërr
tahkir etmek / fyej
tahliye / çlirim
tahliye / shpërngulje
tahliye etmek / shpërngul
tahmin etmek / marr me mend
tahmin etmek / parashikoj
tahribat / shkatërrim
tahrif etmek / shtrembëroj
tahrik / ngacmim
tahrik / nxitje
tahrik edici / ngacmues
tahrik edici / nxitës
tahrik etmek / ngacmoj
tahriki kolay / që ngacmohet lehtë
tahrip edici / shkatërrimtar
tahrip etmek / shkatërroj
tahsil / mësim
tahsil görmüş / mësuar (i)
tahsilli / mësuar (i)
tahsis etme / shpërndarje
taht / fron
tahta / dërrasë
tahta çivisi / kuj [huth, pykë]
tahta kaplamak / mbuloj me dërrasa
tahta resim kalıbı / ksilograf
tahta [ufak] / dërrasëz
tahvil / detyrim borxhi
tahvil etmek (sermayeye) / konsolidoj
tahvil olunamaz (nakde) /
   papagueshëm (i)
takas / shkëmbim
takdim etmek / paraqes
takdir / paracaktim

takdir / vlerësim
takdir etmek / paracaktoj
takdir etmek / vlerësoj
takibat / ndjekje
takım çantası / arkë veglash [punëtori]
takım elbise / kostum
takım [askeri] / njësi
takip eden / ndjekës
takip etmek / ndjek
takke / kësulë
takla atmak / përmbysem
taklit / falsifikuar (i)
taklit / imitim
taklit edilemez / paimitueshëm (i)
taklit etmek / imitoj
taklit etmek / shtirem
taklit etmek / simuloj
taklitçi / imitues
takoz / pykë
takrihen / rreth
taksi / taksi
taksim / ndarje
taksim etmek / ndaj
taksim etmek / pjesëtoj
taksim olunamaz / pandashëm (i)
takvim / kalendar
takviye / përforcim
takviye etmek / forcoj
talaş / tallash
talebe / nxënës
talep / kërkesë
talih / rast i lumtur
talihsiz / pafat (i)
talihsizlik [felaket] / fatkeqësi
talim / ushtrim
talim yaptırmak / ushtroj
tam / përsosur (i)
tam / plotë (i)
tam / tërë (i)
tam boy / gjatësinë (në tërë)
tam boy / kok'e këmbë
tam doğru olmayan / pasaktë (i)
tam gün çalışma / ditë e plotë pune
tam olmayış / pasaktësi
tam tamına / siç duhet
tam zamanında / në kohen e duhur
tam [doğru] / përpiktë (i)
tam [doğru] / saktë (i)
tamamen / krejt
tamamen / krejtësisht
tamamen / plotë (i)
tamamen / tërë (i)
tamamen / tërësi
tamamen [sonuna kadar] / deri në fund
tamamlama / kryerje
tamamlamak / kryej
tamamlamak / mbaroj
tamamlamak / përfundoj
tamamlamak / përsos
tamamlamak / plotësoj
tamamlanmamış / plotë (jo i)
tamamlanmış / përfunduar (i)
tamir / ndreqje
tamir / riparim
tamir etmek / arnoj
tamir etmek / ndreq
tamir etmek / riparoj

tamir olunamaz / pandreqshëm (i)
tampon [pumuk] / copë [pambuku]
tan / agim
tane / kokrra
tanelenmek / kokërrzohet
taneli / kokërrzuar (i)
tanıdık / njohur (i,e)
tanık / dëshmitar
tanık olmak / jam dëshmitar
tanıma / njohje
tanımak / njoh
tanımak / pranoj [diçka]
tanımamak / pranoj (nuk)
tanımlamak / karakterizoj
tanımlamak / përshkruaj
tanımlamak / sqaroj
tanımlanamaz / papërshkrueshëm (i)
tanımlayıcı / përshkrues
tanınamaz / panjohshëm (i)
tanınamaz / panjohur (i)
tanıtma / njoftim
tanıtmak / njoh
tanjant / tangjent
tank / tanks
tanker [gemi] / anije cisternë
tanksavar / antitanks
tanrı / zot
tanrıça / perëndeshë
tantana / madhështi
tapa / tapë
tapınma / adhurim
tapınma / lutje
tapınmak / adhuroj
taraf / anë
taraf tutmak / marr anën
   [e dikujt]
tarafgirlik / anësi
tarafsız / asnjanës
tarafsız / paanshëm (i)
tarafsızlık / asnjanësi
tarafsızlık / paanësi
tarak / krehër
taramak / kreh
tarçın / kanellë
tarif / përshkrim
tarife / orar
tarife / tarifë
tarifeye geçirmek / përpiloj orarin
tarih / datë
tarih / histori
tarih koymak / datoj
tarih mühürü / vulë datimi
tarih öncesi / parahistorik
tarihi / historik
tarım / bujqësi
tarımsal / bujqësor
tarla kuşu / laureshë
tartaklamak / rrah
tartışılabilir / diskutueshëm (i)
tartışılır / diskutueshëm (i)
tartışılmaz / padiskutueshëm (i)
tartışma (sıkıcı) / diskutim i
   mërzitshëm
tartışmak / bisedoj
tartışma (sözlü) / zënie me fjalë
tartışmak / diskutoj
tartışmak / shqyrtoj

tartışmaya açmak / shtroj për diskutim
tartmak / peshoj
tarz / mënyrë
tasarı / projekt
tasarlama / paramendim
tasarlamak / kam ndër mend
tasarlamak / kam për qëllim
tasarlamak / mendohem
tasarlamak / planifikoj
tasarlanmış / paramenduar (i)
tasarruf / kursime
tasarruf bankası / arkë kursimi
tasarruf etmek / kursej
tasarrufçu / kursimtar
tasavvur edilebilir / përfytyrushëm (i)
tasavvur etmek / parafytyroj
tasdik etmek / sanksionoj
tasdik etmek / vërtetoj
tasfiye / zhdukje
tasfiye etmek / zhduk
tashih / korrigjim
tashih / ndreqje
tashih etmek / ndreq
tashih (ilk) / bocë
taslak / skicë
taslağını çizmek / përvijos
taslağını çizmek / skicoj
tasma kayışı / rryp qeni
tasnif etmek / klasifikoj
tasvir / imazh
tasvir / përfytyrim
tasvir / portret
tasvir etmek / parafytyroj
tasvir etmek / pikturoj
tasvirini yapmak / përfytyroj
taş / gur
taş halime getirmek / nguros
taş kesilme / ngurosje
taş yürekli / zemërgur
taş (kıymetli) / gur i çmueshëm
taşıma / transportim
taşımak / mbaj
taşımak / transportoj
taşımak [giymek] / mbaj [vesh]
taşıyan kimse / mbajtës
taşkın / papërmbajtur (i)
taşkın ovası / livadhe të vaditura
taşlı / guror
taşlık / gurishtë
taşlık [mide] / rrëcok
taşma / vërshim
taşmak / derdhet
taşmak / vërshon
taşocağı / gurore
taşra [kırsal bölge] / krahinë fshatare
taşralılık / provincializëm
tat / shije
Tatar / Tartar
Tatar dili / gjuhë Tartare
tatbik olunamaz / pazbatueshëm (i)
tatil / pushim
tatil (dini) / kremte (e)
tatlı / ëmbël (i)
tatlı / ëmbël (i) [në sjellje]
tatlı dilli / gojëmbël
tatlı su levreği / peshk persian [lumi]
tatlılaştırmak / ëmbëlsoj

311

tatlılık / kënaqësi
tatmak / shijoj
tatmin olmayan / pakënaqur
tatsız / shije (pa)
tava / tavë
tava / tigan
tavan / tavan
tavan arası / trapazan
tavır [yüz görünümü] / shprehje e fytyrës
tavla oyunu / trik-trak [loje]
tavlamak / skuq
tavsiye / këshillë
tavsiye / rekomandim
tavsiye edilebilir / këshillueshëm (i)
tavsiye etmek / këshilloj
tavsiye etmek / rekomandoj
tavsiye mektubu / letër rekomandimi
tavuk / pulë
tavus kuşu / pallua
tavşan / lepur
tavşan tazısı / langua për lepuj
tavşan [ada tavşanı] / kunel
tay / mëz
tayin etme / caktim
tayin etmek / caktoj
tayin etmek / përcaktoj
taze / freskët (i)
tazelemek / freskoj
tazı / zagar
tazminat / dëmshpërblim
tebessüm / buzëqeshje
tebeşir / shkumës
tebliğ / manifest
tebrik etmek / përgëzoj
tecavüz / shkelje brutale
tecavüz etmek / përdhunoj
tecavüz etmek (ırzına) / rrëmbej [një vajzë]
tecessüs etmek / fut hundën
tecrit / veçim
tecrit etmek / veçoj
tecrübe / përvojë
tecrübe / provë
tecrübe etmek / provoj
tecrübe etmek / vë në provë
tecrübeli [usta] / përvojë (me)
tecrübesiz / përvojë (pa)
teçhiz etmek / pajis
teçhiz etmek / furnizoj
teçhizat / pajisje
tedarik etmek / furnizoj
tedarik etmek / gjej
tedbirli / taktik
tedbirli / vemendshëm (i)
tedirgin etmek / shqetësoj
tedricen / dalëngadalë
tedrici / gradual
tef / dajre [def]
tefeci / fajdexhi
tefeci dükkanı / lombard
teferruatla ilgilenmek / merrem me vogëlsira
tefrik / veçim
tefsir / transmetim
tefsir etmek / zhvilloj [idenë]
teftiş / shqyrtim

teftiş etmek / shqyrtoj
tehdit / kërcinim
tehdit etmek / kërcënoj
tehditkar bakış / pamje e vrërët
tehir etmek / shtyj afatin
tehlike / rrezik
tehlike / kushtrim
tehlike işareti / alarm
tehlikeli / rrezikshëm (i)
tehlikeli / rrezikuar (i)
tehlikeye atmak / rrezikoj
tehlikeye atmak / vë në rrezik
tek / një
tek / vetëm (i)
tek başına / vetëm
tek taraflı / njëanshëm (i)
tek tek / veç e veç
tekabül etmek / përgjigjem (i)
teke / cjap
tekelci / monopolist
tekerkek (ufak) / rrotëz
tekerlek / rrotë
tekerlek göbeği / bucelë rrote
tekerlek lastiği / gomë
tekerrür / përsëritje
tekerrür derecesi / pjerrësi
teklif / parashtrim
teklif / propozim
teklif etmek / ofroj
teklif etmek / propozoj
tekme / shkelm
tekmelemek / shkelmoj
tekne / govatë
tekne / lirë
tekne gövdesi / trup i anijes
tekne [yiyecek] / magje
teknik / teknikë
teknik okul / shkollë profesionale
teknisyen / mekanik
tekrar tekrar / herë pas here
tekrar tekrar / përsëri dhe përsëri
tekrar vaki olma / përsëritje
tekrarlama / përsëritje
tekrarlamak / përsërit
tekrarlanan / përsëritur (i)
tekrarlanmak / përsëritet
teksir etmek / shumëfishoj
teksir makinası / aparat shumëfishimi
tekzip / mohim
tekzip / përgënjeshtrim
tekzip etmek / përgënjeshtroj
tel / tel
tel tel olup kopmayan / viskozë
tel [çalgı] / kordë
telaffuz / shqiptim
telaffuz etmek / shqiptoj
telafi etmek / kompensoj
telafi etmek / shpërblej
telafi olunamaz / pashërueshëm (i)
telaş / rrëmujë
telaşa düşürmek / alarmoj
teleferik / teleferik
telefon / telefon
telefon etmek / telefonoj
teleskop / teleskop
televizyon / televizion
telgraf / telegraf

telgraf / telegram
telgraf çekmek / telegrafoj
telgrafçı / telegrafist
telif etmek / botoj
telif hakkı / drejtë e autorit (e)
tellal / tellall
telli [iplikli] / tela (me)
temayül / prirje
tembel / ngathët (i)
tembel / përtac
tembel / plogët (i)
tembellik / plogështi
tembih / udhëzim
temel / bazë
temel / themel
temel / themelor
temel atmak / hedh [themelin]
temel atmak / themeloj
temel direği [kolon] / shtyllë
temel taşı / gur themeli
temelsiz / pabazuar (i)
teminat / garanci
temiz / pastër (i)
temiz olma / pastërti
temize çıkarma / shfajësim
temize çıkarmak / shfajësoj
temizleme / fshirje
temizleme / pastrim
temizlemek / pastroj
temizlenmek / pastrohem
temizleyici / pastrues
temizlik / pastërti
temkinli / matur (i)
temkinli / përmbajtur (i)
Temmuz / Korrik
temsil etmek / përfaqësoj
temsil etmek (amblemle) / simbolizoj
temsilci / delegat
temsilci / dërguar (i)
temsilci / përfaqësues
temsilci olmak / jam përfaqësues
temsilciler heyeti / delegacion
temsilcilik / mision diplomatik
ten rengi / ngjyrë e fytyrës
tencere (derin) / kusi
teneffüs etmek / marr frymë
teneffüs [nefes alma] / frymëmarrje
teneke / teneqe
tenekeci / teneqexhi
tenezzül etmek / denjohem
tenis / tenis
tenkit etmek / kritikoj
tenkit etmek (dostça) / ankohem miqësisht
tenor / tenor
tente / tendë
teorem / teoremë
tepe / kodër
tepe / majë
tepe [dağ] / kreshtë [mali]
tepecik / kodrinëz
tepecik / kodrinë
tepeden tırnağa / tërësisht
tepelik / kodrinor
tepki / kundërveprim
tepki göstermek / kundërveproj
tepmek / teptis [arma]

ter / djersë
teras / taracë
terazi / peshore
terbiye / edukim
terbiye etmek / edukoj
terbiyeli / edukuar mirë (i)
terbiyeli / sjellshëm (i)
terbiyesiz / trashanik
terbiyeli davranma / mirësjellje
terbiyesizlik / paturpësi
tercih / parapëlqim
tercih etmek / parapëlqej
tercüman / përkthyes
tercüme etmek / përkthej
tereddüt / ngurrim
tereddüt etmek / lëkundem
tereddüt etmek / ngurroj
tereyağı / gjalpë
terfi / gradim në shërbim
terfi ettirmek / gradoj [në shërbim]
terk / lëshim
terkedilmiş / braktisur (i)
terkedilmiş / lënë (i)
terkedilmiş olma / lënie
terketmek / braktis
terketmek / heq dorë
terketmek / le
terketmek (güç bir anda) / le në mjerim
terkip / kombinim
terlemek / dërsij
terlemek / djersij
terlemek [buharlaşmak] / avullon
terlik [pantofla] / pantofle
termal / termal
terminal / stacion i fundit
terminoloji / nomenklaturë
terminoloji / terminologji
termometre / termometër
termos / termos
ters dönme / inversion
ters düşmek / bie në kundërshtim
ters yüz / ana e prapme
ters yüz etmek / kthej përmbys
tersane / kantier detar
tersane işçisi / hamall limani
tersane işçisi / ndërtues anijesh
tersine / anasjelltas
tersine çevirmek / kthej në anën tjetër
terslik / mbrapshti
tertibat / pajime
terzi / rrobaqepës
tesadüf / rast
tesadüfen / rastësisht
tesadüfi / rastësishëm (i)
teselli / ngushëllim
teselli etmek / ngushëlloj
tesirli / efektiv
tesirli / ndikues
tesirsiz / pafrytshëm (i)
tesirsiz bırakmak / neutralizoj
tesirsiz bırakmak / shfuqizoj
tesis etmek / themeloj
tesis kurma / themelim
teskin edici / qetësues
teskin etmek / qetësoj
teslim çağırısı / thirrje për t'u dorëzuar
teslim etmek / dorëzoj (i)

313

teslim olma / dorëzim
teslim olmak / dorëzohem
tespih / tespije
tespit / fiksim
tespit / përcaktim
tespit etmek / mbërthej
testere / sharrë
testere ile kesmek / sharroj
testere talaşı / pluhur sharre
testere (kıl) / sharrë e hollë
testi / shtambë
teşbih / shëmbëlltyrë
teşebbüs / ndërmarrje
teşebbüs / sipërmarrje
teşebbüs etmek / orvatem
teşebbüs etmek / përpiqem
teşekkür / falënderim
teşekkür etmek / falënderoj
teşhir etmek / ekspozoj
teşhis / diagnozë
teşhis etmek / identifikoj
teşkil etmek / formoj
teşvik / shtytje
teşvik etmek / nxitje (jap)
teşvik etmek / shtyj
tetik / thumb
tetikte olan kimse / vigjilent
tetikte olma / vigjilencë
tetkik / gjurmim
tetkik etmek / gjurmoj
tetkikat yapma / zbuloj
tevazu / modesti
teveccüh etmek / dhuroj
teveccüh / dashamirësi
teyit / sanksion
tevkif müzekkeresi / urdhër [arrestimi]
teyit / vërtetim
teyze / teze
tëz / tezë
tezathk / kundërshtim
tezgah / tezgë
teziye / keqardhje
tezkere / mesazh
tıbbi / mjekësor
tığ / shtizë
tıkaç / tapë
tıkaç [ağıza konulan] / mbyllëse goje
tıkamak (ağzını) / mbyll gojën me sukull
tıkanma / blokim
tıkırdamak / kumbon
tıkırdamak / tingëllon
tıknaz / shkurtër (i) [shtat]
tılsım / magji
tıngırdamak / tingëllon
tıp ilmi / mjekësi
tıpa [mantar] / dru tapa
tıraş bıçağı / brisk rroje
tıraş etmek / rruaj
tıraş fırçası / furçë rroje
tıraş olmak / rruhem
tırıs atı / kalë troku
tırıs gitmek / vrapon trokthi
tırmalama / gërvishtje
tırmalamak / gërvish
tırmanmak / kacavirem
tırmanmak / ngjitem

tırnak işareti ["..."] / thonjëza
tırpan / kosë
tırpana [kedi balığı] / kandrri deti [peshk]
tırpanla biçmek / kosit
tırtıl / krimb
tırtıl / venje
ticaret / tregëti
ticaret merkezi / qendër tregëtare
ticaret yepmak / bëj tregëti
ticaret (dış) / tregëti e jashtme
ticarete ait / tregëtisë (i)
ticari / tregëtar
ticari marka / markë e fabrikës
tiksindirici / neveritshëm (i)
tiksindirici / urryer (i)
tiksindirici [tad] / pështirë në shije (i)
tiksinti duymak / kam neveritje
tilki / dhelpër
timsah / krokodil
tip [numune] / tip [model]
tipi / stuhi me dëborë
tipik / karakteristikë
tipik / tipik
tirbuşon / tapëheqës
tire [-] / vizë bashkuese
titiz / fodull
titiz / skrupuloz
titiz (fazla) / buzëhollë
titizlik / përpikmëri
titizlik / skrupulozitet
titrek / dridhës
titreme / dridhje
titreme / përpëlitje
titreme (heyecandan) / tronditje
titremek / dridhem
titremek / drithtohet
titrersinek / mushicë
titretici / dridhtues
titretmek / dridhton
titreşmek / përpëlitem
titreşmek / rekton
tiyatro / teatër
tiyatro meraklısı / amator i teatrit
tohum / farë
tohum ekme / mbjellje
tohum vermek / lidh farë
tohuma kaçmış / faroç
toka / tokë
tokalaşmak / shtrëngoj [duart]
tokat atmak / godit me shuplakë
tokluk / ngopje
tokmak / çekiç druri
tokmak / kopan
tokmakla dövmek [keten] / kopanis [li]
tokmakla vurmak / rrah me tokmak
tokmaklamak / sheshoj me tokmak
tomar / letër e mbështjellur
tomar / pako [me para]
tombul / topolak
tomurcuk / burbuqe
tomurcuk sürmek / lëshon filiza
ton / ton
ton / tonelatë
tonaj / tonazh
tonik / tonik
top / top

314

top kundağı / shtrat i topit
top (ağır çaplı) / artileri
topallama / çalim
topallamak / çaloj
topallamak / shqepoj
toparlanmak / mblidhen
topçu / artiljer
topçu sınıfı / artileri
toplamak / grumbulloj
toplamak / mbledh
toplanma / grumbullim
toplanmak / grumbullohem
toplanmak / grumbullohet
toplanmak / mblidhem
toplantı / mbledhje
toplantıyı açmak / hap mbledhjen
toplayıcı / grumbullues
toplu halde yaşayan / jeton në tufa (që)
toplu iğne / gjilpërë me kokë
toplumsal / shoqëror
topografya / topografi
toprak / dhe
toprak / tokë
toprak işlemesi / punime dheu
toprak kayması / shembje
toprak rengi / ngjyrë të tokës (në)
toprak yığını / grumbull dheu
toprak (kara) / dhe i zi
toprak (kuvvetli) / tokë e majme
toprakaltı / nëntokë
toprağı işlemek / punoj tokën
toprağı işlemek (saban.) / lëroj
toptan satış / tregëti me shumicë
topuk / thembër
torba / torbë
torna tezgahı / torno
tornacı / tornitor
tornavida / kaçavidhë
torpidobot / torpediniere
torpil / torpedë
tortu / fundërri
tortu / precipitat
tortu / sediment
torun / stërnip
torun (erkek) / nip
toy / foshnjarak
toynak / thundër
toz / pluhur
toz bezi / leckë për të fshirë
toz haline getirmek / bëj pluhur [imtësoj]
toz haline getirmek / imtësoj
toz haline getirmek / pluhuroj
toz serpmek / pluhuroj
tozlu / pluhurosur (i)
tören / parakalim
törensel / ceremonial
törpü / limë
trafik ışığı / semafor
trafik tıkanıklığı / blokim i qarkullimit
trajedi / tragjedi
traktör / traktor
tramplen / trampolin
tramvay / tramvaj
transformatör / transformator
trapez / trapez
tren / tren
tren istasyonu / stacion hekurudhë
trigonometri / trigonometri
tropikal / tropikal
tugay / brigadë
tuğamiral / nën-admiral
tuğgeneral / gjeneral-leitnant
tuğla / tullë
tuhaf / çuditshëm (i)
tuhaf / egzotik
tuhaf şey / gjë e çuditshme
tuhafiyeci / çikërrimtar
tulum / xhup
tulumba / tullumbë
turist / turist
turna / kojrrilë
turna balığı / sardelë
turne / turne
turnike / kapërcyell
turnusol / turnësol
turp / rrepë
turp / rrikë
turta / byrek me pemë
turtur [yusufçuk] / turtull
turşu / turshi
turşu yapmak / turshi (bëj)
turşusunu kurmak / vë turshi
tutam / tufëz
tutarsız / lidhje (pa)
tutkal / tutkall
tutmak / kap
tutmak / mbaj
tutmak / rrok
tutmak / përmbaj
tutmak [yer, görev] / zë [një vend, detyrë]
tutsak / njeri i mbajtur peng
tutucu / mbajtës
tutuklama / arrestim
tutuklamak / arrestoj
tutuklamak / kap
tutulamaz (el ile) / pakapshëm (i)
tutulma / spazmë
tutum / kursim
tutumlu / kursimtar
tutumluluk / kursim
tutumsuz / dorëlëshuar
tutunmak / ngjitem [për diçka]
tutuşmak / ndizet
tutuşturmak / ndez
tuvalet / nevojtore
tuvalet masası / tryezë tualeti
tuz / kripë
tuzak / grackë
tuzak / kurth
tuzağa çekmek / tërheq në grackë
tuzağa düşürmek / kap në grackë
tuzağa düşürmek / zë në grackë
tuzlama / kripje
tuzlu / kripur (i)
tuzlu su / shëllirë
tuzluk / krypse
tüberküloz / tuberkuloz
tüccar / tregëtar
tüfek / pushkë
tüfek kundağı / qytë pushke
tükenmez / pashteruëshëm (i)
tüketim / shpenzim

315

tüketmek / shpenzoj
tükürme / pështyrje
tükürmek / pështyj
tükürmek / pështyj [ballgam]
tükürük / pështymë
tükürük hokkası / pështymore
tümce / fjali
tümör / tumor
tümsek / gungë
tümsek / ngritje
tümsek yer / kodrinë
tünel / tunel
tünel açmak / hap tunel
tünemek / ulet
tünik / tunikë
tüp / tub
tür / lloj
tür / racë
türbe / mauzole
türbe / varr
türbin / turbinë
Türk / Turk
Türkçe / gjuhë Turke
türkü / balladë
türlü yemeği / turli
türlü [güveç] / mish stufa
tütmek / tymos
tütsüleme / tymosje
tütsülemek / tymtoj
tütün / duhan
tüy / lesh
tüy / pendë
tüy / pupël
tüy / push
tüylenme / dalje e puplave
tüylü / leshtor
tüysü / pupëlor

- U -

ucuz / lirë (i)
ucuzlatmak / ul çmimin
uç / ekstrem
uç nokta / pikë e fundit
uç (sivri) / thep
uç [tepe] / majë
uçak / aeroplan
uçan / fluturues
uçarı / mendjelehtë
uçma / fluturim
uçmak / fluturoj
uçucu / fluturak
uçurtma / balonë
uçurum / humnerë
uçurum / skarpat
ufacık / imtë (i)
ufacık / vockël (i)
ufak / vogël (i)
ufaklık / voc
ufaklık / vocrrak
ufalamak / imtësoj
ufalamak / thërmoj
ufalamak / thyej në copa të vogla
ufalanmak / thërmohem
ufalanmak / thërmohet

ufuk / horizont
uğramak (sık sık) / shkoj dendur
uğraşmak / mundohem
uğraşmak [iş] / merrem [me një punë]
uğuldamak / gurgulloj
uğuldamak / shushurin
uğuldamak [rüzgar] / ulërij [era]
uğultu / shushurimë
uğur getiren / hajmali
uğurlama / lamtumirë
uğursuz / fatkeq
uğursuz / kërcënues
uğursuz / tmerrshëm (i)
ukala / kënaqur me vetëveten (i)
Ukranyaca / gjuhë Ukrainase
Ukranyalı / Ukranias
ulak / lajmëtar
ulaşılabilir / arritshëm (i)
ulaşmak / arrij
ultimatom / ultimatum
uluma / ulërimë
ulumak / ulërij
ulus / komb
uluslararası / ndërkombëtar
umumiyet / shumicë
un / miell
un çorbası (kalın) / qull
unutkan / harraq
unutkan / harrestar
unutma / harresë
unutmabeni çiçeği / lule mosmëharro
unutmak / harroj
unutulmaz / paharrueshëm (i)
unutulmuş / harruar (i)
usandırmak / mërzit
uskuna [gemi çeşidi]] / skunë [lloj anije]
uslandırmak / ndëshkoj
usta / zoti (i)
ustabaşı / kryepunëtor
ustalık / mjeshtëri
usul / mënyrë
usulüne göre / siç duhet
uşak / shërbëtor
ut / lahutë
utan ! / turp ! (të kesh)
utanç verici / turpërues
utandırmak / turpëroj
utangaç / turpshëm (i)
utanmaz / paturp (i)
utanmaz / paturpshëm (i)
utanmış / turpëruar (i)
uyandırmak / zgjoj
uyanık / syhapur
uyanık / vigjilent
uyanık / zgjuar (i)
uyanmak / zgjohem
uyanmak / zgjoj
uyarıcı / stimulant
uyarlama / përshtatje
uyarlama / version
uyarlamak / përshtat
uyarma / paralajmërim
uyarma / qortim
uyarmak / paralajmëroj
uyarmak / stimuloj
uydu / satelit

uydurmak / përshtat
uydurmak (o anda) / bëj aty për aty
uygar / qytetëruar (i)
uygarlaştırmak / qytetëroj
uygarlık / qytetërim
uygulama / praktikë
uygun / duhur (i)
uygun / mbarë (i)
uygun / pajtueshëm (i)
uygun / përshtatshëm (i)
uygun / volitshëm (i)
uygun / zbatueshëm (i)
uygun olarak / pajtim me (në)
uygun olarak / siç duhet
uygun olmak / jam i përshtatshëm
uygun olmayan / papërshtatshëm (i)
uygun olmayan / pavend (i)
uygun [yerinde] / përshtatshëm (i)
uygun şekilde / siç duhet
uygunluk / pajtim
uygunluk / pajtueshmëri
uygunluk / përshtatje
uygunluk sağlamak / koordinoj
uygunsuz / papërshtatshëm (i)
uygunsuz / pavend (gjë e)
uyku / gjumë
uyku getirici / gjumë (që ve në)
uyku hastalığı / sëmundje e gjumit
uykuda / gjumë (në)
uykuda olan / fjetur (i)
uykulu / përgjumur (i)
uykulu hal / përgjumësi
uykusu gelmiş / përgjumur (i)
uykusuz / gjumë (pa)
uykusuzluk / pagjumësi
uyluk / kofshë
uyluk kemiği / kockë e kërcirit
uymak / përshtatem (i)
uymayan (birbirine) / papajtueshëm (i)
uysal / bindur (i)
uysal / butë (i)
uysal / heshtur (i)
uysal / urtë (i)
uysallaştırmak / qetësoj
uysallaştırmak / zbut
uysallık / butësi
uyuklama / dremitje
uyuklama [şekerleme] / dremitje
uyuklamak [kestirmek] / dremit
uyum / harmoni
uyum / pajtim
uyum [ses] / bashkëtingëllim
uyumak / bie në gjumë
uyumak / fle
uyumlu / harmonik
uyurgezer kimse / somnambul
uyutmak / nanuris
uyutmak / ve në gjumë
uyuyan kimse / njeri që fle
uyuz hastalığı / zgjebe
uyuz kimse / zgjebosur (i)
uyuşma / pajtim
uyuşmak / pajtohem
uyuşmamak / pajtohem (nuk)
uyuşmamama / mospajtim
uyuşmayan / pajtohet (që nuk)
uyuşmazlık / mosmarrëveshje

uyuşmazlık / mospajtim
uyuşmuş / mpirë (i)
uyuşturmak / mpij
uyuşturucu / drogë
uyuşturucu / narkotik
uyuşuk / ngathët (i)
uyuşuk / mekur (i)
uzak / larg
uzak / largët (i)
uzak durmak / largohem
uzak durmak / qëndroj larg
uzaklaşan / largohet (që)
uzaklaşma / largim
uzaklaşma / shmangie
uzaklaşmak / largohem
uzaklaştırıcı / largon (që të)
uzaklaştırılmış / larguar (i)
uzaklaştırma / largim
uzaklaştırma / shpronësoj
uzaklaştırmak / largoj
uzaklık / largësi
uzakta bulunan / largët (i)
uzamak / zgjatem
uzanmak / shtrihem
uzanmak / zgjatohem
uzanmış / shtirrë (i)
uzatılmış / zgjatur (i)
uzatma / zgjatje
uzatmak / shtrij
uzatmak / zgjat
uzatmak / zgjatoj
uzlaşı / pajtim
uzlaşma / pajtim
uzlaşmak / merrem vesh
uzlaştırmak / pajtoj
uzlaştırmak / përshtat
uzman / ekspert
uzman / njohës
uzun / gjatë (i)
uzun önürlü / jetëgjatë
uzun vadeli / afat të gjatë (me)
uzunlamasına / gjatësor
uzunluk / gjatësi
uzuv / gjymtyrë

- Ü -

ücret / pagë
ücret (aylık) / rrogë
ücretli / rrogëtar
ücretli / paguar (i)
ücretsiz gönderme / dërgesë gratis
üç / tre
üç / tri
üç aylık / tremuajsh
üç kere / tri herë
üç misli / trefish
üç misli yapmak / trefishoj
üç senede bir olan / trevjeçar
üç taraflı / tripalëshe
üçgen / trekëndësh
üçlü / trio
üçüncü / tretë (i)
üflemek / fryj
ülkücü / idealist

ülser / ulcerë
ümidini kaybetmek / dëshpërohem
ümit / shpresë
ümit etmek / shpresoj
ümitsiz / pashpresë (i)
ümitsiz olmak / dëshpërohem
ümitsizlenmek / dëshpëroj
ümitsizlik / dëshpërim
üniversite / universitet
ünlü / njohur (i)
ünvan / titull
ünvan vermek / titulloj
üretici / prodhonjës
üretici / prodhues
üretken / pjellor
üretmek / prodhoj
ürkmek / tërhiqem [nga diçka]
ürkütmek / frikësoj
ürkütücü / tmerrshëm (i)
ürün / prodhim
ürün / produkt
üs / eksponent
üslup / mënyrë veprimi
üssel / eksponencial
üst kata ait / sipërm (në katin e)
üstte / sipër
üstteki (en) / larti (më i)
üstü başı perişan çocuk / rreckaman
üstün / epërm (i)
üstün / shquar (i)
üstün / sipërm (i)
üstün derece / cilësisë së lartë (i)
üstün gelmek / kapërcej
üstün insan / mbinjeri
üstün olmak / mbizotëroj
üstünde / në
üstünlük / epërsi
üstünlük / mbizotërim
üstünü kapamak / mbuloj
üşümek / ftohem
üşüşme / grumbullim
ütülemek / hekuros
üvey anne / njerkë
üvey baba / njerk
üvey kız / bijë e gjetur
üye / anëtar
üyelik / anëtarësi
üzengi / yzengji
üzerinde / mbi
üzerinde / sipër
üzerine almak / marr përsipër
üzerine baygınlık gelmek / zali (më bie)
üzgün / buzëplasur
üzgün / pakënaqur (i)
üzgünüm ! / më vjen keq !
üzmek / mërzit
üzmek / shqetësoj
üzmek / zemëroj
üzülmek / shqetësohem
üzüm / rrush
üzüntülü / buzëplasur (i)

- V -

vaat eden kimse / premton (që)

vaat etmek / premtoj
vaaz etmek / predikoj
vadi / grykë
vadi / luginë e ngushtë
vadi / qafë [mali]
vadi (geniş) / luginë
vaftiz / bekim
vaftiz anası / kumbare
vaftiz anası / ndrikull
vaftiz babası / kumbar
vaftiz babası / nun
vagon / vagon
vagon / vagon hekurudhe
vaha / oazë
vahim / serioz
vahşi / egër (i)
vahşi / mizor
vahşi / shtazarak
vahşi / vrazhdë (i)
vahşilik / egërsi
vahşilik / shtazëri
vaiz / predikues
vaki / vendosur (i)
vaki olmak / gjendem
vaki olmak / ndodh
vakit / kohë
vakit geçirmek / kaloj [kohën]
vakitsiz / pakohshëm (i)
vaktinde / kohë (në)
vaktinden evvel olan / parakohshëm (i)
valans / valencë
valf / valvolë
vali / guvernator
valiz / valixhe
vals / vals
vals yapmak / këcej vals
vampir / lugat
vantilatör / ventilator
vapur / vapor
var olan / jeton (që)
var olmak / jam
var olmak / qenie
var olmak / mbahem gjallë
varak / folio
varak / staniol
vargilendirmek / vlerësoj [për tatim]
varıl / bucelë
varis / trashëgimtar
varis olmak / trashëgoj
varış / ardhje
varlık / pasuri
varma / arritje
varmak / arrij
varoş / rrethinë
varsayılı / supozuar (i)
varsayım / hipotezë
varsayımlı / hipotetik
varsaymak / supozoj
varyant / variant
vasi / kujdestar
vasilik / kujdestari
vasistas / harku i dritares
vasıtasıyla / me anën e
vasiyet etmek / le trashëgim
vasiyetname / dhjatë
vaşak / luqerbull
vat / vat

vatan / atdhe
vatan haini / tradhëtar
vatan hasreti / mall për vendlindjen
vatandaş / bashkatdhetar
vatandaş / qytetar
vatandaş / shtetas
vatandaşlık / qytetari
vatanperver kimse / atdhetar
vatman / shofer [tramvaji]
vazgeçme / heqje dorë
vazgeçmek / heq dorë
vazo / vazo
ve / dhe
vecit hali / gjumë hipnotik
vefalı / besnik
vefalı / bestar
vefasız / pabesë (i)
vehim / vegim
vekalet / zëvendësues
vekalet etmek / zëvendësoj
vekaletname / prokurë
vekil / delegat
vekil / zëvendës
vekil tayin etmek / caktoj si zëvendës
vekil [yardımcı] / zëvendës [nën]
ven / venë
veranda / verandë
veren kimse / dhurues
vergi / taksë
vergi / tatim
vergi koymak / vë taksa
vergi memuru / ekspert
vergi veren / tatimpagues
vergiden muaf / doganë (pa)
veri / dhënë (e)
veri [çoğul] / dhëna (të)
verilmiş / dhënë (i)
verim / fryt
verimli / begatshëm (i)
verimli / frytdhënës
verimsiz / shterpë (i)
vermek / jap
vermek (karşılık olarak) / shpërblej
vernik / vernik
verniklemek / lyej me vernik
vesayet altında bulunan / që është nën tutelë
vesika / dokument
vesile olmak / jap shkas [për diçka]
veteriner / veteriner
veto / veto
veya / ose
veznedar / arkëtar
vızıldayan / zukatës
vızltı / tingull fishkëllues
vicdan / ndërgjegje
vicdan azabı çeken / që e vret ndërgjegje
vida / vidhë
vida anahtarı / çelës vidhash
vidalamak / vidhos
vidalarını çıkarmak / çvidhos
Vietnamlı / Vjetnamez
vilayet / provincë
vinç / vinç
viola / lule panse
virgül / presje

viski / viski
vişne / vishnjë
vişne çekirdeği / bërthamë vishnje
vitamin / vitaminë
vitrin / vitrinë
vize / vizë
vize vermek / vë vizën
vizon / vizon
Vlora / Vlora
volan / vollan
volaybol / volejboll
volfram / volfram
volkanik / vullkanik
volt / volt
vuku bulma / ngjarje
vuramamak (nişanı) / nuk godit në shenjë
vurdum duymaz / ngathët (i) [i plogët]
vurgulamak / theksoj
vurguncu / spekulator
vurma / goditje
vurmak / godas
vurmak / godit
vurmak (hafifçe) / bie lehtë (i)
vurmak (hafifçe) / trokas
vurulmak / vritem
vuruş / goditje
vücut / shtat
vücut / trup
vücut bulma / mishërim
vücut kazandırmak / mishëroj

- Y -

ya bu ya o / ky ose ai
yaba / furk
yabanarısı / grenxë
yabancı / huaj (i)
yabancılaştırmak / bëj të huaj
yabani / egër (i)
yabani gül / kaçe
yabani kaz ötüşü / britmë e patave të egra
yadrasyonel / irracional
yafta / pllakatë
yağ / vaj
yağ emdirmek / njom me vaj
yağcı / sahanlëpirës
yağcılık rtmek / lajkatoj
yağdanlık / vajnik
yağlamak / lyej
yağlamak / vajos
yağlayıcı madde / lëndë vajosese
yağlı / dhjamtë (i)
yağlı / vajor
yağlı boya / bojra vaji
yağma etmek / grabit
yağma etmek / plaçkit
yağmacı / plaçkitës
yağmacı / grabitës
yağmacılık / grabitje
yağmalama / plaçkitje
yağmalamak / grabit
yağmalamak / plaçkit
yağmur / shi

319

yağmur yağmak / bie shi
yağmurluk / mushama
yahni (etli) / ragu
Yahudi / Çifut
Yahudi / İzraelit
yaka / jakë
yaka / qafore
yakalama / kapje
yakalamak / kap
yakalanmak / kapem
yakı / jaki
yakın / afër
yakın / afërm (i)
yakın / afërt (i)
yakın / farefis
yakın / fqinjë
yakın zamanlarda / para pak kohe
yakınan [sızlanan] / ankues
yakında / për së shpejti
yakınında / rreth
yakınlarda / vend i afërm
yakınlaştırmak / afroj
yakınlık / afërsi
yakınmak / qahem
yakınmak / vajtoj
yakıp kül etmek / bëj shkumb e hi
yakıt / lëndë djegëse
yakışıklı / bukur (i)
yakışıksız / pahieshëm (i)
yaklaşık / afërt (i)
yaklaşılamaz / paafrueshëm (i)
yaklaşma / afrim
yaklaşmak / afrohem
yaklaşmak (sinsice) / afrohem tinëz
yaklaşmakta olan / afrohet (që)
yakmak / djeg
yakmak / ndez
yakmak (hafif ateşte) / përcëlloj
yakut / rubin
yalak / govatë ushqimi
yalama / lëpirje
yalamak / lëpij
yalan / gënjeshtërt (i)
yalan ifade vermek / bëj dëshmi të rreme
yalan söylemek / dredhoj në bisedë
yalan söylemek / gënjej
yalancı / gënjeshtar
yalanlama [çürütme] / përgënjeshtrim
yalanlamak / hedh poshtë
yalanlamak / përgënjeshtroj
yaldızlamak / praroj
yaldızlı / praruar (i)
yalın ayak / zbathur (i)
yalıtmak / veçoj
yalnız / përveç
yalnız / vetëm
yalnız / vetëm (i)
yalnız / vetmuar (i)
yalnızlık / vetmi
yalpalamak / eci me hapa të pasigurt
yaltakçı / lajkatar
yaltaklanmak / lajkatoj
yaltaklanmak / tund bishtin
yalvaran / lutës
yalvarış / lutje
yalvarmak / lus
yalvarmak / lutem
yalvarmak / lyp
yalvarmak / përlus
yama / arnë
yama yapmak / arnoj
yamaç / shpat kodre
yamalamak / arnoj
yan yana / krah për krah
yan yana / krahas
yan yatma / anim
yan yatmak / anon
yan yol / rrugë rezervë
yana ait / anësor
yana doğru / anash
yana yatmak / anoj
yana yatmak / pjerr
yanabilir / djegshëm (i)
yanak / faqe
yanardağ / vullkan
yangın merdiveni / shkallë zjarrfikësash
yangın sigortası / sigurim kundër zjarrit
yangın söndürme aleti / zjarrfikës
yangın zili / alarm zjarri
yani / domethënë
yanılgı / gabim
yanılık çıkarmak / përtërij
yanılma / gabim
yanılmak / gabohem
yanında / pranë
yanıt / përgjigje
yanıt vermek / përgjigjem
yankesici / brac
yankesici / vjedhës
yankesici / xhepash
yankı / jehonë
yankılamak / jehon
yanlış / padrejtë (i)
yanlış / gabim
yanlış anlama / keqkuptim
yanlış anlamak / kuptoj gabim
yanlış anlaşılmak / keqkuptohem
yanlış yola sapmak / gaboj rrugën
yanma / djegje
yanmak / digjem
yanmak / digjet
yanmak / ndizem
yanmaz / padjegshëm (i)
yanmaz / refraktar
yansıma / pasqyrim
yapar gibi görünmek / bëj sikur
yapay / artificial
yapağı / lesh
yapı / godinë
yapı / ndërtim
yapı / strukturë
yapılamaz / pazbatueshëm (i)
yapılmamış / pambaruar (i)
yapısal / struktural
yapışkan / ngjitës
yapışkan / viskozë
yapışkanlık / viskozitet
yapışma / ngjitje
yapışmak / ngjitem
yapıştırıcı / ngjitës
yapıştırıcı bant / plastër
yapıştırmak / ngjit
yapmak / bëj

yapmak / krijoj
yapmak / kryej
yapmak / ndërtoj
yapmak imkanı / mund
yapmak (ağır iş) / robtohem
yapmak (görevini) / funksionoj
yapmak [üretmek] / prodhoj
yapmamak / le pas dore
yapmaya çalışmak / përpiqem
yaprak / fletë
yaprak / gjethe
yaprak (mısır koçanı) / lëvore
yaprak şekline sokmak / petëzoj si fletë
yaprakçık / fletushkë
yara / plagë
yara izi / shenjë plage
yara kabuğu / dregëz
yaralamak / plagos
yaralanma [sürtünmeyle] / grricje
yaramazlık etmek / sillem keq
yararlanmak / shfrytëzoj
yararlı / mirëbërës
yarasa / lakuriq i natës
yaratıcılık / aftësi shpikjeje
yaratılış / temperament
yaraşmak / hie (i ka)
varda / jard
yardım / ndihmë
yardım etmek / ndihmoj
yardım etmek / përkrah
yardımcı / ndihmës
yargıç / gjykatës
yargılama usulleri / procedurë gjyqësore
yargılamak / gjykoj
yari yarıya / përgjysëm
yarı yıkık / gjysmë i rrenuar
yarık / çarë (e)
yarık / plasë
yarıküre / hemisferë
yarılmak / çahet
yarım / gjysmë
yarım ada / gadishull
yarın / nesër
yarış (engelli) / vrapim me pengesa
yarışma / turne
yarmak / çaj
yasa koyucu / ligjëvënës
yasa [kanun] / ligjë
yasak / ndalim
yasak etmek / ndaloj
yasaklamak / nuk lejoj
yastık / jastëk
yastık / nënkrejcë
yastık yüzü / këllëf jastëku
yaş / lagësht (i)
yaş / moshë
yaşam tarzı / mjete jetese
yaşamak / jetoj
yaşıt / moshatar
yaşlanmak / mplakem
yaşlı / plakë
yat / jaht
yatak / dyshek
yatak / krevat
yatak / shtrat
yatak / stromë

yatak odası / dhomë fjetje
yatak takımı / pajime shtrati
yataklı vagon / vagon fjetjeje
yatalak / dergjur (i)
yatay / horizontal
yatışmak / qetësohem
yatıştırıcı / qetësues
yatıştırma / qetësim
yatıştırmak / qetësoj
yatıştırmak / zbut
yatmak / shtrihem
yaumurta akı / albuminë
yavan / shije (pa)
yavaş / ngadalë
yavaş hareket eden / plogët (i)
yavaş koşma / çapitje
yavaşlatmak / ngadalësoj
yavru [aslan,köpek..] / këlysh
yavrucak / kalama
yavrulamak / pjell
yay / hark
yaya / këmbë (më)
yaya / këmbësor
yaya gitmek / eci më këmbë
yaya kaldırımı / trotuar
yaygara koparmak / bërtas
yaygara koparmak / piskas
yaygın / zakonshëm (i)
yayık / tundës
yayılan / përhapet (që)
yayılma / përhapje
yayılma / rrezatim
yayılma / shpërthim
yayılma / shtrirje
yayılmak / përhapem
yayılmak / përhapet
yayılmak / shtrihem
yayılmış / gjerë (i)
yayım / botim
yayımcı / botues
yayımlamak / botoj
yayımlanmamış / pabotuar (i)
yayın evi / shtëpi botimi
yayınlamak / nzjerr
yavla / rrafshnaltë
yaylı sazlar orkestrası / orkestër harqesh
yayma / përhapje
yayma [ışık] / lëshim [dritë]
yaymak / derdh [dritë]
yaymak / hap
yaymak / përhap
yaymak / shtrij
yaymak [ışık] / lëshoj [dritë]
yaz / verë
yazar / autor
yazar / shkrimtar
yazı yazmak (daktiloda) / shkruaj në maqinë
yazıcı / shkrues
yazıt / epigraf
yazışma / letërshkëmbim
yedi / shtatë
yedi Kasımda / më 7 Nëntor
yedi kat / shtatëfish
yedi kez / shtatë herë
yediemin / tutor

321

yedinci / shtati (i)
yeğen [erkek] / nip
yeğen [kız] / mbesë
yeis / dëshpërim
yeknesak / uniforme
yeknesaklık / uniformitet
yekpare / tërë (i)
yekûnünü bulmak / nxjerr shumën e
  përgji.]
vele / krifë [yele]
yelek / jelek
yelken / vel
yelken açıp kalkmak / nisem për
  lundrim
yelken bezi / pëlhurë velash
yelkenli gemi / anije me vela
yelpaze / elpaze
yelpazelemek / bëj fresk me elpaze
yemek / gjellë
yemek / ushqim
yemek yemek / ha
yemek yemek (oburca) / ngopem
yemek yemek (oburca) / përlaj
yemin / be
yemin / betim
yemin etmek / bëj be
yemin etmek / betohem
yemin etmek / jap besën
yemin [söz] / premtim
yemlik / grazhd
yenebilir / hahet (që)
yengeç / gaffore
yeni / ri (i)
yeni başlayan kimse / fillestar
yeni çıkmış şey / gjë e re
yeni doğmuş / porsalindur (i)
yeni evli / porsamartuar (i)
yeni gelmiş kimse / ardhur rishtas (i)
yeniden / përsëri
yeniden / prapë
yeniden dirilme / ringjallje
yenileme / përtëritje
yenilemek / përtërij
yenilemek [tamir edip] / ripajis
yenilgi / thyerje [në luftë]
yenilmek / shtrohem
yenilmez / pamundur (i)
yenmek / kapërcej
yenmek / mposht
yenmek / mund
yenmez / që s'mund të hahet
yer / tokë
yer / vend
yer altı sığınağı / kasollë [në dhe]
yer bilim / gjeologji
yer kabuğu / kore e tokës
yer küre / glob
yeraltı / tokë (nën)
yeraltı [gizli] / nëntokësor
yere serme / shtrirje
yere vurmak / përmbys [rrëzoj]
yerel / vendas
yerel / vendit (i)
yeri doldurulamaz
  pazëvendësueshëm (i)
yerinde duramamak / vij
  rrotull kot së koti

yerinden çıkarmak / çvendos
yerinden çıkarmak / nxjerr nga vendi
yerinden çıkarmak / shpërngul
yerinden oynatmak / luaj nga vendi
yerine geçmek / zëvendësoj
yerine getirmek / kryej
yerine koymak / vendos
yerine (...) / vend të (në)
yerini değiştirme / çvendosje
yerini değiştirmek / lëviz nga vendi
yerküre / lëmsh i dheut
yerle bir etmek / rrënoj me themel
yerleşmek / vendosem
yerleştirme / vendosje
yerleştirmek / vë
yerleştirmek / vendos
yerli / vendas
yersiz / pavend (i)
yeşil / gjelbër (i)
yeşil gözlü / sygjelbër
yeşilimsi / gjelbërosh
yeşillenme / gjelbërim
yeşillik / barishte
yeşillik [böreklik] / lëpjetë
yetenek / aftësi
yetenek / talent
yetenekli / aftë (i)
yeteneksiz / paaftë (i)
yeterli / mjaftë (i)
yeterli / mjaftueshëm (i)
yeterlilik / mjaftueshmëri
yetersiz / dobët (i)
yetersiz / pamjaftueshëm (i)
yetersiz olmak / mjafton (nuk)
yetersizlik / pamjaftueshmëri
yetim / bonjak
yetim / jetim
yetimhane / bonjakëri
yetişmek / arrij (e)
yetişmek / zë (e)
yetişmek (çabuk) / shpejtoj
yetişmiş / arrirë (i)
yetişmiş / pjekur (i)
yetiştirmek / mësoj
yetkili (tam) / përfaqësues
yetkinlik / aftësi
yetkisiz kılmak / heqje e së drejtes
yetmiş / shtatëdhjetë
yetmişinci / shtatëdhjeti (i)
yığın / grumbull
yığın halinde toplamak / mbledh
  grumbull
yığışımlı / grumbullues
yığmak / grumbulloj
yıkama / larje
yıkamak / laj
yıkanmak / lahem
yıkıcı / dëmtues
yıkıcı / rrënues
yıkıcı / shkatërrimtar
yıkık / shkallmuar (i)
yıkılamaz / pashkatërrueshëm (i)
yıkılma / përmbysje
yıkılma / shkatërrim
yıkılma / rënie
yıkılmak / shkatërrohem
yıkım / rrënim

322

yıkım / shkatërrim
yıkma / rrëzim
yıkmak / shkatërroj
yıkmak / shkretoj
yıkmak (kökten) / çrrënjos
yıkmak [bina] / prish [ndërtesa]
yıl / mot
yıl / vit
yıl (artık) / vit i brishtë
yılan / gjarpër
yılan balığı / ngjalë
yılan gibi kıvrılmak / gjarpëroj
yılan (çıngıraklı) / gjarpër me zile
yılan (zehirli) / bullar
yılankavi / dredharak
yılankavi / gjarpëror
yıldırım / rrufe
yıldırım çarpması / goditje e rrufesë
yıldız / yll
yıldız işareti / yllëz
yıldızlı / yje (me)
yıldönümü / përvjetor
yılgın / buzëplasur
yıllık / vjetor
yılmaz / pazbutshëm (i)
yıpranmak [kumaş] / hahet nga fërkim
yırtılmak / griset
yırtmak / çjerr
yırtmak / gris
yiğit / burrë i vërtetë
yiğit / trim
yiğitlik / burrëri
yiğitlik / guxim
yiğitlik / trimëri
yine / përsëri
yirmi / njëzet
yirminci / njëzetë (i)
yiyecek / ushqim
yoğun / dendur (i)
yoğun / intensiv
yoğun / kompakt
yoğun nüfuslu / popullësi të dëndur (me)
yoğunlaşma / përqëndrim
yoğunlaşmak / përqëndrohem
yoğunlaştırmak / bëj më të dëndur
yoğunlaştırmak / përqëndroj
yoğunluk / dendësi
yoğurma makinası / përzjerëse brumi
yoğurmak / mbruj
yoğurmak (tuğla çamuru) / ngjesh argjilën
yok etme / shuarje
yok etmek / çfaroj
yok etmek / shuaj
yok etmek / zhduk
yok etmek (ezip) / asgjësoj
yok etmek (kökünden) / çrrënjos
yok olma / çfarosje
yok olma / humbje
yok olma / mosqenie
yok olma / zhdukje
yok olmak / fshihem
yok olmak / zhdukem
yok olmuş / zhdukur (i)
yoklamak / kontrolloj
yokluk / mungesë
yoksul / hallexhi
yoksul / nevojtar
yoksulluk / varfëri
yoksun / varfër (i)
yoksun bırakmak / le pa [diçka]
yokuş yukarı / përpjetë
yol / rrugë
yol / udhë
yol açmak / hap rrugën
yol arkadaşı / bashkudhëtar
yol gösterme / udhëheqje
yol gösterme / udhëzim
yol göstermek / prij
yol göstermek / udhëheq
yol göstermek / udhëzoj
yol kenarı / buzë rrugës
yol tabelası / tabelë udhëzuese
yol üstünde / gjatë rrugës
yola koyulmak / drejtohem
yolcu / udhëtar
yolcu etmek / përcjell
yolculuk / udhëtim
yolculuk etmek / udhëtoj
yoldaş / baskëudhëtar
yolunu kesmek / pres hovin
yonca / tërfil
yorgan / jorgan
yorgun / lodhur (i)
yorgunluk / lodhje
yormak / lodh
yorucu / lodhshëm (i)
yorucu (çok) / rraskapitës
yorulmak / lodhem
yorulmayan (hiç) / palodhur (i)
yorulmaz / palodhshëm (i)
yorulmaz / palodhshëm (i)
yorum / interpretim
yorumlamak / interpretoj
yorumlamak / komentoj
yosun / myshk
vozlaşma / bastardim
vozlaşma / degjenerim
vozlaşmak / degjenerohem
vön / drejtim
vön değişfirmek / ndryshoj drejtim
yönelmek / drejtohem
yöneltmek / drejtoj
yönetici / administrator
yönetici / drejtues
yönetici / udhëheqës
yönetim / administratë
yönetim / administrim
yönetim / drejtim
yönetim kurulu / këshillë drejtuese
yönetmek / drejtoj
yöntem / metodë
yöntemli / metodik
yöresel dil / gjuhë e vendit
yörünge / trajektore
yudum / gllënjkë
yukarı kaldırmak / lartësoj
yukarı kaldırmak / ngre
yukarıda / sipër
yukarıdaki / sipërm (i) [i lartë]
yukarıdaki (en) / larti (më i)
yulaf / tërshërë

323

yulaf bulguru / bullgur tërshëre
yulaf ezmesi / qull tërshëre [miell...]
yular / kapistall
yular / kapistër
yumak / lëmsh
yumru / gungë
yumruk / grusht
yumrukla vurmak / godit me grusht
yumruklamak / godit me grusht
yumruklamak / rrah me grusht
yumruklaşmak / rrihem me grushta
yumurta / vezë
yumurta dökmek [balık] / pjell vezë
yumurta (çırpılmış) / vezë të rrahura
yumurtalık / mitër
yumurtlamak / pjell vezë [pula]
yumuşak / butë (i)
yumuşak başlılık / nënshtrim
yumuşak kalpli / zemërbutë
yumuşaklık / butësi
yumuşamak / zbutem
yumuşatan / zbutës
yumuşatmak / zbus
yumuşatmak / zbut
Yunanca / gjuhë Greke
Yunanlı / Grek
yurttaş / bashkatdhetar
yurttaşlık hakkı / drejtë qytetare (e)
yutak / fyt
yutak / gurmaz
yutmak / gëlltit
yutmak / gllabëroj
yutmak / përpij
yutuvermek / gllabëroj
yuva / fole
yuva yapmak / fole (bëj)
yuvarlak / rrumbullaktë (i)
yuvarlamak / rrotulloj
yuvarlamak / rrokullis
yuvarlanmak / rrokullisem
yuvarlanmak / rrotullohet
yücelik / madhëri [titull]
yüceltme / lartësim
yüceltmek / ngre në qiell
yük / barrë
yük / ngarkesë
yük / peshë
yük beygiri / kalë barre
yük vagonu / vagon mallrash
yük vagonu / vagon plaçkash
yüksek (en) / epërm (i)
yükleme boşaltma işçısı / hamall [porti]
yüklemek / ngarkoj
yüklenmek (sorumluluğu) marr mbi vete
yüksek / lartë (i)
yüksek ruhlu / shpirtmadh
yüksek ses / zë lartë
yüksek ses çıkarmak / buçet
yüksek yer / vend i ngritur
yükseklik / lartësi
yükselen / ngrihet (që)
yükseliş / lartësim
yükseliş [çıkış] / hipje
yükselme / ngritje
yükselmek / lartësohet

yükselmek / ngrihem
yükselmek / ngrihet
yükseltme / ngritje
yükseltmek / lartësoj
yükseltmek / ngre
yükseltmek / rrit
yüksük otu / dorëzonjë
yün [yapağı] / lesh
yünden yapılmış / prej leshi
yünlü kumaş / stof leshi
yüreklendirmek / jap zemër
yüreklilik / trimëri
yüreksiz / shpirtvogël
yürümek / eci
yürüyüş / ecje
yüz / fytyrë
yüz ekşitmek / grimasa (bëj)
yüz misli / qindfish
yüz vermemek / përfill (nuk)
yüzde / përqindje
yüzdelik / përqindje
yüze ait / fytyrës (i)
yüzen / notues
yüzgeç / pendë peshku
yüzleştirme / ballafaqim
yüzme / notim
yüzme havuzu / pishinë
yüzmek / notoj
yüzsüz / paftyrë (i)
yüzsüzlük / paftyrësi
yüzü koyun yatmış / rënë përmbys(i)
yüzücü / notar
yüzük / unazë
yüzüne bakmak / shikoj në fytyrë
yüzyıllık / qindvjetor

- Z -

zaaf / dobësi
zabıt / procesverbal
zafer / fitore
zafer merasimi yapmak / kremtoj fitoren
zafiyet / dobësi
zahire / zahire
zahmetli / vështirë (i)
zalim / despot
zalim / mizor
zalim / tiran
zalim / zuzar
zaman / kohë
zaman geçmesi / kalim [i kohës]
zaman zaman / herë pas here
zamana uygun / kohës (i)
zamanı ayarlamak / caktoj kohën
zamansız / pakohshëm (i)
zambak / zambak
zamir / përemër
zan / pandehje
zanaat / art
zanaat / mjeshtëri
zanaatkar / mjeshtër
zaptedilemez / papushtueshëm (i)
zaptetmek / arrestoj
zaptetmek / kap

zaptetmek / pushtoj
zaptolunamaz / pafrenueshëm (i)
zar / zar
zarar / dëm
zarar verme / dhunim
zarar vermek / dëmtoj
zarar vermek / dhunoj
zararı ödeme / dëmshpërblim
zararlı / dëmshëm (i)
zararsız / padëmshëm (i)
zarf / ndajfolje
zarf / zarf
zarif / elegant
zarif / hieshëm (i)
zarif / pispillosur (i)
zaruri / domosdoshëm (i)
zatürree / pneumoni
zavallı / shkretë (i)
zayıf / dobët (i)
zayıf / ligësht (i)
zayıf düşmek / dobësohem
zayıf düşmek / këputem
zayıf düşürmek / dobësoj
zayıf yönetim / administrim i dobët
zayıflamak / dobësohem
zayıflatmak / dobësoj
zefir [kumaş] / zefir
zehir / helm
zehirleme gücü / fuqi helmuese
zehirlemek / helmoj
zehirlenme / helmim
zehirleyici / helmues
zehirli / helmtë (i)
zeki / mendjehollë
zeki / mendjemprehtë
zeki / zgjuar (i)
zeki olmayan / tru (pa)
zelil / servil
zemberek / zemberek
zemin / bazë
zencefil / zanxhafil
zenci / zezak
zengin / pasur (i)
zenginleştirmek / pasuroj
zenginlik / begati
zenginlik / pasuri
zeplin / zepelinë
zerafat / elegancë
zerafet / hieshi
zerdeva [ağaç sansarı] / kunadhe
zerre / çikë
zerre / grimcë
zerre / thërrime
zerrecik / çikëz
zerzevat / zarzavatë
zeval / zhdukje
zevce / grua
zevk almak / kënaqem
zeytin / ulli
zeytin dalı / degë ulliri
zeytin yağı / vaj ulliri
zımpara / smeril
zımpara / zumpara
zıpkın / shtizë me grep
zıplamak / hidhem
zıplayıp oynama / kërcim
zırh / armaturë

zırh / koracë
zırhlı gemi / koracatë
zıt / kundërt (i)
zıtlaşmak / kundërshtoj
zıtlık / kundërshtim
zihin / kujtesë
zihni / mendor
zihninde kurmak / kam në mend
zihnini meşgul etmek / ndjek [një ide fikse]
zihniyet / mendësi
zil / zile
zil çalmak / bie ziles (i)
zil çalmak / bie zilja
zimmetine geçirmek / përvetësoj
zimmetine geçirmek / shpërdoroj [të hollä]
zina / tradhëti
zincir / zinxhir
ziraatçı / agronom
zirve / kulm
zirve / majë
zirve / pikë kulmore
zirveve ulaşmak / arrij kulmin
ziyafet / gosti
ziyafet vermek / gosti (bëj)
ziyaret / vizitë
ziyaret etmek / vizitoj
ziyaretçi / vizitor
zoolog / zoolog
zooloji / zoologji
zor / vështirë (i)
zorba / despot
zorba / grabitës
zorba / tiran
zorla / forcë (me)
zorlama / detyrim
zorlama / shtrëngim
zorlamak / detyroj
zorlamak / shtrëngoj
zorluk / vështirësi
zorunlu / detyrueshëm (i)
zorunlu / domosdoshëm (i)
zorunlu / medoemos
zorunlu / urdhërues
zorunlu olmayan / padetyrueshëm (i)
zulm etmek / zhduk
zulmedici / despotik
zulüm / tirani
zümre / grup njerëzish
zümrüt / smerald
züppe / burracak
züppe / mendjemadh
züppe / pispillosur (i)
züppelik / snobizëm
zürafa / gjirafë
zürriyet / pasardhës